KARL WILHELM FERDINAND SOLGER

Vorlesungen über Ästhetik

Mit einer Einleitung und
Anmerkungen herausgegeben von
GIOVANNA PINNA

FELIX MEINER VERLAG
HAMBURG

PHILOSOPHISCHE BIBLIOTHEK BAND 698

Bibliographische Information der Deutschen Nationalbibliothek

Die Deutsche Nationalbibliothek verzeichnet diese Publikation in der Deutschen Nationalbibliographie; detaillierte bibliographische Daten sind im Internet über ‹http://dnb.d-nb.de› abrufbar.
ISBN 978-3-7873-3139-0
ISBN eBook: 978-3-7873-3140-6

www.meiner.de

 Satz: Type & Buch Kusel, Hamburg. Druck: Strauss, Mörlenbach. Bindung: Litges & Dopf, Heppenheim. Gedruckt auf alterungsbeständigem Werkdruckpapier, hergestellt aus 100 % chlorfrei gebleichtem Zellstoff. Printed in Germany.

INHALT

EINLEITUNG

I. Die andere Ästhetik des deutschen Idealismus

1. Im Schatten Hegels

Die *Vorlesungen über Ästhetik* erschienen 1829, zehn Jahre nach Solgers Tod, bei Brockhaus in Leipzig und stellen die Wiedergabe seines letzten, im Sommer 1819 an der Universität Berlin gehaltenen Kurses über die „philosophische Kunstlehre" dar. Der Herausgeber Karl Ludwig Heyse, der Philologie bei Friedrich August Wolf und August Boeckh, Sprachwissenschaft bei Franz Bopp und Philosophie bei Solger und Hegel studierte, hatte während der Studienzeit als Hauslehrer von Felix Mendelssohn Bartholdy gewirkt und wurde 1829 als außerordentlicher Professor für Philologie und Sprachwissenschaft an die Berliner Universität berufen.[1] In dem von seinem

[1] Karl Wilhelm Ludwig Heyse (geb. 1797 in Oldenburg, gest. 1855 in Berlin) war der Sohn eines Lehrers und Schuldirektors, dessen hinterlassene Wörterbücher und Lexika er, dem väterlichen Willen nachkommend, wissenschaftlich verbesserte und herausgab. Heyse studierte ab 1816 in Berlin und arbeitete schon seit Ende der Gymnasialzeit als Hauslehrer, zuerst bei der Familie Wilhelm von Humboldts als Erzieher des jüngsten Sohnes, dann von 1819 bis 1827 bei den Mendelssohn Bartholdys. Er habilitierte sich im Jahr 1827 und wirkte ab 1829 als außerordentlicher Professor in Berlin. Sein Hauptwerk *System der Sprachwissenschaft* erschien ein Jahr nach seinem Tod. Siehe den entsprechenden Artikel in *Allgemeine Deutsche Biographie*, Bd. 12, S. 280f. Eine lebhafte Schilderung der Persönlichkeit Heyses und seiner sozialen und familiären Verhältnisse findet sich in Paul Heyse, *Jugenderinnerungen und Bekenntnisse*, Berlin 1900², S. 3–18. Die Beziehungen Heyses zur Familie Mendelssohn, mit der seine Frau Julie Saaling (Salomon vor der Konversion zum Christentum) verwandt war, blieben sehr eng. Felix Mendelssohn Bartholdy soll sich auf seine Anregung hin in der Zeit, als er am *Sommernachtstraum* arbeitete, mit Solgers Konzeption der Tragödie befasst haben. Siehe Jörn Rieck-

Sohn, dem Dichter Paul Heyse, entworfenen Portrait wird er als ein gemäßigter Anhänger der Dialektik Hegels präsentiert, zu dessen engem Umkreis von Schülern er allerdings gehörte.[2] Von ihm ist auch die Nachschrift einer Hegel'schen Vorlesung über die Philosophie des Rechts bekannt.[3]

Die Geschichte der Edition der *Vorlesungen* und ihrer frühen Rezeption ist in der Tat mehrfach mit Hegels Beschäftigung mit ästhetischen Fragen während der Berliner Zeit verwoben. Den Ansporn, „die im Jahr 1819 gehörten und sorgfältig nachgeschriebenen Vorlesungen über Ästhetik dem Publikum vorzulegen", fand Heyse in der 1826 erschienenen Ausgabe von Solgers *Nachgelassenen Schriften und Briefwechsel.*[4] Diese wurden, wie er schreibt, „mit fast ungetheiltem Beifall angenommen" und führten zu einem erneuerten Interesse an dem fast in Vergessenheit geratenen Philosophen.[5] Hegel, dessen Ruf nach Berlin Solger entschieden unterstützt hatte, war von den Herausgebern des zweibändigen Werks, dem Dichter Ludwig Tieck und dem Historiker Friedrich von Raumer, „für die angenommene Reihenfolge der eigentlich philosophischen Abhandlungen […] als Sachverständiger" zu

hoff, *‚… den Shakespeare zurückrufen'. Programmatische Elemente in Felix Mendelssohn Bartholdys Ouvertüre zum Sommernachtstraum*, in: „Die süsse Macht der Töne …": zur Bedeutung der Musik in Shakespeares Werken und ihrer Rezeption, hg. von Ute Jung-Kaiser und Annette Simonis, Hildesheim 2014, S. 216.

[2] So Paul Heyse: „Auch war er von Wilhelm von Humboldts Ideen aus zu seinen eigenen Überzeugungen gelangt und gab sich der Hegelschen Dialektik nicht auf Gnade und Ungnade gefangen. Seine nächsten Universitätsfreunde aber waren entschiedene Hegelianer: Hotho, Werder, Michelet, später der geistvolle Eduard Gans, der auch zu den intimeren Hausfreunden gehörte" (*Jugenderinnerungen*, a. a. O., S. 17).

[3] G. W. F. Hegel, *Philosophie des Rechts.* Nachschrift der Vorlesung von 1822/23 von Karl Wilhelm Ludwig Heyse, hg. und eingeleitet von Erich Schilbach, Frankfurt a. M./Bern/New York 1999.

[4] K. W. F. Solger, *Nachgelassene Schriften und Briefwechsel,* hg. von Ludwig Tieck und Friedrich von Raumer, 2 Bde., Leipzig 1826 (NS I, II).

[5] Vorwort der Herausgeber, NS I, S. VII.

Rate gezogen worden.[6] Über wenige briefliche Mitteilungen hinaus, in welchen wissenschaftliche Achtung und Freude über die künftige Zusammenarbeit geäußert werden,[7] haben sich Hegel und Solger nur flüchtig gekannt: Solger berichtet von einem Besuch Hegels im Oktober 1819, und im darauffolgenden Monat starb er, mit nur 39 Jahren.[8] Mit Solgers Denken war Hegel aber schon vor dem Erscheinen der *Nachgelassenen Schriften* vertraut, wie den Überlegungen zur Ironie in den *Grundlinien der Philosophie des Rechts* zu entnehmen ist.[9] Hier wird explizit auf die letzte ästhetische Schrift des Berliner Philosophen Bezug genommen, die ausführliche Besprechung der *Vorlesungen über dramatische Kunst und Literatur* von August Wilhelm Schlegel, 1819 in *Jahrbücher der Literatur* erschienen.[10] Die Rezension, welche die endgültige Version von Solgers Konzeption des Tragischen und der Ironie enthält, wurde in den *Nachgelassenen Schriften* wieder abgedruckt. Es ist aber zu bemerken, dass Hegel die originale Zeitschriftenfassung besaß: Anscheinend ist sein Interesse für die Theorie Solgers gleichzeitig mit seinem Interesse für die Ästhetik als Bestandteil des eigenen philosophischen Systems entstanden.[11]

[6] Ebd., S. XVI.

[7] Vgl. Solger an Hegel, Mitte Mai 1818, in: *Briefe von und an Hegel*, hg. von J. Hoffmeister, Bd. II, Hamburg 1953, S. 189. Siehe auch Solger an von Raumer, 22. 10. 1818, in: NS I, S. 681 f.

[8] Am 22. 10. 1819 schreibt Solger an Friedrich von Raumer: „Hegel ist kurz vor meiner Rückkehr hier angekommen, hat mich aber, weil ich mit Umziehen beschäftigt war, erst vor kurzem besucht. Er gefällt mir sehr wohl, und ich hoffe und wünschte ihn näher zu kennen". NS I, 681 f. Zu Solgers Tod Hegel an Creuzer, 30. 10. 1919: „Vorgestern habe ich Solger zu Grabe begleitet, es ist nicht weit von Fichte's". *Briefe von und an Hegel*, Bd. 2, S. 220.

[9] Vgl. Hegel, *Philosophie des Rechts*, GW XIV, Bd. 1, S. 132 ff., Anm. Siehe auch GW 14, 3, S. 1145 ff.

[10] *Vorlesungen über dramatische Kunst und Literatur*, in: „Jahrbücher der Literatur" 7 (1819), S. 80–155 [wiederabgedruckt in: *Nachgelassene Schriften und Briefwechsel*, Bd. 2, S. 493–628].

[11] *Hegels Bibliothek. Der Versteigerungskatalog von 1832*, hg. von

Die Rezeption der Solger'schen Philosophie durch ein breiteres Publikum beginnt jedenfalls mit der Veröffentlichung der *Nachgelassenen Schriften*, denen Hegel zwei Jahre später eine lange Rezension in der Hauszeitschrift *Jahrbücher für wissenschaftliche Kritik* widmete.[12] Von da an wurde Solger zu einem unumgehbaren Bezugspunkt in der Landschaft der idealistischen Ästhetik. In der Einleitung zu den von Heinrich Gustav Hotho herausgegebenen Hegel'schen *Vorlesungen über die Ästhetik* setzt Hegel Kant an den Beginn und Solger als Vertreter der Ironielehre ans Ende der „Historische(n) Deduktion des wahren Begriffs der Kunst", wobei er aber, wie schon in der *Philosophie des Rechts* und teilweise in der Rezension der *Nachgelassen Schriften*, darauf abzielt, Solgers Position von derjenigen der Romantiker zu unterscheiden und sie der eigenen dialektischen Sicht anzunähern. Was in der Hotho-Ausgabe der *Ästhetik* allerdings nicht sichtbar wird, ist, dass Solger erst ab 1826 in die Rekonstruktion der Vorläufer der Hegel'schen Ästhetik mit einbegriffen wird.[13] Nach Hotho wird die „richtige Stellung" der Hegel'schen Theorie sich durch die Publikation der Vorlesungen – wie er in seinem Vorwort schreibt – „sowohl im Angesichte der nahverwandten Schelling'schen Anfänge einer spekulativen Ästhetik, als auch der zuwenig noch gewürdigten Verdienste Solger's" ergeben.[14]

H. Schneider, „Jahrbuch für Hegelforschung" 12–14 (2010), S. 69–145, hier S. 109.

[12] „Jahrbücher für wissenschaftliche Kritik", 51–54 (1828), S. 105–110. GW XVI, S. 77–128. Siehe dazu H. Clairmont, *„Kritisieren heißt einen Autor besser verstehen als er sich selbst verstanden hat". Zu Hegels Solger-Rezension*, in: *Die Jahrbücher für wissenschaftliche Kritik. Hegels Berliner Gegenakademie*, hg. von Christoph Jamme, Stuttgart 1994, S. 257–279, sowie G. Pinna, *Kann Ironie tragisch sein? Anmerkungen zur Theorie des Tragischen in Hegels „Solger-Rezension"*, ebd., S. 280–300.

[13] Vgl. Hegel, *Philosophie der Kunst oder Ästhetik* (Im Sommer 1826. Mitschrift Karl Hermann Viktor von Kehlers), hg. von A. Gethmann-Siefert und B. Collenberg-Plotnikov, München 2004, S. 23.

[14] Heinrich Gustav Hotho, *Vorrede des Herausgebers*, in: G. W. F. Hegel, *Vorlesungen über die Ästhetik, Hegel's Werke*. Vollständige

Offenbar genoss Solger unter den Schülern Hegels ein beachtliches Ansehen, sodass Karl Ludwig Michelet in der *Entwicklungsgeschichte der neuesten deutschen Philosophie* gar schreibt, dass das neue Jahrhundert Schelling auf der Höhe der Zeit“ fand, „im zweiten Decennium musste er Solgern den Thron der Wissenschaft abtreten“, während das dritte Decennium von Hegel, „dem unbestrittenen Meister und Fürst der Philosophen“, dominiert war.[15] Wiewohl für den heutigen Leser überraschend, zeigen die Worte Michelets, dass man Solger – es ist zu beachten, dass Schellings Vorlesungen über die Philosophie der Kunst erst posthum erscheinen sollten – eine Art Erstgeburtsrecht in Hinblick auf die Erarbeitung einer spekulativen und systematischen Ästhetik zuschrieb.

Es ist wohl anzunehmen, dass Hotho unter den „gleichgesinnten Freunden“ war, die Heyse „zur Ausführung“ des Editionsprojekts „ermunterten“.[16] Seine Ausgabe der Hegelschen Ästhetik und Heyses Edition der Vorlesungen Solgers könnte man in dieser Hinsicht quasi als Parallelunternehmen betrachten, die zwar nicht vergleichbare Konsequenzen für die Geschichte der Disziplin haben sollten, aber in demselben Kontext und aus demselben Bestreben, die Ästhetik strukturell in die philosophische Wissensordnung zu integrieren, entstanden. Die beiden Herausgeber konnten sich nicht davon entziehen, die Entscheidung, Materialien in den Druck zu geben, die der universitären Didaktik zugedacht und von den jeweiligen „Autoren“ nicht freigegeben waren, zu rechtfertigen. Die zu bewältigenden Probleme waren allerdings unterschiedlich. Hotho hatte ein (jetzt verschollenes) Manuskript von Hegel und mehrere Nachschriften aus vier Jahrgängen und, neben den eigenen, von verschiedenen Mitschülern vor sich. Die Herausforderung lag für ihn darin, „die verschieden-

Ausgabe durch einen Verein von Freunden des Verewigten, Berlin 1832–1845, Bd. 10, S.V.

[15] K.L. Michelet, *Entwicklungsgeschichte der neuesten deutschen Philosophie, mit besondern Rücksicht auf den gegenwärtigen Kampf Schellings mit der Hegelschen Schule*, Berlin 1843, S. 219.

[16] *Vorlesungen*, Vorwort, S. VII.

artigsten oft widerstrebenden Materialien zu einem wo möglich abgerundeten Ganzen mit größter Vorsicht und Scheu der Nachbesserung zu verschmelzen".[17] Die jüngere Kritik hat die problematischen Aspekte dieser Edition hervorgehoben, auf die hier nicht eingegangen werden soll.[18] Anders für Heyse, dessen Ausgabe auf der eigenen Abschrift eines einzigen Kurses von Solger basiert, wenn er auch unterstreicht, dass seine Vertrautheit mit dem Denken des Philosophen vom Besuch mehrerer seiner Veranstaltungen herrühre. Die Fragen und vorhersehbaren Kritikpunkte, auf die Heyse zu antworten versucht, sind einerseits mit den Vorbehalten verbunden, die Solger selbst bezüglich der Herausgabe von Vorlesungen geäußert hatte und mit dessen Auffassung vom philosophischen Schreiben, sowie andererseits damit, dass es bereits eine Ausführung von Solgers ästhetischem System gab. Während nämlich Hegel keinen ästhetischen Traktat niedergeschrieben und seine Erwägungen zu diesem Gegenstand beinahe ausschließlich der akademischen Mitteilung anvertraut hatte, wurde von Solger 1815 das, was allgemein als sein Meisterwerk anerkannt ist, in den Druck gegeben: *Erwin. Vier Gespräche über das Schöne und die Kunst.*

Der argumentativ sehr komplexe, mit literarischem Anspruch komponierte Dialog präsentiert nicht nur Solgers ästhetisches System in seiner Gesamtheit, sondern setzt darüber hinaus auch die Auffassung des Autors um, dass der dialogische Ductus für eine philosophische Argumentation stets vorzuziehen sei. Die Wahl dieser Form, die sich offensichtlich an Platon orientiert, sollte an erster Stelle das Werden der Theorie durch die Konfrontation mit anderen Positionen sichtbar machen. Im *Erwin* werden die Resultate der ungefähr drei Jahre zuvor begonnenen Erarbeitung eines autonomen ästhe-

[17] Hotho, *Vorrede des Herausgebers*, in: Hegel, *Vorlesungen über die Ästhetik*, S. VII.

[18] Dazu u. a. Annemarie Gethmann-Siefert, *Ästhetik oder Philosophie der Kunst. Die Nachschriften und Zeugnissen zu Hegels Berliner Vorlesungen*, in: „Hegel-Studien" 26 (1991), S. 92–109.

tischen Systems dargelegt. Während die Auffassungen Baumgartens, Burkes und Kants besprochen werden, sind jene Fichtes und Schellings, die wichtigsten für die Herausbildung der Solger'schen Lehre, von zwei Dialogteilnehmern vertreten,[19] wodurch Solger die eigene theoretische Autonomie gegenüber den herausragendsten Figuren des idealistischen Denkens klarstellen möchte. Wie er immer wieder betont, „es ist nicht anders-gedachter Schellingianismus oder Fichtianismus, was ich vortrage".[20] Was aber nach Solger den Dialog zur adäquatesten Form für die Philosophie macht, ist vor allem die Möglichkeit, der Abstraktheit des philosophischen Diskurses eine individuelle Prägung zu verleihen, und das nicht aufgrund einer stilistischen Entscheidung, sondern im Einklang mit der Grundidee, dass das Wissen des absoluten Seins sich immer nur in einer endlichen, bestimmten Gestaltung manifestieren könne.[21]

Beim Eintreten „in jene(r) problematische Region von nachgelassenen Schriften [...], die vom Autor nicht für die Publikation gedacht waren",[22] war sich Heyse wohl bewusst, dass der Haupteinwand gegen sein editorisches Unterfangen vom Autor selbst kam, und scheute sich sogar nicht, eine Briefstelle, die ziemlich vernichtend klingt, zu zitieren: „Man denkt nicht recht daran, daß ein Collegium und ein Buch zwei himmelweit verschiedene Dinge sind; darum werden so oft auch Vorlesungen gedruckt, welche Manier ich durchaus nicht billigen kann".[23] Die Argumente, die Heyse zur Verteidigung

[19] Zur Identifizierung der Gesprächspersonen siehe Wolfhart Henckmann, *Nachwort*, in: *Erwin*, S. 504–506.

[20] So in einer brieflichen Mitteilung an den Freund Wilhelm Kessler vom 8. 11. 1817 bezüglich der im selben Jahr erschienenen Schrift *Philosophische Gespräche*, NS I, S. 568.

[21] Zu Solgers Dialogkonzeption siehe Christoph Asmuth, *Zur Theorie des Dialogs bei Karl Wilhelm Ferdinand Solger*, in: *Grundzüge der Philosophie K. W. F. Solgers*, hg. v. Mildred Galland-Szymkowiak und Anne Baillot, Berlin 2014, S. 169–180.

[22] So Wolfhart Henckmann, Nachwort, in: *Erwin*, S. 487.

[23] Solger an Friedrich von Raumer, 2. 3. 1812, NS I, S. 225. Vgl. Heyses Vorrede in *Vorlesungen*, S. XI.

der Herausgabe der Vorlesungen vorbringt, betreffen sowohl Form als auch Inhalt der Solger'schen Lehre. Das dialogische Medium hatte sich tatsächlich als verheerend für die Verbreitung von Solgers Denken gezeigt, da der *Erwin* von seinen Zeitgenossen, teilweise auch von Freunden, als allzu obskur und komplex, also als grundsätzlich ungeeignet wahrgenommen worden war,[24] die vorwiegend systematische Entwicklung und den spekulativen Inhalt seiner ästhetischen Theorie zu vermitteln. Mit der von Hegel ausgesprochenen Kritik der dialogischen Darstellung Solgers übereinstimmend, betrachtet Heyse letztendlich die systematischen Ausführungen der *Vorlesungen* als zuverlässiger und jedenfalls verständlicher als den *Erwin.*

Die Idee, dass die *Vorlesungen* im Gegensatz zum *Erwin* einen direkteren Weg zum spekulativen Kern von Solgers Ästhetik boten, wurde jedoch wiederum von verschiedenen Seiten angegriffen. Einer der ersten Solger-Interpreten, Theodor Danzel, geht sogar so weit, das gängige Urteil über die größere Verständlichkeit der *Vorlesungen* umzustoßen und festzustellen, dass die *Vorlesungen*, „statt den Erwin zu erläutern, vielmehr ohne denselben nicht verstanden werden können".[24] Wenn aber einerseits „die Bekanntmachung gehaltreicher Vorträge eines verstorbenen Lehrers, der nicht mehr selbst durch Rede und Schrift" dem Publikum seine Lehre vorlegen kann, teilweise als authentisches Dokument von dessen Denken zweifelhaft bleibt, so zeigt andererseits ein Vergleich zwischen dem *Erwin* und den *Vorlesungen* sowohl in den Inhalten als auch in der Darstellung eine grundsätzliche Übereinstimmung auf. Um das zu demonstrieren, fügte Heyse dem Text anstelle eines Kommentars eine Reihe von Parallelstel-

[24] Theodor Danzel, *Ueber den gegenwärtigen Zustand der Philosophie der Kunst und ihre nächste Aufgabe*, in: ders., *Gesammelte Aufsätze*, hg. von O. Jahn, Leipzig 1855, S. 68. Unter den neueren Interpreten haben sich über den begrenzten Wert der *Vorlesungen* für das Verständnis von Solgers Ästhetik insbesondere Wolfhart Henckmann (*Erwin*, Nachwort, S. 485 ff.) und Friedhelm Decher, *Die Ästhetik K. W. F. Solgers*, Heidelberg 1994, S. 12 f. geäußert.

len aus den anderen Werken Solgers bei. Vor allem aber hebt er ein grundlegendes Argument hervor: Nach der Veröffentlichung des *Erwin* hörte „der rastlos fortschreitende Solger“ nicht auf, sein ästhetisches System auszuarbeiten. Davon legen sein Briefwechsel, vor allem mit Tieck, die *Schlegel-Rezension*, das letzte von ihm veröffentlichte Werk, sowie eben die Vorlesungen an der Universität Zeugnis ab. Solger las insgesamt achtmal über die Ästhetik, erst in Frankfurt an der Oder (WS 1810/11), dann in Berlin (WS 1812/13; WS 1813/14; 1815; WS 1815/16; 1817; 1819).[25] Nach der Fertigstellung des *Erwin* im Herbst 1814 hielt er also, nebst anderen Kursen über Philosophie, Mythologie und antike Literatur, fünf Kollegien zu diesem Gegenstand.

Bezüglich einiger Themen betrachtete er, wie er 1816 an Tieck schreibt, den *Erwin* ganz und gar nicht als den Endpunkt seiner theoretischen Überlegungen: „über die Kunst habe ich allerdings einiges auf dem Herzen. So wollte ich noch ein Gespräch machen über das Zusammenfallen von Begeisterung und Ironie, welches mir im Erwin noch nicht klar genug dargestellt zu sein scheint, und eins, welches eine bis in das Kleinste gehende vollständige Einteilung der Poesie enthalten soll“.[26] Wenn es auch für den heutigen Interpreten wenig sinnvoll ist, von einer vermeintlichen Überlegenheit einer Nachschrift gegenüber einem autographischen Werk zu sprechen, so gibt es keinen Zweifel daran, dass die *Vorlesungen* einige keineswegs zweitrangige Knotenpunkte von Solgers Lehre bedeutend erweitern und präzisieren. Gerade die Ironie, die eine Art Markenzeichen der Solger'schen Ästhetik darstellt, wird nur kurz im abschließenden Teil des *Erwin* behandelt, während sie in den *Vorlesungen* in den breiteren Kontext einer Phänomenologie des künstlerischen Schaffens

[25] *Die Vorlesungen an der Berliner Universität 1810–1834*, hg. von Wolfgang Virmond, Berlin 2011. Siehe auch H. Fricke, *K. W. F. Solger. Ein Brandenburgisch-Berlinisches Gelehrtenleben an der Wende vom 18. zum 19. Jahrhundert*, Berlin 1972, S. 261.

[26] Solger an Tieck, 11. 5. 1816, *Matenko*, S. 233 f.

eingefügt ist und auch in der zeitgleichen *Schlegel-Rezension* in Verbindung mit der Theorie des Tragischen diskutiert wird. Schon die Tatsache, dass es vor 1815 keine explizite Formulierung des Ironiebegriffs gibt, führt dazu, die *Vorlesungen* als ein unentbehrliches Dokument für das Verständnis der Rolle und Reichweite dieser Lehre ansehen zu müssen. Auch was die Einteilung der Poesie betrifft, handelt es sich nicht um einen bloßen kritischen Zusatz zu den im *Erwin* dargelegten Auffassungen, sondern um eine regelrechte spekulative Theorie der künstlerischen Gattungen, die auf einem komplexen Verhältnis zwischen Phantasieformen, Erscheinungswelt und Idee gründet.

Ein von Heyse nicht erwähnter Aspekt der *Vorlesungen*, der zwar durch didaktische Erfordernisse bedingt, jedoch für das Verständnis des Verhältnisses zwischen den theoretischen Ansätzen und dem Objekt der ästhetischen Erfahrung von Belang ist, ist die systematische Einfügung von Beispielen zur Verbildlichung von abstrakten Definitionen, welche zeigt, wie die abstrakte begriffliche Dialektik der Kunsttheorie die Analyse des konkreten Aufbaumechanismus der Kunstwerke voraussetzt. Wie der *Erwin* subtil in der Argumentation und raffiniert anspielungsreich ist, so tendieren die *Vorlesungen* hingegen dazu, sowohl in der systematischen Konstruktion als auch in den Bezugnahmen explizit zu sein. Wenn ihnen dies jeglichen literarischen Charme nimmt und teilweise in eine Verflachung der Argumentation mündet, erlaubt es aber auch, einen Blick in die konzeptionelle Werkstätte des Autors zu werfen, dessen Interesse für die philosophische Spekulation, anders als bei Schelling und Hegel, ursprünglich mit dem Studium der Literatur und allgemein der künstlerischen Phänomene verknüpft ist. Neben einer intensiven kritischen und philologischen Arbeit an der griechischen Literatur, deren wichtigstes Produkt die Übersetzung der Tragödien des Sophokles von 1808 war,[27] hatte sich Solger nämlich seit frü-

[27] Nachdem er 1804 die Übersetzung des *König Ödipus* anonym in Druck gegeben hatte, veröffentlichte er eine bis ins 20. Jahrhundert

hester Jugend auch dem Studium der modernen europäischen Literaturen gewidmet. Besonders um Shakespeare war sein intensiver, fast zehnjähriger Austausch mit Ludwig Tieck gekreist, der ihn darüber hinaus auch in die Erarbeitung der Ausgabe der *Hinterlassenen Schriften* Kleists involviert hatte. Mit Blick auf Shakespeare hatte Solger dann auch eine Theorie der tragisch-komischen Dialektik aufgestellt, die sich von der frühromantischen Auffassung des Tragischen absetzt.

Diese Aufmerksamkeit gegenüber der Komplexität des literarischen Phänomens brachte ihm die Wertschätzung von Autoren wie Heine ein, der ihn als einen feineren und tieferen Kritiker als August Wilhelm Schlegel ansah,[28] wie auch Hebbel, für den Solger zum „philosophischen Mentor" wurde,[29] und sie bildete die Grundlage für eine differenzierte Analyse der künstlerischen Schöpfung, deren letztes Dokument die *Vorlesungen* bilden.

mehrmals verlegte Übersetzung von Sophokles' Gesamtwerk (*Des Sophokles Tragödien*, Berlin 1808). Die Einleitung, die eine erste Fassung der später entwickelten Theorie des Tragischen darstellt, wurde in den Nachgelassenen Schriften, unter Ausschluss des nicht unbedeutenden philologischen Teils, aufgenommen. Siehe *Über Sophokles und die alte Tragödie*, in: NS II, S. 445–492.

[28] Heinrich Heine, *Die Romantische Schule*, in: *Sämtliche Werke*, Historisch-kritische Ausgabe, Hamburg 1981, Bd. 8, S. 168. Zu Solgers Theorie der Ironie S. 464. Dazu Jost Schillemeit, *Das Grauenhafte im lachenden Spiegel des Witzes*, in: „Jahrbuch des freien deutschen Hochstifts" 1975, S. 324–345.

[29] Die Definition stammt aus Hartmut Reinhart, *Apologie der Tragödie. Studien zur Dramatik Friedrich Hebbels*, Tübingen 1989, S. 37. „Solger gehört mit zu den Lehrern meiner Jugend" – schreibt Hebbel an Friedrich von Uechtritz am 23. 7. 1856 – „[...] Ohne Zweifel wäre aus der deutschen Philosophie und namentlich aus der deutschen Ästhetik etwas anderes geworden, wenn er statt Hegels oder wenigstens neben Hegel gewirkt hätte. Er war ein ganzer Mensch, nicht ein bloßer Dialektiker". Friedrich Hebbel, *Briefwechsel*, hg. von Otfrid Ehrisman et al., München 1999, Bd. 3, S. 310. Über das Verhältnis Hebbels zu Solgers Tragödientheorie siehe (neben Reinhardt S. 37–42) Horst Siebert, *Die dualistischen Weltdeutungen Hebbels und Solgers im*

2. Inhalt und Gliederung

a) Die Struktur der *Vorlesungen* entspricht im Wesentlichen, wie schon angedeutet, dem systematischen Gedankengang des *Erwin*. Jedoch nicht ganz. Der offensichtlichste Unterschied liegt im ersten Teil des Werks. Die Exposition des ersten Gesprächs des *Erwin*, die vor allem dazu dient, die Rollen der Dialogteilnehmer und somit den argumentativen Gang des Werks zu bestimmen, findet keine Entsprechung in den *Vorlesungen*.[30] An ihrer Stelle sehen wir eine Art Einleitung, die einige „vorläufige Bemerkungen" zum Begriff des Schönen und zur Funktion der Ästhetik als philosophischer Disziplin und ein Kompendium der Geschichte der Ästhetik sowie eine „Ableitung der Idee des Schönen" einschließt, welche die Kunsttheorie in den systematischen Rahmen der Formen der „höheren Erkenntnis" setzt.

Solger versucht zunächst, eine Eingrenzung des Untersuchungsobjekts zu zeichnen, dabei das Naturschöne grundsätzlich von der philosophischen Betrachtung ausschließend. Da das Schöne eine Erscheinung sei, in der ein übersinnliches Element geahnt wird und somit das Produkt einer intelligenten Aktivität sein muss, gebe es Schönheit nur in der Kunst. Denn „erst durch Freiheit und Bewußtsein [ist] die wahre Seele in dem Dinge gegenwärtig".[31] Konsequenterweise lehnt er rezeptionsästhetische Ansätze mit dem Argument ab, dass weder eine als „Wissenschaft der Empfindungen oder Gefühle" verstandene Ästhetik noch Kants transzendentale Dialektik Rechenschaft über die *differentia specifica* des Kunstschönen zum gewöhnlichen Gegenstand der sinnlichen Erfahrung ablegen. Während die Psychologie sich nämlich mit der emotionalen Wahrnehmung von dem, „was wir als gegeben ver-

Gegensatz zu Hegels dialektischer Philosophie, in: „Hebbel Jahrbuch" 1965, S. 156–163.

[30] Zur Struktur dieses Gesprächs s. W. Henkmann, *Vorwort*, in: *Erwin*, S. 502–509.

[31] *Erwin*, S. 195.

mittels der bloßen Wahrnehmung in unserer gemeinen Natur antreffen“ (S. 4) befasst, untersucht die philosophische Schönheitslehre die paradoxe Struktur eines Objekts, dessen Phänomenalität durch den ihm innewohnenden intellektuellen Gehalt gleichzeitig produziert und relativiert wird.

Die Kunst „schafft aus dem Innersten der menschlichen Natur etwas Objektives, das so, wie sie es geschaffen hat, als bloßer Stoff der Wahrnehmung nicht da ist“ (S. 4). Hier wird der Kern von Solgers ästhetischem Denken in den Vordergrund gerückt, nämlich die Auffassung der Kunst als Resultat eines eigentümlichen Schaffens, in welchem Idee und Erscheinung in einem dialektischen Verhältnis zueinander stehen, das nie eine absolute Einheit erreicht und in dem der ideale Inhalt seine Abstraktheit verliert sowie die sinnliche Form sich von der Sphäre der Natur loslöst. Das Bedürfnis, die Domäne der Ästhetik von derjenigen der Psychologie zu unterscheiden, kann nicht nur als Stellungnahme gegen die Naturästhetik, sondern allgemeiner als eine Kritik an der Naturalisierung des ästhetischen Phänomens gelesen werden.

Ausgehend von der Definition der Kunst als Resultat einer Tätigkeit setzt Solger sie im Bereich des Praktischen an. Die ungewöhnliche Verwendung des Terminus weist nicht auf irgendeinen moralischen Gehalt der Kunst, sondern auf eine Modalität der „höheren Erkenntnis“ hin, welche die konkrete Existenz der Idee in der Wirklichkeit betrifft, und das auf doppelte Weise. Erstens ist die Kunst „praktische Philosophie“, da sie „etwas aus dem Gedanken hervor[bringt], das sie in die Objekte verpflanzt“ und „indem wir nun unsere Gedanken an äußeren Objekten darstellen, so handeln wir“ (S. 5). Was sie von theoretischem Wissen unterscheidet, ist eben ihre Fähigkeit, in die Lebenswelt einzugreifen und die alltägliche Erscheinung der Dinge zu modifizieren. Zweitens hat die Kunst insofern, als sie der Wahrnehmung unmittelbar „die Einheit des Wesens und der Erscheinung in der Erscheinung“[32] darbringt, die Fähigkeit, das Subjekt – und besonders das moderne Subjekt –

[32] *Erwin*, S. 116.

auf die Suche nach dem Wesentlichen im endlichen Dasein hinzulenken. „Ich glaube durch Erfahrung gewiß zu sein", schreibt er am 15. 6. 1814 an Tieck, „daß in der heutigen Welt den Menschen der Blick auf ein Höheres noch am ersten durch die Kunst angelockt wird, und daß sie diese in das Innere der Dinge zuerst hineinziehet, so daß sie uns fast zu solcher Propädeutik dienen kann, wie den Alten die Mathematik".[33] Der künstlerischen Schönheit wird eine Bildungsfunktion zugeschrieben: Sie stellt nämlich eine Art Einführung in die philosophische Einsicht des Wesens der menschlichen Existenz dar, da wir in ihr befähigt sind, zu sehen, „daß in der Erscheinung etwas Wesentliches, Inneres liegt, das über die Erscheinung hinausgeht" (S. 10).

Wenn die Kunst einerseits ein Weg ist, das Fundament des Wirklichen zu begreifen, bleibt in ihr als in der Objektivierung des intellektuellen Gehalts im Endlichen andererseits notwendigerweise ein impliziter Überrest bestehen, ein Nicht-Ausgedrücktes, das aus ihr einen Gegenstand philosophischen Denkens macht. Darum muss sich, schreibt Solger, die Philosophie über „dies Wunder der unmittelbaren Anschauung von Begriffen in der Erscheinung" Gedanken machen und dabei sowohl die ontologische Struktur der Kunst als auch die spezifischen Charakteristika der schöpferischen Subjektivität untersuchen (S. 10).

b) In der *Historischen Einleitung* geht Solger die wichtigsten philosophischen Schönheits- und Kunsttheorien seit der Antike bis zu den zeitgenössischen Lehren durch. Was uns als ein gewöhnlicher, didaktisch motivierter Exkurs in die Geschichte der Disziplin erscheinen mag, stellte ein Novum im Panorama der damaligen Ästhetik dar. Nichts Ähnliches ist in der *Philosophie der Kunst* Schellings vorzufinden, während die oben zitierte „Historische Deduktion" in Hegels *Ästhetik* nur die unmittelbaren Vorläufer der eigenen Lehre seit Kant in Betracht zieht. Zwar unterstreicht Solger den subjektiven Blickwinkel dieser historiographischen Skizze, die sich aus-

[33] *Matenko*, S. 139.

drücklich als eine Fokussierung auf die theoretischen Fragen präsentiert, die ihm in Hinblick auf die Definition und Funktion der Schönheit am wichtigsten erscheinen, jedoch stellt der breite Umfang der Behandlung einen weiteren Schritt in der Legitimierung der Ästhetik als autonome Disziplin dar, deren Gegenstand das ursprüngliche und notwendige Interesse des Menschen an der Schönheit, insbesondere an der künstlerischen Schönheit, darstellt. Das wird von einer theoretischen Reflexion bestätigt, welche bei weitem über die Formalisierung der ästhetischen Forschungen seit Baumgarten hinausging. Sie zeigt außerdem, wie Solger die eigene Stellungnahme durch eine intensive Auseinandersetzung mit zeitgenössischen Ansichten erarbeitet hat. So da, wo eine grundlegende Rolle der Lehre Kants zugeschrieben wird, die, obwohl sie keine spekulative Erfassung des Wesens des Schönen vollziehe, die im Intellektualismus Baumgartens, im Sensualismus Burkes und auch in Fichtes Tendenz, die ästhetische Sphäre der moralischen unterzuordnen, vorhandenen Instanzen sich einverleibe und überschreite.

Jenseits von Solgers Interesse an der Geschichte der Disziplin in einem breiteren zeitlichen Rahmen, als es üblich war, können wenigstens zwei weitere Punkte erwähnt werden, welche die spezifische Ausrichtung seiner ästhetischen Reflexion gegenüber derjenigen der anderen Idealisten zeigen: Das kritische Interesse für den Sensualismus und Psychologismus des 18. Jh., insbesondere eines Burke, und eine dezidiert positive Bewertung der aristotelischen Poetik, die auch in der *Schlegel-Rezension* im Kontext einer breit angelegten Diskussion über das Wesen der tragischen Literatur zum Vorschein kommt. Ersteres lässt sich mit Solgers Auffassung der Kunst als Resultat einer zweiseitig ausgerichteten Tätigkeit erklären, in welcher das schaffende Subjekt produktiv auf die von der Außenwelt generierten Eindrücke reagiert oder aber seine eigene Innerlichkeit und seine Gefühle auf die Außenwelt projiziert. Wenn er auch die Perspektive der Sensualisten umkehrt, indem er den theoretischen Schwerpunkt vom Genuss auf das Schaffen verschiebt, stellen die Modalitäten der Gefühlswahrnehmung und der emotionalen Effekte ein grundlegendes Element der Subjekt-Welt-Dialektik, die das künstlerische Schaffen bestimmt, dar.

Die Verteidigung des Aristoteles, die sowohl den Mimesis-Begriff als auch die Lehre der tragischen Katharsis betrifft, geht von einer methodologischen Überlegung zum Verhältnis zwischen Empirie und Theorie aus, in deren Rahmen der griechische Philosoph mit dem von Solger hochgeschätzten Lessing parallelisiert wird. Beide würden nämlich vom ästhetischen Phänomen als gegeben ausgehen und versuchen, es „in formalen Zusammenhang zu setzen“, jedoch immer aufgrund einer „höheren Ansicht“ (S. 14).[34] Solger zielt darauf ab, das aristotelische Konzept der Mimesis dem negativen Paradigma der Naturnachahmung zu entziehen, es dabei als „Darstellung“ bzw. als „Bildung aus einem Prinzip“, also als kreative Verwandlung der Lebenswelt, interpretierend, die das Reale nicht so auffasst, wie es ist, sondern wie es sein soll. Auch in der Interpretation der Katharsis tritt er, im Unterschied zu Schlegel, in Lessings Fußstapfen, der die durch die tragische Aufführung bewirkte Reinigung auf Furcht und Mitleid, nicht auf die Leidenschaften allgemein zurückführt. Solger liest jedoch die Katharsis in einem weiteren Sinn, da die Emotionen nicht einfach eine physische Dimension ausdrücken, sondern „auf wesentlichen Begriffen beruhen“, also, in modernen Begrifflichkeiten gesprochen, Wertvorstellungen voraussetzen.[35] Das Resultat der Reinigung der Affekte sei folglich „die Mitteilung einer höheren Begeisterung“, ein Terminus, der in der

[34] Vgl. *Schlegel-Rezension*, NS II, S. 545 f.

[35] Der Unterschied zwischen Solgers Interpretation der aristotelischen Poetik und der der Romantiker, von August Wilhelm Schlegel zusammengefasst, wurde schon von dem Historiker Friedrich von Raumer, einem der Herausgeber der *Nachgelassenen Schriften*, ins Auge gefasst: *Über die Poetik des Aristoteles, und sein Verhältniß zu den neuern Dramatikern*, (gelesen in der Akademie der Wissenschaften am 18. Januar 1828), jetzt in: Matthias Luserke (Hg.), *Die Aristotelische Katharsis. Dokumente ihrer Deutung im 19. und 20. Jahrhundert*, Hildesheim/Zürich/New York 1991, S. 1–68.

Solger'schen Analyse der künstlerischen Tätigkeit auf eine kontemplative Stimmung hinweist, die aus der Ansicht der Wirklichkeit als Entfaltung der Idee hervorgeht und den dialektischen Gegensatz zur Ironie ausmacht.

c) Der erste Teil der *Vorlesungen* ist dem Schönen gewidmet und entspricht in den Hauptlinien dem zweiten Dialog des *Erwin*, mit Ausnahme des ersten Abschnitts (S. 39–58), in dem das Verhältnis der Kunst zur Philosophie sowie zu den anderen Formen der „Offenbarung der göttlichen Idee“ auf synthetische Art und Weise skizziert wird. Die „höhere Erkenntnis“ ist ein zentrales Thema von Solgers späteren Arbeiten, welches die artikulierteste Behandlung in der Schrift *Über die wahre Bedeutung und Bestimmung der Philosophie, besonders in unserer Zeit* erfährt, die er als sein philosophisches „Manifest“ ansah. Diese Schrift, deren Kern eine negative Dialektik ist, in der die Wirklichkeit als das einzige Mittel der Offenbarung des Absoluten erscheint, ist 1818 entstanden, aber erst posthum in den *Nachgelassenen Schriften* erschienen.[36] Parallel zu den *Vorlesungen* konzipiert, stellt sie die erste Darlegung eines durch den frühzeitigen Tod des Autors unterbrochenen systematischen Projektes dar, in dem die Idee des Schönen nebst der Wahrheit (Philosophie), dem Guten und der religiösen Anschauung des Göttlichen als eine der Grundformen des Verhältnisses vom Selbstbewusstsein zum Sein als Fundament der Existenz gesetzt ist. Das Verhältnis zwischen dem Allgemeinen und dem Besonderen, der Gegensatz, auf welchem aus Solgers Sicht alles menschliche Denken beruht, wird im Schönen als ein dialektisches Zusammentreffen von Wesen und Erscheinung konzipiert, so, dass im sinnlich Wahrnehmbaren die Idee enthalten ist.

Von der spekulativen Deduktion des Schönen ausgehend, werden im zweiten Abschnitt (S. 58–87) die dualen Bestimmungen dargelegt, welche die strukturelle Gegensätzlichkeit des Schönheitsphänomens aufzeigen. Nach der Besprechung

[36] NS II, S. 493–628. Der Nachdruck der Zeitschriftenfassung findet sich in *Erwin*, S. 395–471.

einiger Begriffspaare, die auf ebenso viele Positionen in der zeitgenössischen Debatte verweisen, wie Naivität-Sentimentalität, Freiheit-Notwendigkeit und Individualität-Natur (woraus der bei Schlegel vorwaltende Gegensatz subjektiv-objektiv herkomme), zeigt Solger die grundlegenden Modalitäten auf, in denen der spekulative Begriff des Schönen eine doppelseitige Realisierung im Endlichen findet: als Schönes bzw. Erhabenes oder als Tragisches bzw. Komisches.

Kurz gefasst, während das Schöne und das Erhabene die Dynamik von Wesen und Erscheinung betreffen (als in der Erscheinung selbst aufgelöst oder in der gegenseitigen Spannung begriffen), weisen das tragische und das komische Prinzip auf das Verhältnis zwischen der phänomenalen Realität und ihrem transzendenten Fundament hin und stehen in einem Spiegelverhältnis zueinander. Das Tragische als Bestimmung des Schönheitsphänomens besteht nämlich darin, dass im Schönen qua endlichem Dasein die Idee sich verneint und eben durch die Negation zum Ausdruck kommt. Vernichtet wird hier, präzisiert Solger, die Idee, weil sie ins Endliche übersiedelt. Im Komischen hingegen ist es die Erscheinung als solche, welche als das Sinnlose betrachtet wird, wobei in ihm jedoch die Idee als verstecktes Prinzip der Wirklichkeit ihren Ausdruck findet.

d) Im zweiten Teil (S. 89–202) ist die allgemeine Theorie der Kunst enthalten. Einleitend werden im ersten Abschnitt (S. 89–101) die auf die künstlerische Subjektivität bezogenen Begriffe (Tätigkeit, Handeln, Genie, künstlerisches Bewusstsein) besprochen. Da die Kunst als Produkt eines sich im Spannungsfeld von Idee und Wirklichkeit bewegenden Schaffens verstanden wird, wird also gleichsam zwischen einer statischen und einer dynamischen Bestimmung des Schönen unterschieden: Zwischen dem Resultat der Tätigkeit des schöpferischen Bewusstseins, dem Kunstwerk, und der dialektisch operierenden Tätigkeit selbst, der Phantasie. Auf dieser Unterscheidung basiert die hauptsächliche systematische Gliederung des zweiten Teils der *Vorlesungen*. Auf die erste Bestimmung bezieht sich nämlich die Behandlung des Schönen als „Stoff der Kunst“, deren wichtigster Kern eine Konzeption des Kunstwerks als symbolische Darstellung der Idee ist, auf die zweite gründet die Untersuchung der kreativen Prozesse, aus denen die verschiedenen künstlerischen Formen entstehen, die in der Auffassung der Ironie ihren Höhepunkt erreicht.

Der zweite Abschnitt (S. 101–145), der den Inhalt des dritten Dialogs des *Erwin* wiedergibt und teilweise präzisiert, behandelt die Kunst als das Sich-Herabsetzen der Phantasietätigkeit ins Werk, was im Modus des Symbolischen vorkommt. Der Symbolbegriff drückt die spezifische Modalität des Sich-Ausdrückens der Idee im Schein aus. Jedes Kunstwerk sei in diesem Sinne symbolisch: „Das Wort Symbol überhaupt bezeichnet eine Existenz, worin die Idee auf irgend eine Weise erkannt wird“ (S. 102). Das Symbol wird als ein wahrnehmbares Objekt verstanden, als eine empirische Existenz, in der die Idee tatsächlich präsent ist, die Form also nicht Bedeutungsträger, sondern selbst Bedeutung ist. Im Symbol erkennen wir das Absolute, weil es selbst ein Absolutes ist, in dem Sinne, dass es „das Dasein der Idee selbst“, deren konkrete Gestaltung darstellt. Was die Solger'sche Konzeption kennzeichnet, ist die Verdoppelung des Symbolbegriffs. Es wird nämlich zwischen dem „Symbol im engeren Sinn“, in dem das Verhältnis zwischen dem Ideellen und dem Reellen eindeutig, unidirektional und deduktiv ist, da die Phantasie vom Ideellen zum Reellen führt, und der Allegorie unterschieden, in der die Phantasie „induktiv“ und reflexiv, von der Wirklichkeit zur Idee oder umgekehrt vorgeht, sich jedoch immer auf die Beziehung zwischen den Gegensätzen fokussiert. In anderen Worten, der Prozess reflexiver Vermittlung einerseits und die Verbindungen zwischen den widersprüchlichen Elementen des Realen andererseits werden in der allegorischen Form deutlich. Weiter läuft die Symbolisierung der Idee in der Allegorie notwendigerweise über das Subjekt: Die Aktivität der Phantasie wird gewissermaßen zu einem Objekt für diese selbst. Die Allegorie wird also als eine komplexere Variante des Symbols verstanden, in welcher eine grundlegende Alterität von Form und Inhalt bestehen bleibt. Vom Gesichtspunkt der begrifflichen Struktur aus ist eine Verknüpfung zwischen dem Symbol und dem Schönen auf der einen und der Allegorie und dem Erhabenen auf der anderen Seite festzustellen. Gegenüber den Theorien Goethes und Schellings, die sich auf die Koinzidenz oder Einheit als Struktur der symbolischen Form konzentrierten, zielt Solger mit der Wiederaufwertung der Allegorie darauf ab, ihre Tragweite zu amplifizieren, dabei das für die moderne Kunst typische Element der Reflexivität integrierend. Das Symbol im engeren Sinne scheint nämlich mit dem Modell der klassischen, der „relationale" Charakter der Allegorie eher mit dem der modernen Kunst verbunden zu sein, wenn es auch keine strenge Entsprechung zwischen künstlerischer Form und historischer Epoche gibt.[37]

Im dritten Abschnitt (S. 146–202) wird die subjektiv-schöpferische Seite der Kunst, die Theorie der Phantasie als erkennende und schaffende Tätigkeit, dargelegt. Solger unterscheidet mit Nachdruck die Phantasie von der Einbildungskraft als dem Vermögen, Begriff und Vorstellung in der gemeinen Erkenntnis zu verbinden.[38] Die Phantasie ist nämlich kein einheitliches Vermögen, sondern, wie weiter unten ausgeführt wird, eine komplexe kognitive Struktur, die auf dem Verständnis der Einheit derjenigen Gegensätze basiert, welche in der Einbildungskraft stets getrennt bleiben. Sie bringt im Endlichen eine Synthese hervor, in welcher Realität und Identität durch den Verstand dialektisch verbunden werden. Solger

[37] Zu Solgers Theorie des Symbols siehe Bengt Algot Sørensen, *Symbol und Symbolismus in den ästhetischen Theorien des 18. Jahrhunderts und der Romantik*, Kopenhagen 1963, S. 277–288; Wolfhart Henckmann, *Symbolische und allegorische Kunst bei K. W. F. Solger*, in: *Früher Idealismus und Frühromantik*, hg. von Walther Jaeschke und Helmut Holzey, Hamburg 1990, S. 214–240 sowie Giovanna Pinna, *L'ironia metafisica. Filosofia e teoria estetica in K. W. F. Solger*, Genova 1994, S. 91–105.

[38] Siehe dazu Matthias Koßler, *Phantasie und Einbildungskraft. Zur Rolle der Einbildungskraft bei Fichte und Solger*, in: *Fichte und seine Zeit* („Fichte-Studien", Bd. 21), hg. von H. Traub, Amsterdam/New York 2003, S. 163–181.

geht, um eine Phänomenologie des künstlerischen Schaffens aufzubauen, die auf den verschiedenen Arten und Weisen basiert, in denen die Erkenntnisstrukturen wechselseitig mit der Idee und den Formen des Realen in Beziehung treten, von der Idee aus, dass der Schaffensprozess der schöpferischen Phantasie das Wirken von Sinnlichkeit, Einbildungskraft und Verstand in sich vereint.

e) Der dritte Teil der *Vorlesungen* (S. 203–272) beschäftigt sich mit der „besonderen Kunstlehre“, in welcher systematisch die im *Erwin* und in den der Tragödie gewidmeten Schriften entwickelten Betrachtungen über die künstlerischen Formen und die literarischen Gattungen weiterverarbeitet und vertieft werden. In der Klassifikation der Künste bilden Symbol und Allegorie die wesentlichen Strukturbegriffe, die insofern auch eine historische Bedeutung annehmen, als sie die Grundeinstellungen der klassischen bzw. der modernen Kunst ausdrücken.

Mit den bildenden Künsten besaß Solger eine Vertrautheit, die auf der Höhe seiner Zeit war: Während seiner Besuche der Dresdner Galerie hatte er einen recht präzisen Eindruck der wichtigsten Strömungen der zeitgenössischen Kunst gewonnen, deren Kenntnis er dann weiterhin mit den damals verfügbaren Mitteln pflegte. Kopien und Gravuren sowie eine Reise nach Paris im Jahre 1802, als die wichtigsten Kunstwerke der Kapitolinischen Museen in die napoleonischen Sammlungen überführt worden waren, ermöglichten es ihm, die von Winckelmann beschriebenen klassischen Werke selbst anzuschauen. Sein ausgesprochenes Interesse für die Architektur, die er gar als die der modernen Welt angemessenste künstlerische Ausdrucksweise ansah, war auch stark durch die Freundschaft mit Schinkel bedingt, die in den Berliner Jahren durch die gemeinsame Lektüre der griechischen Tragiker gefördert wurde.

Zweifellos aber stellt die spekulative Theorie der literarischen Gattungen den wesentlichen Kern seiner Kunstlehre dar, in welcher die historisch-inhaltliche Dimension mit einer sich auf die Zeitlichkeit stützenden Analyse der Dichtungsformen eng verknüpft ist. Der Vorrang der Literatur ist zwar mit Solgers philologischen und kritischen Studien verbunden, basiert aber auf der Auffassung der Sprache als „die Erkenntnis selbst, insofern dieselbe auch äußerlich zur Erscheinung gelangt".[39] Dank einer solch ursprünglichen Beziehung von Sprache und Denken findet die künstlerische Tätigkeit in der Poesie ihren vollständigsten und bewussten Ausdruck. Die komplexe Analyse der Poesiegattungen, die sich hauptsächlich entlang zwei sich überschneidenden theoretischen Achsen entwickelt (Symbol und Allegorie als regulative Begriffe des Verhältnisses von Allgemeinem und Besonderem auf der einen Seite, die Modi der Zeitlichkeit, Vergangenheit, Zukunft und Gegenwart auf der anderen), zielt darauf ab, die Bedingungen der sowohl formellen als auch geschichtlichen Entwicklungen der Grundformen Epik, Lyrik und Drama systematisch zu untersuchen und die Vielfalt der Kunstphänomene mit einer Idee der Kunst zu verbinden. Dabei unterscheidet sich Solgers ästhetisches Projekt nicht grundsätzlich von den anderen romantischen und idealistischen Kunst- und Gattungslehren von Schlegel, Schelling, Hölderlin oder Hegel. Nebst einer ausgeprägten spekulativen Tendenz ist für die Solger'sche Kunstlehre vor allem das Interesse für Grenz- und Übergangserscheinungen kennzeichnend, besonders in der Literatur. So finden in dieser auf einem dynamischen Dualismus basierten Systematik die Phänomene des Erhabenen, des Humors, des Hässlichen, des Komischen, des Witzes den breiteren Platz.

[39] *Erwin*, S. 242. Vgl. unten, S. 204 ff. Zu Solgers Konzeption der Sprache siehe Friedhelm Decher, *Die Ästhetik K. W. F. Solgers*, Heidelberg 1994, S. 335 ff.

II. Zwischen Romantik und Idealismus

1. Das Schöne ist (auch) das Erhabene

Das gesamte ästhetische System Solgers fußt auf der Idee, dass das Schöne als Produkt einer Interaktion zwischen der schöpferischen Subjektivität und der phänomenalen Welt „in der Vereinigung von Widersprüchen" bestehe, ist dabei jedoch nicht als Identität, sondern als dialektisches Wechselverhältnis der Gegensätze gedacht. Solger beabsichtigt damit einerseits, die Autonomie des Endlichen, welches nicht einfach unter das Universelle subsumiert wird, aufrechtzuerhalten, ohne aber in eine sensualistische Sicht des künstlerischen Phänomens zurückzufallen, sowie andererseits, ein Produktionsprinzip zu liefern, das es erlaubt, eine möglichst differenzierte Artikulierung der verschiedenen Existenzformen der Schönheit aufzubauen. Die dynamisch-dialektische Struktur des Verhältnisses von Idee und Wirklichkeit hat er als einen Übergang zwischen den Gegensätzen dargestellt: „Können wir den Akt fassen, durch welchen die Idee in die Wirklichkeit gestoßen wird, und gleichwohl nicht aufhört, Idee zu sein; so wäre der Übergang das, was wir wirklich vor uns hätten, und die Extreme würden nur in diesem Übergang von uns aufgefaßt. Das Schöne kann also nur in einer Tätigkeit liegen, welche so aufgefaßt wird, daß wir die Gegensätze in dem Akt ihres Überganges erkennen" (S. 87).

Die Konzeption des Gegensatzverhältnisses als Übergang ermöglicht es nämlich, das Schöne gemäß der zwei Aktivitätsrichtungen – vom Allgemeinen (Subjektivität, Idee) zum Besonderen oder umgekehrt vom Besonderen (begrenzte Realität, Natur) zum Allgemeinen – aufzufassen und dabei den vermittelten Charakter der Gegensätze beizubehalten: Im Schönen tritt das Universelle nie als abstrakter Begriff, sondern stets als konkrete Idee auf, und das Endliche wird als das von seinem Zusammentreffen mit einem Begriff veränderte Mannigfaltige verstanden. Die Endlichkeit, die einen wesentlichen Aspekt der sich im Schönen vollziehenden Synthese der

Gegensätze darstellt, besitzt hier insofern, als sie die „Gegenwart" der Idee ermöglicht, einen autonomen Wert. Vom Verständnis des Verhältnisses der Gegensätze als Übergang rührt die antithetische Struktur von Solgers ästhetischen Begriffen her, in denen jedes Element jeweils einen Verweis auf sein Gegenteil enthält. Auf der Ebene der Ontologie des Schönen umfasst daher das Schöne das Erhabene so, wie das Tragische das Komische als Prinzip einschließt.

In solch einem Zusammenhang wird das Schöne als eine Art der Erkenntnis des Absoluten bzw. der Verwirklichung der Vernunft im Medium der sinnlichen Besonderheit verstanden. Das unterscheidet seinen spezifischen Wahrheitsgehalt von der aus einem logisch-begrifflichen Denkverfahren hervorgehenden philosophischen Wahrheit, die „über die bloße Erscheinung" hinausgehen muss (S. 49). Als Basisformen der objektivierten Schöpfungstätigkeit kommen das Schöne und das Erhabene an erster Stelle in den Grundbestimmungen der Kunstmetaphysik Solgers vor, in denen die beiden Begriffe als Erscheinungen oder – in der Terminologie des Autors – als „Standpunkte" des im Kunstwerk sich konstituierenden Verhältnisses von Idee und Wirklichkeit gelten. Entspricht nämlich das Schöne dem Moment der unmittelbaren Vergegenständlichung der Idee, so wird im Erhabenen „die Idee als sich entwickelnd, den Gegensatz der Erscheinung aus sich hervorbringend" betrachtet (S. 70). Wie Schelling und Schlegel geht es auch ihm explizit darum, die traditionelle Konzeption des Erhabenen als Gegensatz zum Schönen zu überwinden, um es „mit diesem auf denselben Begriff zurückzuführen",[40] in der Absicht, die strukturelle Gegensätzlichkeit von Intuition und Reflexion in einem höheren Kunstbegriff aufzuheben und ein Strukturmodell für die reflexiv-allegorische Kunst der Moderne zu liefern.

Als „Standpunkte", von denen aus die Dynamik der sich im Endlichen offenbarenden Idee gesehen wird, sind also nach Solger das Erhabene und das Schöne im Prinzip kom-

[40] *Erwin*, S. 20.

plementär und nicht antithetisch, obwohl im wirklichen Gegenstand das eine oder das andere vorherrschen muss. Am Schönen kann man die effektive Auflösung der Gegensätze in einem endlichen Objekt beobachten. Es ist gleichsam der zum Ruhepunkt gekommene, kristallisierte Schöpfungsprozess. Erhaben ist hingegen ein schönes Objekt, in welchem die Erscheinung, über sich selbst hinausweisend, ihren intellektuellen Ursprung sichtbar macht: „Soll die Schönheit aus der Vereinigung der Gegensätze entstehen, so muss sich aus der Idee als der ursprünglichen Einheit die Wirklichkeit als eine Entfaltung entwickeln, in welcher wir die Einheit selbst als das Tätige, Bestimmende erkennen. Dies ist der Standpunkt des *Erhabenen*. Es ist das Schöne, insofern wir darin die lebendige Tätigkeit der Idee finden" (S. 69). Die innere Widersprüchlichkeit des Erhabenheitsbegriffs, aus der nach Burke und Kant das Negative und das Schreckliche entstehen, wird damit auf die subjektive Reflexionsebene verschoben. So wird das Schöne insofern als Moment der Offenbarung der Idee angesehen, als diese in der Erscheinung und als Erscheinung wahrgenommen wird, während das Erhabene eine Fokussierung auf das geistige Prinzip, das die Synthese bewirkt, darstellt. In diesem Kontext unterstreicht Solger jedoch die untrennbare Verbindung der beiden Momente, deren Zusammenhang einen dialektischen Charakter haben soll und in gewissem Sinne vom schillerschen Idealschönen nicht so weit entfernt zu sein scheint. Ist im ersten *Erwin*-Gespräch noch von dem Erhabenen als „dem unvollkommenen Schönen" die Rede, so wird diese nahezu abwertende Position im Laufe des Werkes und in den *Vorlesungen* wesentlich korrigiert.[41]

Die Einheit der Gegensätze fasst Solger als eine Dynamik auf, in der sowohl die Produktivität des Geistes als auch die Einzelheit des Wirklichen in ihrer Vitalität dialektisch erhalten bleiben, wodurch er sich von Schellings identitätsphilosophischem Modell des Indifferenzpunktes zu distanzieren versucht. In dieser Hinsicht spielt der Begriff des Erhabenen im

[41] *Erwin*, S. 46.

Rahmen der systematischen Ausdifferenzierung der Formen des Schönen bzw. der Kunst eine wichtige Rolle und findet an der Seite der subjektiven Produktionstätigkeit sowie der reflektierten Erscheinungen der romantischen Kunst seinen Platz.

Gilt der Oberbegriff Schönheit auf der Ebene der metaphysischen Struktur der Kunst als Einheit von Schönem und Erhabenem, überwiegt hingegen dort, wo es um deren Konstruktion und um die konkrete Phänomenalität des Kunstwerks geht, die Differenz: „Erhabenes und Schönes bleiben immer gesondert. In jeder künstlerischen Erscheinung muß eins von beiden überwiegend sein; keine kann beides zugleich haben. – Jedes von diesen Prinzipien muß die ganze Kunst umfassen, und in der wirklichen Tätigkeit müssen beide immer geschieden werden“ (S. 144). Das bedeutet wiederum nicht, dass Schönheit und Erhabenheit jeweils in bestimmten Kunststoffen oder Gegenständen zu finden seien. Vielmehr gebe es Kunstwerke, die erhaben und nicht schön wirkten, weil in ihnen das Werden der Schönheit im Medium der Wirklichkeit so zum Vorschein komme, dass die Aufmerksamkeit des Betrachters auf das ihm zugrunde liegende intellektuelle Prinzip gelenkt werde und sich nur später auf die sinnlichen Eigenschaften des Objektes konzentriere. In solchen erhabenen Gegenständen, sagt Solger, erkennen wir die Einheit oder die Idee als das aktiv-bestimmende Prinzip der äußeren Form. Das Erhabene ist letztendlich das, was den Prozess der dialektischen Vereinigung der Gegensätze im Kunstwerk sichtbar macht. Daher ist die Erfahrung des Erhabenen mit einem Überwiegen des Subjektiv-Universellen verbunden, das im Gegensatz zum Schönen eine gewisse Kälte oder Distanz hervorbringt, die uns daran hindert, uns gleichsam in der Welt zu Hause zu fühlen. Was immer wieder als das Negative in der erhabenen Erscheinung interpretiert wurde, wäre daher eine sich aus der Reflexivität des Prozesses ergebende Unruhe. Ein Nachklang von Schillers Theorie des Schönen und des Erhabenen als der „zwei Genien“ des Lebens ist hier nicht zu übersehen und ebenso wenig die Parallele zu dem

Begriffspaar Anmut und Würde, das bei Schiller das anthropologische Korrelat dazu bildet.[42] Nach Solgers Umdeutung des Schiller'schen Ansatzes drücken Würde und Anmut „die Verbreitung der Erhabenheit und Schönheit in die besondere Wirklichkeit“ (S. 144) aus,[43] jedoch unter Ausschluss jeder moralischen Nuance. Das bei Schiller herrschende dualistische Modell versucht er jedoch durch eine mit der geometrischen Metapher der Ellipse illustrierte Dialektik der Gegensätze zu ersetzen.[44] So versteht er Schönheit und Erhabenheit sowie alle polaren Kategorien seiner Kunsttheorie als die von der „elliptischen Bahn“ des künstlerischen Verstandes umgebenen „Brennpunkte“, die niemals „zusammenfallend einander vernichten“ können und im gleichen Verhältnis zur Einheit bleiben. Wird damit die wesentliche Einheit des Kunstbegriffs gerettet, so bleibt für die Differenzierung der Kunstformen die „Richtung“ der Tätigkeit, d. h. die Priorität entweder des Objektiven oder des Reflexiv-Subjektiven, bestimmend. Die Reflexivität und Subjektbezogenheit der allegorischen Ausdrucksform hat ihr Pendant in der Bestimmung des Erhabenen als Anschauung der Tätigkeit der Idee. Die Allegorie und das Erhabene weisen eine ähnliche begriffliche Struktur auf, die in der ersten auf der Ebene der objektiven Kunstwerkskonstitution, im zweiten im Bereich der metaphysischen Definition des Schönheitsphänomens eingesetzt wird.

Aus diesem Grund findet das Erhabene in Solgers Systematik seinen eigentlichen Ort in Werken, die sich in einem Spannungsfeld zwischen geistiger Innerlichkeit und Darstellung des Niedrigen und Ordinären, zwischen Mystik und Humor entfalten. In beiden Extremen weist das Besondere auf gegensätzliche Weise auf die Wirksamkeit seines göttlichen Grundes hin. Das gilt sowohl für die Dialektik von geschichtlichem Er-

[42] Vgl. F. Schiller: *Über das Erhabene*, NA XXI, S. 41. Zu Schillers Antagonismus des Schönen und des Erhabenen: Carsten Zelle, *Die doppelte Ästhetik der Moderne*, Stuttgart 1995, S. 174 ff.

[43] Vgl. *Erwin*, S. 172.

[44] *Erwin*, S. 383.

eignis und Transzendenz in Dantes *Göttlicher Komödie* als auch für die humoristische Produktion eines Jean Paul oder Laurence Sterne. In der bildenden Kunst findet Solger v.a. den nichtklassischen Correggio mit seinem geheimnisvollen Helldunkel erhaben. Die allegorische Kunst hat eine mystische Seite, die auf der Annahme gründet, dass das Göttliche „das Wesentliche unseres Inneren selbst ist, und dass alle Wirklichkeit in diesem Wesen verschwindet und untergeht" (S. 110).[45] Daraus entsteht ein religiöses Gefühl, das „überall von der würdigen Anschauung des Erhabenen unzertrennlich ist, denn das eben nennen wir im wahren Sinne erhaben, worin der göttliche Ursprung noch ganz erkennbar und unverfälscht hervorleuchtet, und uns die annahende Gegenwart der Gottheit überzeugend ergreift".[46] Das bezieht sich nicht unbedingt auf eine religiöse Kunst, vielmehr wird auf die Präsenz einer unendlichen Bedeutung im endlichen Dasein des Kunstwerks hingewiesen. So kann auch die prägnante Kürze einer Dichtung oder eines Witzes erhaben erscheinen, weil sie quasi antiphrastisch die konzentrierte Kraft der Idee durchscheinen lässt (vgl. S. 70). Erhaben kann aber andererseits auch die humoristische Kunst sein, in der sich die Idee in unbedeutende, niedrige, irrelevante Aspekte der Wirklichkeit aufsplittert, ohne jedoch aufzuhören, als Grund der Subjektivität zu erscheinen. In dieser typisch modernen, subjektiven Kunstform, in der sich die Darstellung auf die unerschöpfliche Mannigfaltigkeit des Sinnlichen konzentriert, wird das Gefühl durch einen Bedeutungskurzschluss auf das dahinterstehende Ideal gelenkt. Mit einer unkontrollierbaren äußeren Wirklichkeit konfrontiert, erzeugt die Phantasie eine „Welt der Brechungsverhältnisse", in der das Poetische des Humoristen liegt.[47]

[45] Das Verhältnis von Allegorie und Mystik hat Solger besonders im Briefwechsel mit Ludwig Tieck behandelt, siehe z. B. den Brief vom 3. 8. 1818, *Matenko*, S. 468 f.

[46] *Erwin*, S. 170.

[47] Dazu Wolfgang Preisendanz, *Humor als dichterische Einbildungskraft. Studien zur Erzählkunst des poetischen Realismus*, München 1963, S. 40.

Solger beruft sich auf die Formulierung von Jean Paul, der „den Humor ein umgekehrtes Erhabenes oder auf das Unendliche angewandtes Endliche nennt",[48] um die ausschließliche Verbindung des Erhabenen mit dem Tragischen aufzulösen. Anders als Jean Paul versteht er aber den Humor aufgrund der ambivalenten Stellung der Endlichkeit gegenüber der Idee als ein Übergangsphänomen zwischen Tragischem und Komischem: „Im Humor geht die Idee in die Wirklichkeit als Wirklichkeit über; daher wird auch das Erhabene einen Anstrich des Komischen haben, da wir die Idee darin als Prinzip erkennen" (S. 172). Die Theoretiker der Ästhetik in der Nachfolge Hegels haben sich besonders von Solgers Interesse für die Widerspruchsformen des Schönen angesprochen gefühlt und teilweise Solger gegen Hegel ausgespielt. Namentlich Friedrich Theodor Vischer hat das besondere Verdienst des Berliner Philosophen gerade darin gesehen, „das Verhältnis des Erhabenen und Komischen zum Schönen angesprochen zu haben", und auf dessen Analysen „fortbauend" hat er die eigene antiklassizistische Theorie entwickelt.[49]

2. Eine Phänomenologie der Phantasie

In einem im Jahr 1814 geschriebenen Brief an den Bruder fasst Solger die grundlegende Intuition zusammen, auf der sein ästhetisches System aufbaut. Zugleich hebt er den roten Faden einer argumentativen Entwicklung hervor, die von der Definition der Schönheit bis zur Auffassung der Ironie als Gipfelpunkt der Analyse des ästhetischen Bewusstseins führt:

[48] *Erwin*, S. 352.

[49] Nach Vischer kann man von Solger „in einem anderen Sinne als Baumgarten" sagen, „er habe die erste Ästhetik geschrieben". Vgl. Friedrich Theodor Vischer, *Über das Erhabene und Komische*, hg. von Willi Oelmüller, Frankfurt a.M. 1967, S. 49 f.

> „Wie ist es möglich, daß in einer zeitlichen und als solche mangelhaften Erscheinung sich ein vollkommnes Wesen offenbaren könne? Denn daß hierin die Schönheit liege, das haben dunkel alle gefühlt und darum die widersprechendsten Dinge zu vereinigen gesucht. Die Lösung ist: durch ein vollkommenes Handeln, von einer gewissen bestimmten Art, welche die Kunst heißt; dieses ist nur in dem Moment, wo die Idee oder das Wesen die Stelle der Wirklichkeit einnimmt, und eben dadurch das Wirkliche für sich, die bloße Erscheinung als solche vernichtet wird. Dies ist der Standpunkt der Ironie“.[50]

Das künstlerische Schaffen, aus dem das Kunstwerk entsteht, bezeichnet Solger als eine reflektierende „Tätigkeit nach der Idee“. Gemeint ist ein poietisches Handeln, das die Idee voraussetzt und sie als Einheit von Allgemeinem und Besonderem veranschaulicht, wodurch die in der gemeinen Erkenntnis bestehende Trennung von Subjektivität und objektiver Wirklichkeit überwunden wird. Das Spezifische an der künstlerischen Tätigkeit ist, dass in ihr der Moment der Anschauung und der des Setzens im Endlichen untrennbar miteinander verbunden sind und diese im Kunstwerk nicht als aufgehoben, sondern als zusammen bestehend erscheinen. Nach Solgers Definition, die teilweise auf Fichtes Begriff der Tathandlung zurückgeht, unterscheidet sich das künstlerische Handeln von dem gemeinen „Machen nach Zwecken durch Mittel […]“ dadurch, dass sich die ineinander übergehenden Gegensätze „als ursprünglich dasselbe“ verhalten.

Die künstlerische Tätigkeit oder Phantasie erscheint für Solger daher als produzierende Kraft und Produkt zugleich, auf eine solche Weise, dass im Kunstwerk der dem Schöpfungsakt zugrundeliegende Erkenntnisprozess immer erkennbar bleibt. Sie bildet die subjektive Seite der Konstitution des Kunstwerks als symbolische Darstellung der Idee. Ist denn das Symbol das Medium, in dem sich Erscheinung und Wesen vereinigen, so erweist sich die Phantasie als die vermittelnde Kraft, die die

[50] NS I, S. 360.

Idee als wirklich existierend und gleichzeitig als der gemeinen Wirklichkeit entgegengesetzt auffasst.

Obgleich in der Mannigfaltigkeit der Erscheinungswelt operierend, unterscheidet sich die Phantasie insofern von der sinnlichen Anschauung, als sie in einer Dimension, die sich radikal von derjenigen der Objekte der empirischen Erkenntnis unterscheidet, frei die Beschaffenheit des Objektes, das sie kennt, bestimmt. Sie fällt andererseits auch nicht mit der intellektuellen Anschauung zusammen. Diese ist nämlich reine Position der Identität, eine Überwindung des Unterschieds, auf dem jede Denktätigkeit gründet, und kann folglich nur Grundlage, aber nicht Ausgangspunkt einer Entwicklung von kreativer Tätigkeit sein: „Sei also der Zustand des Erkennens in der Phantasie Anschauung zu nennen, so ist es doch eine ganz eigentümliche Art der Anschauung, worin Wechsel, Beziehung und Unterscheidung ist, dergleichen wir sonst nur im Urteil des Verstandes suchen".[51] Die Unterscheidung zwischen den verschiedenen „Richtungen" innerhalb der Phantasie rührt von der Überzeugung her, dass im Schönheitsphänomen die Idee in ihrer abstrakten Reinheit nicht denkbar sei und dass ihr Verhältnis zur Wirklichkeit keine „Indifferenz" im Sinne Schellings bilde: „Es ist notwendig, daß die künstlerische Tätigkeit verschiedene Richtungen nimmt; sonst fiele sie in die absolute Einheit des Bewußtseins zurück" (S. 150). Die als Übergang konzipierte Tätigkeit zielt darauf ab, das Verhältnis der Phantasie zu der vom gemeinen Verstand bereits synthetisierten Erscheinungswelt differenziert zu erfassen und somit der Verschiedenheit der Kunstformen und Kunstgattungen Rechnung zu tragen. Da nämlich die Kunst als Objektivierung der sich zwischen den Polen der Wirklichkeit und der Idee bewegenden schöpferischen Tätigkeit aufgefasst wird, werden die unterschiedlichen künstlerischen Ausdrucksformen anhand der Erkenntniseinstellung klassifiziert, aus der sie entstehen, sowie der Position, welche diese gegenüber dem Idealen und dem Realen einnimmt.

[51] *Erwin*, S. 312.

In der auf gegensätzlichen Begriffsbestimmungen aufgebauten Struktur der schöpferischen Subjektivität konvergieren und interagieren Kreativität und Rezeptivität, Anschauung und Reflexion, Inspiration und Verstand: „Phantasie und Sinnlichkeit sind die Fäden, durch welche die Kunst mit der Wirklichkeit verknüpft ist, und die sich im Verstande vereinigen“ (S. 191). Das ist das, was Solger, auf das Wechselverhältnis von komplementären Geisteskräften in einem einheitlichen Schöpfungsakt hinweisend, „Organismus der Phantasie“ nennt. So wird zunächst zwischen einer Phantasie im engeren Sinn (oder „Phantasie der Phantasie“) und einer „Sinnlichkeit der Phantasie“ unterschieden, welche respektive von der Intuition der Idee her auf die Erscheinung und von der sinnlich vermittelten Aufnahme des Realen her auf die Idee vorgehen.[52] Was solche unterschiedlich ausgerichtete Phantasieformen auf einem höheren Reflexionsniveau dialektisch verbindet, ist die kognitiv-rationale Dimension des schöpferischen Bewusstseins („Verstand der Phantasie“), wodurch die paradoxe Einheit von Realität und Idealität im endlichen Dasein des Kunstwerks durch das ironische Bewusstsein ans Licht gebracht wird.

Die Phantasie im engeren Sinne, die unmittelbar aus einer bestimmten Intuition des Idealen hervorgeht, ist Ausdruck der wesentlichen Freiheit des Subjekts, in dem Sinn, dass sie „von keinem anderen Gesetze der Notwendigkeit abhängig ist, sondern sich durch sein Handeln selbst das Gesetz gibt“.[53] In ihrer ersten Variante, der bildenden Phantasie,[54] geht die Bewegung

[52] Diese Gliederung des künstlerischen Bewusstseins bildet einen systematischen Kontrapunkt zur Theorie des Symbols: Die bildende Phantasie ebenso wie die sinnliche Ausführung der Gestalt finden in der Unmittelbarkeit des Symbols „im engeren Sinne“, das in der klassischen Kunst vorwiegt, ihren Ausdruck, während sinnende Phantasie und Empfindung der Reflexivität der allegorischen Kunst entsprechen.

[53] *Erwin*, S. 367.

[54] In dieser Bezeichnung ist die Anspielung auf die „bildende Nachahmung des Schönen“ von Moritz nicht zufällig. Über Moritz äußert sich Solger positiv in *Vorlesungen*, S. 61.

der Gegensätze vom Allgemeinen zum Besonderen so, dass die Anschauung der Idee unmittelbar in eine bestimmte endliche Gestalt verwandelt wird. Gemeint ist hier das Verfahren der klassischen, symbolischen Kunst. Die Idee wird vom Künstler als Form oder endliches Dasein konzipiert und prinzipiell nicht in Prozesse von Abstraktion und Reflexion miteinbezogen. Der Naturalismus der antiken Kunst sei folglich nicht das Produkt der Nachahmung von Naturformen, vielmehr wurden „die Körpergestalten der antiken Gottheiten […] nach einem Begriff ersonnen" (S. 153), d.h. sie sind Konsequenz des auf den Persönlichkeitsbegriff ausgerichteten griechischen Polytheismus. Das von der sinnlichen Wahrnehmung gelieferte Material ist nämlich immer intellektuell vermittelt, damit die Offenbarung der Idee eintreten kann.

Die zweite Form stellt die „sinnende Phantasie" dar. Hier fängt der Schöpfungsprozess mit der Betrachtung des Wirklichen an, das reflexiv aufs Allgemeine zurückgeführt und aus den gemeinen Verhältnissen (der Realität) herausgenommen wird. Das aus diesem Verfahren entstehende allegorische Kunstwerk erweist sich als das Resultat der Doppelbewegung, die nur mittelbar zur Position der allgemeinen Idee im Endlichen gelangt. Während im Akt des Bildens sich das Streben der Notwendigkeit in einem endlichen und doch unbedingten Dasein äußert, verwandelt im Gegenteil das Sinnen jedes Zufällige und Wirkliche in ein Wesentliches, sodass die in der unendlichen Mannigfaltigkeit der Naturerscheinungen zersplitterte Einheit der Idee wieder ans Licht gebracht wird. Das Universelle, wenn es in diesem Fall auch nicht den Beginn des kreativen Prozesses darstellt, bildet das „An sich" des Bewusstseins. Die von der reflektierenden Phantasie produktiv aufgenommene Wirklichkeit setzt nämlich die Existenz eines bestimmten intellektuellen Horizonts voraus, obschon dieser nicht in der abstrakten Form des Begriffs erscheint.

Durch eine solche Ausdifferenzierung des Phantasiebegriffs versucht Solger vor allem, die Reflexivität der Kunst der Moderne im Rahmen einer auf der Einheit von Allgemeinem und Besonderem begründeten Auffassung des Kunstschönen zu retten. Der Mangel an Transparenz des modernen allegorischen Kunstwerks wird denn durch eine größere Komplexität und philosophische Tiefe kompensiert. Das Modell ist Dantes „universelles Epos", das auf exemplarische Weise die Wechselbeziehung zwischen dem komplexen idealen Ansatz (dem von der thomistischen Theologie gelieferten theoretischen Gerüst) und dem vielfältigen Reichtum der historischen Ereignisse und der dargestellten Figuren aufzeigt. Die Universalität des Inhalts stimmt niemals gänzlich mit der Partikularität des Beobachtungspunktes überein, und eben aus dieser Diskrepanz geht für das Verständnis des Werkes die Notwendigkeit einer hermeneutischen Vermittlung hervor.

Auf der Seite der „Sinnlichkeit der Phantasie", wo die Rezeptivität in der Dialektik der Gemütskräfte eine überragende Rolle spielt, finden wir ebenfalls zwei entgegengesetzte Modi der schöpferischen Kraft. Der eine, etwas unglücklich „sinnliche Ausführung" genannt, wirkt durch Konzentration auf die Details der äußeren Erscheinungswelt. Mit dieser Bestimmung der Sinnlichkeit denkt Solger an die auf die spezifischen Darstellungsmöglichkeiten des menschlichen Körpers gerichtete spätgriechische Skulptur, deren Zweck „die Vollendung der Form" sei (S. 163), wobei nicht die gemeine Sinnlichkeit ins Spiel komme. Die künstlerische Stimmung, die eine antike, aber nicht apollinische Statue wie der Faun von Belvedere inspiriert, stammt nämlich aus dem „Standpunkt der Dionysischen Orgien" und ist neben die, allerdings auf einem höheren Reflexionsniveau stehende Dichtung von Ovid und Catull zu setzen, in der das Erotische mit einem vom Verstand hervorgebrachten Humor übereinstimmt.

Der andere Modus der Sinnlichkeit ist die Empfindung (auch „Rührung" im *Erwin*), die eine „Richtung nach innen" darstellt, wodurch die emotionale Anlage des Menschen ins Zentrum der Kunstproduktion gerückt wird. Leidenschaft und Reflexion sind die Kennzeichen dieser meist modernen Phantasieform, deren Wirkung vor allem im sentimentalen

Roman zu sehen ist.[55] Die Phantasie des Künstlers setzt hier den Fokus nicht auf die Objekte der Welt an sich, sondern auf die Gewalt des auf das Subjekt gemachten Eindrucks, der wiederum auf dem ihm allgemein zugeschriebenen Wert basiert. Die Form der Objekte wird also gleichsam von der durch sie auf das Selbstbewusstsein ausgeübten Rückwirkung bestimmt, das aber „läßt sich am meisten daran erkennen, wenn die Kunst durch eine an sich einseitige Richtung des Gefühls oder der Leidenschaft nicht allein das ganze Gemüt, sondern die ganze Sinnesart des Menschen bis in seine tiefsten Überzeugungen hinein ergreift und umwandelt".[56] In der Empfindung sieht Solger einen besonders prägnanten Ausdruck des modernen ästhetischen Bewusstseins, dessen paradigmatischen Ausdruck wieder ein Werk des geliebten Goethe, die *Leiden des jungen Werther*, darstellt. In der Kehrseite der Empfindung, dem Humor, stehen hingegen individuelle Charaktere im Mittelpunkt, die durch eine obsessive und einseitige Zuspitzung von allgemein menschlichen, positiven Eigenschaften eine Umkehrung des Ideals verkörpern.

Bilden Spontaneität und Rezeptivität der Phantasie die Grundelemente der schöpferischen Tätigkeit und verbinden sie die Kunst mit der Wirklichkeit, so finden sie aber ihre Einheit und ihren idealen Sinn in einer kognitiven Dimension der Kreativität, dem „Verstand der Phantasie". Mit diesem Begriff, der sich als dialektisch-vereinheitlichende Erkenntnisfunktion von dem gemeinen Verstand grundsätzlich unterscheidet, will Solger die Verankerung jeder Kunstproduktion im Rationalen unterstreichen: „der künstlerische Standpunkt ist ein Standpunkt der Einsicht, der verstandesmäßigen Erkenntnis, und das Denken bleibt die innerste wesentliche Kraft der Kunst" (S. 151). Das Unbewusste, die irrationalen Kräfte des Genies können nur den Anfang des Schöpfungsprozesses bilden, dessen Vollendung eine Einsicht des der ge-

[55] Vgl. unten, S. 162–169. Für eine genauere Analyse dieser Begriffe siehe G. Pinna, *L'ironia metafisica*, a. a. O., S. 137–163.

[56] *Erwin*, S. 349.

schichtlichen Wirklichkeit innewohnenden Logos erfordert.[57] Da der künstlerische Verstand aber immer ein Denken in der Erscheinung ist, muss er sich noch entzweien und die dialektische Spannung von Idee und Wirklichkeit auf einem höheren Abstraktionsniveau gleichsam ins Kunstwerk hineindenken.

Die erste Verstandesbestimmung, die sich auf die Entgegensetzung von Idee und Welt als auf den den Lebenskreis der Individuen bildenden Zusammenhang fokussiert, äußert sich im Kunstwerk als Witz oder als Betrachtung. Die zweite, welche die ontologische Struktur des Kunstwerks als Dialektik von Wesen und Erscheinung anschaubar macht, ist die Ironie. Durch Betrachtung und Witz wird das Verhältnis der idealen Einheit mit der Mannigfaltigkeit der Lebenswelt entweder positiv oder negativ erfasst. So nimmt die Betrachtung die Wirklichkeit als Entfaltung der Idee wahr, wofür Solger den paradigmatischen Konflikt der göttlichen Gesetze mit der bürgerlichen Gesetzgebung in Sophokles' Antigone als Beispiel angibt. In seiner betrachtenden Funktion bringt der Verstand eine „echte künstlerische *Dialektik*" hervor, „die in allen Gegensätzen die Idee findet und das Vergängliche, durch die Spaltungen Aufgehobene, der Idee zum Opfer bringt" (S. 179), so dass in den von der Betrachtung geprägten Kunstwerken durch die Darstellung ein vollkommenes Wechselverhältnis von Göttlichem und Irdischem zum Vorschein kommt. Während ein solches Gleichgewicht der Gegensätze besonders in der antiken objektivierenden Kunst vorhanden ist, wirkt der dialektische Gegenpol der Betrachtung, der Witz, bevorzugt in modernen Kunstprodukten. Dem Witz als Ausdruck des *ingenium* wird allgemein die Fähigkeit zugeschrieben, Disparates und Widersprüchliches auf einen bestimmten Punkt zurückzuführen. Als Form der Phantasie besteht seine Eigenschaft darin, durch die Wahrnehmung des Nichtigen und Kleinlichen den idealen Sinn der Dinge erblicken zu lassen. Im Gegensatz zur Betrachtung erforscht nämlich der Witz die Widersprüche der Realität, um ihren paradoxen, antiphrastischen

[57] Siehe unten, S. 100 f.

und unerwarteten Bezug zur Idee ans Licht zu bringen, und verwandelt das Banale und Nebensächliche in Anschauung des Absoluten. Damit übernimmt Solger das frühromantische Konzept des Witzes und versucht, im Rahmen der Darlegung des Verhältnisses von Allgemeinem und Besonderem im Kunstwerk eine Erklärung seiner begrifflichen Struktur zu liefern. Auch die von ihm angegebenen Beispiele Cervantes und Shakespeare sind Spitzenfiguren des frühromantischen Literaturkanons. Es ist „der wunderbare Widerspruch von Narrheit und Tugend in dem Charakter des Helden", der aus dem *Don Quijote*, dessen Aufbauprinzip in der kontinuierlichen gegenseitigen Aufhebung der gegensätzlichen Eigenschaften des Subjekts besteht, ein Vorbild des komischen Witzes ausmacht: „in der Zerstörung ist überall die Grundidee lebendig, um so schöner, je mehr sich die Wirklichkeit darin vernichtet" (S. 185). Der Witz kann aber auch tragisch sein, und hier sind nach Solger Werke wie *Hamlet* und *Macbeth* in Betracht zu ziehen, in denen der Kontrast von Hohem und Niedrigem zugleich Überraschung und Schrecken hervorbringt.

Das Kriterium einer solchen systematischen Gliederung kann man in gewissem Sinne quantitativ nennen. Da in der Tätigkeit der Phantasie im Prinzip alle „Richtungen" mit einbegriffen sind, sind die Unterschiede zwischen den Kunstformen und Kunstgattungen auf das Vorwiegen einer Bestimmung über die anderen zurückzuführen. Die Funktion des Verstandes bleibt aber übergeordnet oder mindestens übergreifend, indem er die verschiedenen Komponenten des kreativen Schaffens in einem intellektuellen Akt „organisch" verbindet. Damit zielt Solger letztendlich darauf ab, das ästhetische Phänomen in den weiteren systematischen Kontext der „höheren Erkenntnis" zu setzen und der im einleitenden Teil der *Vorlesungen* behaupteten praktisch-theoretischen Erkenntnisfunktion der Kunst eine konkrete und differenzierte Ausformung zu verleihen.[58] Das komplexe, aus verschiedenen

[58] Dazu Ingrid Strohschneider-Kohrs, *Die romantische Ironie in Theorie und Gestaltung*, Tübingen 1960, S. 192 f. und Matthias Koßler,

Fähigkeiten resultierende Produktionsverfahren der Phantasie gipfelt somit in der Konzeption der Ironie.

3. Die Ironie als Dialektik der Kunst

Von der Perspektive der schöpferischen Tätigkeit her betrachtet erscheint die Ironie, wie angedeutet, als Bewusstsein des dialektischen Verhältnisses von Wesen und Erscheinung in der Konstitution des Kunstwerks. Das aus dem Verstand der Phantasie hervorgehende Wahrnehmen der gegenseitigen Begrenzung der Gegensätze im Endlichen ist „für die Kunst dasselbe, was die Dialektik für die Philosophie: daher wir es auch künstlerische Dialektik nennen können“ (S. 149). Der ironische Verstand zeigt, dass das Kunstwerk eine essentielle Einheit von Wesen und Erscheinung bildet, die jedoch nicht als Identität der Gegensätze möglich ist. Als Bewusstsein des Sich-Beziehens des Seins auf das Dasein des Endlichen in einer wirklichen Gestalt ist die Ironie zunächst eine Erkenntnis des Negativen, da die Offenbarung der Idee mit ihrer Selbstbegrenzung, d.h. mit ihrer Vernichtung als das Allgemeine, verbunden ist. So macht die Ironie „das Wesen der Kunst, die innere Bedeutung derselben aus; denn sie ist die Verfassung des Gemüthes, worin wir erkennen, daß unsere Wirklichkeit nicht sein würde, wenn sie nicht Offenbarung der Idee wäre, daß aber eben darum mit dieser Wirklichkeit auch die Idee etwas Nichtiges wird und untergeht. Die Wirklichkeit gehört freilich nothwendig zur Existenz der Idee; aber damit ist zugleich immer die Aufhebung derselben verbunden“ (S. 191). Es ist aber die Wahrnehmung der Präsenz der Idee in der Wirklichkeit, welche die Voraussetzung der Ironie als negativ-relativierendes Moment des Schöpfungsprozesses bildet. „Begeisterung“ nennt Solger die so beschaffene unmittelbare Gewissheit der Gegenwart der Idee in der endlichen Gestalt

‚Leib‘ und ‚Bedeutung‘ in der Ästhetik K. W. F. Solgers, in: „Jahrbuch der Deutschen Schiller-Gesellschaft“ 43 (1999), S. 279–304.

bzw. die Fähigkeit, „die Ideen unmittelbar mit der Wirklichkeit zu verknüpfen“,[59] die die dialektische Kehrseite der Ironie darstellt.[60]

An sich ist das absolute Allgemeine (das Sein) leere Form und kann als solche nicht erkannt werden. Es wird nur durch das Sich-Beziehen auf das Besondere im Medium des Selbstbewusstseins zur essentiellen Wirklichkeit zur Gegenwart. Das Absolute als Sein ist nach Solger, im Gegensatz zu Schelling, zwar Grund, aber nicht Identität, da „die Einheit mit sich selbst notwendig zugleich Einheit der Entgegengesetzten, oder als Gegensatz, welchem die Einheit zum Grunde liegt“, ist.[61] Die Offenbarung des Absoluten ist also durch seine Selbstbeschränkung und die konsequente Aufhebung im Endlichen, d. h. durch sein Nichtigwerden im Besonderen bedingt. Andererseits ist aber das Besondere als reines Nichtsein oder Selbstnegation des absoluten Allgemeinen bloßer Schein. Erst aus der Synthese, die immer relativ ist, entsteht ein Dasein, das für sich ist und in welchem die Gegensätze als Gegensätze erhalten bleiben. Das Sich-Offenbaren des Absoluten erweist sich folglich als Resultat einer doppelten Negation, die sich im Selbstbewusstsein als Anschauung der „Einheit der Einheit und ihrer Gegensätze“ manifestiert. Das Kunstwerk ist die exemplarische Darstellung einer solchen Offenbarung in der sinnlichen Welt. Die konstitutive Negativität der Offenbarung, die den Inhalt der höheren Erkenntnis bestimmt, erweist sich im ästhetischen Bereich als die von ihrem prekären

[59] *Über patriotischen Enthusiasmus*, NS II, S. 400.

[60] Die wechselseitige Bestimmung von Begeisterung und Ironie klingt fast wie eine systematische Variante von dem in der Theorie der Transzendentalpoesie von Schlegel formulierten „ewigen Wechsel von Selbstschöpfung und Selbstvernichtung“. Eine Ähnlichkeit, die jenseits des teilweise verschiedenen Fragehorizonts und der sehr entfernten theoretischen Haltungen zeigt, dass der Gedanke der Selbstbegrenzung des Absoluten den fundamentalen Ansatz in der romantischen Konzeption der Ironie darstellt. Siehe unten, S. 102.

[61] Zu Solgers Lehre vom Sein s. Manfred Frank, *Das Problem „Zeit“ in der deutschen Romantik*, München 1972, S. 97–105.

Hin- und Herschwanken zwischen Allgemeinem und Besonderem determinierte Hinfälligkeit des Schönen.

Im Rahmen der Untersuchung der spezifischen Konstitution des Schönen wird der Hauptgegensatz von Allgemeinem und Besonderem als Verhältnis von Wesen und Erscheinung umformuliert. Wenn man das Schöne als Erscheinung betrachtet, stellt sich die Frage, wie diese sich von dem Erscheinen der gemeinen Dinge unterscheidet. Die Idee erhebt zwar die schöne Erscheinung über die gemeine Existenz der Dinge, kann ihr aber weder ihre Dinglichkeit und Endlichkeit entziehen noch ihr einen definitiven Ausgleichspunkt verleihen. Einerseits steht das Schöne als Erscheinung als ein Negatives vor dem ihm zugrundeliegenden Wesen: „indem es mitten in dem Gewühl der anderen, erscheinenden Gegenstände durch die ihm inwohnende Herrlichkeit des göttlichen Wesens erhöht wird, kann es sich doch nicht aus jener irdischen Verkettung befreien, sondern versinkt vor Gott mit der ganzen übrigen Erscheinung in Nichtigkeit“.[62] Andererseits lässt die Offenbarung des Wesens eine innere Zerspaltung in der Erscheinung entstehen, da in ihr das Gemeine der Dingwelt enthalten ist, jedoch als etwas, wovon sie sich abgesondert hat. Man könnte sagen, dass je relevanter in der schönen Erscheinung die Einzelheit der sinnlichen Eigenschaften ist, sie umso mehr die konstitutive Andersheit von den übrigen Dingen bezeigt. Daraus ergibt sich die paradoxe Situation eines Daseins, das dank seiner Einheit mit der Idee als das „gerade Gegenteil seiner selbst, ja man könnte sagen, [als] sein eigenes Gespenst“ gilt, denn negiert wird zuerst gerade das, wodurch allein das Sich-Offenbaren der Idee zustande kommen kann.[63] Der Widerspruch muss erhalten bleiben. Die unüberbrückbare Diskrepanz von Idee und Erscheinung ist eine konstitutive Eigenschaft des Schönen, das sich in einer stets prekären Lage zwischen zwei Welten befindet.[64] Die Fragilität der schönen Erscheinung hängt davon ab,

[62] *Erwin*, S. 185.

[63] *Erwin*, S. 188.

[64] Die von Solger formulierte Idee der Hinfälligkeit des Schönen

dass sie nicht als eine „unendliche Kette von Beziehungen und Verknüpfungen“, sondern als „die Idee in sich enthaltend“, d. h. als Schönheit, untergeht. Der wahre Widerspruch im Schönen besteht demzufolge nicht darin, dass es als wirkliche Erscheinung dem allgemeinen Schicksal der endlichen Dinge unterliegen muss, sondern darin, dass mit ihr „jedesmal eine ganze Gottbeseelte Welt dahinstirbt“. Diese Selbstvernichtung der Idee ist das, was Solger „das Tragische in der Kunst“ nennt (S. 94).

Anders als August Wilhelm Schlegel, der jegliche Ironie vom echt Tragischen ausschließt, sieht Solger eine enge Verbindung zwischen den beiden Phänomenen: Einerseits entsteht die ironische Stimmung aus dem Bewusstsein solcher tragischer Fragilität des Kunstwerks und veranschaulicht sie, andererseits gibt es eine tragische Ironie, die den Sinn der tragischen Handlung selbst betrifft. Wirkt also die Kunstironie überhaupt auf der Ebene der metaphysischen Werkstruktur, so besteht die tragische Ironie vielmehr in einer Infragestellung des Sinnes des dramatischen Geschehens sowie in einer impliziten Negation der heroischen Absicht. Was mittels der tragischen Ironie in Frage gestellt wird, ist die Möglichkeit, das Absolute, sei es das antike Schicksal oder das Weltgesetz, mit den Menschenhandlungen versöhnen zu können. Dem Menschen bleibt nach Solger letztendlich sein eigenes Fundament undurchschaubar: „Alles, womit wir rein über endliche Zwecke hinauszugehen glauben, ist eitle und leere Einbildung. Auch das Höchste ist für unser Handeln nur in begrenzter endlicher Gestaltung da. Und eben deswegen ist es an uns so nichtig wie das Geringste, und geht nothwendig mit uns und unserem nichtigen Sinne unter, denn in Wahrheit ist es nur da in Gott, und in diesem Untergang verklärt es sich als ein Göttliches, an welchem wir

hat Oskar Becker zum Ausgangspunkt für seine phänomenologische Analyse des Schönheitsphänomens genommen: *Von der Hinfälligkeit des Schönen und der Abenteuerlichkeit des Künstlers. Eine phänomenologische Untersuchung im ästhetischen Phänomenbereich*, in: *Festschrift Edmund Husserl*, Halle 1929, S. 27–52.

weder als endliche Wesen, noch als solche, die mit ihren Gedanken über das Endliche scheinbar hinausschweifen können, Theil haben würden, wenn es nicht eine unmittelbare Gegenwart dieses Göttlichen gäbe, die sich eben in dem verschwinden unserer Wirklichkeit offenbart“.[65]

Tragik und Komik bilden für Solger nicht nur die komplementären Richtungen der dramatischen Kunstform, sondern die Grundmodi, in denen die Kunst das menschliche Leben erfasst und darstellt: „Wo der Dichter das allgemeine menschliche Geschick als ein Wesentliches auffaßt, als den Grund, der alle Wirklichkeit trägt, und in welchem sie als Wirklichkeit wieder verschwindet, indem nur jenes wesentliches Verhältnis der Menschheit überhaupt das Bestehende darin ist, da muß er notwendig tragisch sein. Wo er aber mit der Erscheinung oder Wirklichkeit für sich zu tun hat und sich darauf richtet, wie in dieser sich das Wesentliche im menschlichen Geschick selbst zu Schein und Spiel auflöst, und sich eben deshalb wieder in dieser Scheinwelt als gegenwärtig erhält, da wird er komisch“.[66]

In der Ironie kommen das Tragische und das Komische in Berührung, da beide in sich ein identisches, nur perspektivisch umgekehrtes Verfahren des künstlerischen Bewusstseins ausdrücken. Noch mehr als im Tragischen erblickt Solger im Komischen die Gegenwart eines bis zur paradoxen Auflösung des Schönen tendierenden negativen Moments des Verhältnisses von Idee und endlichem Dasein. Das Komische grenzt an das Hässliche, es hat etwas vom Hässlichen an sich, dem jedoch das Entsetzliche entzogen wurde, und vor allem ist ihnen eine Abwesenheit der Idee gemeinsam, die sich im Hässlichen dominierend durchsetzt. Denn das Hässliche, heißt es im *Erwin*, besteht darin, dass „die gemeine Natur und das bloß Zufällige

[65] NS II, S. 515.

[66] *Schlegel-Rezension,* NS II, S. 570. Siehe Valerio Verra, *Tragische und künstlerische Ironie bei K. W. F. Solger*, in: *Philosophie und Poesie. Festschrift Otto Pöggeler zum 60. Geburtstag*, hg. von Annemarie Gethmann-Siefert, Stuttgart 1988, Bd. 1, S. 235–254.

in den Dingen das Wesentliche verdrängen und sich an dessen Stelle setzen will".[67] Im Gegenteil dazu zeigt das Komische gerade in dem Negativen der Erscheinung die abwesende Idee als Grund der Erscheinungswelt. Die Auflösung der widersprüchlichen Existenzverhältnisse in einem heiteren Spiel, in einer Erscheinung, die sich als Erscheinung zu erkennen gibt, setzt das Bewusstsein eines sich aufhebenden und als Maßstab der Zerrüttung des Endlichen sich erweisenden Ideals voraus.[68] So muss das Komische *via negationis* auf einen positiven Werthorizont zurückweisen, der, anders als im Tragischen, nicht in einem unmittelbaren Bestimmungsverhältnis mit den Handlungen der Menschen steht. Fokussiert sich das Tragische auf den universellen Grund im Schicksal des Menschen und setzt buchstäblich den aus seinem Konflikt mit dem endlichen Dasein hervorhegenden Schmerz auf die Bühne, so ist das Komische vollkommen auf die gemeine Wirklichkeit gerichtet, deren Inkonsistenz mit der ihr zugrundeliegenden Idee es durch das Lachen enthüllt.

Der Ironiegedanke bildet den Ursprung von Solgers Konzeption der Dialektik als Negation der Negation, die er in seinen letzten philosophischen Schriften darlegt. Nach Hegel, der Solger jedoch wegen seines „spekulativen Sinns" von den Romantikern abzutrennen versuchte, handelt es sich um eine halbierte Dialektik, die bei der absoluten Negativität stehen geblieben ist, da aus ihren Prämissen her keine Aufhebung der Gegensätze im Hegel'schen Sinne möglich ist. Ihr letztes Resultat bildet die individuelle Erfahrung des Sich-Offenbarens des Absoluten als Negation des Nichtigen, als das Moment, „wo das Individuum sich selbst in seiner ganzen Allgemeinheit und abstrakte Einheit doch als Besonderheit schlechthin

[67] *Erwin*, S. 180.

[68] Vgl. *Schlegel-Rezension*, NS II, S. 516. Zu dieser Stelle s. Hegel, *Berliner Schriften*, hg. von W. Jaeschke, Hamburg 1997, S. 225 f. Über die tragische Dialektik bei Solger hat sich Hegel auch in den *Grundlinien der Philosophie des Rechts*, § 40, Anm. geäußert. Vgl. O. Pöggeler, *Hegels Kritik der Romantik,* Diss., Bonn 1956.

erkennt, und nur dadurch wird es erst wahres Individuum".[69] Besteht die romantische Dialektik bei Friedrich Schlegel in der unendlichen Aufgabe der Neutralisierung entgegengesetzter Irrtümer,[70] so findet sie im Gegenteil bei Solger in einem Akt des Selbstbewusstseins oder in einem Kunstwerk jedes Mal ihr Ende, da das endliche Dasein die einzige Existenzmöglichkeit des Absoluten darstellt.

[69] NS I, S. 377.

[70] R. Bubner, *Zur dialektischen Bedeutung romantischer Ironie*, in: *Die Aktualität der Frühromantik*, hg. von E. Behler und J. Hörisch, München/Paderborn/Wien 1987, S. 85–95.

EDITORISCHE NOTIZ

Der vorliegende Band enthält die von Karl Ludwig Heyse edierte Nachschrift zu Solgers Vorlesungen über Ästhetik, die im Sommersemester 1819 an der Berliner Universität gehalten wurden. Heyse ließ die von ihm „sorgfältig nachgeschriebenen" Vorlesungen im Jahre 1829 bei Brockhaus in Leipzig erscheinen, indem er den Text mit einem editorischen Vorwort sowie mit einem aus Parallelstellen aus anderen Werken Solgers bestehenden Apparat versah, die hier weggelassen wurden. Das Manuskript der Nachschrift ist verschollen, mit großer Wahrscheinlichkeit seit der Auflösung der väterlichen Bibliothek, über die der Dichter Paul Heyse, der Sohn des Herausgebers, berichtet (*Jugenderinnerungen und Bekenntnisse*, Berlin 1900).

Die Wiedergabe des Textes der Vorlesungen erfolgt nach dieser ersten und einzigen, in Frakturschrift gesetzten Ausgabe. Hervorhebungen in Antiquaschrift bei lateinischen Namen werden durch Kursivsetzung wiedergegeben.

Die Paginierung der Originalausgabe wird in den Kopfzeilen mitgeführt, die Seitenumbrüche sind mit einem senkrechten Trennstrich (|) im Text gekennzeichnet. Die Orthographie wurde leicht modernisiert (z. B. *Teil* statt *Theil*, *gibt* statt *giebt*, *mannigfaltig* statt *mannichfaltig*, *Abstraktion* statt *Abstraction* usw.). Die originale Worttrennung, Groß- und Kleinschreibung sowie die Interpunktion wurden hingegen beibehalten.

Druckfehler wurden stillschweigend korrigiert.

Der Text der Vorlesungen wurde von Dr. Heinz-Michael Bartling sorgfältig transkribiert, dem ich meinen herzlichen Dank ausspreche.

Der Anstoß für die Ausführung dieser Arbeit wurde vor vielen Jahren gegeben. Nach dem Erscheinen meiner kommentierten italienischen Übersetzung ermutigten mich Walther Jaeschke und Claus-Arthur Scheier, eine moderne deutsche Ausgabe dieses für das Verständnis der Entwicklung der idealistischen und post-idealistischen Ästhetik bedeutenden Textes zu veröffentlichen. Ihnen gilt für diese Anregung mein aufrichtiger Dank. Ein vom DAAD finanzierter Forschungsaufenthalt in Berlin im Januar/Februar 2015 hat es mir ermöglicht, die Arbeit wieder aufzunehmen. Rolf-Peter Janz bin ich für die hilfreichen Anmerkungen und Hinweise sehr verbunden, Laura Loporcaro für die sprachliche Revision der Einleitung und des Kommentars.

Die Arbeit ist meinem Mann und meiner Tochter gewidmet.

Giovanna Pinna

SIGLENVERZEICHNIS

SOLGERS WERKE

Erwin K. W. F. Solger, *Erwin. Vier Gespräche über das Schöne und die Kunst* (2 Teile, Berlin 1815). Nachdruck der Ausgabe von Rudolf Kurz, Berlin 1907. Mit einem Nachwort und Anmerkungen hg. von Wolfhart Henckmann, München 1972.

Philosophische Gespräche K. W. F. Solger, *Philosophische Gespräche*. Berlin 1817. Repr. Nachdruck, mit einem Vorwort von Wolfhart Henckmann, Darmstadt 1972.

Schlegel-Rezension August Wilhelm Schlegels „Vorlesungen über dramatische Kunst und Literatur", in: „Wiener Jahrbücher der Literatur" 7 (1819), S. 80–155 [wiederabgedruckt in: *Nachgelassene Schriften und Briefwechsel*, Bd. II, S. 493–628].

NS I, II K. W. F. Solger, *Nachgelassene Schriften und Briefwechsel*, hg. von Ludwig Tieck und Friedrich von Raumer, 2 Bde, Leipzig 1826. Repr. Nachdruck, mit einem Nachwort von Herbert Anton, Heidelberg 1973.

Vorlesungen K. W. F. Solger, Vorlesungen über Ästhetik, hg. von Karl Ludwig Heyse, Leipzig 1829.

Matenko *Tieck and Solger. The Complete Correspondence*, ed. by Percy Matenko, New York/Berlin 1933.

Häufiger herangezogene Werke anderer Autoren werden wie folgt zitiert:

GOETHE

Sämtliche Werke Johann Wolfgang Goethe, *Sämtliche Werke, Briefe, Tagebücher und Gespräche*, hg. von Dieter Borchmeyer et al., Frankfurt a. M. 1985–2013.

HEGEL

GW Georg Wilhelm Friedrich Hegel. *Gesammelte Werke,* in Verbindung mit der Deutschen Forschungsgemeinschaft hrsg. von der Nordrhein-Westfälischen Akademie der Wissenschaften, Hamburg 1968 ff.

LESSING

Werke und Briefe Gotthold Ephraim Lessing, *Werke und Briefe in zwölf Bänden*, hg. von Wilfried Barner et al., Frankfurt a. M. 1985–2003.

SCHELLING

Philosophie der Kunst Friedrich Wilhelm Joseph Schelling, *Philosophie der Kunst*, in: *Sämmtliche Werke*, 1. Abt., Bd. 5, Stuttgart 1856–1858.

SCHILLER

NA Friedrich Schiller, *Werke. Nationalausgabe*, hg. von Julius Petersen und Gerhard Fricke, Weimar 1943ff.

SCHLEGEL, A. W.

KAV August Wilhelm Schlegel, *Kritische Ausgabe der Vorlesungen*, begr. von Ernst Behler und Frank Jolles, Paderborn/Zürich 1989 ff.

SCHLEGEL, F.

KFSA *Kritische Friedrich-Schlegel-Ausgabe*, hg. von Ernst Behler; unter Mitwirkung von Jean-Jacques Anstett und Hans Eichner, Paderborn/München/Wien/Zürich 1958 ff.

BIBLIOGRAPHIE

1. Solgers Schriften

König Oedipus. Übersetzt in dem Versmaße des Originals, Berlin/Leipzig 1804.

Des Sophokles Tragödien. Übersetzt von Karl Wilhelm Ferdinand Solger, 2 Bde., Berlin 1808, 1824, 1837. [Nachdruck München 1977]

Etwas über das Verhältnis des Ideals zur Nachahmung der Natur in der Kunst, in: „Pantheon. Eine Zeitschrift für Wissenschaft und Kunst" 1810, Bd. 2, S. 395–415. [Nachdruck in: W. Henckmann, *Etwas über das Verhältnis des Ideals zur Nachahmung der Natur in der Kunst*, in: „*Jahrbuch* der deutschen Schiller-Gesellschaft" 16 (1972), S. 409–452].

Erwin. Vier Gespräche über das Schöne und die Kunst, 2 Bde., Berlin 1815. [Nachdruck der Ausgabe von Rudolf Kurz, Berlin 1907. Mit einem Nachwort und Anmerkungen hg. von Wolfhart Henckmann. München 1972].

Philosophische Gespräche, Berlin 1817. [Nachdruck mit einer Einleitung von Wolfhart Henckmann, Darmstadt 1972].

Rezension zu August Wilhelm Schlegels *Vorlesungen über dramatische Kunst und Literatur*, in: „Jahrbücher der Literatur" 7 (1819), S. 80–155. [wiederabgedruckt in: *Nachgelassene Schriften und Briefwechsel*, Bd. II, S. 493–628].

Vorlesungen über Ästhetik, hg. von Karl Ludwig Heyse, Leipzig 1829. [Nachdruck Darmstadt 1980].

Nachgelassene Schriften und Briefwechsel, hg. von Ludwig Tieck und Friedrich von Raumer, 2 Bde, Leipzig 1826. [Nachdruck mit einem Nachwort von Herbert Anton, Heidelberg 1973]

Tieck and Solger. The complete correspondence, ed. by Percy Matenko, Berlin/New York 1933.

Mythologie der Griechen. Vorlesungsmitschrift von unbekannter Hand, April 1818. Berlin Collection of the Joseph Regenstein Library (ms. 106), University of Chicago. [Transkription von Anne Baillot, unveröffentlicht]

2. *Übersetzungen*

Lezioni di estetica, a cura di Giovanna Pinna, Palermo 1995.

Scritti filosofici, a cura di Valeria Pinto, Napoli 1995.

Sulle affinità elettive di Goethe, trad. di Giovanna Pinna, in: *I romantici tedeschi*, a cura di Giuseppe Bevilacqua, vol. III, Milano 1995, S. 445–452.

L'estétique de K. W. F. Solger, éd. par Anne Baillot, Tusson 2002.

Erwin. Quattro dialoghi sul bello e sull'arte, a cura di Marco Ravera, Brescia 2004.

L'art et la tragédie du Beau, éd. par Anne Baillot, Paris 2004.

Su teoria e prassi, a cura di Luca Ghisleri, in: „Giornale di Metafisica" 2006, S. 3–27.

Sur Sophòcle et la tragédie antique, éd. Par Noemi Angehrn, Lausanne 2010.

Écrits Philosophiques, éd. par Mildred Galland-Szymkowiak, Paris 2015.

3. *Sekundärliteratur zur Ästhetik Solgers*

Allemann, Beda: *Ironie und Dichtung*, Pfullingen 1956.

Baillot, Anne: *Aktualität des Sophokles. Zur Übersetzung und Inszenierung der Antigone. Ein unveröffentlichter Brief von Rudolf Abeken an Karl Solger (Weimar 1809)*, in: „Zeitschrift für deutsche Philologie 120 (2001), S. 161–182.
– *Genèse et réception de la pensée esthétique de K. W. F. Solger entre 1800 et 1830*, Thèse Université Paris VIII, 2 Bde 2002.
– *Friedrich Theodor Vischers Auseinandersetzung mit der Solgerschen Philosophie*, in: „Jahrbuch der deutschen Schiller-Gesellschaft" 46 (2002), S. 2–21.

– (Hg.): *L'esthétique de Karl Solger. Symbole, tragique et ironie*, Tusson 2002
– *Die Entdeckung der Ironie. Das Bild Shakespeares bei Tieck und Solger*, in: *Shakespeare und kein Ende? Beiträge zur Shakespeare-Rezeption in Deutschland und in Frankreich vom 18. bis 20. Jahrhundert*, hg. von Béatrice Dumiche, Bonn, 2012, S. 81–95.
– mit Mildred Galland-Szymkowiak (Hg.): *Grundzüge der Philosophie K. W. F. Solgers*, Berlin 2014.

Becker, Oskar: *Von der Hinfälligkeit des Schonen und der Abenteuerlichkeit des Künstlers. Eine phänomenologische Untersuchung im ästhetischen Phänomenbereich*, in: *Festschrift Edmund Husserl*, Halle 1929, S. 27–52.

Biemel, Walter: *L'ironie romantique et la philosophie de l'idéalisme allemand*, in: „Revue philosophique de Louvain" 51 (1963), S. 627–643.

Bienenstock, Myriam: *Hegel und Solger*, in: „Jahrbuch für Hegel-Forschung" 10–11 (2004–2005), S. 217–238.

Binkelmann, Christoph: *Enthusiasmus oder Begeisterung? Eine Idee und ihre Geschichte zwischen Fr. Schlegel und K. W. F. Solger*, in: Mildred Galland-Szymkowiak, Anne Baillot (Hg.), *Grundzüge der Philosophie K. W. F. Solgers*, Berlin 2014, S. 157–168.

Bodei, Remo: *Il primo romanticismo come fenomeno storico e la filosofia di Solger nell'analisi di Hegel*, in: „Aut-Aut" 17 (1967), S. 68–80.

Boucher, Maurice: *K. W. F. Solger. Esthétique et philosophie de la présence*, Paris 1934.

Camparsi, Andrea: *Lo sguardo sull'assoluto. Solger e l'estetica dell'istante*, Milano 2013.

Clairmont, Heinrich: *„Kritisieren heißt einen Autor besser verstehen als er sich selbst verstanden hat". Zu Hegels Solger-Rezension* in: *Die Jahrbücher für wissenschaftliche Kritik. Hegels Berliner Gegenakademie*, hg. von Christoph Jamme, Stuttgart 1994, S. 257–279.

Colette, Jacques: *Art, mystique et négativité: K. W. F. Solger*, in: „Les études philosophiques" 1983, S. 69–86.
– *Enthousiasme et ironie. La dialectique artistique selon K. W. F. Solger*, in: „Les études philosophiques" 1992, S. 487–498.

Croce, Benedetto: *Estetica come scienza dell'espressione e linguistica generale*, Bari 1902. (Dt. *Ästhetik als Wissenschaft des Ausdrucks und allgemeine Linguistik. Theorie und Geschichte*, Leipzig 1905).

Dannenhauer, Ulrich: *Heilsgewissheit und Resignation. Solgers Theorie der absoluten Ironie*, Frankfurt a. M. 1988.

Danzel, Theodor: *Über den gegenwärtigen Zustand der Philosophie der Kunst und ihre nächste Aufgabe*, in Th. D., *Gesammelte Aufsätze*, hg. von O. Jahn, Leipzig 1855.

Decher, Friedelm: *Die Ästhetik K. W. F. Solgers*, Heidelberg 1994.

Diederichs, Maria: *Kunst und Wirklichkeit in den ästhetischen Schriften K. W. F. Solgers*, (diss.) München 1971.

Erdmann, Johann Eduard: *Versuch einer wissenschaftlichen Darstellung der neueren Philosophie*, Leipzig 1852.

Frank, Manfred: *Das Problem Zeit in der deutschen Romantik*, Paderborn/München/Wien/Zürich [2]1990 [S. 97–129].

Fricke, Hermann: *K. W. F. Solger. Ein brandenburgisch-berlinisches Gelehrtenleben an der Wende vom 18. zum 19. Jahrhundert*, Berlin 1972

Fries, Thomas: *Dialog der Aufklärung: Shaftesbury, Rousseau, Solger*, Tübingen/Basel 1993.

Galland-Szymkowiak. Mildred: *Présence de l'absolu. Le problème esthétique du symbole et ses enjeux philosophiques dans les systèmes postkantiens (Schelling, Solger, Hegel)*, thèse Université Paris-Sorbonne Paris IV, 2005.
– *Le symbole chez Solger, ou l'existence de l'Idée*, in: A. Baillot (Hg.), *L'esthétique de Karl Solger. Symbole, tragique et ironie*, Tusson 2002, S. 67–97.
– *Symbol und Zeitlichkeit bei Schelling, Solger und Hegel*, in: „Philosophisches Jahrbuch" 114, 2 (2007), S. 324–345.

– mit Anne Baillot (Hg.): *Grundzüge der Philosophie K. W. F. Solgers*, Berlin 2014.

Ghisleri, Luca: *L'unità nella dualità. L'ontologia della rivelazione di K. W. F. Solger*, Milano 2007.

Grunert, Bernhard: *Solgers Lehre vom Schönen in ihrem Verhältnis zur Kunstlehre der Aufklärung und der Romantik* (Diss.), Marburg 1960.

Hartmann, Eduard von: *Die deutsche Ästhetik seit Kant*, Leipzig 1886.

Hartmann, Hans: *Kunst und Religion bei Wackenroder, Tieck und Solger* (Diss. Erlangen), Solingen 1916.

Heine, Heinrich: *Deutsche Literatur*, in: *Sämtliche Schriften in zwölf Bänden*, hg. von Klaus Briegleb, Bd. 1, München 1976.
– *Die romantische Schule*, in: *Sämtliche Schriften in zwölf Bänden*, hg. von Klaus Briegleb, Bd. 5, München 1976.

Heller, Joseph: *Solgers Philosophie der ironischen Dialektik*, Berlin 1928.

Henckmann, Wolfhart: *Die geistige Gestalt K. W. F. Solgers*, in: „Philosophisches Jahrbuch" 79 (1972), S. 172–186.
– *Etwas über das Verhältnis des Ideals zur Nachahmung der Natur in der Kunst*, in: „*Jahrbuch* der deutschen Schiller-Gesellschaft" 16 (1972), S. 409–452.
– *Solgers Schellingstudium in Jena*, in: „Hegel-Studien" XIII (1978), S. 51–74.
– *Symbol und Allegorie bei K. W. F. Solger*, in *Romantik in Deutschland*, hg. von R. Brinkmann, Stuttgart 1978, S. 639–651.
– *Solger und die Berliner Kunstszene*, in: *Kunsterfahrung und Kulturpolitik im Berlin Hegels*, in: „Hegel-Studien", Beiheft 22 (1983), S. 199–228.
– *Symbolische und allegorische Kunst bei K. W. F. Solger*, in: *Früher Idealismus und Frühromantik*, hg. von W. Jaeschke u. H. Holzey, Hamburg 1990, S. 214–240.
– *Ironie in der Frührezeption Solgers*, in: Mildred Galland-Szymkowiak, Anne Baillot (Hg.), *Grundzüge der Philosophie K. W. F. Solgers*, Berlin 2014, S. 101–156.

Herzog, Reinhart: *Die Bewahrung der Vernunft. Eine Untersuchung der Metaphysik K. W. F. Solgers* (Diss.), München 1967.

Hölter, Achim: *Liebe und Haß in Tiecks Ästhetik. Aus der ‚Konfektgegend' seines Briefwechsels mit Solger*, in: ders., *Frühe Romantik und frühe Komparatistik*, Frankfurt a. M./Bern/New York 2001, S. 215–230.

Hotho, Heinrich Gustav: *Vorstudien für Leben und Kunst* (1835), hg. von Bernadette Collenberg-Plotnikov, Stuttgart/Bad Cannstatt 2002.

Kierkegaard, Søren: *Om begrebet ironi*, dt. *Über den Begriff der Ironie*, Gesammelte Werke, hg. von Emanuel Hirsch und Hayo Gerdes, Köln 1961, 31. Abt.

Koßler, Matthias: *‚Leib' und ‚Bedeutung' in der Ästhetik K. W. F. Solgers*, in: „Jahrbuch der Deutschen Schiller-Gesellschaft" 43 (1999), S. 279–304.
– *Phantasie und Einbildungskraft. Zur Rolle der Einbildungskraft bei Fichte und Solger*, in: *Fichte und seine Zeit* („Fichte-Studien" Bd. 21), hg. von H. Traub, Amsterdam/New York 2003, S. 163–181.

Lande, Joel B.: *Die Zeit der ästhetischen Form: zur Philosophie K. W. F. Solgers*, in: Mildred Galland-Szymkowiak u. Anne Baillot (Hg.), *Grundzüge der Philosophie K. W. F. Solgers*, Berlin 2014, S. 51–60.

Linden, Walter: *Solger und Hegel*, Hamburg 1938.

Lohmann, Petra: *„Philosophie, Religion und Kunst sind die drei notwendigen Bestandteile einer harmonischen Bildung." Gedanken zur Wirkung Solgers auf Schinkel am Beispiel des Denkmals*, in: Mildred Galland-Szymkowiak u. Anne Baillot (Hg.), *Grundzüge der Philosophie K. W. F. Solgers*, Berlin 2014, S. 61–82.

Lotze, Hermann: *Geschichte der Ästhetik in Deutschland*, München 1868.

Lukács, Georg: *Probleme der Ästhetik*, in ders., Werke, Bd. 8, Neuwied/Berlin 1969.

Malter, Rudolf: *L'ironie comme véritable essence de l'art. L'expli-*

cation théorique par Solger de „la façon romantique d'apprehender le monde" das le dialogue „Erwin", in: „Les études philosophiques" 1983, S. 163–176.

Michelet, Karl Ludwig: *Geschichte der letzten Systeme der Philosophie in Deutschland von Kant bis Hegel*, Bd. 3, Teil 2, Berlin 1838.

Müller, G. E.: *Solger's Aesthetics. A Key to Hegel*, in: *Corona. Studies in celebration of the 80th Birthday of Samuel Singer*, Durham 1941, S. 212–227.

Nishimura, Kiyokazu: *Die Struktur des ästhetischen Bewusstseins bei K. W. F. Solger. Die Bedeutung der dialektischen Ironie*, in: „Pespektiven der Philosophie" 6 (1980), S. 29–45.

Odebrecht, Rudolf: *K. W. F. Solger und die romantische Idee*, in: „Geisteskultur. Monatshefte der Comeniusgesellschaft", XXXIV (1925), S. 241–257.

Oesterle, Günter: *Epiphanie und Gleichursprünglichkeit des Erhabenen und Komischen in Karl Wilhelm Ferdinand Solgers Ästhetik und Eduard Mörikes Lyrik*, in: H. R. Brittnacher, Th. Koebner (Hg.), *Vom Erhabenen und vom Komischen. Über eine prekäre Konstellation*, Würzburg 2010, S. 65–74.

Ophälders, Markus: *Romantische Ironie. Essay über Solger*, Würzburg 2004.
– *Ironie bei Tieck und Solger*, in: *Ludwig Tieck. Leben, Werk, Wirkung*, hg. von Claudia Stockinger, Berlin 2011, S. 365–376.
– *Solgers Dialektik der tragischen Ironie und die Säkularisierung des Todes. Versuch einer kritischen* Vergegenwärtigung, in: Mildred Galland-Szymkowiak, Anne Baillot (Hg.), *Grundzüge der Philosophie K. W. F. Solgers*, Berlin 2014, S. 85–100

Pinna, Giovanna: *Alle origini degli studi mitologici di K. O. Müller: Karl Wilhelm Ferdinand Solger*, in: „Annali della Scuola Normale Superiore di Pisa" XIV,3 (1984), S. 1021–1029.
– *Ironia, negazione e creazione fantastica in K. W. F. Solger*, in: „Rivista di estetica" XXVII (1987), S. 170–189.
– *Pathos ed esistenza. La teoria della tragedia tra romanticismo e idealismo*, in: „Giornale critico della filosofia italiana" LXXI (1992), S. 405–421.

– *Kann Ironie tragisch sein? Anmerkungen zur Theorie der Tragischen in Hegels Solger-Rezension*, in: *Die „Jahrbücher für wissenschaftliche Kritik". Hegels Berliner Gegenakademie*, hg. von Ch. Jamme, Stuttgart 1994, S. 284–304.
– *L'ironia metafisica. Filosofia e teoria estetica in K. W. F. Solger*, Genova 1994.
– *Solgers Konzeption der Ironie*, in: *Die geschichtliche Bedeutung der Kunst und die Bestimmung der Künste. – Hegels Berliner Ästhetikvorlesungen im Kontext der Diskussion um die Grundlagen der Philosophischen Ästhetik*, hg. von Annemarie Gethmann-Siefert u. Lu de Vos, München 2005, 325–336.
– *Il sublime romantico. Storia di un concetto sommerso*, Palermo 2007.
– *Zum Verhältnis von Schönheit und Erhabenheit bei Solger*, in: Mildred Galland-Szymkowiak, Anne Baillot (Hg.), *Grundzüge der Philosophie K. W. F. Solgers*, Berlin 2014, S. 39–50.

Pöggeler, Otto: *Hegels Kritik der Romantik* (1956), München 1999.

Potz, Dirk: *Solgers Dialektik*, Hamburg 1995.

Preisendanz, Wolfgang: *Humor als dichterische Einbildungskraft*, München 1963.

Ravera, Marco: *Il sogno di Adalbert. Meditazione sull'Erwin di Solger*, in: „Annuario filosofico" 10 (1994), S. 315–324.

Rush, Fred: *Irony and Idealism. Rereading Schlegel, Hegel & Kierkegaard*, Oxford 2016.

Schasler, Max: *Kritische Geschichte der Ästhetik*, Berlin 1872.

Scheier, Claus-Artur: *Offenbarung im Untergang. Zum geschichtlichen Ort der Ästhetik K. W. F. Solgers*, in: „Abhandlungen der Braunschweigischen Wissenschaftlichen Gesellschaft" 51 (2001) S. 221–233.

Schillemeit, Jost: *Das Grauenhafte im lachenden Spiegel des Witzes*, in: „Jahrbuch des freien deutschen Hochstifts" 1975, S. 324–345.

Schönebeck, Erich: *Tieck und Solger*, Berlin 1910.

Siebert, Horst: *Die dualistischen Weltdeutungen Hebbels und Sol-*

gers im Gegensatz zu Hegels dialektischer Philosophie, in: „Hebbel Jahrbuch“ 1965, S. 156–163.

Sørensen, Bengt Algot: *Symbol und Symbolismus in den ästhetischen Theorien des 18. Jahrhunderts und der Romantik*, Kopenhagen 1963.

Strohschneider-Kohrs, Ingrid: *Die romantische Ironie in Theorie und Gestaltung*, Tübingen 1960.

Szondi, Peter, *Versuch über das Tragische*, in P. S., *Schriften*, Bd. I, Frankfurt a. M. 1978.

Tilliette, Xavier: *Dans le sillage de Schelling: L'intuition esthétique de K. F. Solger*, in: *Divinarum rerum notitia. La teologia tra filosofia e storia*, hg. von A. Russo u. G. Coffele, Roma 2001, S. 619–629.

Titzmann, Michael: *Strukturwandel der philosophischen Ästhetik 1800–1880. Der Symbolbegriff als Paradigma*, München 1978.

Verra, Valerio: *Solger*, in: *Enciclopedia filosofica*, Firenze 1957, S. 771 f.
– *Tragische und künstlerische Ironie bei K. W. F. Solger*, in: *Philosophie und Poesie. Festschrift Otto Pöggeler zum 60. Geburtstag*, hg. von A. Gethmann-Siefert, Stuttgart 1988, Bd. I, S. 235–254.

Vischer, Friedrich Theodor: *Über das Erhabene und Komische*, Stuttgart 1837.

Walzel, Oskar: *Allgemeines und Besonderes in Solgers Ästhetik*, in: „Deutsche Vierteljahrsschrift für Literaturwissenschaft und Geistesgeschichte“ 17 (1939), S. 153–182.
– *Methode? Ironie bei Friedrich Schlegel und bei Solger*, „Helicon“ 1 (1939), S. 33–50.
– *Tragik bei Solger*, „Helicon“ 3 (1941), S. 27–49.

Weiße, Christian Hermann: *System der Ästhetik als Wissenschaft von der Idee der Schönheit*, Leipzig 1830.

Wildbolz, Rudolf: *Der philosophische Dialog als literarisches Kunstwerk. Untersuchungen über Solgers „Philosophische Gespräche“*, Bern 1952.

Witte, Egbert: *Logik ohne Dornen. Die Rezeption von A. G. Baumgartens Ästhetik im Spannungsfeld von logischem Begriff und ästhetischer Anschauung*, Hildesheim 2000.

Zimmermann, Robert: *Geschichte der Ästhetik als philosophischer Wissenschaft*, Wien 1858.

Karl Wilhelm Ferdinand Solger

Vorlesungen über Ästhetik

Vorläufige Bemerkungen über Namen und Begriff der Ästhetik

Der einmal hergebrachte Name *Ästhetik* wird nicht allgemein in dem Sinne genommen, in welchem wir ihn gebrauchen. Die Ästhetik soll uns eine *philosophische Lehre vom Schönen*, oder besser eine *philosophische Kunstlehre* sein; denn es gibt kein Schönes im vollen Sinne des Wortes außer der Kunst. Betrachten wir die Natur unter der Form des Schönen, so tragen wir den Begriff der Kunst auf die Natur über.[1]

Entstanden ist der Name *Ästhetik* (eigentlich Lehre von der Empfindung oder dem Gefühle) daher, daß man unter dieser Wissenschaft eine Anweisung verstand, wie man das als fertigen Stoff dargebotene Schöne empfinden soll. *Baumgarten*, welcher zuerst die Philosophie des Schönen unabhängig dargestellt hat, war auch der erste, der diesen Namen als wissenschaftlichen Terminus gebrauchte, indem er das Schöne als eine dargebotene Beschaffenheit der Gegenstände betrachtete.[2] Aus dieser Ansicht ist auch der Ausdruck *Geschmackslehre* entstanden. Unter *Geschmack* nämlich versteht man die Fähigkeit, das Schöne durch das | Gefühl in den gegebenen Gegenständen zu entdecken und auf dunkle Begriffe zurückzuführen. Klar kann das bloße Gefühl nicht sein, und daher glaubte *Baumgarten*, von den Grundsätzen der *Wolfischen* Philosophie ausgehend, das Gefühl des Schönen lasse sich nicht nach Regeln darstellen.

Hielten wir das Schöne für eine gegebene durch das Gefühl wahrgenommene Eigenschaft, so würden wir in der Tat keine besondere Wissenschaft vom Schönen aufstellen können. Wir würden die Lehre vom Schönen als einen Teil der Wissenschaft anzusehen haben, die sich mit den Gefühlen beschäftigt: der *Psychologie*;[3] oder wir müßten sie als einen Teil der *Dialektik* betrachten; wie *Kant* dies getan hat. Dieser nahm die Lehre vom Schönen in die *Kritik der Urteilskraft* auf, und machte sie also zu einem Teile der Dialektik im weiteren Sinne.[4] Er nahm jedoch den Begriff des Urteils nicht bloß formal, sondern zugleich in Beziehung auf den Gehalt und auf das, was zum Urteil bestimmt. Er setzt demnach einen notwendigen Stoff des Urteils voraus, und unterscheidet eine *ästhetische* und eine *teleologische Urteilskraft*. Jene besteht darin, daß wir bei der Wahrnehmung schon durch den bloßen Stoff zum Urteilen aufgefordert werden. Die Begriffe müssen also nach *Kant's* Ansicht schon in der bloßen Wahrnehmung und ihren Stoffen gegeben sein, um ein ästhetisches Urteil zu begründen. Er trägt mithin den Gegenstand freilich in das Gebiet des Verstandes über, teilt aber mit den Früheren die Ansicht, das Schöne beruhe auf dem mit der Wahrnehmung zugleich Gegebenen. – Ebensogut könnte man die Ästhetik als einen Teil der Psychologie behandeln. |

Dialektik und Psychologie beschäftigen sich nicht mit dem, was sein soll, sondern diese mit dem, was wir als gegeben vermittels der bloßen Wahrnehmung in unserer gemeinen Natur antreffen, jene mit der Fähigkeit zu denken, die im Denken gegebenen Stoffe zu verbinden. Betrachten wir aber die *Kunst* unbefangen, so werden wir an eine andere Bewandtnis erinnert, indem wir sehen, daß sie etwas hervorbringen soll, was als Gegenstand einer solchen Darstellungsart noch nicht vorhanden war. Die Kunst schafft aus dem Innersten der menschlichen Natur etwas Objektives, das so, wie sie es geschaffen hat, als bloßer Stoff der Wahrnehmung nicht da ist. Selbst das Dargebotene können wir nur als schön betrachten, wenn wir einen Gedanken darin verwirklicht finden, der sich in der Natur nicht vorfindet. Es ist also in der Kunst etwas ausgedrückt, das sich zu unserm Wahrnehmungsvermögen ganz anders verhält, als jede Naturwirkung.

Die obigen Ansichten reichen daher nicht aus. Nicht als Lehre von der Empfindung äußerer Gegenstände können wir die Ästhetik betrachten; ebensowenig kann die dialektische Betrachtung genügen. Schon *Kant* mußte in dem Gegenstand selbst einen gewissen Inhalt als bereits gegeben annehmen, der nicht bloß durch Beziehungen des Verstandes hervorgebracht wird. Dies beweist, daß in dem schönen Gegenstand ein höherer Gedanke enthalten sein muß.

Fragen wir, wohin die Kunst zu rechnen sei, so ist die Antwort: zur *praktischen Philosophie*. Sie bringt etwas aus dem Gedanken hervor, das sie in die Objekte verpflanzt, das aber durch diese selbst niemals gegeben ist, sondern einzig und allein aus dem Bewusstsein erzeugt wird. | Indem wir nun unsere Gedanken an äußeren Objekten darstellen, so handeln wir. Daher gehört die Kunst in die praktische Philosophie.[5]

Da in dem Schönen ein Gedanke aus dem Selbstbewußtsein enthalten ist, so kann das Schöne nicht als etwas für sich Gegebenes in der Natur aufgefunden werden, sondern nur als Resultat des Selbstbewußtseins, als ein in die Materie hineingelegter Gedanke erscheinen. Daher gibt es kein Schönes außer der Kunst.

Das Verhältnis ist dem des *Rechtes* und des *Staates* völlig analog. Eine bloße Geschmackslehre ist wie eine Lehre vom Recht, die dasselbe als in der Natur gegeben betrachtet (Naturrecht).[6] Wie das Naturrecht eine bloße Chimäre ist, und nur im Staate ein Recht existiert, durch die freie Wirksamkeit des Bewußtseins geschaffen, so gibt es auch kein *Natur-Schönes*. Man könnte einwenden, wir sähen doch auch die Natur häufig von dem Gesichtspunkte der Schönheit an, ohne an Kunst dabei zu denken. Der dadurch erregte Zweifel aber hebt sich, wenn man erwägt, daß es einen Standpunkt gibt, wo wir auch die Natur als Kunstprodukt betrachten, als das Produkt einer göttlichen Kunst.

Selbst wenn wir die menschliche Fähigkeit zur Kunst in höherem Sinne betrachten, müssen wir sie ansehen als Äußerung einer göttlichen Kraft in uns. Alle praktischen Kräfte des menschlichen Geistes haben eine höhere Wurzel, und ihre individuelle Äußerung ist nur ihre zufällige Erscheinung. Die Fähigkeit eines Menschen zur Kunst ist Äußerung einer höheren göttlichen Kraft. –

So können wir nun auch die ganze Natur als Resul|tat der göttlichen Kunst betrachten, wenn wir uns auch Gott nicht gerade als Künstler denken. Wir setzen unbewußt das Verhältnis zwischen Künstler und Werk voraus; wir vergleichen die äußere Kunst-Erscheinung mit Ideen; wir haben die dunkele Vorstellung einer Regel im Sinn, im Vergleich mit welcher wir den Naturgegenstand schön nennen. Wir setzen also einen Gedanken voraus, welcher der Erscheinung voran gehet, welcher ihr Gedanke ist.

In dieser Betrachtung ist die Vereinigung der widerstreitenden Kunst-Prinzipien gegründet: der *Natur-Nachahmung* auf der einen, und des *Idealisierens* auf der andern Seite. Sieht man die Nachahmung der Natur als höchstes Prinzip an, so muß man die Schönheit als gegebenes Objekt betrachten. Wer aber die Kunst in das Idealisieren setzt, muß sie als ganz praktisch, allein aus dem Bewußtsein hervorgehend ansehen. Die Nachahmung der Natur aber widerspricht nicht dem Begriffe der Kunst, wofern nur die Natur nicht als bloßer Stoff, sondern selbst als Resultat einer Kunst betrachtet wird.

Das Schöne ist also nach unserm Standpunkte abhängig von der Kunst, die seine Quelle ist; daher ist die ganze Wissenschaft eine praktische. Hier kann natürlich nur von dem *philosophischen* Gesichtspunkte die Rede sein; alles Andere schließen wir von der Lehre vom Schönen aus. Man kann sich mit dieser Lehre auch als *Technik*, oder als *empirische Theorie* beschäftigen. Technik würden wir lehren, wenn wir praktische Künstler bilden wollten. Inwieweit die Kunst in diesem Sinne gelehrt werden kann, wird nachher untersucht werden. Die Bildung des praktischen Künstlers läßt sich nur durch wirkliche Ausübung, durch eigene Versuche bewirken. |

Unter empirischer Theorie verstehen wir eine Betrachtung der Kunst, welche Werke, wie sie in der Erfahrung vorkommen, auf Regeln und Begriffe zurückführt, und somit den Grund zur *Kritik der Kunst* legt. Bei dieser Untersuchung gegebener Kunstwerke werden nicht die inneren Gründe ausgesprochen, sondern gegebene Axiome vorausgesetzt. Durch diese Übung in der Beurteilung der Kunstwerke wird Bildung des Geschmackes bewirkt, als der Fertigkeit, das Schöne zu empfinden. Der Ausdruck *Geschmack* aber ist nicht gut in die wissenschaftliche Sprache aufzunehmen, da er bloß von der sinnlichen Wahrnehmung hergenommen ist.

Weder Technik, noch Kritik soll hier gelehrt werden, sondern die Lehre von den inneren Gründen der Kunsttätigkeit und des Schönen. Eine solche Lehre von den Gründen der Dinge ist aber immer Philosophie.

Die Technik muß voraus setzen, daß das Auszuübende im wesentlichen bekannt, und in jedem menschlichen Gemüt von selbst gegenwärtig sei, zumal in dem, welches mit einem Talente begabt ist. Sie lehrt nur Anwendung der Regeln durch Ausübung, durch einzelne Handlung; die Gründe derselben, so wie das Darzustellende muß sie als gegeben und bekannt voraussetzen. So hängt die Technik in ihrer Wurzel mit der Philosophie zusammen, indem sie, wie jede praktische Anweisung, in dem Anwendenden etwas Gegebenes voraussetzt, das sie nicht zum Bewußtsein bringen kann.

Ganz ähnlich ist es mit der empirischen Theorie, auf welcher die Kritik der Kunst beruht. Sie ist ein Zusammenhang von Erkenntnissen, die eine allgemeine Bedeutung haben, sich aber auf das Besondere, auf die einzelnen Erschei|nungen beziehen sollen. Bei Ausübung der Kritik betrachten wir das allgemeine Gesetz nicht als solches, sondern nur in Beziehung auf das besondere Kunstwerk. Auch hier wird also das allgemeine Gesetz und ein Zusammenhang von Regeln als etwas Allgemeines vorausgesetzt, das nur erkannt wird im Vergleich mit dem gegebenen Stoff.

Auch bei diesen besonderen Lehrarten über die Kunst wird also notwendig etwas Wesentliches vorausgesetzt, das in dem menschlichen Bewußtsein selbst gegründet ist. Es bleibt aber immer die Frage nach den letzten Gründen übrig, die weder Technik, noch empirische Theorie lehren kann, sondern allein die Philosophie, welche die inneren Gründe der Überzeugung aufdecken und alles auf das menschliche Bewußtsein zurückführen soll.

Hierin liegt zugleich die Rechtfertigung unseres Unternehmens, die Kunst durch Philosophie behandeln und zur Einsicht bringen zu wollen, wogegen man mancherlei Einwendungen zu machen pflegt. Man beschwert sich über die Anmaßung der Philosophie, auch Kunst und Religion untersuchen zu wollen.[7] Man wähnt, diese Dinge lassen sich nicht auf Begriffe zurückführen, nicht in Gedanken auflösen, sondern können nur durch sich selbst begriffen werden. Das Genie, meint man, sei ein unmittelbares Einschlagen des höheren Feuers in den Stoff, ein Wunder in der gewöhnlichen Welt.

Bestände die Philosophie in nichts als bloß formalen Beziehungen, so hätte man Recht. Aber hierin gerade liegt die größte Verwirrung, daß man die Philosophie mit dem gemeinen Verstande, mit der bloß formalen Logik verwechselt. Wäre das bloße Beziehen von Denkbestimmungen die Handlungsweise der Philosophie, so könnte sie freilich nicht in | das Wesen der Dinge eindringen, und wäre etwas Nichtiges und Leeres. Es ist aber vielmehr der eigentliche Beruf der Philosophie, die Tatsachen der Erkenntnis zu ergründen, in welchen sich das Wesentliche, die Ideen unserer Erkenntnis offenbaren.

Das Bedürfnis einer philosophischen Betrachtung gibt sich in der Kunst selbst bei der gemeinen Ansicht kund. Was die Philosophie bei der Kunst solle, ist freilich nicht geradezu zu beantworten. Auf die Frage: „kann die Philosophie der Kunst Künstler bilden?“ muß man schweigen. Die besondere Ausübung der Kunst kann die Philosophie nicht lehren, noch weniger dem Künstler das Wesentliche einpflanzen, dessen Voraussetzung die Technik fordert. Dies läßt sich nicht ersetzen durch die Philosophie der Kunst; es muß dem Gemüt des Künstlers von oben gegeben sein. – Also wird vielleicht die Philosophie der Kunst das bessere Empfinden oder Verstehen der Kunstwerke bewirken und das ergänzen, was die Kritik nicht erreichen kann? Es scheint, als könnte man diese Frage zuversichtlicher bejahen. Allein auch dieses kann die Philosophie der Kunst nicht leisten: denn zum sogenannten Geschmack gehört auch eine ursprüngliche Anlage im Menschen, etwas in seinen Gründen Unbewußtes, das die Philosophie nicht hervorzubringen vermag. – Die Philosophie kann überhaupt nichts schaffen. Könnte sie das, so wäre sie die

Kraft und Macht des Schöpfers selbst, was nur frevelhafte Anmaßung behaupten kann.

Man könnte demnach glauben, eine Philosophie der Kunst habe gar keine Wirkung. Die Philosophie überhaupt aber soll deutliche, klare Einsicht bewirken, ein Bewußtsein nicht bloß von dem Erscheinenden, sondern von den innersten | Gründen der Dinge. Schaffen kann sie nicht die religiöse Begeisterung, nicht das Künstlergenie; aber was darin vorgeht, kann sie in seinen innersten Gründen zur Einsicht bringen. Kommen die innersten Gründe der Dinge für uns zur Einsicht, wird diese Einsicht unser herrschender Zustand, so wird dadurch unser ganzes Bewußtsein veredelt, zu seiner eigentlichen Bestimmung erhoben. Diese Veredelung muß auch auf das wirken, was wir ausüben, muß also auch den ausübenden Künstler mit Bewußtsein bilden lehren; nicht mit dem zerlegenden, sondern mit dem höheren Bewußtsein, welches unmittelbar einsieht, wie die Ideen zur Erscheinung werden. – Aber auch der, welchem die Kunst Gegenstand der Beurteilung oder des Genusses ist, wird durch die Einsicht in die Gründe die Kunstgegenstände ganz anders betrachten lernen. – Diese Einsicht ist das höchste Ziel aller unserer Bestrebungen, insofern sie auf Erkenntnis gehen.

Der Zweck unserer Unternehmung ist demnach: zur Einsicht zu bringen, was das Wesen der Kunst, was im Künstler tätig ist, welche inneren Gründe das Kunstwerk zu der bestimmten Offenbarung der Idee machen. Wir werden uns größtenteils an den gegebenen Stoff halten, um daran jene Gründe zu entdecken. Wir werden kein Ideal einer Kunst aufstellen, wie sie sein sollte. Schaffen können wir nichts; aber in dem Geschaffenen den wesentlichen Kern aufsuchen, ist unsere Aufgabe. Daraus, daß man die Kunst anderswo sucht, als in ihr selbst, entstehen nur Verirrungen. Wir müssen annehmen, daß die Welt nie ohne das eigentliche innere Wesen gewesen ist, noch jemals sein kann; und nur die vorhandenen Resultate haben wir zu benutzen, nach|dem wir sie vor allen richtig beurteilt und die wahren von den falschen unterschieden haben.

Zum Schluß noch eine Bemerkung über die Wichtigkeit der philosophischen Kunstlehre mit besonderer Rücksicht auf unsere Zeit. Die Kunst und das Schöne sind vorzüglich geeignet, den Menschen zu jenem Streben nach Einsicht, mithin zur Philosophie anzuregen. Die *Kunst* tritt in dieser Hinsicht zu unserer Zeit an die Stelle, die im Altertum die *Mathematik* einnahm, welche die Alten für die beste Einleitung zur Philosophie hielten.[8] In der Mathematik ist aber die Anschauung eine bloß formale, worin es nur auf die Reinheit der Beziehungen, auf die Evidenz ankommt, deren Beobachtung ein Geschäft des bloß verknüpfenden Verstandes ist. – Die Kunst hat mit der Mathematik darin etwas Ähnliches, daß wir in gegebenen Anschauungen Ideen wahrnehmen, daß in der Erscheinung etwas Wesentliches, Inneres liegt, das über die Erscheinung hinausgeht. Dies Wunder der unmittelbaren Anschauung von Begriffen in der Erscheinung muß uns reizen, in die innere Natur seines Geheimnisses einzudringen und uns an die Wahrnehmung von Begriffen in der Besonderheit der erscheinenden Wirklichkeit gewöhnen. Die Gründe, durch welche es möglich ist, daß sich in einer äußeren Erscheinung Ideen offenbaren, leuchten uns nicht unmittelbar ein, und die Untersuchung eines so wunderbaren Geheimnisses muß uns die beste Richtung zur Philosophie geben, deren wesentliche Aufgabe es ist, zu untersuchen, wie in dem Gegenwärtigen das Wesen, in der besonderen Erscheinung die allgemeine Idee enthalten ist. |

Historische Einleitung

Wir müssen uns hier auf das beschränken, was sich unmittelbar auf unser gegenwärtiges Unternehmen bezieht, und können mithin keine vollständige Geschichte dieser Wissenschaft, keine genaue Entwicklung des Historischen geben, die in die Geschichte der Philosophie überhaupt gehört, und nur in dieser ihre vollständige Bedeutung gewinnt. Dies ist um so mehr der Fall, da manche Ideen lange Zeit ganz schlummern, so daß ihrer kaum Erwähnung geschieht, und nur gewisse Epochen in dem historischen Fortgang der Philosophie das abgesonderte Hervortreten solcher Ideen veranlassen. So verhält es sich fast mit allen Prinzipien besonderer ethischen Wissenschaften. Die Wissenschaften von der Kunst, vom Staate, vom Recht, sind erst in neueren Zeiten abgesonderte Disziplinen geworden, nachdem sie lange nur stückweise in dem Ganzen der Ethik überhaupt behandelt wurden. Die allgemein historische Betrachtung dieser Gegenstände in ihrem Zusammenhang mit dem Ganzen der Philosophie gehört daher in die Geschichte der Philosophie überhaupt. Hier können nur einzelne einflußreiche Behandlungen der Ästhetik, Prinzipien, die mehreren Systemen zum Grunde liegen, an sich betrachtet und daraus die allgemeinen | Bestimmungen zur Vergleichung mit unserm Prinzip gezogen werden.

Unter den *Griechen* hatten mehrere wenigstens die Grundsätze dieser Wissenschaft auf eine bestimmte Weise gefaßt, obgleich sie dieselben nicht in besonderen Lehrgebäuden darstellten. *Platon* hat das Schöne fast nie als eigentümlichen Gegenstand, sondern nur gelegentlich bei andern dialektischen Bestrebungen betrachtet. Der Begriff des Schönen war noch nicht so bestimmt von andern ethischen Begriffen abgesondert. *Platon*'s Meinungen darüber können daher nur nach zerstreuten Winken angedeutet werden. Vermöge der Vermischung aller ethischen Prinzipien wird das καλόν immer mit dem *Guten* auf *einen* Begriff zurückgeführt, und steht immer zugleich im Sinne des *honestum* und *decorum*; daher auch die Verknüpfung von καλὸν καὶ ἀγαθόν. Es ist überall nur die erscheinende Seite des Guten. Dies wäre jedoch falsch, wenn wir den Begriff des Guten nach neuerer Philosophie ansehen.[9] Bei den Alten lag darin zugleich die Vorstellung einer Wirksamkeit, eines Schaffens aus dem höchsten Begriff; daher das Schöne damit verschmolz.

Ein lebendiges Beispiel hiervon gibt Platon's *Phädros*.[10] Dieser Dialog beschäftigt sich zwar nicht ausschließlich mit dem Schönen; aber wir sehen daraus, was Platon unter dem kalòn in Beziehung auf das höchste Prinzip der Sittlichkeit versteht. Das Höchste, die Idee von Allem, das Vollkommene wird selbst als ein Gegenstand betrachtet, welchen die vollkommenen Seelen anschauen und vor dieser Welt angeschaut haben. Indem hier das Absolute als Gegenstand der Anschauung betrachtet wird, zeigt sich schon die | Richtung, dasselbe als *eins* mit dem Schönen anzusehen. So faßt es Platon auch wirklich, wenn er sagt, die Seelen treffen in der gegenwärtigen Welt gewisse Gegenstände an, welche sie an jenes Vollkommene erinnern, und diese Gegenstände sind *schön*. Diese Darstellungsart, die im Phädros ganz bildlich und mythisch ausgeführt wird, zeigt, daß Platon sich unter dem Schönen eine Erscheinung denken mußte, die etwas Wesentliches enthält, wobei wir uns eines Vollkommenen bewußt werden. Es liegt also darin, was schon oben angedeutet ist, die Notwendigkeit der Idee im Schönen.[11]

Von einer andern Seite führt der *größere Hippias* auf dasselbe Resultat hin. Dieser Dialog ist ganz dialektisch. Der Philosoph fängt daher seine Untersuchung von außen an, was im Phädros umgekehrt ist. Indem er den Sophisten Hippias fragt, was das Schöne sei, nennt dieser einzelne schöne Gegenstände. Sokrates führt ihn zu der Einsicht, daß in diesen einzelnen Dingen nicht die Schönheit an sich liegen könne, daß man auf die Idee der Schönheit zurückgehen müsse, die hier von dem *Angenehmen* und *Nützlichen* bestimmt unterschieden wird.[12] Aber mit dem Wesen des Guten fällt das Schöne auch hier zusammen.

Die im Phädros ausgesprochene Idee ist noch in andern Platonischen Dialogen enthalten. Man könnte Einwendungen dagegen machen, daß dies wirklich die Platonische Ansicht sei, wenn man sich erinnert, was Platon in der *Republik* gegen Ende des 2ten Buches und im Anfange des 3ten, auch im 10ten Buche gegen die Dichter äußert, die er hier verfolgt und in seinem vollkommenen Staate nicht dulden will, weil sie lügen.[13] An einem andern | Orte, in den *Gesetzen*, gibt er eine Anweisung, wie der Gesetzgeber lügen solle, um durch mythische Vorstellungen der Jugend Gewöhnung beizubringen.[14] Die Dichter aber erziehen nicht auf diese Weise, sondern verbreiten verkehrte Vorstellungen, und dies ist der Grund seiner Angriffe gegen dieselben. Auf dem Standpunkte der Platonischen Republik als eines idealen Kunstwerkes können wir jene Angriffe rechtfertigen. Denken wir uns den Staat als Gesamtheit des ganzen sittlichen Lebens selbst als ein Kunstwerk, so muß die Poesie oder die Kunst selbst als in diesem Staate aufgegangen erscheinen. Dies war Platon's Meinung, welcher wir freilich nicht beipflichten würden. Doch gehört dies mehr in die Politik. Daß wir als die Quelle dieser Angriffe nicht einen persönlichen Haß des Philosophen gegen die Dichter voraussetzen dürfen, beweist das Ende der Stellen im 3ten und im 10ten Buche, wo er die Dichter als angefüllt von einem göttlichen Wesen, als inspiriert ansieht. Es zeigt sich dies ferner ganz klar im *Gastmahl*, wo von dem Schönen vorzugsweise gehandelt wird.[15] Den Ausdruck einer göttlichen Inspiration müssen wir mythisch nennen; es liegt aber in den mythischen Ausdrücken Platon's ein gewichtiger Sinn; denn sie sind nicht bloße Allegorien oder Vergleiche. Auch im *Ion*, dessen Echtheit freilich verdächtig ist, sind die Dichter von der Gottheit selbst begeistert, und begeistern wiederum ihrerseits die darstellenden Künstler.[16]

Das Zusammenfließen des Schönen und Guten ist nach dem ganzen damaligen Standpunkte reich an Einfluß auf die Platonische Philosophie. Daß aber Platon gegen die Poesie, besonders die dramatische, eingenommen war, da|von finden sich auch äußere Gründe in der Sinnesart des Volkes, dessen sinnliche Richtung zu Platon's Zeit fast ganz auf die Kunst hinaus ging, wogegen andere Ideen sehr zurücktraten. Übrigens verwirft er im *Gorgias* alle griechischen Politiker, Aristides ausgenommen, ebenso wie in der Republik die Dichter, vom rein spekulativen Gesichtspunkte aus. – In der Hauptsache hat Platon den wahren Gesichtspunkt gefunden.

Aristoteles hat nicht das Schöne und die Kunst überhaupt, wohl aber die Poesie insbesondere in seiner *Poetik* behandelt. Hier tritt uns eine andere Schwierigkeit entgegen: die Trennung nämlich in Empirie und formale Logik, wodurch seine Philosophie das Zusammengehörige sondert. Die Stoffe nimmt Aristoteles fast immer als gegebene an, und sucht sie in formalen Zusammenhang zu setzen; doch liegt in der Regel eine höhere Ansicht zum Grunde, und er trifft bewunderungswürdig, obgleich er nicht die inneren Gründe zum Bewußtsein bringt. So sieht er auch die Kunst als etwas Gegebenes an, leitet sie von dem Triebe der Nachahmung her, und räsoniert über das Gegebene. Der platte Gedanke der bloßen Nachahmung aber, den ihm die Neueren unterschoben haben, ist ihm fremd. Er hat nie gesagt, daß das in äußeren Gegenständen zufällig Gegebene Zweck der Kunst sei. Der Ausdruck, dessen er sich bedient, ist das Wort μίμησις, welches nicht durch das deutsche *Nachahmung* erschöpft wird. Besser wäre *Darstellung*; denn an Kopie der erscheinenden Wirklichkeit ist dabei nicht zu denken.[17] Daß Aristoteles unter μίμησις dieser etwas Höheres dachte, eine Bildung aus einem Prinzip, nicht nach der bloßen Wahrnehmung, läßt sich aus der Richtung seiner | ganzen Poetik beweisen. Er sagt, der Dichter müsse nicht darstellen, was geschehen sei, sondern was nach Gesetzen der Notwendigkeit und Wahrscheinlichkeit hätte geschehen sollen, – empirische Ausdrücke, deren Grund darin liegt, daß das Wahre, der eigentliche Mittelpunkt, bei ihm nicht zur Einsicht gebracht wird. Die physikalischen Poeten (φυσιολόγοι) die bloß Natur schildern, rechnet er nicht zu den Dichtern, weil sie nicht nachahmen oder vielmehr nicht darstellen, sondern bloß lehren, was ist.[18] Auch Dichter, die den Menschen darstellen, wie er gewöhnlich ist, erhebt er nicht zum Range echter Künstler.

Hierher gehört auch seine gewöhnlich mißverstandene Lehre von der *Reinigung der Leidenschaften durch die Tragödie.* Die Tragödie, sagt Aristoteles, soll Furcht und Mitleid erregen, nicht wie im gemeinen Leben, sondern so, daß diese Gemütsbewegungen zugleich gereinigt werden. Es liegt darin deutlich die Forderung von etwas Höherem. Das Wort κάθαρσις, dessen sich Aristoteles bedient, ist auch ein mythischer und religiöser Ausdruck, die Befreiung von einem gewissen zauberhaften Banne, von religiöser Schuld u. dergl. bezeichnend. So sieht nun Aristoteles auch die Leidenschaften an als etwas den Menschen Verunreinigendes, was gereinigt werden soll, indem es auf eine idealische Weise erregt wird. Die unreinen Leidenschaften werden veredelt durch die Darstellung in einer höheren idealen Form. Übrigens soll die Tragödie nicht überhaupt die Leidenschaften reinigen, wie es Viele unrichtig gefaßt haben; Aristoteles sagt ausdrücklich: Furcht und Mitleid sollen gereinigt werden und dergleichen Leidenschaften.[19] Diese Affekten sollen zwar empfunden werden, aber auf die rechte Art, nicht als bloß | aus der sinnlichen Erscheinung herstammend, sondern auf wesentlichen Begriffen beruhend. Die Kunst soll von dem Wahnsinne der Leidenschaften heilen durch Mitteilung einer höheren Begeisterung. Dies ist Aristoteles Sinn, wie aus mehreren Stellen ganz klar wird, z. B. Polit. VIII. 6, 15 wo er über das Flötenspiel als ein Mittel der κάθαρσις spricht. Vergl. 7,4.[20]

Wenn er ferner von der *Gestalt des Schönen* spricht, so setzt er die Schönheit in Größe, Maß und Ordnung. Ein schöner Gegenstand muß nicht zu klein und nicht zu groß, und die Größe muß durch Maß und Ordnung übersehbar sein, – lauter äußere Kennzeichen, die aber auf eine innere Vollkommenheit deuten und einen in den Dingen selbst waltenden Verstand voraussetzen, mithin auf einem Begriffe beruhen.[21] Man muß bei Aristoteles immer den Zusammenhang des Ganzen betrachten; hat er gleich die Sache nur aus formalen Gesichtspunkten angesehen und dargestellt, so liegt doch in dem scheinbar Formalen ein wesentlicher Gehalt.

Unter den Neueren, die Aristoteles sehr hoch stellten und als Vorbild betrachteten, steht *Lessing* oben an.[22] Er polemisierte mit Glück gegen die Fesseln der französischen Dramaturgie, achtete aber dennoch Aristoteles sehr hoch. Vermöge seines sehr scharf räsonierenden Verstandes ging sein Verfahren selbst, wie das des Aristoteles, immer nur auf das Ordnen, auf das Formale; aber es drückt sich in seinen Gedanken durchgängig das Wahre aus. Wenn Lessing den Aristoteles einen Euklides der Poeten nennt, so geht er darin wohl zu weit; von seinem Standpunkte aber ist seine Liebe für Aristoteles nicht zu verwerfen.[23] Er war | ein einsichtsvoller und billiger Verehrer des Aristoteles, und diese Verehrung hat bei ihm die schönsten Früchte getragen.

Weniger läßt sich dies von den *Franzosen* und *Engländern* sagen. Bei ihnen herrscht mehr der Name des Aristoteles, als sein System und sein Geist, indem sie alles oberflächlich auffaßten und die inneren Gründe übersahen. Man kann nichts Fruchtloseres kennen lernen, als die Abhandlungen des *Corneille* über seine eigenen Stücke.[24] Unter den Engländern hat besonders Pope den Aristoteles sehr verehrt, der wahren Einsicht eines Volkes aber eben dadurch sehr geschadet, indem er sie ihren größten Dichter Shakespeare verkennen lehrte.[25]

Plotin soll nur genannt werden, um zu zeigen, daß die ganz abstrakte Betrachtungsweise des Schönen auch schon bei den Alten sich findet.[26] Das Schöne ist ihm die Erscheinung, in welcher die Form der Idee die Materie überwiegt. Die Ideen oder Begriffe müssen sich aber im Stoffe selbst vollständig ausdrücken. Jenes Überwiegen der einen Seite kann man nicht anders, als durch eine reflektierte Abstraktion bewirkt denken; auf andere Weise ist das abgesonderte Erkennen der Form der Idee unmöglich. Dies sinnliche Schöne ist aber nach Plotin's Ansicht ein unvollkommenes. Das wahre geistige Schöne ist ohne allen äußeren Stoff, und wird erst erkannt, wenn wir uns von diesem Stoffe ganz abgewendet haben, und die Seele die Ideen selbst anschaut. – Man erkennt hier einen Schimmer des Platonischen Lichtes. Platon verstand aber unter seinen Ideen nicht solche durch Trennung von Form und

Stoff entstehende Abstrakta. In solchen Gespenstern der Einbildungskraft kann die Schönheit nicht bestehen. Platon fand vielmehr gerade darin das | Wesen des Schönen, daß wir durch Wahrnehmung des Stoffes an die Idee erinnert werden. Plotin hingegen nennt die Richtung des Geistes auf das Körperliche ausdrücklich das Häßliche, von dem sich die Seele reinigen und sich dem Geistigen nähern solle; je mehr sie das tue, desto mehr werde sie selbst εἶδος oder Idee. – Darauf beruht Plotin's Theorie vom Schönen; abstrakt ist diese Betrachtungsweise, weil das Schöne in den bloßen Begriff, in die leere Form gesetzt wird, da es vielmehr gerade in dem Entgegengesetzten bestehen muß, in der Einheit des Begriffes mit der Materie, in der völligen Durchdringung von Stoff und Form. – Andere Neuplatoniker, besonders *Proclus*, führen nur die Platonische Einheit des Guten und Schönen weiter aus.[27]

Longin's Schrift von dem Erhabenen wird gewöhnlich hoch gepriesen. Sein Zeitalter ist ungewiß und selbst sein Name nicht sicher.[28] Alles was er über das Erhabene sagt, ist nur auf die Rhetorik berechnet, und seine Schrift vermutlich nur ein Teil der Rhetorik. Sie bezieht sich nur auf das Technische, auf die Art, wie in der Rede das Erhabene ausgedrückt wird. – *Horatius* in der *Ars poetica* und einigen Episteln hat nirgend ein eigentlich philosophisches Prinzip über die Kunst und das Schöne.[29] – *Quintilian* ist ein scharfsinniger und geschmackvoller Kenner der alten Literatur, der besonders im 10ten Buche viele glückliche Urteile über alte Dichter fällt.[30] – Auch *Plinius* ist als historischer Forscher von Bedeutung.[31]

Hier schließen sich die Neueren an, zunächst die, welche von dem Grundsatz der Nachahmung ausgehen. – *Batteux* hat durch seine Schriften: „*Die schönen Künste auf ein Princip zurückgeführt*“, übersetzt von *Jo|hann Adolph Schlegel,* und „*Einleitung in die schönen Wissenschaften*“, von Ramler übersetzt, in der Theorie des Schönen großen Schaden angerichtet, indem er den Grundsatz der Natur-Nachahmung, auf die platteste Weise verstanden, dadurch verbreitete.[32]

Mehr philosophische Systeme glaubten unter den neueren Nationen einige *Deutsche* und *Engländer* aufzustellen. Bei den Deutschen überwog der *Formalismus* oder *Intellektualismus*; bei den Engländern war der *Sensualismus* das herrschende Prinzip.

Der Stifter der intellektualistischen Ansicht und der Ästhetik überhaupt, als einer besonderen Disziplin, ist *Alexander Baumgarten,* ein Schüler *Wolf's*.[33] Er geht von dem Prinzip der *Vollkommenheit* aus, welches schon bei Wolf allem Ethischen zum Grunde lag. Dennoch ist die Ästhetik Baumgartens nicht ganz ethisch; denn es wird für das Schöne nur die Wahrnehmung der Vollkommenheit in der Wirklichkeit gefordert. Vollkommenheit ist ihm die Beschaffenheit eines Dinges, vermöge deren es seinem Begriffe angemessen ist. Diese Bestimmung aber wird dadurch bedenklich, daß unter dem *Begriffe* nach Wolf die leere Form, die bloße Definition verstanden wird. Jene Vollkommenheit nun läßt sich nach Baumgarten nur durch den Verstand, durch das logische Vermögen erkennen, welches die Quelle der höheren Seelenkräfte nach Wolf's Unterscheidung ist.[34] Zur Wahrnehmung aber hilft diese bloß logische Erkenntnis der Vollkommenheit nichts, und das Schöne besteht nun eben darin, daß die Vollkommenheit einer Sache in ihrer Erscheinung wahrgenommen wird. – Ein Gefühl vom Richtigen läßt sich hier nicht verkennen. | Nun ist aber die Wahrnehmung nach Baumgarten's Bestimmung die Erkenntnisart der Dinge nicht nach ihrem Begriff, sondern wie sie gegenseitig in einander einfließen und den Begriff trüben und verwirren, mit einem Worte: die verworrene Erkenntnis der Leibnitz-Wolf'schen Vorstellung gemäß. Die *Seelenkräfte*, welche sich mit der Wahrnehmung beschäftigen, sind die *niederen*; und auf diesen beruht also auch die Darstellung des Schönen. Ja auch das *Genie* erklärt Baumgarten als eine vorzügliche Macht der niederen Seelenkräfte.

Baumgarten's Nachfolger hatten fast alle seine Vorstellung nicht einmal begriffen. Sie entwickeln in der Regel nur psychologisch, wie wir den Begriff verworren wahrnehmen. Sie setzen an die Stelle des Begriffes meistens gar die *Zweckmäßigkeit* der Dinge, und man verstand nun unter Vollkommenheit nichts anders als Zweckmäßigkeit. So überschritt man Baumgarten's eigenes Prinzip, dessen Vollkommenheit keineswegs die Zweckmäßigkeit ist; denn diese geht nach außen, während die Vollkommenheit die Beschaffenheit des Gegenstandes an sich selbst und in Beziehung auf sich selbst ist, und durchaus auf keinem Vergleich des Dinges mit dem Äußeren, sondern bloß auf Vergleich des Dinges mit seinem Begriff beruht.

Verstehen wir aber auch Baumgarten recht, so ist doch in seiner Lehre ein Widerspruch. Kann der Begriff nur durch den Verstand wahrgenommen werden, so geschieht dies nur in dem Grade, als sich die Seele von der Verwirrung der Wahrnehmung befreit und zur Abstraktion erhebt. Was aber durch die verworrene Erkenntnis wahrgenommen wird, kann nicht als dem Prinzip der Vollkommen|heit entsprechend angesehen werden. – Eine Ausflucht fand Baumgarten in dem Terminus „*sinnliche Vollkommenheit*“, worin aber ein Widerspruch mit seinem eigenen Systeme liegt, indem dieser Ausdruck den ersten Prämissen widerstreitet. Die einzige Beschönigung wäre dadurch möglich, daß man annähme, der Begriff durchdringe auch die sinnliche Wahrnehmung stufenweise, und sei mithin auch in dieser, wenn gleich in getrübter Gestalt, vorhanden. Das Schöne würde aber dann nur in der Betrachtungsweise, nicht in dem Gegenstande liegen; es würde nur eine Form sein die Dinge zu betrachten, vermöge deren wir bei der Wahrnehmung zugleich auf den Begriff reflektieren. Nach der ganzen Wolf'schen Art zu denken, gibt es aber keinen Unterschied zwischen Form und Inhalt, wenigstens nicht, insofern dieser der Begriff ist. Ist nun auch das Verhältnis des Begriffes zum Stoffe nur formell, so könnte die Reflexion auf den Begriff nur darin bestehen, daß wir durch Abstraktion nach und nach das Sinnliche des Gegenstandes wegschafften. So würde aber durch Abstreifen des Sinnlichen das Schöne selbst aufgehoben. Dieses System ist also voll von Widersprüchen, welche jedoch bei den Anhängern der Wolf'schen Philosophie nicht zum Bewußtsein kamen, da jene Ideen gleich ursprünglich auf eine tote und stumpfe Weise gefaßt wurden.

Nichts desto weniger hat dieses System lange gewirkt und dazu beigetragen, falsche Vorstellungen zu verbreiten. Das

Schöne wird darin besonders dadurch herabgesetzt, daß immer nur von der körperlichen, sinnlichen Schönheit die Rede ist. Das Sinnliche, als charakteristisch für das Schöne betrachtet, beschränkt den Begriff, indem es das Dasein | einer geistigen Schönheit ausschließt. Aus dieser Vorstellung entstand auch der ganz verwerfliche Ausdruck: „*schöne Wissenschaften*", im Gegensatz gegen die schönen Künste, die nur auf das Sinnliche Bezug haben sollten.[35] Eine Ahnung des Wahren liegt bei Baumgarten in der Anerkennung, daß im Schönen ein Verhältnis der Verknüpfung des Begriffes und der Erscheinung sich findet, welches der Verstand nicht erklären kann. Diese Ahnung, daß auf einem dritten Standpunkte Begriff und Erscheinung auf höhere Weise verbunden sind, ist in diesem Systeme wirklich ausgesprochen.

Unter Baumgarten's Nachfolgern, die zum Teil über sein Prinzip hinausgehen, beschäftigte sich *Mendelssohn* fast nur mit psychologischen Untersuchungen über die größere oder geringere Klarheit des Begriffes.[36] Andere schoben den Begriff der Vollkommenheit dem des Guten unter: so *Sulzer*; oder den bloß abstrakten Begriff ohne Vermischung mit dem Sinnlichen: so *Eberhard*. – *Sulzer* unterscheidet *Gutes*, *Vollkommenes* und *Schönes*. Er sagt: das Vollkommene gefällt uns wegen seiner Kraft, sich seinem Begriffe gemäß zu erhalten, betrachtet also dasselbe bloß in seiner Äußerung in der äußeren Erscheinung. Das Gute, sagt er, gefällt wegen seiner materialen Einwirkung, das Schöne wegen seiner äußeren Gestalt.[37] Am Ende aber heißt es bei ihm, das Schöne gefalle, weil das Gute sich darin ausdrücke! – *Eberhard* spricht in seiner Ästhetik in Briefen zuerst von dem, was gefällt, und sucht das Schöne darin, daß der Gegenstand ein leichtes Spiel der Seelenkräfte bewirke. Sein Endresultat aber ist: das Schöne solle ein Ideal enthalten, und dieses sei das reine Bild des | Gegenstandes, von allen Zufälligkeiten und Besonderheiten geläutert; also nichts anderes, als der bloße abstrakte Begriff.[38]

Die *Engländer* waren im ganzen achtzehnten Jahrhundert *Sensualisten*, und zwar nicht bloß in der Ästhetik, sondern auch in der Moral. Als Stifter des moralischen Sensualismus ist *Shaftesbury* anzusehen, von welchem eine ganze Schule ausgeht, obgleich er kein eigentliches System begründet hat.[39] Sein Grundsatz ist: bei allem Praktischen könne in Beziehung auf das menschliche Gemüt allein die allgemeine Übereinstimmung der Menschen unter einander das Kriterium des Wesens der Dinge sein. Das Gute ist ihm bloß das Allgemeingültige; die besonderen einzelnen Neigungen werden zum Guten erhoben, wenn sie von Allen als dem menschlichen Geschlecht gemeinsam und zuträglich erkannt werden. Alles beruht auf dem *common sense*, der auch bei allen späteren englischen Moralisten als Prinzip gilt. – Der Begriff des *Schönen* ist nach Shaftesbury's Ansicht mit dem des *Guten* und *Wahren* ganz derselbe; nur daß in jenem die widersprechenden Kräfte und Tätigkeiten sich in einander verschmolzen, in einander übergehend finden, und alle Besonderheiten sich in eine gemeinsame Wahrnehmung vereinigen. Es findet sich in diesem Systeme, wie bei Baumgarten, die Verbindung eines Einfachen mit einem Mannigfaltigen; nur daß das Mittel dieser Verbindung, das Ausgleichen der Gegensätze nicht in den Verstand, sondern in die Sinnlichkeit gesetzt wird.

Selbst das Moralische hat *Adam Smith* als Sache einer bloßen sinnlichen Empfindung angesehen, aber der einer gemeinsamen Gattungs-Sinnlichkeit.[40] Was im Sinnlichen allgemein geltend ist, ist nach der Meinung dieser Sensua|listen das Höhere, das Moralische; der Egoismus ist ihnen das Prinzip des Bösen, der Gemeinsinn das Prinzip des Guten, – eine sehr empirische und zugleich politische Ansicht.

Ausführlicher wurde Shaftesbury's System von dem Schotten *Hutcheson* dargelegt, welcher über die Entstehung der Ideen vom Schönen geschrieben hat.[41] Nach ihm ist ein eigener *innerer Sinn* zur Wahrnehmung des Schönen vorhanden, die keine Funktion des Verstandes ist. Dieser innere Sinn wird erregt durch das Verhältnis des *Einförmigen* und *Verschiedenen* nach folgendem sonderbaren Axiom: Wenn sich in den schönen Gegenständen die Einförmigkeit gleich verhält, so verhält sich die Erregung des Sinnes wie die Verschiedenheit derselben; ist die Verschiedenheit gleich, so verhält sich die Erregung des inneren Sinnes nach dem Maße der Einförmigkeit derselben. Auf dies Verhältnis gründet Hutcheson das Wohlgefallen an der Ähnlichkeit einer Nachahmung mit dem Original. Die Entstehung dieses Sinnes für das Schöne, welcher dem Menschen notwendig sei, weiß er nicht nachzuweisen; er schreibt ihn unmittelbar der Güte Gottes zu.

Andere haben das Verhältnis des Einförmigen und Verschiedenen mehr ins Einzelne verfolgt. Auf dieser Betrachtung beruht *Hogarth's* Untersuchung über das Schöne. Er findet den Grund des Schönen in einem leichten Spiele des Gemüts, das durch unmerkliche Hindernisse in Tätigkeit gesetzt wird; also in einer Affizierung des Einfachen in uns durch das Mannigfaltige. Daher gilt ihm die Wellenlinie als die Grundform des Schönen, da in ihr eine einförmige Richtung mit Mannigfaltigkeit der Bewegung sich vereinigt.[42] |

Bedeutender ist *Edmund Burke's* Theorie, der zwar auch Sensualist, aber der vorzüglichste und geistreichste unter dieser Klasse der Philosophen ist.[43] Das ganze menschliche Gemüt besteht nach ihm aus zwei Grundtrieben: dem Triebe der *Selbsterhaltung* und der *Geselligkeit.* Die Selbsterhaltung ist Prinzip der Besonderheit, der Individualität; die Geselligkeit Prinzip des Gemeinsamen im Menschen, der allgemeinen Vernunft. Weder das eine, noch das andere ist allein der Grund des Guten oder des Bösen. Beide Triebe müssen in einander übergehen, um etwas Vollkommenes zu bilden; denn in der Getrenntheit arten sie beide in Begierde aus. Werden sie miteinander vermischt, so beruht auf dem Triebe der Selbsterhaltung die moralische Kraft, die Selbständigkeit; auf dem der Geselligkeit die Liebe und das edlere Anschließen. – Selbst in diesem Sinne aber müssen beide nicht unmittelbar ins Leben eingehen, wenn sie das Schöne bilden sollen; sondern sie dürfen nur auf die Einbildungskraft wirken, nur durch diese aufgefaßt, nicht in der äußeren Erscheinung wahrgenommen werden. Dann bildet sich ein Gegensatz zwischen dem *Schönen* und dem *Erhabenen.*

Auf dem Triebe der Selbsterhaltung beruht das *Erhabene*; auf dem der Geselligkeit das Gefühl des Schönen. Jenes wird durch furchtbare, gefährlich scheinende Gegenstände erweckt, die unsere Individualität bedrohen. Dieses Schreckliche und Furchtbare muß aber nicht wirklich gefährlich sein, nicht wirklich Furcht erwecken, sondern nur in unserer Einbildungskraft den Trieb des Widerstandes erregen. Die Erhabenheit liegt also nicht allein in der Größe der Gegenstände, noch in ihrer Macht, sondern in Erscheinun|gen, die so beschaffen sind, daß sie in der Einbildungskraft die Erinnerung an beides erregen. Es kann daher ein *Negativ-Erhabenes* geben, z. B. eine große Leere u. dergl., worin wir unsere Persönlichkeit zu verlieren fürchten, und wodurch eben darum der Trieb der Selbsterhaltung in der Einbildungskraft aufgeregt wird. Burke sucht dabei vor dem Vorurteile zu bewahren, als bestehe das Vergnügen am Erhabenen, z. B. am Tragischen, darin, daß wir uns bei großen Gefahren in Sicherheit fühlen. (S. Lucret. *de nat. rer.* II. im Anfange).[44] Das Vergnügen an tragischen Begebenheiten entsteht nach ihm vielmehr aus der Sympathie, indem wir nämlich in unserer Einbildungskraft dasselbe Leiden, welches wir anschauen, empfinden, nur nicht als wirkliches. Auch wird ein gemeiner, gewöhnlicher Schmerz die geforderte Empfindung nicht erregen, sondern nur eine Gewalt, gegen die unser Widerstand verschwindet, wie die des Schicksals. Wären wir aber nicht selbst in Sicherheit, setzt Burke hinzu, so würde freilich jenes Vergnügen nicht aufkommen können.

Das *Schöne* beruht auf dem Triebe der Geselligkeit. Es ist das, was zum Anschließen einladet, zum Verbinden mit dem schönen Gegenstande reizt, also den Trieb der Geselligkeit anregt. Es ist das Milde, Sanfte, aber zugleich leise Widerstrebende, damit der Trieb erst aufgeregt werde. Mithin darf keine Verknüpfung schon vorausgesetzt sein, kein Anschließen ohne alles Bestreben Statt finden, sondern geringe Hindernisse, die sich immer wieder ausgleichen lassen. – Zuletzt sagt Burke, um die eigentlichen Gründe auszudrücken, ganz physiologisch: Das Schöne bringe in uns ein Gefühl einer angenehmen Abspannung der Nerven hervor; | das Erhabene dagegen spanne die Nerven an, jedoch ohne daß diese Anspannung schmerzhaft sei. Sie müsse vielmehr angenehm sein, wie jene Abspannung, die nicht Folge eines wirklichen Genusses, sondern nur eines Genusses der Einbildungskraft sein dürfe.

So sehen wir ein Bild sinnlichen Genusses in der Einbildungskraft vor uns; obgleich Burke durch den *common sense* dem auszuweichen sucht. Die Annahme eines solchen allgemein gegründeten Triebes und eigentümlichen Sinnes für das Schöne läßt sich aber mit den hier gegebenen bloß äußerlichen Wirkungen nicht vereinigen. Beides widerspricht sich in sich selbst, und dies System löst in seinen Resultaten sein eigenes Prinzip wieder auf. Im intellektualistischen und sensualistischen Systeme finden sich dieselben Widersprüche; nur daß in jenem alles vom Begriffe, in diesem alles von der Sinnlichkeit ausgeht.

Es folgen nun höhere Bestrebungen bei den *Deutschen*, zunächst mehr praktische von Seiten ausgezeichneter Geister, die unbewußt den Sinn des Schönen erkannten. Von *Winkkelmann* ist alle höhere Ansicht und aller bessere Sinn in der Kunstbetrachtung ausgegangen. Zwar hat er nie ein theoretisches System aufgestellt, sondern äußert nur seine Ideen bei der Betrachtung plastischer Kunstwerke, wobei er weder vom Begriffe noch von der Sinnlichkeit ausgeht. Er sagt: die Idee der Schönheit sei in Gott, und von diesem gehe sie als Erscheinung in die einzelnen Dinge über. Dieser Gedanke beweist Winckelmann's hohen Sinn, wozu alle seine Werke die Belege liefern. Selbst in der kleinen Schrift *über die Fähigkeit das Schöne zu empfinden,* zeigt sich ein tiefes Streben, ungeachtet man|ches Fehlerhaften im einzelnen.[45] – Bei seiner Ausübung der Kritik geht er überall auf eine unmittelbare Anschauung des Schönen aus, wogegen die Ausführung des Besonderen oft zu kurz kommt. Er faßt die Idee des Schönen, als im höchsten Bewußtsein enthalten, besonders da rein auf, wo, vornehmlich bei den alten Griechen, ein strenger Stil vorkommt. Bei dem mehr gebildeten sieht er mehr auf Vollendung der äußeren Verhältnisse und Formen, als auf die höchste Idee. – Den lebendigen Quell des echten Gefühls für das Schöne hat er unstreitig den Neueren eröffnet, und ist als der Vater der besseren Erkenntnis anzusehen. Indessen fand er in seiner Zeit noch wenig Teilnahme und Anerkennung. Selbst *Raphael Mengs* geht noch mehr auf abstrakte Begriffe aus, als auf Winckelmann's lebendige Begeisterung.[46]

Lessing, der zweite Wiederhersteller richtigerer Ansichten, ging nicht wie Winckelmann von einer inneren Anschauung aus, sondern von ihrer Entfaltung in den besonderen Verhältnissen der Wirklichkeit. Er beschäftigte sich besonders mit der Poetik. Zwar hat er im *Laokoon* auch über Malerei und Bildhauerkunst geschrieben, geriet aber hier in Mißverständnisse, die ihn zu keiner Verständigung mit Winckelmann kommen ließen.[47] Nicht mit Unrecht zwar will er die *Charakteristik*, die Individualität, die Darstellung der Wirklichkeit gegen Winckelmann geltend machen; allein er bedachte nicht, daß er dabei von einem ganz anderen Standpunkt ausging. Was Winckelmann besonders von der Skulptur behauptet, bestreitet Lessing meistens vom Standpunkte der Malerei und Poesie aus. – Lessing schloß sich auf ähnliche Weise, wie Aristoteles, ganz an das Ge|gebene, Wirkliche an, und suchte dieses durch Kritik einer Idee von der Schönheit anzupassen. Die höchsten Ausdrücke, zu denen er gelangt, sind daher fast immer formale. Sein Bestreben war besonders polemisch, negativ, und seine schönsten Ideen stellt er nur bei polemischen Anlässen dar. Er wollte die Poesie von den französischen konventionellen Regeln der Poetik, besonders der Dramaturgie befreien, ging aber noch weiter, indem er nicht bloß diese Gesetze, sondern alles bloß konventionell Gesetzgebende für willkürlich erklärte; daher er auch das Augustische Zeitalter mit großem Recht angreift. Er sucht immer die allgemeine Form des Schönen, ohne ein eigentliches Prinzip desselben angeben zu können; oft verspricht er, das Wesen der Sache aufzudecken, täuscht aber immer die Erwartung. – In der lebendigen Betrachtung des gegebenen Besonderen liegt seine Vortrefflichkeit und seine Ähnlichkeit mit Aristoteles; auch, da er immer auf das Formale hinausgeht, mit Kant, als dessen Vorläufer er angesehen werden kann.[48]

Herder mischte sich in Winckelmann's und Lessing's Streit, und erlangte eine gewisse Autorität in der Kunst; jedoch mit Unrecht.[49] Er nahm sich Winckelmann's an, aber nicht aus klarer Einsicht, nicht begeistert wie dieser, sondern durch dunklen Instinkt getrieben, der ihn überall begleitet hat. Daher ist bei ihm alles formlos, alles mehr einzelne Ahnung, einzelner Anflug der Begeisterung, nicht Klarheit und Harmonie. Er hat die Ideen mehr verwirrt, als aufgeklärt und durch seine poetischen Versuche diese Verwirrung noch vermehrt.

Nach diesen nicht eigentlich philosophischen Vorbereitungen treffen wir auf ein spekulatives System, nämlich das | Kantische, das noch heutzutage, nicht zum Vorteil der Sache, höchst allgemein verbreitet ist. *Kant* nahm die Lehre vom Schönen in die *Kritik der Urteilskraft* auf, ohne das Schöne als eigentümlichen Gegenstand der Untersuchung auszusondern. Er behauptet, es könne keine Wissenschaft vom Schönen geben, da dasselbe nichts Objektives, sondern etwas ganz *Subjektives* sei.[50] Die Schönheit liegt also nach ihm nicht in den Gegenständen, sondern in dem Verhältnisse der menschlichen Gemütskräfte; daher er nie erklären konnte, warum gleichwohl die Gegenstände selbst schön genannt werden und das Subjektive dem Objektiven notwendig folgen muß.[51]

Kant sah ein, daß eine Verbindung Statt finden muß zwischen dem, was dem Begriff angehört, und dem, was in der einzelnen Erscheinung liegt, und daß dieses Verhältnis nicht das ist, welches der Verstand durch Abstraktion hervorbringt. Es müsse also, meint er, zwischen dem Begriff und dem Dinge eine ursprüngliche Einheit und Harmonie vorausgesetzt werden, die der Verstand nicht erst zu bewirken brauche, sondern die in den Dingen selbst sich finde. Darum setzte er die *Urteilskraft* als besondere Geistesfähigkeit neben den *Verstand*, indem ihm das Urteil dadurch begründet zu sein schien, daß das Allgemeine und Besondere auf gewisse Weise schon an sich ursprünglich verbunden seien. Darauf beruht die Kantische Urteilskraft. Nun entsteht aber die Schwierigkeit, die Seite der Erkenntnis aufzufinden, wo diese Vereinigung statt finden soll. Kant nahm eine zwiefache Weise derselben an:

1) wo der Begriff die Hauptsache ist und die Erscheinung in ihm liegt; 2) wo umgekehrt die Erscheinung die Hauptsache ist und | der Begriff in ihr liegt. Demnach gibt es 1) eine *teleologische Urteilskraft,* wo das Mannigfaltige als vom Begriffe abhängig angesehen wird; 2) eine *ästhetische*, worin das Mannigfaltige angesehen wird als den Begriff enthaltend, dieser in jenem aufgegangen und davon abhängig erscheint. Wir setzen in der Erscheinung einen Begriff voraus, den wir aber nicht durch Abstraktion darstellen können, in der Entstehung des Mannigfaltigen eine Zweckmäßigkeit, wovon sich der Begriff nicht angeben läßt; denn sonst wäre das Verfahren Abstraktion. Die Wahrnehmung des Schönen beruht also auf der Voraussetzung einer *Zweckmäßigkeit* in der Entstehung desselben, wovon wir aber den Begriff nicht angeben können. – Das Urteil über eine solche Zweckmäßigkeit ist das *Geschmacks-Urteil.*

Diese Zweckmäßigkeit kann nur die allgemeine Form einer Zweckmäßigkeit überhaupt sein, und wegen dieser rein formalen Beschaffenheit wird dieselbe nachher mit der Kantischen *Vernunft-Idee* verbunden.[52] Wird die Zweckmäßigkeit im Mannigfaltigen entdeckt als allgemeine Form des Zweckmäßigen, so ist die Erscheinung, in welcher diese Entdeckung geschieht, *schön.* Das Schöne liegt also nicht in den Gegenständen, sondern nur im *Erkenntnisvermögen*, und ist daher etwas bloß Subjektives. Der Grund der Schönheit liegt nicht im Stoffe, sondern in dem Urteil darüber, dem Geschmacks-Urteil, welches Kant nach den vier Klassen der Kategorien näher betrachtet.[53]

Der *Qualität* nach ist es *ästhetisch*, d. i. ohne Interesse, auf keinen individuellen Zweck bezüglich. Wir sehen das Urteil bloß als eine Modifikation unserer Erkenntnis an; es liegt nur darin, daß die Kräfte der Er|kenntnis unter sich in die erforderliche Übereinstimmung treten.[54] Diese Bestimmung des mangelnden Interesse hat allerdings ihren guten Grund. – Der *Quantität* nach ist das Geschmacks-Urteil *allgemein* und fordert eine allgemeine Gültigkeit, welche Jeder anerkennen muß. Dadurch wollte Kant der Behauptung ausweichen, daß der

Geschmack verschieden sein könne.[55] Der Grund dieser Allgemeinheit liegt darin, daß das Geschmacks-Urteil auf einer ursprünglichen Beschaffenheit des Erkenntnisvermögens selbst beruhe, woran allerdings wieder etwas Wahres ist. Man muß jedoch zwischen der allgemeinen Idee des Schönen selbst und den besonderen Formen unterscheiden, in denen es sich zeigt. – Der *Relation* nach ist das Geschmacksurteil nur bestimmt durch die allgemeine Form der Zweckmäßigkeit, nicht durch einen besonderen Begriff. Das *Schöne* wird hier bestimmt unterschieden von dem *Nützlichen* und *Vollkommenen*, welche sich auf einen durch Abstraktion abzusondernden Begriff beziehen, jenes auf einen praktischen, dieses auf einen theoretischen, während in dem Schönen kein solcher besonderer Begriff zu finden ist.[56] Hier macht Kant einen Unterschied zwischen *freier* und *anhangender Schönheit;* in jener ist kein substantieller Begriff, in dieser findet sich ein solcher. Bei dieser Entwicklung verwirren sich die Gedanken sehr, und Kant gibt sonderbare Beispiele, indem er z. B. die freie Schönheit Naturszenen und leblosen Gegenständen, wie Blumen u. dergl. zuschreibt, die anhangende dem menschlichen Körper.[57] – Jene aber betrachtet er als die höhere, da vielmehr ganz im Gegenteil der menschliche Körper eigentlich der wahre Sitz der Schönheit ist. Jene Behauptung enthält also eine sehr starke Para|doxie, deren Quelle in Kant's formalem Prinzipe liegt. – Nach der *Modalität* ist das Geschmacks-Urteil ein *notwendiges*, das sich aufdrängt und nicht willkürlich abgeändert werden kann. Dies ist mit der Allgemeinheit fast dasselbe; beide Bestimmungen beruhen auf einem gewissen gemeinen Sinne für das Schöne, den wir auch annehmen.

Das ganze Resultat ist nun: der *Geschmack* sei das Beurteilungsvermögen eines Gegenstandes in Beziehung auf die freie Gesetzmäßigkeit der Einbildungskraft.

Kant sah ein, daß die Vereinigung im Geschmacksurteil sich auf etwas Höheres, Ursprüngliches beziehen müsse. Er wandte daher seine Betrachtung nach einer andern Seite, indem er den Grund des Schönen auch in den *Gegenständen* selbst aufsuchte. So kam er zu der Annahme, daß jedem schönen Gegenstande eine *Idee* oder ein *Ideal* zu Grunde liegen müsse. Hier kehrt sich nun das Verhältnis um und es entsteht ein offenbarer Widerspruch, indem dem Ideale notwendig immer die fixe, anhangende Schönheit zukommt. Kant nennt den Begriff Ideal, weil er nicht als Abstraktum, sondern als Bild der Einbildungskraft gedacht werden solle, das sich im Stoffe wieder abdrückt. In dem Ideale nun liege zweierlei: Es müsse 1) einen *formalen* Charakter haben und in ihm bloß die Form der Zweckmäßigkeit zu erkennen sein; 2) müsse dieser Begriff als Bild für die Einbildungskraft notwendig wieder einen bestimmten Stoff, also einen *materiellen* Charakter haben. Daher unterscheidet Kant zwei Bestandteile des Ideals: 1) die *Normal-Idee*; 2). die *Vernunft-Idee*. Jene ist der substantielle Begriff, der das Muster für den besonderen Stoff gibt; die Vernunft-Idee hingegen der|jenige Begriff, der die bloße Form der Beziehung oder der Zweckmäßigkeit enthält. – Der Meinung, die Normal-Idee könne nur ein abstrakter Begriff sein, sucht Kant auszuweichen, indem er sagt, die normale Idee entstehe durch bloßes Zusammentreffen der Bilder, nicht durch Abstraktion. Sie soll also Werk der Einbildungskraft, nicht des Verstandes sein.

Diese Trennung ist aber ganz ungenügend; denn auch eine Abstraktion ist ohne eine solche Tätigkeit der Einbildungskraft nicht denkbar, da sie nicht die bloße Definition, sondern immer zugleich ein allgemeines Bild des Gegenstandes ist. Man kann mithin Beides nicht so scharf von einander sondern. – Die Vernunft-Idee ist zugleich die Idee des Sittlichen. Sie besteht in der bloßen Form, der Beziehung auf die Mannigfaltigkeit überhaupt. Dies ist aber etwas ganz Leeres, wie für die Sittlichkeit, so für die Schönheit Unfruchtbares. Um dieser Vernunft-Idee willen bezieht nun Kant das Schöne in seinem letzten Zweck auf die *Sittlichkeit*, da die Vernunft-Idee dieselbe ist, die auch an der Spitze seiner Moral steht.

Zwei ganz entgegengesetzte Elemente liegen hier in unauflöslichem Streit. Das Schöne soll in der Anlage des Erkenntnisvermögens seinen Grund haben, welche den Menschen zur Beziehung des Mannigfaltigen auf die allgemeine Form fähig macht, und es soll zugleich Darstellung des Sittlichen sein. Beides widerspricht sich durchaus. Jene Form kann mit der Vernunft-Idee nie dasselbe werden, da sie sich an den gegebenen Stoff anschließen muß, dagegen die Vernunft-Idee allen Stoff ausschließt und durch denselben nicht affiziert wird. Diesen Widerspruch konnte Kant | nur bestehen lassen, weil er fühlte, daß es einen Standpunkt gibt, wo die Erscheinung des Schönen im Mannigfaltigen und die Sittlichkeit in Eins zusammen fallen.

Es ist hier ein ähnliches Verhältnis, wie bei Baumgarten.[58] So lange der Begriff der Zweckmäßigkeit durch bestimmte Stoffe dargestellt wird, kann er nie absolute Zweckmäßigkeit ausdrücken. Soll er hinwiederum reine formale Vernunft-Idee werden, so kann er nicht abhängig sein von einem bestimmten Stoffe. – Der höhere Standpunkt, auf welchem sich beides vereint und welchen Kant ahnte, hatte Einfluß auf seine Lehre.

Auch den Begriff des *Erhabenen* betrachtete Kant.[59] Er sah ein, daß die reine Vernunft-Idee nicht der Grund des Schönen sein könne, und setzte sie daher als den Grund des Erhabenen. Das Erhabene hat das mit dem Schönen gemein, daß es ganz durch sich selbst und nicht nach Begriffen wirkt; es unterscheidet sich aber dadurch, daß nicht eine dunkle Zweckmäßigkeit darin liegt, wie im Schönen, sondern eine *Zweckwidrigkeit* darin erkannt wird. Erhaben ist ein Gegenstand, der über unsere Kombination so hinaus liegt, daß keine Beziehung auf Zweckmäßigkeit möglich ist. Dennoch ist das Erhabene auf Ideen zu beziehen; es ist nicht zweckwidrig, weil es vernunftwidrig wäre, sondern weil es über unser Beurteilungsvermögen hinausgeht.[60] Es bezieht sich also unmittelbar auf den rein formalen Vernunftbegriff, den unser Beurteilungsvermögen nicht zu fassen vermag.

Was sollen wir uns aber unter einem solchen Erhabenen denken, zu dessen Auffassung wir uns in die Vernunft-Idee flüchten müssen? – Nur die Verfassung unseres Ge|müts, unseres Erkenntnisvermögens jenem Stoffe gegenüber kann dann das Erhabene sein; und dies ist wirklich Kant's Ansicht. Die Gegenstände sind nur tauglich, das Erhabene zu erwecken, und das angenehme Gefühl, welches dabei in uns rege wird, entsteht dadurch, daß wir unsere Vernunft fühlen, besteht also in dem Bewußtsein der Kraft unserer Vernunft.[61] – Das Gefühl aber, welches durch das Erhabene geweckt wird, ist in der Tat gerade das entgegengesetzte. Wir kommen uns vielmehr unbedeutend dagegen vor, fühlen uns gedemütigt und ordnen uns dem erhabenen Gegenstande unter. Hier widerspricht also abermals die Erfahrung.

Eine Menge von Mißverständnissen sind aus dieser Ansicht entstanden. Versteht man unter der Unendlichkeit, die vorzüglich geeignet ist, das Gefühl des Erhabenen zu erregen, die Beschaffenheit gewisser Gegenstände, daß sie nie in einander aufgehen können, in unauflöslichem Gegensatz stehen: so kann es hierauf bei der Idee nicht ankommen. Diese schlechte Unendlichkeit entsteht aus den notwendigen Verwickelungen des gemeinen Verstandes. Nur eine solche aber kann in den Gegenständen sein, die auf unser Gemüt jenen Eindruck machen.

Kant unterscheidet ferner eine *mathematische* und eine *dynamische Erhabenheit;* jene bezieht sich auf unsere Erkenntnis, diese auf unser Begehrungs-Vermögen.[62] Beide wecken durch den Gegensatz und Widerspruch gegen die Schranken des Verstandes unsere Vernunft, als das ganz formale Vermögen, welches durch den Widerspruch desto mehr seine Kräfte fühlt.

Diese Lehre läßt sich leicht widerlegen. Daß die Er|habenheit allein im subjektiven Gefühle bestehen solle, ist widersinnig. Wir geben uns vielmehr dem Gegenstande hin, und fühlen Achtung für ihn, indem wir keineswegs zum Hochmut auf das ganz Leere in uns angetrieben werden, sondern Demut und Bescheidenheit lernen. – Auch durch ihren inneren Bau widerlegt sich die Kantische Lehre. Das Erhabene wäre nach ihr das gerade Gegenteil des Schönen, etwas rein Moralisches, eine Äußerung unserer Kraft, vermöge deren wir allen äußeren Gegenständen uns widersetzen. Das Schöne hingegen soll doch immer auch in den Stoffen selbst liegen. – Es zeigt sich ferner ein Schwanken zwischen Empirismus und Rationalismus; jener findet statt, insofern sich die Urteilskraft auf die Gegenstände allein wendet; dieser, insofern sie sich auf das Ideal wendet und von diesem zur Vernunft-Idee aufsteigt. Zwischen beiden Standpunkten ist hier keine Vermittlung zu finden, daher die verschiedenen Bestandteile des Begriffs des Schönen sich nicht im Gegenstande konzentrieren und dieser keiner objektiven Schönheit teilhaftig wird. Gibt es aber kein Objektiv-Schönes, so gibt es keine Wissenschaft, sondern nur eine Kritik des Schönen und der Kunst.

Kant tritt demnach auf die Seite derer, welche die Kunst als etwas Gegebenes, nicht Abzuleitendes ansehen. So darf aber der Philosophie kein Gegenstand erscheinen, wenn sie ihren wahren Standpunkt behaupten will. – Auch das *Genie* behandelt Kant als bloßes Faktum, bloße Naturanlage, die den Stoff verleihe; die Kunst gebe erst die Regeln an die Hand, die mithin nach dieser Darstellung etwas ganz Formales werden.[63] – Der ganze Gegenstand ist hier in die Sphäre der Beziehungen und Gegensätze des | Verstandes hinabgezogen, welche Lehre unendlichen Schaden gestiftet hat und immer noch sehr herrschend ist.

Als philosophischer Bearbeiter muß ferner *Fichte* genannt werden, obwohl er nie zu einer lebendigen Vorstellung von dem Wesen der Kunst gelangt ist.[64] Die Kunst ist ihm der *Sittlichkeit* untergeordnet und diese etwas bloß Subjektives von einem ganz empirischen Standpunkte aus angesehen. Fichte's ganzer Idealismus ist eine Psychologie im höheren Sinn, worin nur das Verhältnis des gemeinen Bewußtseins dargestellt ist. Für ihn ist die ganze Natur nichts anders, als Beschränkung unserer freien Tätigkeit; hierauf beruht auch die Sittlichkeit, die bei ihm, wie bei Kant, bloß formal ist. Die Natur ist ihm nur da, um unterworfen zu werden; die Sittlichkeit der Krieg, den wir mit ihrer Einwirkung beständig führen. Die Notwendigkeit dieser Begrenzung findet Fichte darin, daß sie ein Bedürfnis für unser Bewußtsein ist, selbst für das Bewußtsein unserer Persönlichkeit, die sich in der Welt der Objekte reflektieren muß. Woher aber diese Grenze kommt, hat er nicht gezeigt, und vermöge des bloß empirischen Standpunktes nicht zeigen können. Er weist nur nach, wie unsere Vorstellungen von der Welt dadurch entstehen, daß das erkennende Vermögen durch diese Grenze in sich zurückgedrängt wird. Der gemeine Standpunkt sieht nach ihm die objektive Welt als gegeben an, der spekulative als Wirkung unseres eigenen Bewußtseins, als gleichsam geschaffen durch das Ich.

Diesen Standpunkt nun nimmt der Künstler an, steht aber dabei zugleich auf dem Standpunkte des gemeinen Bewußtseins, oder behandelt doch jenen nach diesem. Wie | dies möglich ist, hat Fichte nicht zeigen können. Der gewöhnliche Zustand des Bewußtseins ist nach seiner Ansicht die bloße Begrenzung; denkt man sich die äußere Welt als hervorgegangen aus dem eigenen Bewußtsein, so befindet man sich auf dem philosophischen Standpunkte. Wie nun aber jemand diese Einsicht haben und gleichwohl diesen Standpunkt in den der gemeinen Wahrnehmung verwandeln kann, ist nicht abzusehen. In diesem Systeme war jedoch diese Vorstellungsart unvermeidlich.

Dazu kommt nun ferner, daß das Schöne oder die Kunst Vorbereitung des Sittlichen sein soll, vermöge der Wahrnehmung der schaffenden Kraft des Bewußtseins in den Objekten, welche Kraft als die Hauptsache, als das Herrschende im Menschen betrachtet werden soll. Wie dies aber ohne Einsicht möglich ist, ist nicht zu begreifen; und wer diese Einsicht hat, steht auf dem Standpunkte der Philosophie, nicht der Kunst. – Das Gefühl des Schönen, sagt Fichte, gehöre zum Teil der Sittlichkeit, zum Teil dem Herzen an, wo man wieder nicht begreift, was das *Herz* bedeuten soll. Wollte Fichte ganz konsequent verfahren, so mußte er eigentlich die Kunst als etwas ganz Fremdartiges betrachten und aus seinem Systeme hinauswerfen.

Schelling's System des transzendentalen Idealismus beruht auf ähnlichen Verhältnissen des Bewußtseins, wie das Fichtesche, nur daß bei Schelling *Subjektives* und *Objektives* mehr gleich gewürdigt und zu gleichen Rechten angenommen sind.[65] Es findet ein Wechselspiel zwischen der subjektiven oder bewußten und der objektiven oder unbewußten Tätigkeit statt. Beide sind in Schellings *intellek|tualer Anschauung* ursprünglich eines und dasselbe, die beide Tätigkeiten nur unentwickelt, formal enthält; was man Schelling zum Vorwurf machen kann.[66] Diese beiden zu gleichen Rechten anerkannten Tätigkeiten sind gegenseitig durch einander bestimmt und enthalten einander. Insofern im Unbewußten das Bewußte anerkannt ist, haben wir die Natur; im umgekehrten Falle das reine Selbstbewußtsein oder das praktische Vermögen. In jenem Verhältnisse wird alles Bewußtsein durch den Stoff bestimmt, in diesem aller äußere Stoff durch das Bewußtsein.

Im höchsten Standpunkte ist beides Eins; dieser aber ist ein bloß formaler, da sich die Vereinigung nicht nachweisen läßt. Gleichwohl soll sich dieser höchste Standpunkt wieder in der einzelnen Äußerung des Ich, in der Erscheinung zeigen und daraus die *Kunst-Anschauung* entstehen. Diese soll eins und dasselbe sein mit der ursprünglichen Intellektuellen Anschauung, die bloß im Bewußtsein liegt, und nun doch zugleich in einem einzelnen Akt desselben sich vorfinden soll. Wie es möglich ist, daß etwas rein im Bewußtsein liegendes Formales sich als besonderes Faktum offenbare, ist nicht einzusehen; es findet sich mithin hier eine unauflösliche Schwierigkeit.

Doch liegt dieser Ansicht das Wahre im Innersten zu Grunde. Es ist hier wenigstens der bloß empirische Gegensatz schon im Ursprung als vermittelt angesehen; der Widerstreit, der bei allen andern Systemen zwischen beiden statt fand, ist hier aufgehoben. Nur kann die Aufhebung desselben als besonderes Faktum, als einzelne Erscheinung nicht entwickelt werden, weil jene intellektuelle Anschauung etwas bloß Formales bleibt, und keine denkbare Annäherung des | bloß Empirischen an die ursprüngliche Anschauung vorhanden ist. Es liegt dies nur in dem Mangel dialektischer Ausbildung. Wäre diese hinzugekommen, so würde sich bald gezeigt haben, wie sich die intellektuelle Anschauung in dem Einzelnen darstellen könne und daß nicht die Kunst allein das Erzeugnis derselben ist.

Auch hier kommt der Gegensatz des *Schönen* und *Erhabenen* zur Sprache; aber auch hier fällt jede Verknüpfung gleich in die gemeine Vorstellung zurück. Das *Schöne* ist nach

Schelling's Erklärung die Äußerung des Kunstprinzips, worin das Unendliche als enthalten im Endlichen dargestellt, wo im Objekte selbst der Gegensatz zwischen dem Bewußten und Unbewußten aufgehoben ist.[67] Danach erscheint das Schöne als sehr einseitig. Im *Erhabenen* hingegen ist jener Gegensatz nicht im Endlichen aufgehoben; sondern er geht ins Unendliche. – So kann er sich nun aber nirgend aufheben, und es ist dies eine bloße Ausflucht, die einen Widerspruch in sich selbst enthält.

Nach dem bisher Bemerkten können wir *Kant* einen wirklichen Fortschritt in der philosophischen Wissenschaft vom Schönen nicht zuschreiben, da er in der Anwendung nichts behandelt hat, als die formalen Beziehungen zwischen Allgemeinem und Besonderem. Noch weniger können wir *Fichte* einen solchen Fortschritt zugestehen, der geradezu ausgesprochen hat, daß die Kunst eine bloße Vorschule für die Sittlichkeit sei, die unser Gefühl an einen sittlichen Standpunkt gewöhnen solle, was an sich unmöglich ist. Nur bei *Schelling*, der von ursprünglicher Einheit des Subjektiven und Objektiven ausgeht, kommt das spekulative Prinzip zum Vorschein; jedoch ohne gehörige Ausbildung, wovon der | Grund besonders in der Art liegt, wie er mit seiner intellektuellen Anschauung umging.

Es sind nun noch einige Männer zu nennen, die ohne eigentlich Philosophen zu sein, doch die Kunst theoretisch betrachtet und die Urteile darüber in neuerer Zeit bestimmt haben.

Schiller wurde durch Kant auf die Reflexion über die Kunst geführt, was man seiner ganzen Art zu räsonieren ansieht. Das Bestreben über die Kunst zu reflektieren, welches er schon früh zeigte, hat keinen günstigen Einfluß auf seine poetischen Werke geübt, was besonders in seinen späteren Tragödien sichtbar wird, in denen er seine Theorie auszudrücken suchte. Seine Ansichten hat er vorzüglich in den Aufsätzen *über das Naive und Sentimentale, über Anmut und Würde* und *über die ästhetische Erziehung des Menschen* niedergelegt.[68] Hinsichtlich des *Naiven* und *Sentimentalen* ging er von der Wahrnehmung des Unterschiedes zwischen dem *Antiken* und *Modernen* aus. Das Unbewußtsein, die Unschuld, das Versinken des Subjektiven in das Objekt nannte er das *Naive.* Das Bewußtsein von Beziehungen auf allgemeine Ideen, wo das Objekt nicht die ganze Kunst in sich erschöpft, sondern diese darüber hinausgeht, nannte er das *Sentimentale.* Schiller faßte jedoch, wie schon die Namen zeigen, beide Begriffe nur auf einem untergeordneten Standpunkte. Er reflektierte nur auf einen Moment der Erfahrung, worüber er freilich manche treffenden, doch für die Wissenschaft nicht gewinnreichen Bemerkungen macht. Jedenfalls muß man ihm die Gerechtigkeit widerfahren lassen, daß er angefangen hat, an historischen Gegenständen die Kunst zu suchen. |

Auf diesem Wege schritten dann die beiden *Schlegel* fort, deren größtes Talent ausübende Kritik ist.[69] Ihre ganze Theorie beruht auf dem Gegensatz des *Objektiven* und *Subjektiven*, des *Antiken* und *Romantischen.* Die romantische Poesie geht über das wirkliche Leben hinaus und bezieht sich auf Ideen, die sich immer nur in Beziehungen äußern, dagegen die antike Kunst sich ganz in den Gegenstand als ein in sich Abgeschlossenes verliert und versenkt. Woher dieser Unterschied entstehe, was der innerste Sinn desselben sei, haben die Schlegel nie ganz deutlich machen können, weil sie von bloß historischen Wahrnehmungen ausgingen. Ihre Ansichten sind geistreich und treffend; in dem rein Theoretischen aber zeigt sich, wie wenig bestimmte Vorstellungen über die Prinzipien dieser Verhältnisse ihren Beobachtungen zu Grunde liegen. *A. W. Schlegels's Vorlesungen über die dramatische Kunst* sind von Seiten der ausübenden Kritik vortrefflich, von Seiten der Spekulation ungenügend, ja verwerflich.[70] Den Gegensatz auf sein inneres Wesen zurück zu führen, ist beiden Brüdern nicht gelungen. Ihn zu erkennen und als charakteristisch anzusehen, ist leicht; die Meinung aber, daß diese Erscheinungen als solche schon das Wesen der Sache erschöpfen, ist irrig. – Gleichwohl haben sich durch lebendiger und tiefer aufgefaßte Ansichten von der Kunst die Schlegel unsterbliches Verdienst erworben und die Vorarbeiten Lessing's, der von Vielen ganz mißverstanden wurde, zum Ziele geführt, indem sie sein Prinzip von Neuem belebt und echtes Interesse dafür erregt haben.[71]

Von Goethe ist schwer etwas Allgemeines zu sagen. Er hat sich nur auf Kritik, nie eigentlich auf Theorie ein|gelassen.[72] So in den *Propyläen*, die sich besonders auf die bildende Kunst beziehen, und neuerlich in den Heften über *Kunst und Altertum.*[73] Im allgemeinen hält er sich vorzüglich an die äußere Gestaltung, die Symmetrie und Harmonie in den Teilen, welcher Rücksicht er manches Innere und Wesentliche aufopfert. Indessen ist er durchgängig von einer lebendigen Idee, von der wahren Anschauung ausgegangen, die seit Winckelmann in allen bedeutenden Geistern gegenwärtig war.

Jean Paul hat eine Art Theorie des Schönen geschrieben, eine Poetik, die er *Vorschule der Ästhetik* nannte.[74] Vom Standpunkte des Verfassers aus ist dieses Buch keineswegs unbedeutend, indem es die Theorie eines Humoristen von seinem eigenen Treiben in der Kunst enthält. Gerade was Jean Paul über *Humor* und *Witz* sagt, ist sehr lehrreich und zeugt von bewundernswürdigem Bewußtsein über seine eigene Tätigkeit. In den inneren Gründen ist er sehr oberflächlich; was aber das Technische, die Ausführung betrifft, ist schön und geistreich; jedoch immer mit Voraussetzung seines Standpunktes. Nur wenn er auf Abstraktion ausgeht, muß man ihm nicht trauen; denn er verliert sich dann in einen unendlichen Nebel.

Unter den eigentlichen *Lehrbüchern* ist *Krug*'s Ästhetik sehr trocken, geht von bloßen Reflexions-Begriffen aus, und bringt Kant um allen spekulativen Gehalt.[75] Der Verfasser hat ein logisches Zerschneiden der Kunst und ihrer Gattungen vorgenommen, daß kein lebendiges Glied an dem andern bleibt. – *Schreiber*'s Ästhetik ist in Rücksicht des Theoretischen auch nicht sehr philosophisch, hat aber manches Gute, indem sie nicht bloß Poetik ist, sondern vor|zugsweise die Malerei berücksichtigt.[76] In seinen Prinzipien herrscht freilich große Verwirrung, indem er bald von Kantischer Ansicht ausgeht, bald bloß abstrakt räsoniert. – *Ast* geht in seiner Ästhetik von Schelling'schen Prinzipien aus, hat aber die spekulativen Motive Schellings nicht durchdacht, sondern sie zu etwas ganz Hohlem, Aufgeblasenem verarbeitet.[77] – *Gruber*'s ästhetisches

Lexikon[78] und *Sulzer*'s Theorie der schönen Künste sind Hilfsmittel, aus denen sich manche historische Notiz schöpfen läßt, aber keine philosophischen Systeme der Ästhetik.[79] |

ERSTER TEIL
Vom Schönen

Erster Abschnitt
Ableitung der Idee des Schönen

Wir dürfen bei unserer Darstellung von der Strenge der Wahrheit nichts nachlassen, und uns nicht auf das Empirische beschränken; wir müssen vielmehr auf das innere Wesen ausgehen und dieses nicht stillschweigend voraussetzen. Die Idee selbst muß bestimmt und deutlich ausgesprochen, die innersten Prinzipien müssen zum Bewußtsein, zur Einsicht gebracht werden. Auf der andern Seite aber müssen wir auf gewisse Weise populär sein, da wir uns an kein allgemeines System der Philosophie anschließen, kein solches System voraussetzen dürfen. Es darf nichts vorausgesetzt werden, als was jeder Nachdenkende besitzen kann und muß. – Die beste Philosophie ist die, welche am wenigsten den Charakter eines besonderen Systems annimmt, um derentwillen man sich am wenigsten auf eine einzelne Seite der menschlichen Erkenntnis zu wenden braucht. Auch das allgemeine System der Philosophie sollte in diesem Sinne populär sein. Auf der andern Seite aber muß der Ausdruck | der Gedanken notwendig das Gepräge einer bestimmten Individualität an sich tragen; daher wird auch die Anordnung derselben immer etwas ganz Eigentümliches haben, sich zu der bestimmten Form eines Systems gestalten müssen.[80]

Weil wir nichts voraussetzen, können wir die Idee des Schönen nicht in ihr vollständiges Verhältnis zu allen übrigen Erkenntnissen der Menschen setzen, was nur in der Betrachtung des Ganzen auf völlig befriedigende Weise geschehen kann. Manche Seitenfragen, die sich aufdrängen könnten, müssen wir aus dem Spiele lassen. Zweifel der Art müssen bei vielseitigerer Beschäftigung mit der Philosophie sich auflösen.

Wir schließen uns unmittelbar an das Bedürfnis an, das sich in den verschiedenen Systemen kund gibt. Dieses weist auf das hin, was die menschliche Natur fordert, auf den eigentlichen Fragepunkt, und weckt in uns Vermutungen über die Lösung der Rätsel. – In allen jenen Systemen nun finden wir immer das Bestreben, an sich widersprechend scheinende Dinge miteinander zu vereinen, oder die unverkennbare Vereinigung derselben zu erklären. Diese widersprechenden Dinge sind die *individuelle Erscheinung* der Gegenstände und etwas *Allgemeines*, *Wesentliches*, ein *Begriff* in der Erscheinung.

Der Gegensatz, auf welchem alles menschliche Denken beruht, besteht in dem Verhältnis des *Allgemeinen* und des *Besonderen* oder des *Einfachen* und *Mannigfaltigen* in der menschlichen Erkenntnis; denn Allgemeines und Besonderes sind schon Modifikationen des Einfachen und Mannigfaltigen.[81] Das Verhältnis des Allgemeinen und Besonderen ist so beschaffen, daß diese entgegengesetzten Ele|mente sich ins Unendliche widersprechen. Der Verstand hat ein unendliches Bestreben, beide zu verbinden; gelangt aber nie dahin, da der Begriff immer über die Mannigfaltigkeit, und diese über jenen ins Unendliche hinausgeht. Nach dieser Beschaffenheit nun erscheint dies Grundverhältnis für das Schöne durchaus unauflöslich. Das Schöne soll in einem Stoffe der Wahrnehmung bestehen, worin auf gewisse Weise die Erscheinung und das Wesen vereinigt sind, und zwar so, daß in der bloßen Wahrnehmung des Mannigfaltigen zugleich der Begriff, das Wesen, das Einfache mit erkannt werde. Die Schönheit einer schönen Gestalt kann nicht in dem sinnlich Wahrgenommenen allein liegen; denn diese Seite bezieht sich nur auf die Sinnlichkeit. Zur Schönheit aber setzen wir voraus, daß in dem sinnlich Erscheinenden sich zugleich etwas Wesentliches offenbare.[82] Sobald wir aber dieses absondern, gehen wir in eine bloß logische Betrachtungsweise über. Es muß keines Nachdenkens, keiner Reflexion bedürfen, das Schöne zu erkennen. Beides, Begriff und Erscheinung, muß als in einander verschmolzen unmittelbar einleuchten.

Diejenigen also, welche von dem Standpunkte des gemeinen Verstandes aus in der Erscheinung den abstrakten Begriff erkennen wollen, fordern etwas Unmögliches; denn der Begriff ist der besonderen Vorstellung irrational und ins Unendliche von ihr verschieden. Jene Ansicht der Schönheit hat in der Natur des gemeinen Verstandes selbst keinen Grund. *Baumgarten* geht jedoch bloß von diesem Standpunkte aus, indem er sagt: ein Ding ist vollkommen, wenn es seinem Begriffe entspricht. Versteht er auch hier den in|dividuellen Begriff, so entspricht doch auch dieser nie dem wirklichen Dinge; denn es liegt in der Natur des Begriffes, daß er von der Erscheinung ins Unendliche geschieden ist.

Andere meinten, es liege das Wesen des Schönen in dem allgemeinen Gegensatz zwischen Mannigfaltigem und Einfachen, ohne Modifikation zur besonderen Vorstellung und zum allgemeinen Begriffe. So *Kant*, welcher annahm, daß sich in der Erscheinung des Schönen nicht der Begriff selbst ausdrücke, sondern nur eine *Begriffsmäßigkeit*, ein Streben, zu einer Einheit zu gelangen. – Der allgemeinen Form einer solchen Einheit des Begriffs, die Kant als wesentliche Äußerung der Vernunft ansieht, steht die unbestimmte Anschauung der sinnlichen Wahrnehmung entgegen, worin gar kein Begriff waltet. Die unendliche Mannigfaltigkeit der sinnlichen Stoffe bildet uns die sinnliche Anschauung, der gegenüber sich das Erkenntnisvermögen, die Vernunft, als rein und unangefüllt ablöset. – Dadurch wird aber alle Bestimmung durch Gegenstände geleugnet, und ein ganz anderes Verhältnis begründet, als das von Kant aufgestellte. Seine Form der *Zweckmäßigkeit* ist willkürlich angenommen, wie Baumgartens *sinnliche Vollkommenheit*. Eben daher hat Kant seine Theorie in zwei Bestandteile zerfallen lassen: das *Schöne* und das *Erhabene*, als die Negation der äußeren Eindrücke. Beides läßt sich nach Kant nicht auf einen gemeinschaftlichen Begriff zurückführen.[83]

In der gemeinen *Verstandes-Erkenntnis* ist sowohl der Begriff und die einzelne Vorstellung, als auch das Mannigfaltige und das bloße leere Bewußtsein Kant's ins Unendliche einander entgegengesetzt. – Dieser Standpunkt | des gemeinen Verstandes nun hat die *Nachahmung der Natur* auf der einen, und das *Idealisieren* auf der andern Seite zum Prinzip der Schönheit machen wollen.

Der Ausdruck *Natur* ist vieldeutig. Man versteht darunter gewöhnlich die wahrnehmbaren Erscheinungen der Dinge nach der Weise des gemeinen Erkennens. Man unterscheidet nicht einmal, ob wir uns die Dinge ohne alle Einheit denken, oder als besondere Vorstellungen in Bezug auf unsern Verstand. Zwischen diesen beiden Seiten schwankt die Vorstellung der Naturnachahmer und vermischt beides ganz Verschiedene miteinander. – Die Nachahmung der Natur kann unmöglich Prinzip des Schönen sein; denn sie bezieht sich auf eine für die Forderung des Schönen untaugliche Ansicht der Dinge.

Ebensowenig aber können wir das *Ideal* als solches gelten lassen, sofern wir das Wort nur in dem Sinne der leeren Abstraktion fassen und für die reinere Bedeutung desselben das Wort *Idee* gebrauchen. Das Ideal als Prinzip des Schönen ist der Naturnachahmung entgegengesetzt. Es soll das Allgemeine in dem sein, was in seiner Besonderheit *schön* genannt wird. Dies Allgemeine wird aber entweder zum abstrakten Gattungsbegriff, oder zum leeren Vernunftbegriff als der bloßen Form der Einheit, wie bei Kant; und nur die Einbildungskraft heuchelt diesen Begriffen ein Scheinleben an. In diesem Sinne ist das Ideal ebenso verwerflich, als die Naturnachahmung.

Auf diesen entgegengesetzten Prinzipien beruht die Frage, über welche die Kunstkritiker einen lebhaften Streit führten: ob die Nachahmung der Natur, die *Charakteristik* die Hauptsache sei, oder das *Ideal* überwiegen, und das Einzelne | nach allgemeinen Formen modifiziert werden müsse.[84] Dieser ganze Streit ist etwas Nichtiges; denn das Eine ist so schlimm, wie das Andere. Während die Charakteristiker dem Besonderen und Zufälligen das Allgemeine und Notwendige aufopfern, lassen die Idealisierenden die individuellen Formen in eine allgemeine typische Form verschwimmen, wodurch alle Energie verloren geht und Alles leer und fade wird. Dies sehen wir besonders an den Malern, die sich einen festen Typus für die Schönheit gebildet haben, ein sogenanntes griechisches Gesicht, das überall in derselben Einförmigkeit wiederkehrt.

Hieraus erhellt, daß, wenn es ein Schönes geben soll, dasselbe seinen Grund in einer Region haben muß, wo das ganze Wechselverhältnis zwischen Mannigfaltigem und Einfachem wegfällt. Es muß einen Standpunkt geben, wo Beides von Anfang an dasselbe ist, und eine Einheit ausmacht, in welcher Begriff und besondere Vorstellung in Eins zusammenfallen und sich nur durch Beziehungen in Gegensätze spalten. Es ist dies der Punkt des *höheren Selbstbewußtseins,* und diese Einheit der Erkenntnis nennen wir *Idee.*[85]

Im *Verstande* gestaltet sich Allgemeines und Besonderes in der Form von *Begriff* und *Vorstellung.* Dieselbe Spaltung findet auch in unserem *individuellen Selbstbewußtsein* statt. Auch unsere Persönlichkeit kommt im gemeinen Leben nur zum Bewußtsein durch den Gegensatz zwischen allgemeinen Bestimmungen und besonderen Anregungen durch objektive Stoffe. Im gemeinen *Bewußtsein* ist kein Moment, wo sich unser Inneres in sich abrundet und vollendet, so wenig sich die wirklichen Dinge | darin vollkommen darstellen. So ist auch unsere eigene Persönlichkeit in dem Wechsel des Einfachen und Besonderen begriffen. Nur im Gegensatz gegen das Besondere und gegen die abstrakten Begriffe nehmen wir das Einfache in uns wahr.

Im *Selbstbewußtsein* wird das Allgemeine und Besondere als dasselbe erkannt. Aber auch dieses kommt im gemeinen Leben nie vollständig zum Abschluß, sondern es ist in beständigem Schwanken, in relativem Verhalten zu dem Allgemeinen und Besonderen begriffen. Das Selbstbewußtsein offenbart sich erst im *Handeln*, im praktischen Vermögen, indem die Bestimmungen als durch unsere Persönlichkeit gesetzt erkannt werden. Im gemeinen Leben aber erkennen wir auch im Handeln nie unser Ich als sich vollständig ausfüllend, sondern wir finden immer einen Wechsel der gegenseitigen Bestimmungen. Wir werden durch allgemeine Begriffe oder durch besondere Gegenstände bestimmt, und diese Bestimmung durch andere Gegenstände außer uns ist Sinnlichkeit. So vereinigt das Selbstbewußtsein im gemeinen Leben nie beide Seiten vollständig, sondern ist bald durch die eine, bald durch die andere vorzugsweise bedingt. Das Selbstbewußtsein ist mithin ebenso, wie das Bewußtsein anderer Dinge, nur ein Schweben und Schwanken zwischen entgegengesetzten Bestimmungen; nur daß wir im *Denken* bloß beschäftigt sind, den Übergang zwischen Allgemeinem und Besonderem zu finden, dagegen wir im *Handeln* unsere eigene Persönlichkeit als bestimmt wahrnehmen, bald durch die eine, bald durch die andere Seite.

Auf beiden Standpunkten des gemeinen Erkennens erscheint unser eigenes *Ich* als bloß modifiziert, mithin als | *indifferent*. Im Denken verbinden wir Allgemeines und Besonderes durch die Kraft des Bewußtseins, welches aber nur da ist, insofern jene relativ verbunden oder getrennt werden. Diese Kraft, die sich an beide gleich anschließt, muß gegen beide ursprünglich indifferent sein; sonst könnte sie diese entgegengesetzten Elemente nicht durch die verschiedenen Stufen gleichmäßig begleiten. – Ebenso erscheint auch im Wollen und Handeln das eigene Ich als indifferent. Wir sind bestimmbar durch allgemeine ethische Begriffe oder durch einzelne Objekte. Das innere Bewußtsein muß sich also indifferent verhalten. Daher nennen wir auch dieses unser Ich in dem gemeinen Bewußtsein die *Willkür*, durch welche Benennung wir unser Ich als etwas Indifferentes anerkennen.

Das Wesentliche unseres Selbstbewußtseins aber kann auf einem solchen indifferenten Zustande nicht gegründet sein. Denn wir erkennen darin weder die Dinge, noch uns selbst, sondern einzig und allein das Verhältnis, die Relationen der Bestandteile zu einander, – eine unwesentliche, nichtige Erkenntnis, welche, mit der *wesentlichen Erkenntnis* verglichen, zum bloßen Scheine herabsinkt. Ist dies nun die bloß scheinbare, relative Erkenntnis, so fragt sich: welche ist die wesentliche? – Sie muß notwendig der scheinbaren entgegengesetzt sein.

In der scheinbaren Erkenntnis ist das erkennende Wesen von den Elementen, die es verbindet, ganz gesondert; es ist indifferent im Denken und Handeln. Die Dinge sind bloß etwas Relatives. Ferner stehen die Bestandteile der Erkenntnis hier in unendlichem Widerspruch, so daß die Erkenntnis nie zur Einigkeit mit sich selbst gelangt. Die *hö|here Erkenntnis* muß mithin die Elemente des Erkennens, das Allgemeine und Besondere, in Eins zusammenfallen lassen. Das Einfache in uns muß zugleich ein volles Bewußtsein von den Dingen sein; das Selbstbewußtsein muß mit der Erkenntnis der Dinge in Eins zusammenfallen. Dieses *höhere Selbstbewußtsein,* welches mit der Erkenntnis der Stoffe ganz Eins ist, nennen wir *Anschauung,* insofern Allgemeines und Besonderes sich darin vereinigen; insofern sich beide als Stoffe der Erkenntnis darin durchdringen, nennen wir es die *Idee.*

Man könnte fragen: wie ist es möglich, daß Allgemeines und Besonderes dasselbe sind? wie kann das Dritte beschaffen sein und wo gefunden werden? Solche aus dem gemeinen Standpunkte herrührende Fragen aber müssen ganz abgewiesen werden. Die Idee ist im gemeinen Verstande nichts; sie hat ihre Existenz in uns in einer Region, die dem gemeinen Verstande unzugänglich ist und von welcher nur gewisse Offenbarungen in unserer zeitlichen Existenz kund werden; und zu diesen Offenbarungen gehört auch das *Schöne.*

Die Idee ist der Standpunkt der Einheit des Begriffes und des Besonderen. Soll mithin eine Idee in unserer Erkenntnis werden, so kann dies nur durch Aufhebung der gemeinen Erkenntnis geschehen, in welcher Allgemeines und Besonderes geschieden sind. Die Idee muß als die Form erscheinen, welche die unendlich relative gemeine Erkenntnis aufhebt, worin die Elemente derselben sich in die Einheit auflösen. Ideen können nie bloß durch sich selbst erscheinen, sondern nur erkannt werden in ihrem Gegensatz gegen die gemeine Erkenntnis. Mit jeder Offenbarung der Idee ist Auf|hebung der gemeinen Erkenntnis verbunden, die eben dadurch in die Idee aufgenommen wird.

Hierin scheint ein Widerspruch zu liegen, da eine gemeine und eine höhere Erkenntnis notwendig einander entgegengesetzt sein müssen. Allein daß auch in der gemeinen Erkenntnis doch immer die Idee als das Wesen enthalten ist, gibt unser eigenes Bewußtsein kund, da wir sonst auch nicht einmal denken könnten. Weder zur Abstraktion, noch zum Urteil würden wir berechtigt sein, wenn wir nicht dunkel voraussetzten, daß die Elemente ursprünglich eins und dasselbe sind. Dieser Punkt wird aber im gemeinen Verstande nicht in seiner wahren Natur begriffen; sonst würde unmittelbare Anschauung an die Stelle der Reflexion treten. Selbst dem gemeinen Verstande liegt also die Idee zu Grunde; sie wird aber nicht erkannt, sondern in ihre Bestandteile zerlegt und entwickelt.

Die Idee muß erscheinen können in einem Momente, der zugleich als Moment der gemeinen Verstandes-Erkenntnis erscheint und worin der Übergang deutlich wird, indem die einzelnen Bestandteile sich darin verzehren. Dieser Punkt der höheren Erkenntnis ist da, wo die Idee sich selbst in Beziehungen verwandelt und dadurch die des gemeinen Verstandes verzehrt. Wäre dies nicht, so würde unser ganzes Bewußtsein in diesen Standpunkt aufgehen.

Die Einheit der Idee kann mithin entweder in allen Beziehungen und Gegensätzen als ihnen zum Grunde liegend erkannt werden, oder so, daß sich die entgegengesetzten Elemente gegenseitig erschöpfen. Diesen letzteren Standpunkt nennen wir den der *Natur*. Sie ist die Entwicklung der Idee durch Gegensätze und somit die *eine* Seite des Da|seins der Idee. – Auf der andern Seite erscheint die Idee als eine Bestimmung des Erkennens durch sich selbst, wodurch das bloß indifferente Bewußtsein aufgehoben und an dessen Stelle ein mit sich selbst einiges gesetzt wird, worin die Stoffe aufgehen müssen. Dies ist der Standpunkt des *höheren Selbstbewußtseins*. Es findet hier ein schaffendes Erkennen statt, das den Stoff ganz in sich enthält.

Wir müssen uns diesen Punkt auf verschiedene Weise denken, da wir ihn nur in seinem Übergänge in die Wirklichkeit erkennen, wo Allgemeines und Besonderes sich unterscheiden. Die Einheit muß also verschieden betrachtet werden können. Wäre sie ganz in sich abgeschlossen, so könnte sie sich für die Wirklichkeit nicht öffnen.[86]

Erkennen wir die Gegensätze als sich das Gleichgewicht haltend und sich gegenseitig erschöpfend, so ist dies die *Natur*, in der Alles in Gegensatz und Beziehung besteht.[87] Wir finden entgegenstrebende Kräfte, die sich erschöpfen und doch in ihrer Wirksamkeit selbst aufeinander bezogen werden; so z. B. die allgemeinen Naturkräfte: Expansion und Attraktion, die einander ganz erschöpfen. In der organischen Natur erschöpft sich der Begriff in den Gattungen; das organische Wesen wird abhängig von der Außenwelt, die ihm unentbehrlich ist. So ist der Charakter der Natur immer Wechsel der Gegensätze, die sich gegenseitig erschöpfen, wo Begriff und Mannigfaltigkeit sich auflösen und in keinem Dritten sich vereinigt finden. – Besteht mithin in der Natur die Idee in der genügenden Beziehung, so ist klar, daß die Einheit der Idee sich in der Natur nie vollständig ausdrücken kann, sondern jedes Erscheinende nur Bedeutung hat durch das Entgegengesetzte, worauf es sich bezieht. Wie das | Innere ohne das Äußere nicht ist, so hat Alles seine Bedeutung nur im Gegensatz. Folglich kann das Schöne, sofern es Äußerung des Wesens als eines mit der Erscheinung Identischen ist, in der Natur nicht zu finden sein. In ihr kann das Prinzip des Schönen nicht liegen; denn mit diesem steht das Prinzip der Natur in geradem Widerspruch, da hier die Idee immer nur teilweise, in Gegensätzen zur Erscheinung kommt.[88]

Auch in der Natur gibt es jedoch in der Tat einen Standpunkt, wo sich ein Ganzes bildet, und nicht mehr alles im Gegensatz aufgeht. Dieses Ganze ist das *Weltsystem* unter dem Begriff einer Einheit. Das Weltsystem hat eine universelle Individualität und bildet somit ein Ganzes, worin die Einheit der Idee sich zeigt, also kein bloß empirisches, sondern ein Ganzes der Idee, worin die Teile ihre allgemeine Bedeutung haben und eine vollkommene Verschmelzung des Allgemeinen und Besonderen bilden. Daher ist auch in der Natur eine Schönheit, sofern sich die Einheit des Wesens als die Mannigfaltigkeit durchdringend zeigt. Doch ist leicht einzusehen, daß diese Schönheit nicht ganz homogen mit derjenigen ist, die uns im wirklichen Leben vorkommt, da, um die Schönheit des Weltgebäudes aufzufassen, eine Entwicklung der Gedanken und Einbildungskraft, nicht bloß unmittelbare Wahrnehmung erfordert wird. Und nur das durch unmittelbare Wahrnehmung Erkannte pflegt man im gemeinen Leben schön zu nennen.

Auf der andern Seite begründet die Idee das *Selbstbewußtsein*, indem sie die Einheit ist, die durch die Gegensätze vollständig bestimmt wird und sich selbst in den Gegensätzen wiederfindet. Hier ist die Idee in der Einheit mit | sich selbst begriffen und wird als das Eine und selbe erkannt, das nur entgegengesetzte Bedeutungen enthält. Dies ist der Zustand des höheren Selbstbewußtseins seinem Wesen nach. Das Bewußtsein als bloße Erscheinung schwebt indifferent zwischen Allgemeinem und Besonderem; das höhere hingegen besteht in der inneren Einheit des Erkennens mit sich selbst, indem das erkennende Vermögen die Gegensätze als Modifikationen seiner selbst wahrnimmt, und zwar solche, worin das Eine und selbe sich ganz wiederfindet.

Ein solches höheres Bewußtsein ist unentbehrlich, um ein sich selbst genügendes Denken zu bedingen. Das Denken des gemeinen Verstandes besteht im bloßen unendlichen Wechsel der Bestimmungen; dem wesentlichen Erkennen des Geistes muß eine Idee zu Grunde liegen, in welcher die Einheit ist. Daher kann alles menschliche Denken erst einen Ruhepunkt finden, wenn es Erscheinung und Begriff auf einen gemeinschaftlichen Ausdruck zurückführt. Finden wir eine solche Übereinstimmung nicht, so ist das Denken nicht abgeschlossen und beruhigt. Es muß also eine Idee vorausgesetzt werden, wenn wir durch unser Denken Harmonie des Allgemeinen und Besonderen bewirken wollen. Diese Idee, auf das Denken bezogen, nennen wir die *Idee des Wahren.*[89] In der Wahrheit werden die Gegensätze gefunden als einander durchdringend und in dieser Durchdringung das Dritte, das höhere Bewußtsein, bildend.

Es fragt sich nun, ob in der *Idee der Wahrheit* das *Schöne* liegen kann. Vergleichen wir das Schöne als Erscheinung, in welcher die Idee sich offenbart, mit der Idee des Wahren, so zeigt sich, daß eine unmittelbare Erscheinung der Idee des

Schönen im Wahren nicht stattfin|det, da in diesem die entgegengesetzten Stoffe sich erst scheiden müssen. Das Wahre wird nur gefunden durch eine besondere Operation des Denkvermögens, welche über die bloße Erscheinung hinausgeht. Dies kann nicht Sache der Schönheit sein. Müssen wir vermittelst des Verstandes das Erscheinende auflösen und aufheben, um es in das Wesen zu versetzen, so hört der Eindruck der Schönheit auf. – Das Schöne muß die Idee als gegenwärtig in der Erscheinung darstellen, freilich nicht bloß sinnlich, sondern auch durch das Denken; aber durch ein praktisches Denken, kein theoretisches, wie in der Idee des Wahren, wo die Gegensätze der Existenz erst aufgelöst werden müssen. – Das Schöne muß auch wahr sein, sofern dessen Erscheinung sich in die Idee auflösen läßt. Der Unterschied aber liegt darin, daß diese Auflösung schon durch die Erscheinung selbst erfolgt, und nicht erst durch das Denken die erscheinenden Gegensätze auf die Einheit zurückgeführt zu werden brauchen. Wir dürfen also beide Ideen nicht miteinander verwechseln, ob sie gleich an einander Teil haben.[90]

Das Selbstbewußtsein im höheren Sinne ist auch der Urquell, aus welchem die Wirklichkeit in ihren Gegensätzen und Bestimmungen hervorgeht. Beides, Selbstbewußtsein und Wirklichkeit, muß einander entsprechen. Die Einheit des Selbstbewußtseins ist nichts bloß Formales, sondern etwas in sich Selbständiges. Soll die Einheit des Erkennens mit sich selbst sein, so müssen alle Bestimmungen der Existenz in den Gegensätzen des Allgemeinen und Besonderen als aus dem Bewußtsein hervorgehend erkannt werden. In diesem Sinne ist es das *praktische Bewußtsein*, worin wir die Einheit der Erkenntnis erkennen als Einheit mit | sich selbst, insofern aus ihr eben deswegen die mannigfaltigen Bestimmungen des Allgemeinen und Besonderen hervorgehen.

Der Quell alles *Handelns*, das der Idee angemessen ist, liegt nicht bloß im Allgemeinen, in unserem Bewußtsein, sondern in einem Momente, wo Allgemeines und Besonderes noch ungeschieden sind. Man denkt sich gewöhnlich das Ich in uns als einfach, die Außenwelt als mannigfaltig; das Einfache bestimme sich selbst durch jene Mannigfaltigkeit, und dies sei der Grund des Handelns. Das Einfache in uns handele sittlich gut, wenn es sich durchaus nur selbst bestimme, nur das Allgemeine vorwalten lasse, und die äußeren Dinge als Mittel gebrauche, ohne sich durch sie bestimmen zu lassen. Diese Vorstellung, die zum Teil auf dem Kantischen Systeme beruht, ist unbegründet. Denn was soll das Einfache sein, das sich durch Mannigfaltiges erst bestimmen soll, als hätte es an sich keine Bestimmung? Dieses Einfache ist ein bloßer abstrakter Begriff, der der Mannigfaltigkeit widerspricht und kein inneres Leben hat; sonst müßten sich Allgemeines und Besonderes zugleich darin finden; denn nur in dieser Vereinigung der Entgegengesetzten kann etwas Wesentliches sein. Man nimmt aber das, was man konstruieren will, schon als fertig an. Soll etwas als nicht Gegebenes in unserem Bewußtsein angenommen werden, so kann dies nur ein solches sein, worin die Selbstbestimmung zugleich Bestimmung durch das Mannigfaltige und durch das Einfache ist. Was sich in uns selbst bestimmt, ist nicht der leere Begriff, sondern wird individuell dadurch, daß es mit sich selbst Eins ist. Die im sittlichen Bewußtsein liegende Einheit ist eben die Individualität. |

Obgleich das *Schöne* und das *Wahre* zuletzt auf einen Gedanken zurückkommen, so muß doch beides notwendig unterschieden werden, weil wir von beiden Begriffen nur in Beziehung auf ihr Erscheinen in unserm Erkenntnisvermögen sprechen können. Wahres und Schönes beruhen beide auf einer Durchdringung des Begriffs und der Erscheinung. Wollten wir aber aus diesem Grunde beide für eins und dasselbe halten, so würden wir bloß den Moment der Vereinigung vor uns haben. Dieser Moment ist aber nur für das denkende Wesen, nur in unserem Bewußtsein vorhanden. Wollten wir ihn als etwas Vollendetes, Abgeschlossenes ansehen, so müßten wir ihn als Gegenstand, als Stoff für sich betrachten können.

Die Idee ist *Idee der Wahrheit*, insofern sie allen Verstandesbeziehungen zu Grunde liegt, in welchem Allgemeines und Besonderes als außer uns befindlich angesehen wird, und zwischen denen sich das Erkenntnisvermögen im Gleichgewicht hält. – Im *praktischen Vermögen* hingegen sind Allgemeines und Besonderes bloße Modifikationen des eigenen Bewußtseins. Beide werden nicht mehr als außer uns befindlich angesehen, sondern als Verschiedenheiten und Mannigfaltigkeiten in unserem eigenen Ich. Wenn wir *wollen*, so geschieht dies irgend einem Begriffe gemäß; aber dieser wird nicht als Begriff überhaupt betrachtet, sondern wie er in unserem Bewußtsein unmittelbar erscheint. Der bloße allgemeine Begriff erregt nie ein Handeln; er muß als Modifikation meines Bewußtseins hervortreten. Sehe ich das einzelne Erscheinende als Objekt an, so begründet es kein Handeln; sehe ich es hingegen an als eine Modifikation meines Ich oder eine Einwirkung auf dasselbe, so | wird es Grund zu einem Wollen und dadurch zu einer praktischen Tätigkeit, worin das Bewußtsein sich selbst bestimmt und Allgemeines und Besonderes als bloße Modifikationen desselben erscheinen.

In jeder Mannigfaltigkeit muß notwendig ein besonderer Zustand des *einen* Bewußtseins sein, die allgemeine Einheit des bewußten Individuums. So ist das rein Allgemeine und zugleich eine bestimmte Modifikation des Einfachen vorhanden, und daher gehören alle Bestimmungen dem Selbstbewußtsein, der Persönlichkeit zu.

Ist das Bewußtsein diese Einheit, und soll dennoch ein Übergang aus demselben in die Mannigfaltigkeit Statt finden, so müssen wir uns das *Handeln* denken als ein beständiges Bestimmtsein des Bewußtseins durch sich selbst. Somit finden wir hier 1) die Einheit des Bewußtseins mit sich selbst; 2) den Übergang, den das Wollen und Handeln zwischen Allgemeinem und Besonderem macht. Das Individuum ist dabei durch einen allgemeinen Begriff und zugleich durch einen besonderen Gegenstand bestimmt, und die Bestimmung kann von dem allgemeinen Zwecke, oder von dem besonderen Gegenstande anfangen. Das Wollen kann mithin sowohl von dem Allgemeinen als von dem Besonderen ausgehen.

Auch das praktische Bewußtsein schwebt demnach zwischen Allgemeinem und Besonderem, uns sein Wirken besteht in dem Streben, beides zu vereinigen. Allem praktischen Wirken muß daher auch eine Idee, eine ursprüngliche Einheit zu Grunde liegen, und diese muß mit der vollständigen Einheit des Selbstbewußtseins dieselbe sein. So lange aber das Objekt und der Zweck vom Selbstbewußtsein geschieden | sind, ist immer noch Beziehung, Vergleich, Übergang; also nicht vollkommene Einheit.

Diese Idee, worin Mannigfaltiges und Einfaches, das Selbstbewußtsein und das Äußere Eins sind, nennen wir die *Idee des Guten.* Sie ist das Wesen unserer ganzen praktischen Natur. Das Prinzip der Sittlichkeit geht nicht davon aus, daß wir unser einfaches Wollen gegen die äußeren Eindrücke behaupten und durchsetzen; das höchste Gesetz ist vielmehr die ursprüngliche Einheit der Gegensätze. In unserm wirklichen Erkennen gibt sich das Gute darin kund, daß Begriff und einzelne Erscheinung ganz dasselbe sind. Diese Einheit ist das Gute darum, weil sie allein lebendiges, kräftiges Erkennen ist. Sie ist zugleich Einheit mit sich selbst, das vollkommenste Bewußtsein, das alles Leben umschließt und als lebendiger Quell alle mögliche Existenz umfaßt. Sie ist das höchste lebendige Bewußtsein, und darum ist sie das Gute.[91]

Wie verhält sich nun diese Idee der *Schönheit*? Da die Einheit des Allgemeinen und Besonderen, die Idee, hier durch die Tätigkeit selbst zur Wirklichkeit kommt, worauf ja auch der ganze Begriff des Schönen beruht: so sollte man meinen, eine solche Idee müsse der Urquell der Schönen sein. Allein es findet noch ein wesentlicher Unterschied Statt. Wir fordern von der Idee der Schönheit schon vollendete Verschmelzung der Wirklichkeit mit dem Wesen. Sie soll aufgefaßt werden als Entfaltung und Offenbarung der Idee. Im *Guten* aber ist dies nicht der Fall; sondern die Wirklichkeit wird als etwas Gegebenes vorausgesetzt, als etwas zu unserer erscheinenden Natur Gehöriges, und in dem Wechsel der Beziehungen soll sich die | ursprüngliche Einheit des Bewußtseins offenbaren. Diese Einheit kann nur nach und nach in diese Beziehungen übergehen; sie kann nur durch das besondere Handeln und nie vollständig ausgeführt werden, weil unsere Existenz selbst immer noch die Begriffe des Allgemeinen und Besonderen in ihrer Trennung enthält. Darum ist die Idee des Guten etwas das werden *soll*, noch nicht ist, ein *Sollen*, und Wirklichkeit und Idee sind immer noch von einander geschieden. Die Wirklichkeit wird als seiend vorausgesetzt; die Idee als sein sollend, und es entsteht nie eine vollständige Durchdringung.

Doch kann man sich hieran deutlich machen, was von der Idee des Schönen zu fordern ist. Sie darf nicht als etwas Einseitiges behandelt werden; sie kann nicht bestehen in einer Vereinigung, durch welche der Begriff in die Mannigfaltigkeit der Erscheinung gebannt und darin gleichsam begraben würde. So dachten es sich jedoch die Meisten, namentlich *Baumgarten*, auch *Kant*, der von einer Offenbarung der unbestimmten Zweckmäßigkeit im Besonderen spricht, welcher er noch die Beziehung auf die Vernunft, das reine Bewußtsein, entgegen setzt, mithin die Schönheit erst in das Sinnliche setzt und dann auf den leeren Vernunftbegriff zurückgeht.

Wir sehen, daß eine Vereinigung des Begriffes mit der Mannigfaltigkeit unmöglich ist, wenn nicht eine ursprüngliche Einheit beider Elemente überhaupt zum Grunde liegt. Die Schönheit muß also den Begriff als für sich bestehend und zugleich die ganze sinnliche Mannigfaltigkeit umfassend darstellen; es darf nicht bloß der Begriff im Mannigfaltigen liegen, sondern beides muß untrennbar verbunden, All|gemeines und Besonderes müssen ganz *eins* sein und sich vollständig durchdringen. Diese Durchdringung muß auf gewisse Weise als vollendet betrachtet werden, da die Idee des Guten erst fordert, daß sie vorgenommen werde.

In dem *Schönen* soll sich also die *Idee* in der *Existenz* offenbaren. So verstanden heißt es nicht mehr, das Mannigfaltige soll vom Begriff, sondern die Existenz soll von der Idee durchdrungen sein. Es fragt sich nun, wie dies möglich ist.

Wir müssen zur Beantwortung dieser Frage einen Gegensatz mit der Idee des Guten finden. Die Beziehungen zwischen Allgemeinem und Besonderem sollen sich Guten in lebendige Einheit des Bewußtseins verwandeln. Diese lebendige Einheit des Bewußtseins muß uns auch erkennbar sein. Wir denken uns im Guten die Idee als das im wirklichen Handeln Darzustellende; dazu ist aber nötig, daß wir in unserem Bewußtsein uns der Idee selbst bewußt werden. Wir müssen in dieses hinabsteigen, in ihm die Idee selbst auffinden und die lebendige Einheit der Gegensätze als das wahrnehmen, was unser eigenes Ich ausmacht. Diese Einheit der Idee können wir nie wahrnehmen ohne den Gegensatz gegen das Mannigfaltige. Sie tritt mit dieser Beziehung in ein zwiefaches Verhältnis, indem sie sich selbst als Idee gegenwärtig zeigt.

Erstens müssen wir sie denken als den Abgrund des Lebens, worin sich unser eigenes Bewußtsein als wirkliches versenken muß, um wesentlich zu werden. Dieser Standpunkt ist der *religiöse*. – Das zweite ist das Verhältnis der Idee zur wirklichen Welt, zur Welt der Beziehungen. Die Idee muß erkannt werden als diese Welt des | Allgemeinen und Besonderen in sich auflösend und sich selbst an die Stelle dieser Existenz setzend. Dieser zweite Standpunkt ist der des *Schönen*.

Zur Idee des Guten ist nötig, daß wir selbst nicht bloß an äußere Stoffe uns anschließen, sondern unser eigenes wesentliches Bewußtsein durch das Handeln verwirklichen. Das Bewußtsein ist dabei gegenwärtig, insofern es im Übergang begriffen ist und sich selbst wirklich machen soll. Nun würde aber dieses Bewußtsein nichts sein, als eine wesentliche Tätigkeit; es würde sich nicht abschließen, nicht zur Erkenntnis der wesentlichen Einheit kommen, wenn es nicht auch auf sich selbst zurückgehen könnte, sich nicht auffassen könnte als ganz eins mit sich selbst im Gegensatz gegen das Reich der Beziehungen. Um sich selbst als *eins* auffassen zu können, muß es jenem moralischen Standpunkte ein inneres Selbstbewußtsein entgegen setzen können, wo es sich als eins mit sich selbst genügt. Dies ist der höchste Standpunkt des Selbstbewußtseins, wo sich die beiden Richtungen der Religion und des Schönen scheiden.

Soll sich der Mensch in seinem innersten Bewußtsein als eins mit sich selbst ergreifen, so muß in dieser Einheit der Mensch untergehen, insofern er im Handeln zwischen Allgemeinem und Besonderem schwebend ist. Der Zustand des Handelns muß in die Einheit des Bewußtseins aufgehen; der Mensch als wirklicher muß in diesen Moment sich selbst verlieren. Es ist eine Selbstvernichtung des individuellen Bewußtseins; denn der wirkliche Mensch kann sich nur im Moment der Beziehung, als handelnder denken; in der reinen Einheit hingegen muß der Mensch als ein wirkliches Individuum sich selbst verschwinden. – In der Idee des | Guten erscheint das höchste Leben des Bewußtseins noch als Forderung. Dieses höchste Bewußtsein ist etwas Universelles, das sich in der Wirklichkeit nur sukzessiv darstellen kann. Soll dies höchste Leben selbst Mittelpunkt unseres Bewußtseins werden, so müssen wir, indem wir uns als Wirkliches vernichten, in uns die Gegenwart des höchsten, des allgemeinen Lebens, unser eigenes Bewußtsein als ein Hervortreten des göttlichen Bewußtseins wahrnehmen. Unsere eigene Individualität ist bloß Äußerung der göttlichen Gegenwart. Dies ist der Standpunkt der *Religion*.[92]

Es kann keine wahre Sittlichkeit geben ohne die Religion. Wir würden die Idee des Guten nicht im wirklichen Leben ausführen können, wären wir nicht überzeugt, daß unser individuelles Bewußtsein an sich nichts, sondern nur insofern etwas ist, als sich darin das Bewußtsein des göttlichen Lebens offenbart.

Diese Wahrnehmung des Göttlichen in uns ist aber nicht die einzige Form der Wahrnehmung des höchsten Bewußtseins. Indem unsere Persönlichkeit darin untergeht, muß die Welt der Existenz und der Gegensätze mit untergehen. Geben wir diese Welt der Wirklichkeit auf, so fehlt uns die Seite der Existenz. Wir erkennen zwar jetzt das höchste Bewußtsein; aber es würde uns nicht wirklich, könnten wir nicht auch die Existenz damit durchdringen, würde nicht in der ganzen Welt der Wirklichkeit auch das vollständige Abbild des höchsten Bewußtseins wahrgenommen, so daß an der Stelle der Wirklichkeit das göttliche Leben selbst sich entfaltet. Dieser zweite Standpunkt, auf welchem wir die Welt der Wirklichkeit als Offenbarung des göttlichen Lebens sehen, ist der Standpunkt des *Schönen*. Wir | versenken hier die existierende Welt, so wie vorher uns selbst, in die Anschauung der göttlichen Gegenwart. Es kann für die Schönheit nicht genügen, daß in der sinnlichen Wahrnehmung der Objekte sich ein Begriff offenbare; dies macht die Schönheit nicht aus, wenn nicht das ganze Prinzip der Relation des Allgemeinen und Besonderen in die Idee aufgegangen ist.[93]

So wie in der Religion unser eigenes Bewußtsein, so geht in der Schönheit die Wirklichkeit der Welt, in welcher wir leben, in den göttlichen Gedanken als bloße Offenbarung desselben auf. Es kann daher weder ein Überwiegen des allgemeinen Begriffes, noch ein Überwiegen der besonderen Objekte darin stattfinden. Wir müssen im Schönen eine lebendige Entfaltung, ein Wirken der göttlichen Gegenwart erkennen, wodurch jeder Begriff seine Existenz sich selbst schafft. Der Begriff muß individuell lebendig sein, und umgekehrt der einzelne Gegenstand nicht als vom allgemeinen Begriff abgesondert erscheinen, sondern als die unmittelbare Gegenwart des Begriffes, als der Begriff selbst in seiner Besonderheit. Beide Seiten müssen in den dritten Moment der Beziehung sich auflösen lassen; der Punkt der Reflexion muß in seiner ganzen Vollständigkeit aufgehoben sein. Dies ist das Geheimnis der *Kunst.*

Die Idee der *Schönheit* scheint hiernach eine nicht bloß *praktische* zu sein; es scheint auf das Handeln, wodurch die Idee sukzessiv wirklich wird, nicht anzukommen, sondern das Schöne vielmehr als Resultat, als Vollendetes betrachtet zu werden, indem der Übergang schon abgeschlossen sein muß. Demnach erscheint die Idee des Schönen mehr als eine *theoretische.* – Dasselbe zeigt sich auch | bei dem *religiösen* Standpunkte. Das Hervortreten der göttlichen Offenbarung in uns selbst können wir nicht bewirken; wir können es nur erfahren ohne unser Zutun. Was man aber bloß erfahren kann, ist theoretisch. Daher hat die Religion einen so bedeutenden theoretischen Teil; und so hat auch die Lehre von der Schönheit notwendig einen dogmatischen Teil, worin die Gesetze derselben gelehrt werden können.

Wären aber diese Ideen bloß theoretisch, so fielen sie mit der Idee der *Wahrheit* zusammen. Bei der Wahrheit ist die mittlere Einheit etwas bloß Vorausgesetztes; dies soll beim Schönen nicht der Fall sein. Es muß also hier etwas aus Theoretischem und Praktischem oder aus Denken und Handeln Gemischtes sein, der Moment im Bewußtsein, wo Denken und Handeln in einander übergehen und ursprünglich in einander liegen. Erst durch das praktische Bewußtsein sind wir auf diese Ideen gekommen. Daher kann die wahre Überzeugung von der *Religion*, der wahre Glaube nur *praktisch* erlangt werden; nur durch praktisches Bedürfnis können wir das, was an sich ist, in uns erfahren.

Ebenso verhält es sich mit der *Schönheit*. Auch hier ist ein *praktischer* Zug notwendig, der aber nicht, wie in der Religion, davon ausgeht, daß wir unser persönliches Bewußtsein aufgeben. Es ist vielmehr der Weg, auf welchem die Idee in die Wirklichkeit einströmt und dabei sich unser gleichsam als eines Durchganges bedient. Die Idee geht durch unser persönliches Bewußtsein hindurch, löst es in allgemeines auf, und verwandelt die Wirklichkeit in ein Wesentliches, Offenbartes Auf diesem praktischen Wege beruht die *Notwendigkeit der Kunst*. Es zeigt | sich darin, wie wenig die Kunst in der Gewalt des reflektierenden Individuums ist. Das Individuum ist nur das Gefäß der Idee.

In beiden Gebieten, der *Religion* und der *Kunst*, ist sowohl *Güte* als *Wahrheit* vereiniget. Denn in Gott, insofern er in unser Bewußtsein eintritt, ist die höchste Güte; ohne diese Offenbarung in uns ist die Sittlichkeit nicht möglich. Ebenso ist es mit der Idee der Wahrheit. Prüfen wir uns, was wir wesentlich an sich sind, so werden wir finden, daß alles, was unsere Individualität betrifft, nur Erscheinung ist, das Wahre hingegen nur Offenbarung des göttlichen Wesens in uns. Die höchste Wahrheit also ist allein in der Religion; alle andere Wahrheit ist nur das Streben darnach.

Eben so trifft im *Schönen* Wahrheit und Güte zusammen. Man hat das Schöne oft als Symbol des sittlichen Guten betrachtet, jedoch von einem niedrigen Standpunkte.[94] Als Mittel, das Gute zu bewirken, können wir das Schöne nicht ansehen; aber des vollkommenen Bewußtseins der Idee des Guten können wir nicht habhaft werden, ohne zugleich die Idee des Schönen zu haben. Wir werden das Gute immer nur als die

Forderung, als das Sollen ansehen, wenn wir es nicht zugleich als Schönes erkennen. Denn eben die höchste Idee, insofern die Erscheinung in ihr aufgeht, ist die Schönheit, und indem die Idee des Schönen mit dem Guten zusammen fällt, ist sie zugleich Idee des Wahren. |

Zweiter Abschnitt
Von den Gegensätzen und Beziehungen, durch welche die Idee der Schönheit wirklich wird

Das Schöne als Gegenstand oder Stoff einer theoretischen Erkenntnis, kann nicht als für sich selbst bestehend und gegeben betrachtet werden. Es treten Widersprüche darin hervor, die nicht zulassen, daß die Idee des Schönen als wirklich gerettet werde. Alles was den bloßen gemeinen Verstand bedingt, muß sich im Schönen aufheben. Jener besteht nur durch Gegensätze, die sich ins Unendliche bedingen; die Schönheit hingegen besteht in der vollkommenen Vereinigung der Gegensätze. Daraus läßt sich einsehen, daß die für den gemeinen Verstand vorhandene Existenz, die gewöhnliche Wirklichkeit, das Schöne nicht in sich aufnehmen und ertragen kann.

Wir müssen daher das *Schöne* als einen Teil der *praktischen Philosophie* ansehen. Das Theoretische gilt nur darin, insofern es von dem Praktischen bestimmt wird und dieses sich selbst ins Theoretische verwandelt. Mit Unrecht behandelte daher *Kant* das Schöne als Gegenstand der theoretischen Philosophie. Jede theoretische Betrachtung des Schönen vernichtet sich selbst; nur durch die selbstbewußte und tätige Idee wird der Gegensatz aufgehoben.

Wenn wir mithin hier von dem Schönen für sich als | von einem Gegebenen sprechen, so geschieht dies nur, um uns dadurch genau von dem Bedürfnisse des Praktischen, worauf die Kunst beruht, zu überzeugen. Die Gegensätze würden sich im Praktischen nicht so dartun lassen; wir müssen zuvor die einzelnen Bestandteile erkennen, die der belebende Geist der Kunst zu einem großen Ganzen verbindet. Daher muß hier zuerst von den Bedingungen des Schönen die Rede sein, die ohne das Leben der Kunst nicht bestehen könnten.

Das Schöne besteht in der Vereinigung von Widersprüchen. Wir müssen also die verschiedenen Gegensätze und Richtungen verfolgen, welche als Elemente darin enthalten sind. Auch die übrigen ethischen Ideen bestehen in der Aufhebung von Widersprüchen. Diese zeigt sich aber im Guten durch ein fortwährendes stufenweise die Gegensätze auflösendes Handeln. In der Religion werden die Widersprüche so ausgeglichen, daß sie nicht mehr als Widersprüche bestehen, sondern in den lebendigen Gedanken des Göttlichen ganz aufgehen. Dagegen verlangen wir im Schönen die Beziehungen der Wirklichkeit, und doch zugleich die Aufhebung dieser Beziehungen, da sich die Idee darin offenbaren soll.

Das *Schöne* im Allgemeinen muß auf der einen Seite etwas ganz *Endliches*, auf der andern zugleich die unmittelbare *Gegenwart der Idee* sein. – Nicht bloß die zufällige Mannigfaltigkeit ist ein Endliches, obwohl man es sich gewöhnlich so vorstellt, indem man bloß den Gegensatz der sinnlichen Wahrnehmung und des Begriffes im Auge hat. In der Mannigfaltigkeit liegt vielmehr eine Unendlichkeit, und zwar eine unergründliche, da wir darin | nie auf ein absolutes Ende kommen, sondern immer noch Verschiedenes und Mannigfaltiges finden. *Endlich* wird das Mannigfaltige erst auf einem Standpunkte, wo der Moment des Mannigfaltigen mit einem allgemeinen Begriffe zusammentrifft. Zur Endlichkeit gehört also die besondere Erscheinung und der allgemeine Begriff, beide miteinander ganz vereinigt, und sich einander bedingend und erschöpfend.

Diesen Punkt der Endlichkeit erkennt der gemeine Verstand nie ganz rein. Ihn soll die höhere Erkenntnis auffassen, für welche der Moment der Endlichkeit zugleich voller Ausdruck der Idee sein muß. Es kann also in diesem Endlichen, das nur durch die Idee erkannt wird, sowohl Allgemeines als Besonderes vorzuwalten scheinen. Wir können in der Kunst einzelne Erscheinungen auf der einen, und Begriffe auf der andern Seite wahrnehmen; jene dürfen aber keine zufälligen

Wahrnehmungen, diese keine abstrakten leeren Begriffe sein. Beide müssen sich erschöpfen und die Kunst-Erscheinung muß notwendig und völlig so bestimmt sein, wie sie ist, indem sie eine ganz bestimmte Modifikation der Existenz überhaupt ausdrückt.

Daher kann die *gemeine Natur* nicht Gegenstand der Kunst sein; in dem *Portrait* hört der ganze Sinn der Kunst auf.[95] Die Alten haben deshalb in der plastischen Kunst die Götter- und Heroenwelt vorzugsweise zu Gegenständen gewählt, weil jede Gottheit auch in ihrer begrenzten besonderen Gestalt eine bestimmte Modifikation der Idee ausdrückt, einen Gedanken, der, wiewohl ein besonderer, doch ein durchaus notwendiger war und schlechterdings nie ein anderer sein konnte. Die Idee muß also Besonderheit, aber notwendig absolute Besonderheit sein. |

Der allgemeine Begriff muß in dem Kunstwerke kein abstrakter sein, sondern seine Mannigfaltigkeit und Besonderheit mit sich bringen. Wenn wir in der Poesie allgemeine Betrachtungen, ein Verfahren nach Begriffen ohne Besonderheit finden, so dürfen diese Betrachtungen doch nicht so beschaffen sein, daß sie sich auf jeden andern Stoff auch beziehen könnten; sondern sie müssen einen bestimmten gegebenen Stoff oder das Wesen des menschlichen Daseins überhaupt angehen. So im *Pindar*,[96] dem größten Lyriker, dessen Reflexionen sich immer auf seinen besonderen Helden, oder auf das Wesentliche des menschlichen Looses überhaupt beziehen; nicht auf das, was meist zu geschehen pflegt, sondern was in der Natur des menschlichen Geschlechtes an sich gegründet ist; denn diese ist ebenso bestimmt, wie irgend eine Besonderheit. – Das *Besondere* erscheint also immer als ein *Typisches*, als ein allgemeiner Begriff, der sich aber an eine Besonderheit anschließen muß, oder an das Allgemeine, sofern es als Besonderes gefaßt wird.

Hierin liegt immer noch der Charakter einer *Endlichkeit*, aber keiner relativen, wie die des Verstandes ist, sondern einer sich selbst genügenden, worin eben deswegen die Idee sich ausdrückt. – Soll sich die Kunst in der Endlichkeit erschöpfen, so muß eine zwiefache Art, den Gegenstand zu erkennen, stattfinden. Es muß ein Endliches sein, worin sich zugleich das betrachtende Gemüt von dem Moment der Vereinigung der Gegensätze ablösen und in sich den Punkt aufsuchen kann, worin dieselben an sich eins sind. In jedem schönen Gegenstande werden wir immer die Bedingungen der Idee, des höheren Selbstbewußtseins überhaupt, wahrnehmen. Daher empfinden wir zugleich die Har|monie unseres inneren Bewußtseins, das uns in dem Moment der Wahrnehmung des Schönen des höchsten göttlichen Daseins teilhaftig macht. In dem Dasein der Idee allein fühlen wir das vollkommene Leben, worin sich unsere Individualität auflöst. Es muß also das Bewußtsein der höchsten Erkenntnis mit der Wahrnehmung des Schönen verbunden sein, wodurch alles Bedürfnis aufgehoben wird und alle Widersprüche verschwinden.

Daher die Wirkung der Schönheit, daß sie das Gefühl der Einigkeit mit uns selbst, der Beruhigung, der vollkommenen Zufriedenheit in uns hervorbringt. Dies ist die höchste Wirkung, die das Schöne auf uns äußern muß, der höchste Gewinn von seiner Betrachtung. Wenige haben dies ganz gefühlt; noch Wenigere haben es bestimmt ausgesprochen. *Moritz*, den sein Gefühl oft bewundernswürdig richtig geleitet, hat diese Wirkung des Schönen sehr glücklich dargestellt. Seine kleine Schrift *über die bildende Nachahmung des Schönen* ist daher in dieser Hinsicht sehr zu empfehlen.[97]

Es bleibt nun aber immer noch die Frage nach der Möglichkeit des Schönen übrig. Sie eben ist es, die uns die Unruhe gibt, womit wir nach dem Schönen streben, und uns zum Hervorbringen desselben aus unserem Bewußtsein, zur Kunst antreibt.

Die Idee des Schönen kann nur vom Standpunkte des Bewußtseins, nicht aber in der Natur erkannt werden. Die natürliche Betrachtung der Dinge besteht in der Wahrnehmung der Beziehungen in der Idee, zwischen denen nichts erkennbar ist, als die Begrenzung; dagegen im Selbstbewußtsein sich in den Gegensätzen überall dieselbe Einheit | wiederfindet. Die unmittelbare Gegenwart der Einheit der Idee ist in der Schönheit wesentlich und unentbehrlich.

In der *Wirklichkeit* ist daher die Schönheit nur da gegenwärtig, wo das Endliche in allen Gegensätzen sich ganz angefüllt zeigt von einem und demselben Wesen. Man sollte daher glauben, daß die Idee der Schönheit überhaupt alle Gegensätze aufhebt, und die Idee selbst in ihrer reinen Einheit hervortreten läßt. Darin aber liegt eben das Geheimnis, welches die Entwicklung der Idee der Schönheit schwer macht, daß zwar die Idee als eine und dieselbe wirklich werden, aber zugleich sich in die Gegensätze der Existenz entfalten muß, da sie sonst gar nicht zur Wirklichkeit kommen würde.

Die Schönheit muß also notwendig unter den *Gegensätzen der Existenz* betrachtet werden, und muß dennoch die volle Einheit des Bewußtseins in sich enthalten. Dieser Widerspruch läßt sich nicht heben, wenn wir uns nicht die Einheit des Bewußtseins als eine tätige, schaffende denken.

Die Existenz oder die Wirklichkeit der Schönheit muß vollkommene *Einheit des Begriffes und der Erscheinung* enthalten. Wo diese nicht ist, wird beides bloß durch den Verstand aufeinander bezogen. Unter allen wirklichen Erscheinungen nun ist keine, in welcher Begriff und Gegenstand vollständig in einander übergegangen sind, außer der *Mensch.* Bei andern Individualitäten findet diese vollständige Verschmelzung beider Seiten keineswegs statt. Das Tier wird von seinem Begriffe nicht vollständig angefüllt, sondern entwickelt sich nur nach dem allgemeinen Gesetze der Gattung; es wird geleitet durch den Instinkt, die Äußerung des Gattungsbegriffes durch ein besonderes Individuum. | Das Tier kann nicht zum Bewußtsein kommen. Im *Menschen* allein kann daher die wesentliche, vollkommene Schönheit ihren Sitz haben. Zwar kann es noch eine andere, als menschliche Schönheit geben; für die Idee aber ist jener Satz unwidersprechlich klar. Im Menschen ist Begriff und Existenz, Seele und Leib vereinigt; beide füllen sich ganz aus; daher ist der Mensch vorzugsweise der Schönheit teilhaftig.[98]

Es liegt jedoch darin ein Widerspruch. Wäre *Körper* und *Seele* ununterscheidbar, so wäre keine Existenz denkbar. Es muß ein Gegensatz stattfinden, vermöge dessen Leib und Seele sich wechselweise bestimmen. Diesen Gegensatz zu bezeichnen, unterscheiden wir *geistige* und *körperliche Schönheit.* In der *geistigen* Schönheit kann die Seele nicht angesehen werden als sich bloß auf den Leib beziehend, als das Allgemeine, Bestimmende desselben; sondern es muß in der Seele mit dem Allgemeinen zugleich die Besonderheit enthalten sein, und beide müssen sich gänzlich durchdringen. Die geistige Schönheit kann mithin weder in der besonderen Beschaffenheit der geistigen Vermögen, noch auch in dem ganz Allgemeinen liegen; denn der Sitz der Schönheit ist der Moment der Durchdringung beider Seiten. Dabei verschwindet das Charakteristische eben sowohl als der allgemeine Begriff, insofern jedes für sich betrachtet wird. Nur in der Durchdringung beider in dem Momente der bestimmten Äußerung besteht die Schönheit. Jede einzelne Wirkung oder Äußerung des Gemüts muß den allgemeinen Bestimmungen desselben adäquat sein.

Oft verwechselt man das *Interessante*, das *Merkwürdige* oder *Außerordentliche* mit dem Schönen.[99] So geschieht es besonders neueren Dichtern, die solche außer|ordentliche Wesen als Individuen darzustellen suchen, woraus denn Lieblings-Charaktere und Normal-Personen entstehen, auf welche alle möglichen Eigenschaften zusammengehäuft werden. Dieser Fehler geht oft bis zum Lächerlichen bei *Werner*,[100] mitunter auch bei *Fouqué*.[101] Etwas Besonderes, Ausgezeichnetes ist darum noch keineswegs das Schöne.[102] Daß eine einzelne außerordentliche Eigenschaft des Körpers die Schönheit ausmachen solle, behauptet niemand; im Körperlichen fordert man Gleichmaß; aber in der geistigen Schönheit vergißt man diesen richtigen Grundsatz.

Die *körperliche Schönheit* beruht, wie man gewöhnlich wohl einsieht, auf etwas, was nach sittlichen Ansichten oft eigenschaftslos ist. Der besondere Körper soll den ganzen Begriff ausdrücken; es wird daher eine gewisse Harmonie gefordert, worin alle Besonderheit zu dem gemeinschaftlichen Ausdrucke des Begriffes verschmolzen ist. Mit Unrecht aber würde man annehmen, daß, auch wenn der Begriff ein unsittlicher wäre, Schönheit stattfinden müsse, sobald nur die besondere Äußerung ihm entspricht. Dies ist nicht möglich. Die Idee hebt solche Spaltungen schon an sich auf. Alle Besonderheiten müssen durch das Band der Idee so verknüpft sein, daß sie sich wieder auflösen. Soll aber ein einzelner Körper dargestellt werden, so kann von einer Unsittlichkeit nicht die Rede sein. Die Idee läßt sich nur in einer Verknüpfung des Allgemeinen und Besonderen ausdrücken, die so beschaffen ist, daß beides sich ganz erfüllt; und in dieser Harmonie werden solche abschweifende Besonderheiten gar nicht geduldet.

Betrachten wir aber den Körper für sich, so muß er sich doch auf die Seele beziehen, so wie die Seele umge|kehrt auf den Körper. In der Wirklichkeit ist daher die Schönheit nicht denkbar. Die Seele hat alle Besonderheit in sich verschlungen; sie muß sich durch besondere Äußerung zeigen; dadurch aber wird sie wieder als Schönheit aufgehoben; denn sie muß sich dann auf das Gebiet des Einzelnen beziehen. Geistige Schönheit wird notwendig durch den Körper gestört und aufgehoben. Ebenso auf der andern Seite die körperliche Schönheit durch die Seele. Ein solches körperliches Wesen, wie es sein muß, um schön zu sein, kann keine besondere Bestimmtheit, keine Charakteristik der Seele haben. Wenn daher ein Körper im vollen Sinne schön ist, so sind darin die geistigen Begriffe ganz aufgegangen, und die Seele kann sich daher als solche in einem solchen Körper nicht auf individuelle Weise äußern. Daher pflegen schöne Menschen uns als geistlos zu erscheinen.

In der wirklichen Welt ist keine Schönheit, sondern nur Annäherung, Erinnerung an dieselbe. Auf diese Weise zerstört das Schöne, als bloße Wirklichkeit theoretisch betrachtet, sich selbst.

Man kann ferner sagen – und dies ist der zweite Gegensatz –: Es kommt nicht darauf allein an, die Seele als den Begriff des einzelnen gegebenen Körpers zu betrachten, noch den Körper als besonderen Ausdruck der Seele; beide müssen in einem höheren Punkte betrachtet werden, wo Seele und Körper sich überhaupt nicht unterscheiden. So entsteht der Gegensatz zwischen *Freiheit* und *Notwendigkeit*, nach welchen beiden Bestimmungen man das Schöne betrachten kann. In der Freiheit schafft das Bewußtsein sich selbst, indem es sich selbst bestimmt und nichts als reine Tätigkeit ist. Die Notwendigkeit ist die Wirk|lichkeit, in welcher sich das Bewußtsein erschöpfen muß, so daß es hinsichtlich der Verbindung von Begriff und Erscheinung ferner nicht mehr zu wählen hat.

In der Notwendigkeit ist eine Totalität, ein Universum vorausgesetzt als Ausdruck eines höheren, sich im Weltganzen erschöpfenden Bewußtseins. Hier würde das Endliche als Ausdruck der Schönheit erscheinen, sofern es abgegrenzt und vollendet, nicht handelnd und wirkend ist. Auf dieser Betrachtung der Welt als einer notwendigen gründet sich die Ansicht des Altertums. Die Welt ist eine gegebene, worin jede endliche Erscheinung als ein besonderes Moment der im Weltganzen sich ausdrückenden allgemeinen Notwendigkeit erscheint. Darauf gründet sich der Fatalismus, der die freie Tätigkeit des Individuums ausschließt.

Auf der andern Seite kann man das entgegengesetzte Prinzip, die Freiheit, aufstellen, die nur auf dem Bewußtsein selbst beruht. Die Welt der Freiheit ist mehr sittlich und tätig. Das Endliche muß in seiner einzelnen Äußerung die allgemeine Freiheit ausdrücken, und in dem einzelnen Akte zugleich erkannt werden als Äußerung des allgemeinen Bewußtseins, wenn es schön sein soll.

Die Freiheit aber zeigt sich hier nicht gerade als sittliche Freiheit; sondern das Einzelne muß im Handeln sein volles Bewußtsein ausdrücken, wobei der moralische und jeder besondere Standpunkt verschwindet, insofern es schön ist. Ebenso verschwindet an der Notwendigkeit das, was aus einzelnen Naturkräften hergeleitet ist. Sprechen wir von Notwendigkeit schlechthin, so meinen wir sie, wie sie das ganze Bewußtsein verschlingt und ihm einen festen Stoff anweist, über welchen es nicht hinaus kann. |

Auf den Gegensatz der Freiheit und Notwendigkeit kann man also auch die Schönheit gründen.[103] Hier finden sich aber dieselben Widersprüche, wie bei der geistigen und körperlichen Schönheit. Die Freiheit wird durch den Naturlauf gestört und kann daher nicht ganz zu Stande kommen; die Notwendigkeit hingegen wird durch die Forderung sittlicher Äußerung gestört. Der Mensch wäre bloße Maschine, wenn er nicht sittliche Freiheit hätte. So hebt Eines das Andere auf, und dieser Gegensatz kann mithin ebensowenig, wie der vorige, das Schöne zur Wirklichkeit bringen.

Nun kann man aber ferner fordern, daß beide Gegensätze einander bedingen müssen. So entsteht ein dritter Gegensatz, der einen Ausweg zu geben scheint: der Gegensatz der *Individualität* und der *Natur*. Die Individualität ist zwar geistige Freiheit, d. h. Selbstbestimmung, aber nie rein, sondern durch den Naturlauf gehemmt. An dieser Hemmung muß sich erst unsere Persönlichkeit entwickeln; denn nur indem sie in diesem Kampfe erregt wird, kann die Individualität als solche bestehen. – Die Notwendigkeit auf der andern Seite erscheint uns im Besonderen und Wirklichen entwickelt als Natur. Sie beruht darauf, daß die verschiedenen Bestandteile des Erkennens sich das Gleichgewicht halten, ohne dadurch eine vollkommene Einheit zu bilden. Insofern sie in dem Einzelnen, Individuellen erkannt wird, ist sie die Natur. Also auch sie muß sich an einer Individualität beständig entwickeln. Es fragt sich nun, ob dieser Übergang für die Schönheit genügt.

Auf ihm beruhen die neueren Theorien, welche von dem Gegensatz des *Subjektiven* und *Objektiven* ausgehen, | wie die *Schlegelsche* Theorie,[104] oder von dem Gegensatz des *Naiven* und *Sentimentalen*.[105] Man hat lange geglaubt, im Objektiven oder Naiven bestehe die eigentliche Vollendung der Kunst, weil darin alle Begriffe als im Stoffe aufgegangen erkannt werden. Dagegen wollte man das Sentimentale nicht so hoch anschlagen, indem sich der Gegenstand nie vollende, da er immer noch auf eine besondere Stimmung des Gemütes bezogen werden müsse.

Gehen wir auf unsere beiden Gegensätze zurück, so zeigt sich, daß danach das Schöne nicht in der Wirklichkeit bestehen kann. Wenn in der objektiven Darstellung der ganze Begriff in dem Einzelnen aufginge, so wäre es kein Einzelnes mehr; also auch im Objektiven muß die Natur nur erkannt werden als auf die Individualität bezüglich. Ebensowenig kann die Schönheit ganz im Subjektiven bestehen. Der Gegensatz zwischen Subjekt und Objekt kann kein entscheidender in der Kunst sein; denn es ist ein Gegensatz des gemeinen Lebens.

Alle drei bisher betrachteten Gegensätze gingen hervor aus der Untersuchung der verschiedenen Bestandteile der Existenz. Da nun aber diese Betrachtung einseitig ist, so ist noch eine andere zu versuchen, wo die Einheit der Idee und die volle Wirklichkeit, worin sich die Gegensätze begrenzen sollen, vorausgesetzt wird. So entsteht der Gegensatz zwischen *Idee* und *Wirklichkeit*; wir wollen ihn den Gegensatz zwischen dem *Göttlichen* und dem *Irdischen* nennen, nicht aber zwischen dem Ideal und der einzelnen Erscheinung.

Das Göttliche in der Kunst ist nichts Abstraktes, sondern die vollkommene Durchdringung der entgegengesetzten | Elemente der Erkenntnis, das höchste Bewußtsein; das Irdische der Moment der Endlichkeit, wo die Gegenstände einander vollständig begrenzen und eben dadurch das Göttliche selbst darstellen. Das Irdische ist also nicht durch Steigerung in das Göttliche zu verwandeln. Beide Gebiete sind ebensowenig in der Kunst, als in der Moral durch Steigerung einander zu nähern. Alle wahre Mystik beruht auf der Offenbarung des Göttlichen in der Welt; alle wahre Religion beruht auf dieser Mystik. Beides, Göttliches und Irdisches, muß für sich betrachtet werden, entweder durch eine ewige Grenze getrennt, oder durch ein mystisches Band vereinigt. Soll nun die Schönheit da statt finden, wo die Idee endlich und die Endlichkeit Idee geworden ist: so scheint uns freilich Beides in Eins zu fallen, und wir denken uns ein Drittes, wo Göttliches und Irdisches Eins werden. Dies kann aber nicht wirklich sein; folglich hebt sich die Kunst gerade da auf, wo sie entstehen soll.

Bei diesem Zusammenfallen würde ferner gar keine Beziehung statt finden, sondern die Idee ganz für sich bestehen, und ebenso die Endlichkeit, ganz nach der Lehre des Epikureismus. Es ist hier gar keine Einwirkung des Göttlichen auf das Irdische, also auch in diesen Gegensätzen nichts für die Schönheit zu gewinnen.

Von der höchsten Wichtigkeit aber ist eine Verbindung zwischen dem Göttlichen und Irdischen, sofern wir mit unserer Erkenntnis den Übergang zwischen Beiden entwickeln. Daraus entsteht der Gegensatz des *Erhabenen* und des *Schönen*. Ersteres findet statt, wenn wir erkennen, wie sich die Idee durch ihre Tätigkeit in die Welt herab begibt. Wir erkennen in dem Erhabenen die werdende Schönheit. | Das Schöne dagegen besteht in einer Beziehung der gegebenen Bestandteile der Wirklichkeit, vermöge deren sie in die Idee aufgelöst werden und in dieser alle Besonderheiten sich vereinigen.

Diese Gegensätze beruhen auf dem Übergänge des Göttlichen und Irdischen in einander, auf der Entwicklung des Einen aus dem Andern. Nun kann aber auch eine gegenseitige Vernichtung beider statt finden. Das Irdische kann im Göttlichen ganz aufgehoben und vernichtet werden: darauf beruht das *tragische* Prinzip; oder das Göttliche wird von dem Irdischen ganz verzehrt, und darin liegt das *komische* Prinzip.

In dem Gegensatz zwischen dem göttlichen und irdischen Schönen zeigt sich jedes von beiden als rein für sich bestehend und kann nicht in das andere übergehen. Aber auch hier bleiben die Widersprüche. Wie ist es möglich, muß man fragen, daß in der Erscheinung die Entgegengesetzten sich ganz verschmelzen, und wie können Idee und Erscheinung so gesondert werden, daß das Eine das durchaus Bestimmende ist?

Es muß also ein Übergang der Gegensätze gesucht werden. Dieser kann von zweifacher Art sein: er kann 1) darin bestehen, daß sie bloß in der Richtung zu einander begriffen sind; 2) darin, daß wir den Moment, in welchem beide zusammenfallen, als Übergang betrachten, so daß das Eine das Andere aufhebt und dieser Akt selbst der Moment der Schönheit ist. – Beide Begriffe führen auf das unentbehrliche Bedürfnis eines Wirkens.

Der erste Gegensatz ist der des *Erhabenen* und des *Schönen*. Untersuchen wir, ob nicht die Gegensätze so | vereinigt werden können, daß wir den einen aus dem andern herleiten, so zeigt sich, daß dazu eine Wirksamkeit nötig ist und wir das Schöne uns nicht als vollendet denken dürfen. Darin ist dieser

Gegensatz dem der Individualität und der Natur analog. – Aus der bloßen wirklichen Erscheinung, aus den relativen Gegensätzen des gemeinen Verstandes kann die Idee nicht hervorgehen. Soll die Schönheit aus der Vereinigung der Gegensätze entstehen, so muß aus der Idee als der ursprünglichen Einheit sich die Wirklichkeit als eine Entfaltung entwickeln, in welcher wir die Einheit selbst als das Tätige, Bestimmende erkennen. Dies ist der Standpunkt es *Erhabenen*. Es ist das Schöne, insofern wir darin die lebendige Tätigkeit der Idee finden.[106]

Wir müssen aber auch von der Erscheinung ausgehen können. Werden kann aus dieser die Idee nicht. Soll ein Übergang statt finden, so müssen wir die Idee voraussetzen, in der Erscheinung aber die Gegensätze derselben auf eine innere Einheit der Idee beziehen und in dieser auflösen. Veranlaßt uns der Gegenstand dazu, daß wir die Gegensätze auf eine zum Grunde liegende Idee zurückführen, so haben wir das *Schöne* im engeren Sinn.

Man könnte einwenden, dies sei die *Kantische* Theorie. Das ganze Verhältnis hat den Anschein eines bloß subjektiven, indem wir nicht allein von dem Gegenstande ausgehen, sondern auch von dem Zustande unseres Erkenntnisvermögens bei Betrachtung des Gegenstandes, und die Idee immer noch hinzugedacht werden muß, einmal als Urquell der Erscheinung, das andere Mal als das, worin sich die Erscheinung auflöst. – Es ist aber deutlich, daß das Schöne nicht durch bloße sinnliche Wahrnehmung aufgefaßt werden | kann, sondern daß alle Kräfte des Gemütes, das Denken und das Selbstbewußtsein dabei tätig sein müssen. Der Gegenstand soll die Idee selbst sein; also muß notwendig auch die Erscheinung gedacht werden können. Das Denken und das sittliche Gefühl sind notwendige Organe zum Erkennen des Schönen. – Bloß subjektiv ist also dies Verhältnis nicht. Erhabenheit und Schönheit bestehen nicht bloß in einem Zustande unseres Fassungsvermögens, wie bei Kant, sondern in dem Verhältnisse der Gegenstände zu der Idee; und dieses Verhältnis kann durch uns ohne Denken nicht erkannt werden.

Das Erhabene besteht darin, daß wir die Idee als sich entwickelnd, den Gegensatz der Erscheinung aus sich hervorbringend, bemerken. Ein Widerspruch gegen das Schöne oder die wesentliche Erscheinung ist also im Erhabenen nicht vorhanden. Es ist darin die vollkommenste Vereinigung der Elemente des Schönen; nur daß wir die Idee als tätige erkennen. Ein Widerspruch gegen die gemeine Erscheinung aber ist im Schönen, wie im Erhabenen, und in Allem, worin sich die Idee offenbart.

Weil die Erscheinung des Erhabenen als von der Idee ausgehend erkannt wird, so erscheint es uns immer als Tätigkeit in der Form eines Aktes, einer Wirksamkeit; daher rührt es, daß wir uns gegen dasselbe klein fühlen, sobald wir es mit unserer gegenwärtigen Natur vergleichen. Doch muß beim Erkennen des Erhabenen diese persönliche Rücksicht eigentlich ganz wegfallen. – Negative Dinge, wie *Burke* meinte,[107] können nicht erhaben sein; wohl aber ein Konzentrieren der Kraft in einen Punkt, worin sich die Kraft als in einer Entwicklung begriffen zeigt. Daher kann aller|dings die Kürze in der Poesie erhaben sein; nicht aber wegen des Negativen, sondern wegen des Konzentrierens der Kraft; ebenso das Schweigen wegen der nicht entwickelten Kraft. – Die Beziehung auf unsere Persönlichkeit muß dabei ganz untergeordnet werden.

Große Massen können nicht an sich, sondern nur, sofern sie eine Totalität von Kraft enthalten, erhaben sein. Daher wirken große Naturgegenstände als erhaben auf uns, weil wir die ganze Naturkraft darin konzentriert finden. Überall aber ist etwas Wirkendes, Tätiges, ein Einwirken des Göttlichen in die wirkliche Welt nötig, um das Erhabene hervor zu bringen. Und nicht bloß im Göttlichen, sondern ebensogut auch im Irdischen erscheint das Erhabene unter denselben Bedingungen.

Das Dasein des Erhabenen können wir uns so denken, daß es in die wirkliche Erscheinung eingegangen ist, und dennoch durch die Entwicklung der Idee entstanden erscheint. So lange wir die Idee als das sich noch Entfaltende denken, so lange nennen wir es das Erhabene. Hat aber die Idee die Erscheinung ganz durchdrungen, so daß diese als Erreichtes, Vollendetes erscheint, so nennen wir dies die *Würde.*

Die Würde ist eigentlich und für uns hier ausschließlich ein ästhetischer, kein moralischer Begriff. Sie ist die in die Wirklichkeit und Erscheinung ganz übergegangene Erhabenheit; dagegen das Erhabene selbst noch im Übergang begriffen ist und unsere Aufmerksamkeit vorzugsweise auf die Idee lenkt, während sie durch die Würde auf die Erscheinung gerichtet wird. Würde schreiben wir demjenigen, besonders vernünftigen Wesen zu, bei welchem die Erhaben|heit Zustand des gemeinen Lebens geworden, in sein zeitliches Wirken übergegangen ist.[108] Das unbewußte Handeln nach Ideen gibt die Würde, die uns daher immer mehr als etwas Vollendetes, Ruhendes, hingegen die Erhabenheit mehr als Kraft, Tätigkeit, Unruhe erscheint. Die Würde enthält ein Gefühl der vollkommenen Befriedigung. Sie kann, wie die Erhabenheit, eben sowohl bei dem Irdischen, wie bei dem Göttlichen statt finden.

Die Schönheit im engeren Sinn wird nicht von der Idee, sondern von der Erscheinung aus erkannt, in welcher wir aber die Idee finden, und die wir in die Idee müssen auflösen können. Das Schöne muß uns erscheinen als das, was mit uns als erscheinenden Wesen auf Einer Stufe steht; dagegen das Erhabene immer über uns steht, weil wir bei demselben von der Idee ausgehen müssen. Mit dem Schönen gehen wir um, wie mit unseres Gleichen; und eben weil die Schönheit unserm gemeinen Leben so nahe verwandt ist, verwechselt man (wie *Burke*) leicht den *Reiz*, der ein bloß sinnliches Interesse gibt, mit der Schönheit, und macht so die Begierde zum Prinzip der Erkenntnis des Schönen.

Auch hier findet eine doppelte Ansicht statt. Das Schöne, in seiner Beziehung auf die Idee betrachtet, erscheint als etwas, worin die Idee noch zu suchen ist, das sich aber als Erscheinung auflöst, sobald die Idee gefunden ist. Daher muß das Schöne ein melancholisches Gefühl erregen, da die Erscheinung selbst verschwindet, sobald wir sie in die Idee auflösen. Wir besitzen das Schöne nur als Vergängliches, und der ganze Begriff des Schönen besteht in der Vergänglichkeit, während andern Gegenständen die | Vergänglichkeit ihrem Wesen nach feindlich ist. In der Schönheit hat die Erscheinung immer zugleich einen negativen Sinn. Zwar können wir uns das Schöne immer nur als Ruhe und Befriedigung, nicht als Tätigkeit denken, und fühlen uns selbst dabei beruhigt; zugleich aber empfinden wir den Schmerz des Bewußtseins, daß wir fähig wären, die ganze Erscheinung in die Idee aufzulösen, wenn wir uns ihrer in voller Deutlichkeit bewußt würden. Mit der Zurückführung des Schönen auf die Idee sind wir immer beschäftigt, ohne je damit fertig zu werden; daher bei *Kant* auch das Schöne als subjektiv erscheint.

Das Schöne kann aber auch ganz in den einzelnen Moment der Erscheinung aufgegangen sein; und dann nennen wir es die *Anmut* oder Grazie. In dem Einzelnen, Zerstreuten der zufälligen Erscheinung nehmen wir die Spuren der Vollkommenheit der Idee wahr; wir erkennen, daß das Schöne sich ganz in den zeitlichen, zufälligen Moment ergossen hat und darin ausdrückt. – Die Anmut muß vom Reize wohl unterschieden werden, der etwas ganz Sinnliches ist. Nach *Lessing* ist die Grazie die Schönheit in der Bewegung gedacht, d. i. im zufälligen Momente der Erscheinung.[109] Denkt man sich dabei nicht die bloße sinnliche Bewegung, so ist dieser Ausdruck Lessing's sehr richtig.

In der Schönheit finden wir Ruhe und Selbstgenügen, weil sich die Erscheinung mit der Idee gesättigt hat; in der Anmut dagegen Tätigkeit und Lebendigkeit, aber als ideale Tätigkeit in der wirklichen Erscheinung. Die Anmut und das Erhabene sind also die beiden Endpunkte, beide den Charakter der Tätigkeit tragend; Würde und Schönheit liegen in der Mitte, beide mit dem Charakter der Ruhe. |

Diese Bestimmungen bewährt die Erfahrung. Selbst bei flüchtiger Betrachtung finden wir, daß gewöhnlich Erhabenheit und Schönheit als dem Menschen ursprünglich angehörende Zustände angesehen werden; dagegen Anmut und Würde als etwas erscheinen, was man erwerben könne, weil in diesen mehr die besondere Äußerung im wirklichen gemeinen Leben in Betracht kommt. Daher das Streben vieler Menschen, durch bloße Nachahmung der äußeren Erscheinung (durch Affektation), also auf dem unrechten Wege Anmut oder Würde zu erlangen; nicht aber Erhabenheit und Schönheit, welche Affektation nur eine künstlerische ist.

Es zeigt sich, daß wir auch mit diesem Gegensatz bei bloß theoretischer Betrachtung des Schönen nicht aufs Reine kommen. Das Erhabene erscheint als noch unvollkommene Schönheit, und ebenso das Schöne selbst im engeren Sinn, da auch hier erst eine Beziehung auf die Idee nötig ist. So haben wir nicht mehr den vollen Begriff der Schönheit, sondern nur etwas sich demselben Näherndes; daher man denn meinte, das Schöne sei bloß eine Erscheinung der Idee der Sittlichkeit. – Eine solche unvollkommene Schönheit kann nicht Schönheit und Erhabenheit bleiben. Die Idee soll nicht erst durch Reflexion zu der Erscheinung hinzugedacht werden; sondern es ist das Wesentliche im Schönen, daß wir unmittelbar in der Erscheinung die Idee als Eins und dasselbe mit ihr erkennen. – Man müßte demnach notwendig zeigen, daß ungeachtet des Überganges dennoch überall die Vereinigung der Idee mit der Erscheinung erkannt werde. Eine solche Tätigkeit nun, welche diese Vereinigung zustande bringt, ist eben die *Kunst*. Durch die bloß theoretische Betrachtung aber können wir dahin nicht gelangen; | denn die Beziehung des Verstandes kann nur dann beruhigt sein, wenn die vollkommene Vereinigung schon vollendet ist; so in dem *Schlusse*, wo sich der Verstand nicht eher beruhigt, als bis die Konklusion da ist. Nach dieser Verstandes-Ansicht also würde auch in der Vereinigung von Idee und Erscheinung erst der Schluß den Erfolg ausmachen; in dem Werden der Idee würde nichts zum Schönen Gehöriges zu erkennen sein; und darin soll doch gerade das Schöne liegen.

Bloß theoretisch kann also das Erhabene und Schöne nicht gedacht werden. Nur wo Erhabenes und Schönes ganz als Eins angesehen werden, würde sich der Verstand beruhigen. In dieser Einheit kann aber nicht allein das Schöne bestehen; dies gemeinschaftliche Dritte würde sich notwendig wieder auflösen. Mithin kann auch in diesem Gegensatz das Schöne nicht als wirklich gefunden werden.

Wir können uns nun ferner den Moment des Überganges als Akt denken, durch welchen entweder die Erscheinung ganz in die Idee verschwindet, oder die Idee sich auflöst und in die Erscheinung übergeht. Auf diesen beiden Begriffen beruht der Gegensatz des *Tragischen* und *Komischen*.

Das Schöne als Einheit der Idee und Erscheinung kann, sofern es Erscheinung ist, auf die Idee bezogen werden, und derselben entgegentreten, insofern es Schönes ist. Die Idee im Gegensatz der Erscheinung gestaltet sich zum Prinzip der Religion; wo die Erscheinung in die Idee aufgeht, ist der religiöse Standpunkt.

So entsteht zwischen *Religion* und *Schönheit* ein Kampf und Widerspruch; denn beide suchen etwas ganz Ent|gegengesetztes. In der religiösen Betrachtung verliert sich unser ganzes Bewußtsein in die göttliche Idee. In der Schönheit ist umgekehrt das göttliche Prinzip ganz in die Erscheinung versunken, etwas Wirkliches geworden, das unter der Form der Zeitlichkeit gedacht wird.

Besonders wenn wir von dem Standpunkte der Existenz aus reflektieren und beides als koordiniert im menschlichen Leben vergleichen, entsteht notwendig eine Einsicht in diesen Widerspruch, in welchem sich die gemeine Reflexion verwirrt. Daher entsteht leicht oberflächliche Einseitigkeit von beiden Seiten. Man kann von der Religion aus die Kunst, und die Betrachtung der Welt aus dem Gesichtspunkte des Schönen verdammen. So hat die Kirche oft mit der Kunst verfahren, und auch heut zu Tage gibt es noch Viele, die vermöge dieser Einseitigkeit die Kunst für ein sündliches Spiel halten. – Diese einseitige Ansicht kann Mut und Lust zu allem Schönen in der Zeitlichkeit als überflüssig, ja als nachteilig betrachten, womit denn unmittelbar Barbarei verbunden ist.

Dies gegenseitige Ausschließen der Kunst und der Religion kann sich aber auch in dem edelsten und tiefsten Bewußtsein als ein Gefühl von der Spaltung äußern, welche der menschlichen Natur wesentlich ist. Auch bei lebhafter Überzeugung von der Berechtigung beider Seiten kann man über diesen Zwiespalt trauern, wie dies große Dichter und Künstler nicht selten getan, die aus Trauer über die Hinfälligkeit des Schönen sich in die Religion versenkten.[110] Besonders bei den italienischen Dichtern finden sich viele Spuren der Art, die oft beigetragen haben, der Kunst einen höheren Reiz zu geben.[111] |

Ganz verdammlich ist aber die Meinung vieler, die Kunst oder das Schöne könne durch die bloße Erscheinung bestehen, und müsse sich dem Göttlichen oder dem religiösen Prinzip entgegensetzen. Auf diesen irreligiösen Weg führt das falsche ästhetische Gefühl, der Wahn, man könne die Kunst mehr aus der Natur schöpfen, als aus der Idee. So wird das Ästhetische oft zum Ausdruck, womit man das Oberflächliche, auf die bloße Erscheinung Gegründete bezeichnen will, in welchem Sinne man von ästhetischer Teilnahme, ästhetischem Interesse und dergl. spricht.

Es kann dem Denkenden nicht entgehen, daß bei tieferem Gefühle von dem Gehalte dieses Gegensatzes beide Prinzipien sich immer mehr nähern und in einander übergehen. Die Religion kann nicht bestehen ohne die Kunst, als bloß Rationales; diese ist die andere Seite der Religion. Soll sich das religiöse Prinzip offenbaren, so kann dies nur in Erscheinungen geschehen, die fähig sind, eine Idee darzustellen. Eben so liegt die Beziehung auf das Religiöse ganz in der Sphäre der Kunst.

Es fragt sich nun, wie das göttliche Prinzip ganz in das Schöne eingehen kann, so daß wir die göttliche Idee in dem Momente anschauen, wo sie mit der Erscheinung auf Eins und dasselbe zurückgeführt wird. Haben wir Beides in seinem Gegensatz vor Augen, so entsteht daraus das *Tragische* in der Kunst.[112]

Das tragische Verhältnis im Schönen liegt darin, daß das Schöne, als Erscheinung, der göttlichen Idee als dem reinen Wesen entgegengesetzt ist und widerspricht; daß, wenn sich beides in einem Akt des Übergangs vereinigen soll, notwendig das Schöne sich selbst als ein Nichtiges auflösen und | vernichten muß; daß aber in demselben Momente dasselbe in seiner Vernichtung als Offenbarung des göttlichen Wirkens, der Idee erkannt wird.

Nicht die bloße äußere Erscheinung wird aufgehoben. Diese besteht aus einer unendlichen Kette von Beziehungen und

Verknüpfungen, und kann sich als solche nie vernichten, aber auch als solche nicht die göttliche Gegenwart aufnehmen. Soll die Erscheinung durch die göttliche Idee aufgehoben werden, so muß sie offenbar schon als schöne, als die Idee in sich enthaltend, erkannt werden. Im Tragischen geht die Idee, das Schöne selbst unter, nicht die gemeine Erscheinung. Indem es aber untergeht, ist es eben dadurch und in diesem Momente reine göttliche Idee, die sich offenbart, so wie das Zeitliche geopfert wird. Deswegen erscheint uns beim ersten Anblick das Tragische als ein Untergehen der Wirklichkeit, worin wir aber unmittelbar eine Offenbarung des Göttlichen bemerken, durch welche das Wirkliche vernichtet wird, nicht als bloße Erscheinung, sondern insofern es das Schöne ist.

Im Tragischen müssen die Idee und die wirkliche Erscheinung als vollkommen entgegengesetzt in einander übergehen. So entgegengesetzt sind aber Beide nur, insofern in der Erscheinung selbst die Idee liegen soll. Nach der prosaischen Ansicht kann sich die Wirklichkeit nicht selbst auflösen; diese Art der Anschauung dürfen wir also in der Kunst nicht voraussetzen. Das Prinzip der Zweckmäßigkeit muß hier ganz aus dem Spiele gelassen werden.

Soll die Idee in die Erscheinung übergehen, so darf diese nicht betrachtet werden, insofern sie als Wirklichkeit in bloßen Beziehungen besteht; sondern wir müssen die Er|scheinung in ihrem Hauptgegensatz auffassen, und uns bewußt werden, daß sie darin sich ganz widerspricht, daß diese Gegensätze unvereinbar werden, weil sie Erscheinung ist. So beruht das Tragische auf inneren Widersprüchen der menschlichen Natur, durch welche das Höchste, die Idee in die Sphäre der Erscheinung herabgezogen wird. – In der Erscheinung ist notwendig etwas Wesentliches; es muß sich aber als Erscheinung in unvereinbare Gegensätze teilen, wodurch es als solche sich auflöst. Was also im Tragischen vernichtet wird, ist die Idee selbst, insofern sie Erscheinung wird. Nicht das bloß Zeitliche geht unter; sondern gerade das Höchste, Edelste in uns muß untergehen, weil die Idee nicht existieren kann, ohne Gegensatz zu sein.[113]

So geht *Oedipus* in Sophokles Tragödien nicht durch die bloße Hinfälligkeit des gemeinen menschlichen Lebens, durch die Gewalt äußerer Umstände und Zufälligkeiten unter, sondern durch das, was das Edelste im Menschen ist, in zwiefacher Bedeutung wahrgenommen.[114] Er ist zugleich schuldig und unschuldig, da er unbewußt die größten Greuel vollbracht hat. Hier steht die menschliche Natur mit sich selbst in einem für die Wirklichkeit unauflöslichen Widerspruch. Die Idee muß hierüber unwidersprechlich entscheiden, aber nur als Idee; steigt sie in die Erscheinung herab, so muß sie mit sich selbst in unerklärbaren Widerspruch geraten. Schuld und Unschuld sind unvereinbar, und der, in welchem sich beide vereinigen, muß dadurch aufgerieben werden. Alle Entschuldigungen vertilgen nicht das Gefühl der greuelhaften Taten; und dieses Gefühl kann wiederum nicht die Anerkennung der Unschuld aufheben. So ist der Mensch als erscheinendes Wesen zu unvereinbaren Widersprüchen ver|dammt, die sich nur mit der Aufhebung der Existenz endigen.

Der Mensch kann in der Wirklichkeit an der Idee nur Teil haben, wenn er sie selbst mit in die Widersprüche des wirklichen Lebens aufnimmt. Das Bewußtsein dieses Zustandes veranlaßt die Trauer, die sich nie auf die einzelne Person beziehen darf. Alles Mitleid, sofern darunter das nur durch die Erscheinung des Leidens erregte Gefühl verstanden wird, ist der tragischen Kunst unwürdig. Das Los des Menschen überhaupt, daß er an dem Höchsten Teil hat und dennoch existieren muß, bringt das echt tragische Gefühl hervor. Der Mensch fühlt seine Nichtigkeit, wenn er die Idee darstellen will und dies nur in den Widersprüchen der Existenz vermag. Das Gebanntsein des Menschen in die Existenz also ist es, wodurch das tragische Gefühl erregt wird.

Aber eben in diesem Gefühle liegt zugleich die höchste Erhebung, und zwar durchaus nur in denselben Ursachen, nicht in einem andern Verhältnisse. Wir wissen, daß unser Untergang nicht die Folge einer Zufälligkeit, sondern davon ist, daß die Existenz das Ewige, wozu wir bestimmt sind, nicht ertragen kann, daß mithin die Aufopferung selbst das höchste Zeugnis unserer höheren Bestimmung ist. So liegt in dem Untergange selbst das Erhebende und Erquickende des Tragischen; nicht in dem Erwarten eines besseren Looses, welche Vorstellung schon in das religiöse Gebiet hinüberschweift. Hier haben wir es nur mit der Existenz und der Offenbarung des Göttlichen in der Existenz zu tun. Nur von dem gegenwärtigen Dasein ist hier die Rede; aber nicht in seiner Zufälligkeit, sondern in seinem Wesen betrachtet. In dem Momente des Unterganges selbst liegt zugleich die tröstlichste | Erhebung, da der Untergang nichts anders ist, als die Erscheinung der sich in dieser Vernichtung offenbarenden Gottheit.

Man vermeide alle Ansichten, die außer diesen Beziehungen liegen, und habe nur den einen Moment vor Augen, wo die Vernichtung sich zeigt als Offenbarung der göttlichen Idee. Eben das war den Alten das Schicksal. Es ist nicht allein das Furchtbarste und Schrecklichste, sondern zugleich das Herrlichste und Erhebendste; denn es ist die Verherrlichung des offenbarten Göttlichen, das sich nur dem sich Aufopfernden zeigt, nur in der Vernichtung zur Erscheinung kommt.

Bei den gewöhnlichen Ansichten von der Natur des Tragischen kann man zwei Extreme unterscheiden. Die erste Ansicht ist die, welche sich ausschließlich an die wirkliche Erscheinung heftet, nur an dem zeitlichen momentanen Dasein Teil nimmt. Darauf beruht die Theorie des *Mitleids* und *Schreckens*, die man dem *Aristoteles* nicht ganz mit Unrecht zuschreibt. Das Reinigen der Leidenschaften jedoch deutet bestimmt darauf hin, daß Aristoteles durchaus nicht das weichliche gemeine Mitleid meinte, welches der Untergang des Einzelnen erregt und das ohne alle höhere Bedeutung ist. Unsere Empfindung ist in diesem Falle mehr physischer, als sittlicher Natur. Aber auch selbst, wenn wir das einzelne Leiden auf die menschliche Natur überhaupt beziehen, so knüpft sich doch das Mitleid nur an ein zeitliches Interesse. Wir klagen doch nur über das Los der erscheinenden Menschheit im besonderen Leben. – Das Mitleid, wie der Schrecken, ist für die Kunst unbrauchbar. Auch hat es Aristoteles nicht so gemeint; denn er sagt ausdrücklich: Mitleid und Schrecken sollen gereinigt sein.

Die meisten | späteren Erklärer verstehen den aristotelischen Satz so: durch Furcht und Mitleid sollen die Leidenschaften überhaupt gereinigt werden. Aristoteles aber sagt: Furcht und Mitleid selbst, diese Leidenschaften, die der Mensch auch schon natürlich, aber dann zeitlich fühlt, sollen gereinigt werden.[115] Soll der Mensch veredelt werden, so kann dies nicht dadurch geschehen, daß man ihn von diesen Gefühlen abzieht, sondern so, daß man sie ihn recht empfinden läßt, d. h. aus einem höheren Gesichtspunkte. So liegt hierin etwas sehr Wahres, was nur empirisch ausgedrückt ist.

Die entgegengesetzte Ansicht vom Tragischen geht von dem allgemein Sittlichen, von *der Freiheit des Willens* aus. Diese ist im Grunde ebenso prosaisch, wie die vorige, nur moralischer aufgestutzt. Der Mensch, heißt es, werde durch die Sinnlichkeit am Sittlichen gehindert, müsse aber seine Persönlichkeit dagegen behaupten. Von diesem Standpunkt erscheint das Tragische als beruhend auf dem Widerspruche des Sinnlichen gegen den freien Willen. Äußere sinnliche Gewalt kann uns die Ausübung des freien Willens unmöglich machen, ja uns sogar vernichten; darin aber zeigt sich eben der freie Wille, daß wir uns dennoch ihr entgegensetzen. Diese Ansicht geht ursprünglich von der *Stoischen* Philosophie aus und hat sich an die *Kantische* Theorie angeschlossen. In der Tragödie nun, meinte man, sei der Andrang einer rohen Naturgewalt gegen die Freiheit des Willens geschildert.[116] – Es ist dies eine ganz prosaische Ansicht. Die Freiheit des Willens beruht danach bloß auf der Erscheinung, daß wir selbständige Wesen sind, die wollen können. Unser moralischer Wert aber liegt vielmehr darin, daß wir alles Wirken in uns als Wirken der | Idee, des Göttlichen ansehen. Dem subjektiven Gefühle einer sittlichen Würde und Kraft nachhängen, verführt zur Eitelkeit und zum Hochmut, und ist so weder sittlich, noch künstlerisch; so wenig, wie das bloß Sinnliche.

So wie das Tragische, so liegt auch das *Komische* ganz in dem Begriffe des Schönen, und beide können ohne diesen in der Welt nicht gefunden werden. Das Komische wird am meisten mißverstanden; man denkt sich selten etwas Bestimmtes dabei und verwechselt es mit dem Lächerlichen in der gemeinen Erscheinung.

Das Komische ist der gerade Gegensatz des Tragischen.[117] Das Schöne als vollkommene Einheit der Idee mit der Erscheinung tritt mit der bloß gemeinen Erscheinung in Gegensatz. Das Schöne schwebt in der Mitte, indem es auf der einen Seite der Idee, auf der andern der gemeinen Erscheinung entgegengesetzt ist. – Auch hier müssen wir mit dem Widerspruch zwischen dem Schönen und der gemeinen Erscheinung anfangen. Sofern die gemeine Erscheinung bloß in der Zufälligkeit der entgegengesetzten Beziehungen besteht, löst sie den Begriff der Schönheit auf und verwandelt ihn in die *ernsthafte prosaische* Ansicht der Dinge. So setzt die gemeine Erscheinung sich dem Schönen als feindseliges Prinzip entgegen. Wenn sich das Schöne als Erscheinung in die Wirklichkeit auflöst, so hört aller Vergleich mit der Idee auf, und alle Erinnerung an dieselbe verschwindet. Das Schöne kommt ganz aus dem Spiel und verliert sich in die bloße Erscheinung.

Aber auch in dem gemeinen Erkennen selbst ist ein Streben, sich zusammenzuhalten und Prinzip für sich zu sein. Der Mensch kann nicht in der gemeinen Erscheinung so be|fangen sein, daß er nicht in einzelnen Momenten etwas an sich Bestehendes aus den gewöhnlichen Beziehungen herausheben könnte. So kann der menschliche Geist in der gemeinen Erscheinung etwas Wesentliches finden, worin die Erscheinung, von der Idee abgefallen, für sich besteht. Dieses setzt sich als Prinzip für sich der Schönheit entgegen, und die gemeine Erscheinung wird so das gerade Gegenteil der Idee. Darin besteht das Prinzip des *Häßlichen*, welches nicht in Mangelhaftigkeit den Naturgesetzen gegenüber seinen Grund hat. Auch in der ernsthaften Betrachtung der Dinge liegt das Häßliche nicht; diese fällt mehr unter die moralische Beurteilung, da sie sich dem Begriffe des Schönen ganz entzieht.[118]

Soll etwas als dem Schönen Entgegengesetztes erkannt werden, so muß darin eben dasselbe gesucht werden, was im Schönen ist, aber das Gegenteil darin gefunden werden. Wenn die Idee in der Tat fehlt, und die bloße Erscheinung sich für das

Wesentliche ausgibt, dann erscheint das Häßliche. Das Häßliche ist eine Empörung gegen das Schöne, wie das Böse gegen das Gute. Im Häßlichen finden wir allemal ein Scheinprinzip, worin die verschiedenen Richtungen der Existenz zusammenstreben. Natürliche Unvollkommenheiten sind nur insofern häßlich, als in dieser Verwickelung der bloß äußeren Kräfte sich etwas darstellen soll, was gleichwohl diese Kräfte als etwas Wesentliches zusammenfassen will. Körperliche Häßlichkeit entsteht nur dadurch, daß dem menschlichen Organismus ein falsches Prinzip der bloßen Existenz untergeschoben wird. Ebenso ist ein Gemüt, welches sich dadurch dem Schönen entgegensetzt, daß es das Gemeine in einen Punkt zusammen|zufassen strebt und sich darin beruhigt, ein häßliches. – Bloße Zufälligkeit und Zweckwidrigkeit also macht nicht allein das Häßliche aus; sondern daß in so widersprechenden Dingen eine Einheit stattfinden soll, die nur die Idee sein könnte, aber bloß in dem erscheinenden Dasein gesucht wird. –

Das Häßliche ist die erste Form, in welcher sich die gemeine Existenz dem Schönen entgegensetzt. Es erscheint uns wie das Böse nur als Negation der Idee, die aber positiv wird, indem sie sich an die Stelle derselben setzen will. Beim Anblick des Häßlichen regt sich das Gefühl des Schönen in uns im geheimen Widerstande gegen das Häßliche; und dies dunkle Gefühl ist die *Scham,* die sich freilich auch im Sittlichen äußert. Wer sich geradezu für die Häßlichkeit erklärt, ist ein Schamloser; nur die Frechheit stellt das Häßliche als etwas Wesentliches hin. – Das Häßliche ist also ein dem Schönen positiv Entgegengesetztes, und es kann nur von völligem Ausschließen desselben die Rede sein.

Wenn sich aber das gemeine Dasein durch kein eigentümliches Prinzip dem Schönen entgegensetzt, sondern das Bedürfnis des Schönen in der gemeinen Existenz gefühlt und stufenweise nach dessen Erreichung in derselben gestrebt wird, so entsteht etwas der Verbindung der Kunst mit der Religion Analoges. Das gemeine Bewußtsein strebt durch eine Art Instinkt dahin, das Schöne dadurch zu erlangen, daß es die Bedingungen seines eigenen Daseins nach und nach der Idee gemäß zu ordnen sucht. Daraus entsteht die Liebe zum Schmuck und Zierrat, der auch im gemeinen Leben eine edle Quelle hat. Das Edle, welches in dem Verlangen nach Schmucke liegt, ist die Ahndung, daß sich das Schöne mit dem gemeinen Leben ver|söhnen könne. Die Abneigung gegen den Schmuck führt zur offenbaren Barbarei. Das Streben nach Schmucklosigkeit artet sehr bald in eine Sinnesart aus, die sich am gemeinen Naturbedürfnisse befriedigt. Allerdings ist der Luxus sehr verderblich; dieser wird aber durch völlige Abneigung gegen Schmuck und Zierlichkeit nicht verbannt; sondern dadurch werden nur Ausschweifungen des ganz tierischen Bedürfnisses herbeigeführt.

Der Schmuck hat also einen edlen Ursprung. Was in der Sittlichkeit die Sitte und der Anstand, das ist im Schönen der Schmuck; beide die Äußerung der ihnen zu Grunde liegenden Ideen in der Erscheinung des gemeinen wirklichen Lebens. Durch die Neigung zum Schmuck kann oft die Idee des Schönen selbst gerettet und allmählich geläutert werden. Ist aber dies Bedürfnis einmal, abgeworfen, so ist es schwer, ein Gefühl für das Schöne wieder zu erzeugen, und die Mittel der Kunst werden dann zu gemeinen Vergnügungsmitteln erniedrigt.

Sollen die beiden Elemente des Schönen in einander übergehen, so muß dies auch nach der Richtung der Erscheinung stattfinden können, so daß die Idee des Schönen sich ganz in die Zufälligkeit und die Beziehungen des gemeinen Lebens verliert. Erhält sich auf diese Weise die Idee durch das gemeine Leben in der Existenz, so ist dies das *Komische.* Im Tragischen wird die Idee so vernichtet, daß sie als Idee rein hervortritt. Hier wird die Idee auch in die Existenz aufgelöst; aber nicht um diese zu vernichten, sondern sich mit ihr festzuhalten durch stufenweise Verknüpfung des Allgemeinen und Besonderen. Wir finden die Idee in dem zeitlichen Zustande gegenwärtig, und sie erhält sich in diesem, | ungeachtet sie sich darin auflöst. Auch hier also zeigt sich ein Widerspruch zwischen Idee und Wirklichkeit, mit welchem aber zugleich eine Beruhigung verbunden ist, und zwar die umgekehrte, wie beim Tragischen, bestehend in der Wahrnehmung, daß Alles doch zuletzt gemeine Existenz und auch in dieser überall die Idee des Schönen gegenwärtig ist, daß wir mithin in unserer Zeitlichkeit doch immer im Schönen leben. Daher entsteht eine Lust und Freude an der Wirklichkeit. Die gemeine Lust wird durch die Befriedigung der natürlichen Bedürfnisse hervorgebracht; hier hingegen fühlen wir in unserer Wirklichkeit zugleich ein höheres Bedürfnis befriedigt.

Das Komische beruht auf einer ebenso allgemeinen menschlichen Anlage, wie das Tragische; beides gehört gleich notwendig und wesentlich zum Schönen. – Das gemein *Lächerliche* verhält sich zum Komischen, wie das Traurige zum Tragischen. So wie das Tragische weder auf Furcht und Mitleid, noch auf sittlicher Trauer beruhen kann, ebensowenig kann das Komische bloß auf der Bemerkung beruhen, daß sich die Ideen durch Verknüpfung mit der gemeinen Natur auflösen.

Das Lächerliche besteht darin, daß wir auch andere Prinzipien als die des Schönen im Dasein finden. Es entsteht z. B. aus der Wahrnehmung der gemeinen Sinnlichkeit, wenn wir bemerken, daß der Mensch, ungeachtet seiner höheren Natur doch dem Sinnlichen hingegeben ist und dadurch dem Sittlichen sich entgegensetzt. So entsteht das *Sinnlich-Lächerliche*, dem Sinnlich-Rührenden, Furcht und Mitleid Erregenden entgegengesetzt. Das Sinnlich-Lächerliche ist gewöhnlich harmlos und nicht böse gemeint, und da|her die Quelle des Scherzhaften oder Lustigen. – Es gibt aber auch ein *Sittlich-Lächerliches*, welches darauf beruht, daß die menschliche Natur, indem sie sittliche Prinzipien erkennt, dadurch selbst zu Falle kommt, weil diese immer die Gestalt der gemeinen Existenz annehmen. So ist der Hochmut ein Sittlich-Lächerliches. Dieses hat einen herberen und schärferen Charakter. Es erregt ein boshaftes bitteres Lachen und gibt der Neigung des Spottens über Andere und der bösen Nachrede den Ursprung.

Das Komische ist keins von beiden; es liegt in der Mitte beider, und entsteht daraus, daß wir in der gesamten menschlichen Natur und in allen ihren Widersprüchen dennoch immer die Idee finden. Dies Gefühl, daß die Idee in der Existenz bleibt und wir nie ganz von ihr verstoßen sind, macht uns froh und glücklich.

Wer gewisse sittliche Vorzüge äußerlich nachahmt, ohne daß das Innere dem äußeren Schein entspricht, der stellt etwas Komisches dar, worin wir aber die Idee, nur in einer besonderen Form, erblicken. Das Komische hat seinen Sitz nicht allein in einem Kontrast oder Widerspruch für den Verstand; ein solcher kann nie zum Lachen, vielmehr nur zur Anstrengung des Verstandes antreiben, um die Widersprüche zu untersuchen. Das Erscheinende muß sich auf eine Idee beziehen, die Idee in der Erscheinung erkannt werden; nur dann kann das Schöne überhaupt entstehen, und zwar unter den angegebenen Bedingungen das Komische.

Das Komische hat durchaus nichts Erniedrigendes, das wir uns nur erlaubten. Dies sind Ansichten, die aus dem Standpunkte des gemeinen Lebens herrühren. Für die Kunst ist das Komische etwas rein Ideales, und das vollkommene | Komische ebenso edel und hoch, als das vollkommene Tragische. Wir müssen beim Komischen in die Widersprüche des gemeinen Lebens eingehen, beim Tragischen in die Vernichtung, die dem Menschen aus seinen höchsten Gaben entstehen muß. In beiden Gebieten also versenken wir uns ganz in die nichtige Natur des Menschen, wo er ein bloßer Schein ist; aber eben dies muß dahin führen, in dem Schein etwas Wesentliches zu erkennen. So erreicht diese Anschauung das Höchste indem wir die Gegenwart der Idee darin bemerken. Im Komischen zeigt sich die Idee als den Widersprüchen unterworfen, in sie aufgelöst, bloß durch den Zusammenhang des gemeinen Bewußtseins erhalten; aber wir sehen in dem flüchtigen Augenblick immer die Offenbarung der Idee, und dies eben ist es, was uns aufheitert. *Shakespeare* ist in dieser Beziehung das größte Muster.[119]

Die Unterscheidung eines *Niedrig-Komischen* und *Hoch-Komischen* – jenes in dem eigentlich Lächerlichen bestehend, dieses veredelt durch einen Anstrich von Ernst – beruht auf einer höchst irrigen Ansicht. Viele halten das Liederliche, Plumpe und Gemeine für das Komische. Dieses ist aber ganz schlecht und weder niedrig-komisch, noch überhaupt komisch. Der ganze Unterschied ist oberflächlich. Einen richtigen können wir machen, indem wir 1) von dem Besonderen oder dem Moment der Erscheinung, 2) von dem Allgemeinen der menschlichen Natur überhaupt, als dem durch die Idee Gegebenen, ausgehen. Dieser richtige Gegensatz wird unten bei der Betrachtung der dramatischen Poesie weiter verfolgt werden.

Jeder von den beiden geschilderten Standpunkten, der tragische wie der komische, ist durchaus universell und faßt | das Schöne ganz in sich. Es sind also nicht besondere Modifikationen, die das Schöne nur an sich tragen, sondern Bestandteile, die zum Begriffe des Schönen überhaupt gehören. Nur in gewissen Gattungen sondern sich beide ab. Sie sind aber an sich dem Begriffe des Schönen ebenso wesentlich, wie alle jene andern Gegensätze.

Auch das Erhabene kann auf gewisse Weise komisch, und das Schöne im engeren Sinn tragisch sein; auch das Göttliche kann komisch, das Irdische tragisch sein. Es hängt dies alles von gewissen besonderen Zeit- und Volksansichten ab, vermöge deren die Prinzipien sich zu verschiedenen Zeiten ganz verschieden äußern, manchmal mehr gesondert, manchmal in einander gewirrt erscheinen können. *Aristophanes* macht die Götter oft lächerlich;[120] dasselbe taten im Mittelalter geistliche Komödien. Auch Werke der bildenden Kunst aus dem Mittelalter zeigen oft ein deutliches Parodieren des Göttlichen. Durch alles dies aber wird das Göttliche an sich nicht beeinträchtiget.

Betrachten wir das Tragische und Komische an sich, so zeigt sich, daß das Schöne sich auch hier nur in dem Momente erzeugt, wo der Übergang unmöglich ist, so daß es sich auch hier selbst zerstört und keine Vermittlung stattfinden kann. Diese beiden Verhältnisse zeigen nur den Moment der Verwandlung, wo Idee und Erscheinung sich gegenseitig vernichten. Die entgegengesetzten Bestandteile heben in diesem Punkte einander auf und das Schöne kann als etwas Abgeschlossenes, Vollendetes hier nicht bestehen. Wie könnte es dies, wenn im Tragischen die Idee vernichtet wird, oder wenn sie im Komischen sich in die Erscheinung verliert? – Und wer gibt uns das Recht, diese Richtun|gen zu unterscheiden? Ist nicht das Schöne vielmehr da, wo Tragisches und Komisches Eins sind, wo Erscheinung und Idee auf gleiche Weise in einander übergehen?

Alle diese Gegensätze zeigen deutlich, daß es überhaupt kein Schönes gibt, so lange wir es als bloß Theoretisches betrachten, daß in der wirklichen Welt kein Schönes ist. Dies lehrt uns das Schicksal des Schönen im Tragischen und Komischen vorzüglich. Es geht mithin aus dieser theoretischen Betrachtung hervor, daß das Schöne an und für sich nicht besteht, und es fragt sich weiter, wie wir uns denken sollen, daß es ein Schönes geben kann. Daß es ein Schönes geben muß, ist gewiß; aber wie kann es entstehen und bestehen?

Das Ergebnis der bisherigen Untersuchung war: 1) daß das Schöne aus Bestandteilen zusammengesetzt ist, die sich selbst aufheben; 2) daß es durch eine Beziehung dieser Bestandteile aufeinander erhalten werden könnte, daß aber diese entweder bloße Verstandesbeziehung wird, oder in dem Punkte des Zusammenfassens sich aufhebt. – Das Schöne kann nur durch einen Standpunkt gerettet werden, wo der volle Widerspruch der Bestandteile selbst als eine Beziehung erscheint, wo die Beziehung eine vollkommene wird, so daß sie Anschauung ist, und eine völlige Einheit der Gegensätze stattfindet, die zugleich als Akt der Beziehung erkannt wird.

Wenn wir in den widersprechenden Bestandteilen den Akt des Überganges selbst erkennen, wenn diese Tätigkeit darin das wirklich Gegenwärtige ist, so müssen auch die Bestandteile in dieser Tätigkeit gegenwärtig sein, obgleich sie sich aufheben, weil wir die Tätigkeit, wodurch sie sich aufheben, allein als das Gegenwärtige und Wirkliche wahr|nehmen. – Können wir den Akt fassen, durch welchen die Idee in die Wirklichkeit gestoßen wird, und gleichwohl nicht aufhört, Idee zu sein: so wäre der Übergang das, was wir als wirklich vor uns hätten, und die Extreme würden nur in diesem Übergänge von uns aufgefaßt. Das Schöne kann also nur in einer Tätigkeit liegen, welche so aufgefaßt wird, daß wir die Gegensätze in dem Akt ihres Überganges erkennen. Eine solche Tätigkeit ist die *Kunst.*

Die Kunst muß vom menschlichen Bewußtsein ausgehen und kann keine Naturtätigkeit sein. Der Stoff sondert sich vom Bewußtsein ab, so daß beide nur in der relativen Verknüpfung für einander da sind; dadurch entsteht uns eine Außenwelt, die für die Kunst schwindet. Die Kunst soll im innersten Bewußtsein bloß durch Tätigkeit desselben die beiderseitigen Elemente zusammenfassen. Sie ist etwas ganz Innerliches, da sie bloß im Bewußtsein ist, und zugleich etwas ganz Äußerliches, insofern sie allen Stoff als Inneres erkennt. Denn nur dann nehmen wir ein Kunstwerk würdig wahr, wenn wir es als Element unseres Bewußtseins selbst betrachten. |

ZWEITER TEIL
Von der Kunst

Erster Abschnitt
Konstruktion der Kunst, des Künstlers und des Kunstwerkes

Die Offenbarung des Wesentlichen ist überall nicht möglich, ohne Untergang des Scheinbaren; so denn auch im Gebiete des Schönen, das wir durch alle seine Schicksale verfolgt haben. Es fragt sich nun, ob wirklich durch ein Handeln die Widersprüche gehoben werden können, da ja das Handeln auch ein zeitliches ist und sich selbst aufheben kann.

Das *Handeln* an und für sich, wenn es sich als ein gemeines Handeln zeigt, kann allerdings die Schönheit noch nicht retten. Es muß hier ein höheres Handeln stattfinden, in welchem wir uns nicht bloß durch den Begriff eines auszuführenden besonderen Dinges und durch den äußeren Gegenstand bestimmt fühlen. In dem gemeinen Handeln unterscheiden wir den Gegensatz, vermöge dessen wir als freie Wesen durch den Begriff eines Dinges außer uns, als unseren Zweck, bestimmt sind, und hinwiederum dieses Ding außer uns selbst bestimmen. Wir sind genötigt, einen be|sonderen Begriff anzunehmen, der sich in dem einzelnen Dinge, insofern es dieses ist, wieder darstellen muß. So scheidet sich hier gerade durch die Ausführung Allgemeines und Besonderes. In der Kunst aber soll beides Eins sein; mithin kann jene Spaltung darin nicht angenommen werden.

Das *Handeln der Kunst* kann also kein rein-praktisches sein. So wie vorher die rein-theoretische Ansicht nicht bestehen konnte, so auf der andern Seite auch nicht das rein-praktische Handeln. Die Zweckmäßigkeit darf nicht Maßstab der höheren künstlerischen Tätigkeit sein; denn gerade durch jene werden die Elemente in Allgemeines und Besonderes geschieden. Es muß vielmehr hier ein Handeln stattfinden, in welchem die ursprüngliche Einheit des Allgemeinen und Besonderen vorausgesetzt wird, beides, wie im Wollen, so in der wirklichen Ausführung eins und dasselbe ist, mit einem Worte: ein Handeln in der Idee oder nach der Idee. Dies ist das Handeln der Kunst.

Auch das rein-praktische Handeln ist nur durch die Idee ein seiner Bestimmung entsprechendes Handeln. Im sittlichen Handeln aber wird die Idee nur als die entscheidende Beziehungsregel zu Grunde gelegt. Im Schönen hingegen soll die Idee ganz Wirklichkeit sein; sie kann mithin nicht bloß zum Grunde gelegte Regel des Handelns sein, sondern muß als die handelnde Tätigkeit selbst erscheinen und sich als Idee durch Allgemeines und Besonderes zugleich bestimmen. Die ursprüngliche Einheit der Idee muß in diesem Handeln ganz gegenwärtig sein.

Der Künstler hat das, was er durch sein Handeln bewirkt, in sich schon gegenwärtig; es ist für ihn schon da, | schon vollendet. Es ist die in ihm lebendige Idee, und sein wirkliches Handeln kann nicht dazu dienen, das Schöne zu machen, sondern nur sich dasselbe vollständig zum Bewußtsein zu bringen, es durch Reflexion seiner selbst in sich zu beleben. An und für sich ist es ihm von Anfang an gegenwärtig, und macht eigentlich seine Tätigkeit selbst aus. Der Künstler hat das Bild schon vor sich, indem er handelt; er zerlegt es nur und bringt es dadurch für sein Bewußtsein zur Klarheit.

Diese dem Künstler schon ehe er handelt, innewohnende Idee, nennt man gewöhnlich sein *Ideal*, macht sich aber davon in der Regel eine falsche Vorstellung. Das Schöne ist in dem Gemüte des Künstlers selbst gleich ganz vollendet. Wenn er handelt, zersetzt er nur dies Einfache und Universelle, um es sich für sein gegenwärtiges Bewußtsein klar zu machen.

Die künstlerische Erzeugung nach entgegengesetzten Richtungen besteht nur darin, daß die Tätigkeit des Künstlers die ursprünglich einfache Idee in ihre Gegensätze zerlegt. Die ursprüngliche Einheit der Gegensätze in der Idee muß also vorausgesetzt werden; dann bezeichnen die entgegengesetzten

Richtungen nur die Tätigkeit des Künstlers, die sich immer in dem Akte der Einheit erhält. Das künstlerische Handeln selbst ist nichts anders, als die Tätigkeit der Idee, wodurch diese sich selbst bewirkt, das Leben der Idee selbst. So gefaßt, hören jene Gegensätze auf, das Schöne zu vernichten, was nur für den gemeinen Verstand geschieht, für welchen sie unvereinbar bleiben. Betrachten wir die Verbindung als einen Übergang, und beide übergehenden Teile | als ursprünglich dasselbe, so haben wir ein Handeln der Idee, worin die verschiedenen Beziehungen nur dadurch entstehen, daß die Idee sich zersetzt.

Das künstlerische Handeln ist kein Machen nach Zwecken durch Mittel. Der Kunst schreiben wir ein *Schaffen* zu, wodurch dasjenige zur Wirklichkeit kommt, was vorher schon da war. Dies ist die Tätigkeit der Kunst, durch die allein das Schöne gerettet werden kann.[121]

Man hüte sich vor dem Wahn, daß ein abstrakter Begriff in des Künstlers Seele vorausgesetzt sein müsse, wonach er den besonderen Gegenstand bilde. So entstände nur ein partieller Übergang und das Verhältnis von Zweck und Mitteln, welche Spaltung hier nicht Statt finden kann. Es ist für die Kunst ganz einerlei, ob von dem allgemeinen Begriffe, oder von dem besonderen Dinge angefangen wird. Eines von beiden geschieht immer; auf die künstlerische Tätigkeit aber als solche hat dies keinen Einfluß, da dieselbe eine bloße Zersetzung der Idee ist.

So ist es z. B. einerlei, ob der dramatische Dichter einen historisch gegebenen Stoff wählt, und Begriffe, die sich darin vorfinden, ausspricht, oder ob er von allgemeinen Begriffen der menschlichen Natur, Leidenschaften, Affekten u. s. w. ausgeht, und diese in einem besonderen Falle darstellt. Diese beiden Wege sind hinsichtlich der Kunsttätigkeit durchaus nicht wesentlich verschieden. In beiden Fällen findet nur eine Zersetzung dessen Statt, was in der Idee Eins ist, wodurch dieselbe zur Wirklichkeit kommen muß. Die Kunst muß sich nach jenen Richtungen unterscheiden; in der künstlerischen Tätigkeit ist beides Eins. Der Künstler muß in dem Faktum schon die allgemeinen Begriffe ganz gegenwär|tig finden, ebensogut aber von diesen ausgehen können, falls sich das Faktum nicht gerade vorfinden sollte.

Die Tätigkeit ist eine reflektierende, wodurch die Gegensätze als ganz gleichgültig aufeinander bezogen werden. Im Schönen vereinigt sich, wie im höheren Handeln überhaupt, immer Theoretisches und Praktisches. Die Idee wird durch ihre Zerlegung nur zur Wirklichkeit, indem sie dadurch in das Reich der Gegensätze versetzt wird. Bloße Gelegenheitswerke sind daher nur dann künstlerisch, wenn sie wirklich die Idee enthalten. Ebensowenig bleibt der Künstler in seiner Sphäre, wenn er bloß abstrakte Begriffe darstellen will, in welchem Falle er zum Moralisten wird. Dem Künstler müssen beide Elemente, der Gegenstand und sein Begriff, ganz in der Einheit der Idee liegen.

Die Idee kann nur durch solche Beziehungen in die Wirklichkeit eingehen; wie dies geschehen kann, muß der Hauptgegenstand unserer ferneren Untersuchungen sein. Die Tätigkeit der Kunst kann nur bestehen in einem Übergänge des einen Bestandteils in den andern; wobei uns aber gegenwärtig bleiben muß, daß dieser Übergang nur Zerlegung der einen Idee ist. Dadurch, daß es das Eine und selbe ist, was sich mit sich selbst verbindet, wird die Kunst zu einem Praktischen. Setzten wir Allgemeines und Besonderes nur voraus und bezögen es auf die ursprüngliche Einheit, so hätten wir ein bloßes Denken, wie in der Idee der Wahrheit, wo die Idee allen Verknüpfungen der gegebenen Gegensätze zum Grunde liegt, die in die Einheit derselben versenkt werden. – Im Handeln bezieht sich das Eine und selbe auf sich, bestimmt sich selbst und spiegelt sich selbst ab. So geschieht es in der Kunst, die eben deswe|gen eine Tätigkeit ist, zugleich aber theoretisch wird, indem sie volle Einheit der Gegensätze schon vor sich hat, und daher schafft, nicht macht.

Diese Tätigkeit kann aber von zwei Seiten betrachtet werden. Wir können 1) die Idee als schon gegenwärtig voraussetzen und sie bloß entfalten. Dies ist der *theoretische* Teil der Kunst, das innere Wirken des *künstlerischen Gemütes,* worin die Idee in ihrer ganzen Fülle gegenwärtig ist; die innere Operation in dem Gemüt des Künstlers, wonach derselbe in seinem Charakter zu beurteilen ist. Dies ist der *subjektive* Bestandteil, da er im bloßen Bewusstsein, und zwar in dem besonderen Bewusstsein liegt.

Betrachten wir 2) das Resultat der Tätigkeit, so muß sich in der Entwicklung selbst das Ganze wieder zur vollkommenen Einheit der Idee schließen. Die Idee schließt sich gleichsam wieder zusammen, da sie sich vom Künstler aus öffnete; aber sie schließt sich in einem Momente der Wirklichkeit. Dadurch entsteht eine wirkliche Erfahrung von dieser Vereinigung in der Form einer besonderen Tatsache. Diese nennen wir das *Kunstwerk*, welches mithin der Moment ist, worin sich die Idee vermittelst gegebener Stoffe in ihre Einheit wieder verknüpft.

Erst damit ist die künstlerische Tätigkeit vollendet. Das Kunstwerk ist zur künstlerischen Tätigkeit unentbehrlich. So lange die Idee bloß im Gemüte bleibt, ist sie nur Reflexion. Die Tatsache der Ausführung ist notwendig; sie vollendet den Künstler selbst, indem sie ihm die Idee in der Wirklichkeit zum Bewußtsein bringt. Erst durch das Kunstwerk erfährt er, was er mit seiner Tätigkeit gewollt hat. |

Gerade mit der Tätigkeit, die von ursprünglicher Einheit ausgeht und beides, Allgemeines und Besonderes, voraussetzt, ist notwendig verbunden, daß sie sich in einem wirklichen Resultate abschließen muß, worin sie ganz vorhanden ist. Das wirkliche Objekt muß die Vereinigung der entgegengesetzten Elemente enthalten. So schließt sich die Idee in dem vollen Dasein, als einer Wiederkehr der ursprünglichen Einheit. In dem Punkte, wo die Wirklichkeit in ihrer vollen Bedeutung zu Stande kommt, hebt sie sich zugleich auf, indem sich durch die Erscheinung der Idee die Gegensätze der Wirklichkeit auflösen.

Die Kunst ist nicht als eine *zweckmäßige* Tätigkeit zu betrachten, die von einem Vorsatz ausginge, das Kunstwerk nicht als ein bloßes *Objekt*, ein bloß vollendetes äußeres Dasein, das nur den Zweck darstellte. Diese Sonderung des Objektiven und Subjectiven findet nur in der relativen Tätigkeit

Statt. Die Kunst soll die ganze Idee in dem Objekte darstellen. Daher muß das Kunstwerk ein ganz Einzelnes, Endliches und zugleich voller Ausdruck der Idee sein, oder vielmehr ein Organ der Idee, ein Moment des Lebens der Idee, in welchem dieselbe an einer bestimmten Stelle der Wirklichkeit zur Erscheinung kommt. Das Kunstwerk stellt daher das Schöne in seiner ganzen Bedeutung dar, als besondere Offenbarung der Idee.

Wir müssen uns ganz losmachen von der Vorstellung, daß das Objekt durchaus ein Äußeres, von dem Vorsatz Abzusonderndes ist. Der gemeine Verstand kann sich schwer über die Wahrnehmung erheben, daß das Kunstwerk gearbeitet wird, wie ein anderes äußeres Werk, daß sich also auch der Zweck dabei äußert. Dies ist aber die Seite, von | welcher betrachtet des Künstlers Tätigkeit eine bloß wirkliche ist, die von der Seite der Idee angesehen einen anderen Sinn hat. Auf jener Betrachtung beruht die bloße *Technik*. – Alle menschlichen Werke sind natürlich zugleich wirklich und physisch, und das Physische ist um nichts niedriger als das rein Geistige. Auch moralische Gedanken werden physisch dargestellt. Auf diese physische Darstellung aber kommt es hier nicht an, sondern nur auf den Standpunkt der Idee, da wir es allein mit der Philosophie der Kunst zu Tun haben.

In jedem einzelnen Kunstwerke liegt ein Universum; denn es ist die Idee darin enthalten, die sich durch Offenbarung an einer bestimmten Stelle der Wirklichkeit äußert.

Das *Bewußtsein des Künstlers* und das *Kunstwerk* bilden nach beiden Seiten die äußersten Grenzen der Kunst. Jedes von beiden ist uns ein absolutes Faktum, worüber wir nicht hinaus können; denn es ist Offenbarung, Eintreten der Idee in die Wirklichkeit. In dem Künstler ist bloß die Idee tätig; er ist mit seinem ganzen Bewußtsein darin aufgegangen. Im Kunstwerk hat sich die Idee in der wirklichen Erscheinung konzentriert. Diese beiden Endpunkte machen uns das *Absolute* der Kunst.

Was erforscht und philosophisch betrachtet werden muß, ist die zwischen beiden liegende wirkliche Tätigkeit. Diese hat sowohl eine *subjektive*, als ein *objektive* Seite. Eine gewöhnliche irrige Vorstellung ist es, die Kunst sei überhaupt etwas absolut Gegebenes, weil man fühlt, daß darin etwas Ewiges, Absolutes ist. Selbst die Endpunkte sind nicht aus dem Gebiete der Philosophie hinauszuweisen. Gerade das Ewige soll die Philosophie zum Bewußtsein | bringen, aber es nicht in Abstraktion und Reflexion auflösen wollen. Ganz verwandt damit ist die Behauptung, die Religion sei kein Gegenstand der Philosophie. Die Philosophie soll eben zum Bewußtsein bringen, wie und warum solche Punkte nicht weiter erklärt werden können.

Das künstlerische Gemüt muß sich ganz in die Idee auflösen und dennoch ein tätiges, selbstbewußtes sein. Wir können nicht sagen, der Künstler verhalte sich bloß leidend, die Idee äußere sich nur in ihm durch eine Einwirkung, die ihn ganz aus seinem Bewußtsein herausrisse und ihn der Macht eines höheren Bewußtseins hingäbe. Der Künstler wäre in diesem Sinne seiner selbst nicht mächtig; er wäre in ein fremdes Bewußtsein versetzt; das ausübende Individuum der Idee wäre das eigentlich Handelnde, und das Bewußtsein des Künstlers nur ein Medium für jene Tätigkeit der Idee. Daraus würde ein völliger *Künstler-Wahnsinn* werden. In der Tat haben Manche sich so über den Zustand des Künstlers ausgedrückt. Auch *Platon* bedient sich des Ausdrucks eines göttlichen Wahnsinns,[122] welchen man jedoch nicht in dieser Ausdehnung verstehen darf.

Denken wir uns, daß der Künstler zwar ganz in die Idee aufgegangen ist, aber die Idee sich seiner Individualität bemächtigen muß, um zu handeln, so stellt sich das Verhältnis ganz anders. Offenbarung der Idee in der Individualität eines einzelnen Menschen ist notwendige Bedingung für die Möglichkeit der Kunst. Sie ist das, was in der Religion der Glaube, vermöge dessen die Individualität ganz in die göttliche Persönlichkeit aufgeht.

Die Idee verwandelt sich in die Individualität des | Künstlers. Es ist dies die bloße Erläuterung dessen, was wir von Anfang an als das Wesen der Kunst ansahen. Die Offenbarung der Idee konstituiert das ganze Bewußtsein des Künstlers als bleibende Eigenschaft, und diese bleibende Eigenschaft nennen wir das *Genie*. Dieses ist eine Eigenschaft, die nicht so in seiner Individualität gegründet ist, wie andere einzelne, teilweise anhaftende, die zu besonderen Handlungen geschickt machen und die wir *Talente* nennen. Das Talent macht den Menschen zu irgend einer praktischen Äußerung in einer besonderen Klasse von Wirkungen vorzüglich fähig. Bloße Talente geben nur technische Fertigkeit, aber nie Genie. Umgekehrt aber pflegt das Genie, das man sich auf keine Weise erwerben kann, meistens die Talente mit sich zu führen. Talente muß der Künstler auch besitzen für einzelne besondere Äußerungen seiner Tätigkeit in der besonderen Kunst, die er ergriffen hat. Das Genie ist eigentlich in allen Künsten dasselbe und modifiziert sich nur nach der Besonderheit der Künste, um in die Wirklichkeit einzugehen; es ist die Idee selbst, in der Individualität des Künstlers erscheinend.

Das Genie erscheint uns ebenso anhaftend, als der Charakter des Menschen, aber von noch höherem Ursprung, als dieser. Das Genie läßt sich mit keiner andern geistigen Eigenschaft vergleichen, auch nicht ein Genie mit dem andern. Die Genies kommen nie in Kollision, die Charaktere sehr oft. Das Genie muß im höchsten Grade tolerant sein; denn die Idee kann sich unendlich vervielfältigen, ohne daß die Formen, in denen sie erscheint, sich gegenseitig begrenzen. Nur Künstler, in denen das Talent das Genie überwiegt, können streitsüchtig sein, und nur vermöge dieses Verhält|nisses ihrer geistigen Anlagen. Das Genie ist durchaus universell und die Allheit selbst.

Woher kommt, kann man fragen, die Seltenheit des Genies, wenn doch die Kunst zur menschlichen Natur gehört? – Das menschliche Geschlecht ist außer seinem allgemeinen Begriffe und seiner allgemeinen Beziehung auf die Idee immer zugleich ein aus Teilen bestehendes wirkliches Ganzes und macht in seiner Wirklichkeit einen kollektiven Begriff aus. Betrachten wir es als ein solches Ganzes, so muß sich sein Begriff in der Wirklichkeit durch Modifikationen und Abstufungen darstellen; für alle die verschiedenen Gesichtspunkte der Idee muß es einen Mittelpunkt geben, von wo aus dieselbe sich verbreitet und abstuft. So ist es im Staat und in der Religion; so auch in der Kunst. Es muß einzelne Genies geben, die das im ganzen Menschengeschlecht zerstreute künstlerische Prinzip in sich vereinigen und wieder über die Masse verbreiten. Nicht jeder Mensch kann alle Ideen in sich schließen. Indem aber der Kunststoff in einem ganzen Zeitalter sich in das Bewußtsein des einzelnen Künstlers zusammenzieht, nehmen auch Alle Anteil daran.

Die Idee tritt immer in historischer Gestalt in die Wirklichkeit, als ein Moment derselben. So sind die Künstler diejenigen Momente, in denen sich der künstlerische Geist einer Zeit offenbart. Daher sind dieselben ganz der Idee hingegeben, und doch zugleich eine ganz historische Erscheinung. Der wahre Künstler stellt den ganzen Charakter der Zeit und des Volkes dar, aber von dem Standpunkte der Idee aus.

Das *Kunstwerk* müssen wir von zwei Seiten ansehen. Es ist ein Objekt, darf aber nicht, wie vom gemeinen | Bewußtsein aus, als bloßes Objekt betrachtet werden. Es ist der Moment, worin sich die Tätigkeit der Idee in einem bestimmten Faktum abschließt. Betrachtet man es als bloßes Objekt, so reißt man das Kunstwerk aus seiner Bedeutung heraus. Nie dürfen wir daher das Schöne bloß theoretisch betrachten, da es nie reines Objekt für sich, sondern immer eine besondere Äußerung des allgemeinen Kunstbewußtseins ist. Alle Widersprüche, die in der bloß theoretischen Betrachtung des Schönen zum Vorschein kommen, haben darin ihren Grund, daß das Kunstwerk nie richtig erkannt werden kann, ohne daß man zugleich auf die künstlerische Tätigkeit sieht. Nur durch die Beziehung auf die bewirkende Tätigkeit können wir das Faktum erkennen.

Ein Objekt also, in welchem wir unmittelbar die Tätigkeit erkennen, ist das Kunstwerk; ein Resultat des Handelns, worin wir nicht das bloße Resultat, sondern die schaffende Tätigkeit mit wahrnehmen. Das Kunstwerk im höheren Sinne muß man von dem *mechanischen Werke* unterscheiden, welches auch an die Tätigkeit erinnert, jedoch so, daß diese sich vom Stoffe unterscheidet, nicht in ihn übergegangen ist. Das mechanische Werk erscheint nur als Mittel zum Zweck, so daß wir die Tätigkeit als schon abgelöst davon ansehen, weil der

Ausgangsbegriff außerhalb des Werkes liegt und nur durch Reflexion damit verbunden werden kann. In dem Kunstwerke hingegen ist unmittelbar Leben und Tätigkeit. Es ist nicht Resultat, sondern Organ der Tätigkeit, die Tätigkeit selbst als wirkliches Faktum.

Kein Kunstwerk kann richtig gefaßt werden, wenn wir es nicht auf eine bestimmte Richtung der Idee beziehen, worin | sich ein universeller Standpunkt verwirklicht. Zur Betrachtung des Kunstwerkes müssen wir seine Bedeutung verstehen; nicht eine Bedeutung für den gemeinen Verstand, sondern daß wir in dem einzelnen Faktum ein allgemeines Wirken der Idee wahrnehmen, das aber immer zugleich von einem bestimmten Standpunkt ausgeht.

Das Kunstwerk ist ebenso absolut, wie das künstlerische Genie; nur zugleich Moment des einzelnen Handelns. Dem Künstler *entsteht* das Kunstwerk mehr als es von ihm *gemacht* wird. Er lernt seinen vollen Vorsatz und seine Idee selbst erst dann ganz kennen, wenn das Kunstwerk vollendet ist. Das vollendete Kunstwerk erscheint dem Künstler selbst als Wirkung höherer Kräfte; daher seine Liebe zu demselben, die nur da stattfinden kann, wo man den Ausdruck der Idee erkennt. Diese Liebe ist für die künstlerische Tätigkeit durchaus notwendig und entsteht eben daraus, daß der Künstler seine ganze Idee erst erfährt, wenn sie sich in das Kunstwerk ergossen hat.

Auch die Kunstwerke ergeben sich im historischen Laufe der Dinge nach höherer Fügung. Das Volksmäßige, was sich durch natürliche Entwicklung des Volkes von selbst bildet, ist immer der richtige Gesichtspunkt für die Würdigung der Kunst.

Die *Tätigkeit,* welche von der einen Seite Idee, von der andern Kunstwerk ist, muß nun genauer untersucht werden; denn in ihr liegt das Leben der Kunst; diese Tätigkeit ist von zwei Seiten zu betrachten: 1) insofern sie dem Subjekte zukommt; 2) insofern sie das Schöne wird. Daher zerfällt dieser Teil in die Abschnitte *von dem Schönen als Stoff der Kunst,* und von der | *künstlerischen Geistestätigkeit;* und jeder dieser beiden Abschnitte bietet wiederum zwei Seiten der Betrachtung dar.

Das Schöne als Stoff der Kunst kann nämlich betrachtet werden 1) als *Objekt für sich*; 2) als *Resultat der Tätigkeit,* in wiefern das Objekt auf die Tätigkeit als bloßes Wirken derselben bezogen werden muß. – Insofern das Schöne die Endlichkeit der Idee, das abschließende Faktum ist, nennen wir es das *Symbol*, und alle Kunst ist in diesem Sinne symbolisch.[123] Das Symbol in dieser weiteren Bedeutung aber läßt sich zwiefach betrachten: 1) insofern es als Objekt die Idee in sich hat; in dieser Bedeutung nennen wir es das *Symbol im engeren Sinne*; 2) insofern die künstlerische Tätigkeit das Objekt wirkt, also als das, welches als Faktum Wirksamkeit der Tätigkeit ist; in diesem Sinne nennen wir es die *Allegorie*.[124]

Die künstlerische Tätigkeit auf der andern Seite enthält wieder zweierlei, wobei wir darauf Rücksicht nehmen müssen, daß, wie in dem Schönen als Stoff das Objekt ein Absolutes wird, ebenso in der Geistestätigkeit die Wirklichkeit aufgelöst und in Idee verwandelt wird. Die Geistestätigkeit verhält sich mithin negativ zu der Wirklichkeit. Insofern aber die Tätigkeit des Künstlers das Schöne als Stoff vor sich hat, wird sie positiv. – Schon in dem Gegensatz des Göttlichen und Irdischen fand sich jene negative Tätigkeit, indem die Idee gegen die Wirklichkeit negativ wirksam erschien.

Die Richtung der Geistestätigkeit ist demnach zwiefach. Die eine Seite derselben besteht darin, daß die Idee sich des künstlerischen Gemütes bemächtigt, und sich durch die | Wirklichkeit offenbaret. Dies ist die *Begeisterung*, worin das Gemüt des Künstlers in seiner Tätigkeit ganz von der Idee angefüllt ist, so daß er die Idee an die Stelle der Wirklichkeit setzen muß. Die Begeisterung versetzt ihn in eine Täuschung, vermöge deren er die Idee für die wirkliche Welt ansieht. Eine Täuschung jedoch ist dies nur von dem Gesichtspunkte des gemeinen Verstandes aus; für den Künstler ist es gerade die höchste Wahrheit. Ohne Begeisterung ist kein Künstler denkbar; sie ist die besondere faktische Tätigkeit des Genies.

Den Sinn des Wortes Begeisterung hat man oft mißdeutet, indem man sich dieselbe als von einem einzelnen Begriffe ausgehend, gedacht hat. Es gibt allerdings einen Zustand, worin der Mensch von einer besonderen Vorstellung blindlings hingerissen wird; daraus aber entsteht *Partei-Enthusiasmus*, der mit Beschränktheit, Einseitigkeit, Stupidität verbunden zu sein pflegt.[125] Die wahre Begeisterung unterscheidet sich von dieser falschen dadurch, daß diese zu einer hastigen, blind fortschreitenden Tätigkeit bewegt, während jene mit Ruhe und Besonnenheit verfahren muß. Die Idee setzt sich überall selbst durch und braucht nicht krampfhaft und ängstlich mit der Wirklichkeit zu kämpfen. Die höchste künstlerische Begeisterung hat vielmehr den Charakter der größten Ruhe und Klarheit. – Ein Zustand der Raserei entsteht nur aus willkürlicher, absichtlicher Begeisterung, welche die Menge gewöhnlich mit der wahren verwechselt. Das echte Kunstwerk entwickelt sich, wie die Pflanze aus ihrem Keime, durch ruhige und stille Tätigkeit.

Die andere Seite der Geistestätigkeit des Künstlers ist die, worin sich diese vollendet, indem die Wirklichkeit sich | darin auflöst. Der Künstler muß die wirkliche Welt vernichten, nicht bloß insofern sie Schein, sondern insofern sie selbst Ausdruck der Idee ist. Diese Stimmung des Künstlers, wodurch er die wirkliche Welt als das Nichtige setzt, nennen wir die künstlerische *Ironie*.[126] Kein Kunstwerk kann ohne diese Ironie entstehen, die mit der Begeisterung den Mittelpunkt der künstlerischen Tätigkeit ausmacht. Sie ist die Stimmung, wodurch wir bemerken, daß die Wirklichkeit Entfaltung der Idee, aber an und für sich nichtig ist und erst wieder Wahrheit wird, wenn sie sich in die Idee auflöst. (Vergl. das oben über den Gegensatz des Tragischen und Komischen Gesagte.) – Mit der gemeinen Spötterei, die nichts Edles im Menschen gelten läßt, darf man sie nicht verwechseln. Die Ironie erkennt die Nichtigkeit nicht einzelner Charaktere, sondern des ganzen menschlichen Wesens gerade in seinem Höchsten und Edelsten; sie erkennt, daß es nichts ist, gegen die göttliche Idee gehalten.

Begeisterung und Ironie machen die künstlerische Tätigkeit, Symbol und Allegorie das Kunstwerk aus. Hiernach richtet sich der Gang unserer weiteren Darstellung.

Es ist eine alte Frage: was von der Kunst lehrbar sei. Das Obige kann zur Beantwortung derselben dienen. Unbewußt muß das Genie sein, als unmittelbare Offenbarung der Idee, als das Organ, durch welches die Idee handelt. Ebenso unbewußt ist auch die Wahl des Stoffes, die mit freier Kraft aus der Idee hervorgeht. Bewußt hingegen muß die innere Beziehung der Tätigkeit mit sich selbst sein, also die Begeisterung und Ironie. Die Ironie setzt das klarste Bewußtsein voraus. Ohne Einsicht in die | Gründe kann der Künstler sie nicht würdig ausüben. Dies Bewußte nun kann gelehrt werden, insofern man dem jungen Künstler eine klare Ansicht von sich selbst und von der Welt gibt; aber nicht durch das Gedächtnis, sondern, wie alles in der Philosophie, dadurch, daß man den Künstler auf den Weg leitet, durch welchen er auf einen Standpunkt gestellt wird, wo ihm die Welt im richtigen Lichte erscheint.

Auch das Technische hat einen lehrbaren und einen nicht lehrbaren Bestandteil. Das, was darin vom Genie ausgeht als unmittelbare Wirkung der Idee, ist nicht lehrbar. Der Gebrauch des Stoffes aber in Beziehung auf die Idee läßt sich lehren; nur nicht durch bloßes Nachmachen, sondern dadurch, daß man den Schüler in die Lage setzt, die richtige Beziehung des Stoffes auf die Idee selbst zu finden.

Zweiter Abschnitt
Vom Schönen als Stoff der Kunst

1. *Vom allgemeinen Verhalten des Schönen als Stoff der Kunst*

Das Schöne darf hier nicht bloß theoretisch, nicht als etwas außerhalb der Kunst Gegebenes genommen werden. Wir bezeichnen durch jenen Ausdruck nur die eine Seite der künstlerischen Tätigkeit, wo sie als vollendet in der Form des Schönen erscheint; eine Erscheinung, worin aber die Idee wirkt. |

Insofern das Schöne Stoff der Kunst, also Erscheinung ist, worin die Idee liegt, nennen wir dasselbe überhaupt das *Symbol*. Der Begriff des Symbols ist in der Kunst, wie in der Religion, von großer Wichtigkeit. Das Wort Symbol überhaupt bezeichnet eine Existenz, worin die Idee auf irgend eine Weise erkannt wird. Dies kann aber nur da geschehen, wo die Idee wirklich ist. Man darf daher nicht glauben, das Symbol sei ein bloßes Bild der Idee; es ist in der Tat die Idee selbst, nur in der Existenz erkannt, so wie das Kunstwerk überhaupt kein bloß äußeres Objekt, sondern Organ des künstlerischen Handelns ist. Das Symbol ist keine Nachahmung, sondern das wirkliche Leben der Idee selbst, und also etwas Wunderbares.

Man hüte sich, das Symbol mit dem *Bilde* oder dem *Zeichen* zu verwechseln, welche beide man oft ungenau mit der Benennung des Symbols belegt. Ein *Bild* ist im gewöhnlichen Sinne die vollkommene täuschende Nachahmung eines Objekts durch das andere. Was abgebildet werden soll, muß selbst schon Erscheinung haben, und diese wird als solche wiederholt. Die Abbildung ist mithin Wiederholung der bloßen Erscheinung des Objekts. Ein Begriff kann nie abgebildet werden; es sei denn, daß er schon eine objektive Gestalt hat, die ihm die gemeine Einbildungskraft meistens beispielsweise zu geben pflegt. Eine solche Darstellungsweise darf man aber nicht mit der Kunst verwechseln, welche nicht Nachahmung der gemeinen Natur ist; daher denn auch das Schöne nie bloße Abbildung sein kann.

Noch weniger aber kann das Symbol ein bloßes *Zeichen* sein. Das Bild wiederholt die erscheinende Seite, das Zeichen bezieht sich auf die abstrakte Seite eines Gegenstan|des, auf Begriffe. Ein Begriff läßt sich in verschiedene Merkmale oder Eigenschaften zerlegen, und das Zeichen besteht darin, daß ein unterscheidendes Merkmal für den ganzen Begriff gesetzt wird. Ein Zeichen hat nur den Zweck, durch die Anschauung eines unterscheidenden Merkmals den Begriff hervorzurufen. Der Begriff nun kann auch einem einzelnen Objekte untergelegt werden; mithin kann auch ein Objekt durch gewisse Eigenschaften charakterisiert, durch ein Zeichen dargestellt werden.

Das Zeichen ist dem Bilde koordiniert; beide gehören der Sphäre des gemeinen Verstandes an: das Bild dem Gebiete des Urteils, das ich über ein bestimmtes Objekt fälle, das Zeichen dem Gebiete der Abstraktion. Keines von beiden kann den Sinn des Symbols erfüllen; denn die Spaltung zwischen Allgemeinem und Besonderem fällt in der Kunst weg.

Ebensowenig kann aber das Schema für das Symbol gehalten werden.[127] Das Schema ist eine Operation des menschlichen Verstandes, durch welche derselbe einen Übergang aus dem abstrakten Begriffe in die besondere Vorstellung vermittelt. Stelle ich mir einen Begriff nach seiner Definition vor, so kann ich auf diesem Wege nicht seine Identität mit dem besonderen Dinge finden. Die Einbildungskraft entwirft sich daher eine allgemeine Gestalt, die den Merkmalen des Begriffes entspricht und sich doch in jedes einzelne Ding verwandeln kann. Das Schema ist demnach eine Form, wodurch die Einbildungskraft den Übergang zwischen dem bloßen Begriff und dem einzelnen Dinge macht.

Das Schema deutet allerdings auch auf etwas Höheres hin, und kann leicht mit dem Symbol verwechselt werden. | Jenes ist aber eigentlich immer im Werden begriffen, und Begriff und Vorstellung sind ihm gegebene Dinge. Beim Symbol hingegen wird dergleichen nicht vorausgesetzt, sondern die Idee wird aufgefaßt als unmittelbar in der Wirksamkeit begriffen. Die Tätigkeit und das Resultat sind in dem Symbole beide ganz Eins, und die Idee ist darin ganz vollendet und abgeschlossen, während im Schema immer noch eine Trennung des Allgemeinen und Besonderen stattfindet. Das Schema bezieht sich nie auf ein Selbstbewußtsein, sondern immer nur auf gegebene Stoffe, dagegen die Tätigkeit der Kunst aus dem Selbstbewußtsein hervorgeht, in welches sich die Idee verwandelt hat. – Das Symbol ist die Existenz der Idee selbst; es ist das wirklich, was es *bedeutet*, ist die Idee in ihrer unmittelbaren Wirklichkeit. Das Symbol ist also immer selbst wahr, kein bloßes Abbild von etwas Wahrem.

Da nun aber das Schöne nie rein theoretisch, sondern zugleich als eine Wirksamkeit betrachtet werden muß, und es notwendig zwei entgegengesetzte Richtungen dieser Wirksamkeit gibt: so muß mithin das Schöne nach zwei Richtungen erkannt werden: als *Symbol im engeren Sinn*, und als *Allegorie*.

Wir erkennen nämlich in dem Symbol, wenn wir es von Seiten der Tätigkeit betrachten: 1) die ganze Wirksamkeit als eine darin erschöpfte, mithin selbst als Objekt oder Stoff, in welchem sie aber gleichwohl noch als Wirksamkeit wahrgenommen wird. Dies ist das *Symbol* im engeren Sinn. Wir erkennen 2) das Schöne als Stoff noch in der Tätigkeit begriffen, als ein Moment der Tätigkeit, welches sich noch nach zwei Seiten hin bezieht. Dies ist die *Allegorie*. |

Im Symbol haben wir ein Objekt, worin sich die Tätigkeit gesättigt und erschöpft hat; der Stoff gibt, indem er die Tätigkeit erkennen läßt, zugleich das Gefühl von Beruhigung und Vollendung derselben. – Es ist notwendig, daß das Denken diesem Symbole die Tätigkeit als rein und stofflos entgegensetzt. Daher findet sich in der symbolischen Kunst immer der Gedanke eines Gebietes, wo reine Tätigkeit und gar kein Stoff ist.

Dies zeigt sich besonders in der ganzen künstlerischen Weltansicht der Alten, bei denen die symbolische Kunst vorherrscht. Die Gestalten der griechischen Götterwelt sind ganz abgerundet, vollendet, beruhigend. Aber gerade dies nötigt uns, diesem Stoffe eine Sphäre gegenüber zu stellen, wo die Idee als reine Tätigkeit erkannt wird. Dies ist der wahre Grund, warum die griechische Kunst nie die Idee des *Schicksals* entbehren kann, welches nichts anders ist, als die Auffassung der Idee als der reinen Tätigkeit. – Die Idee in dieser Form dem Symbol entgegengesetzt, könnte als bloße Abstraktion erscheinen. Eine solche ist es aber nicht, sondern diese Entgegensetzung rührt nur daher, weil wir überhaupt genötigt sind, unter Gegensätzen zu denken und zu handeln, und auch die Idee in der Wirklichkeit nur unter Gegensätzen erscheinen kann. Das Schicksal ist also keine leere Abstraktion.

Diese Entgegensetzung findet übrigens nicht bloß in der Poesie, sondern auch in der Plastik der Griechen statt, wo wir gleichfalls genötigt sind, dem Kunstgebilde etwas Allgemeines, ganz Reines und Objektloses entgegenzusetzen. *Platon's* überhimmlischer Ort im Phädrus ist diese reine objektlose Idee, die dem wirklichen Symbol entgegentritt.[128] | Aus diesem Gegensatz erklärt sich auch der melancholische Anstrich der ganzen griechischen Kunst, der besonders bei den plastischen jugendlich-schönen Gestalten nicht zu verkennen ist. Das Symbol ist gleichsam verbannt aus der Sphäre der reinen Idee.

In der Allegorie ist dasselbe, was im Symbol, enthalten; nur daß wir darin vorzugsweise das Wirken der Idee anschauen, das sich im Symbol vollendet hat. Müßten wir im Symbol nicht die Beziehung auf die Idee als reine Tätigkeit machen, so würde es nicht Symbol bleiben. – Bei der Allegorie ist das Verhältnis umgekehrt. Die wirkliche Erscheinung ist hier nicht so von dem reinen Wirken der Idee gesondert. Vielmehr wird hier die Wirklichkeit als ein Produkt von Beziehungen erkannt, deren Tätigkeit darin zugleich mit angeschaut wird, so daß die Tätigkeit selbst hier schon überall mit Stoff gefärbt ist.

Die Allegorie kann eben sowohl von dem Allgemeinen, als von dem Besonderen ausgehen. Diese Richtungen können und müssen wechseln. Die Allegorie besteht nicht darin, daß ein einzelnes Ding an die Stelle des allgemeinen Begriffes gesetzt wird. Es kann ebensogut umgekehrt der allgemeine Begriff an die Stelle des Dinges gesetzt werden.

So bedeutet z. B. bei allen Personifikationen der Begriff das Besondere, muß aber, um sich auf das Einzelne beziehen zu können, selbst eine Besonderheit annehmen. Der allgemeine Begriff bedeutet alle seine einzelnen Äußerungen und muß deswegen sich personifizieren. – Wenn ich dagegen eine einzelne Aeußerung allgemein auffasse, so entsteht daraus die Allegorie, wo das Besondere das Allgemeine bedeutet. So gebrauchen die Alten oft den *Schlüs|sel*, um die allgemeine Naturkraft zu bezeichnen, oder den *Nagel* als Bezeichnung der allgemeinen Notwendigkeit; also einzelne Erscheinungen, die allgemeine Begriffe bedeuten sollen. – Die Allegorie kann also ebensogut vom Besonderen, als vom Allgemeinen ausgehen. Das Wesen der Allegorie aber liegt in der bloßen Beziehung.

Bei den Alten fallen die Bestandteile der Allegorie weit mehr auseinander, als bei den Neueren. – Einseitig hat man die alte Kunst immer als Norm angesehen, und ist daher in der Beurteilung des Allegorischen irre geleitet worden. So ist *Winckelmann's* Abhandlung über die Allegorie bloß aus antiken Allegorien geschöpft und daher ein schwaches Produkt.[129]

In der höheren Allegorie gehen die Richtungen in einander über und verlieren sich in einander. Sie schwebt im Mittelpunkt, nur nicht gestützt auf einen Moment der Erscheinung, sondern auf den Standpunkt der Idee. Hierauf beruht besonders die Kunst der Neueren, und das Christentum gibt uns das beste Beispiel einer vollständig durchgeführten Allegorie. Auch in Christi Leben selbst zeigt sich überall die Doppelbeziehung, insofern dasselbe als einzelnes Faktum im Verhältnis zu Gott erscheint, und als allgemeiner Begriff gegen das Menschengeschlecht gehalten. – Dieser große Gedanke eines Wesens, das die Fülle der Gottheit und zugleich die Anwendung des Göttlichen auf jeden Einzelnen in sich faßt, ist der Sitz der wahren Allegorie, wo die wechselseitige Beziehung gegenwärtig ist.

Für bloße *Zeichen* darf man solche allegorische Äußerungen ebensowenig halten, wie das Symbol. Es wäre keine Allegorie, wenn sie nicht das *wäre*, was sie in ihren | Beziehungen *bedeutet*. Das ewige Wesen, die Idee, bezieht sich auf sich selbst, und nur durch ihre eigene innere Spaltung entstehen die Beziehungen, in denen sie lebt. Die Kunst setzt, wie die Religion, ein göttliches Leben in der Wirklichkeit voraus; aber sie betrachtet es nicht im Selbstbewußtsein, sondern als Gegenstand der Wahrnehmung. Die wahre Allegorie ist die höchste Lebendigkeit der Idee.

Die Allegorie wird leicht mißverstanden, weil sie auf Beziehung beruhend der Region des gemeinen Verstandes nahe kommt. – Das Symbol ist der Gefahr ausgesetzt, für ein bloß sinnliches Objekt gehalten zu werden; die Allegorie der entgegengesetzten, in die Sphäre des gemeinen Verstandes, der bloßen Reflexion hinabgezogen zu werden. – In der Tat ist die Grenze zwischen der wahren und der falschen oder *Verstandes-Allegorie* oft schwer zu ziehen. Die Poesie der Neueren, besonders der Franzosen, ist voll von falschen Allegorien, die, wie z. B. die Maschinerie in dem französischen Epos, ein leeres, trockenes Spiel des Verstandes sind.[130]

Auch die Poesie der Alten artete in späteren Zeiten in solche Verstandes-Allegorie aus, da sie eine innige Beziehung der Gegensätze, wie sie in der christlichen Ansicht besteht, nicht kannten. Wenn das einzelne allegorische Ding zu vollständiger Existenz ausgebildet und ausgeschmückt wird, so hört die wahre Allegorie auf. So enthalten die *Fesseln* und die *Nägel der Notwendigkeit* den Gedanken, daß der physische Zwang im wesentlichen dasselbe ist, was die Notwendigkeit, die das Weltall zusammenhält. *Horaz* aber, der die Notwendigkeit personifiziert und sie mit allen möglichen Attributen versieht, macht einen Zimmermann mit | allem Zubehör daraus.[131] Das Bestreben, Alles zu individualisieren, hebt den inneren Zusammenhang auf, und es entsteht falsche Allegorie. – So ist das allegorische Bild vom *Schmetterling* späterhin ausgeartet durch eine Menge von Nebenbestimmungen, die den inneren wahren Zusammenhang aufheben und beide Seiten sondern, so daß das Bild zum bloßen Zeichen wird, welches nur einige Merkmale des Begriffes enthält. Die wahre Allegorie aber ist die Entwicklung der Idee selbst, kein bloß erfundenes Zeichen für die Idee.

Durch das Auffassen des Schönen als Symbol und Allegorie erhält die Kunst einen zwiefachen Charakter. Es muß einer jeden dieser beiden Auffassungsweisen eine ganz eigentümliche Weltansicht zu Grunde liegen. Zwar gehen beide in einander über und müssen in einander übergehen. Durch Zusammenfließen der Bestandteile der Allegorie muß das Symbol vollendet werden, und umgekehrt; allein die Richtung ist eine durchaus verschiedene. Beide Formen haben gleiche Rechte und keine ist der andern unbedingt vorzuziehen.

Das Symbol hat den großen Vorzug, daß es fähig ist, Alles als sinnlich-gegenwärtig zu gestalten, weil es die ganze Idee in einen Punkt der Erscheinung zusammendrängt. Die alte Kunst übt daher gewaltige Wirkung auf das menschliche Gemüt, da sie die höchsten Ideen in unmittelbare Wirklichkeit verwandelt. Dieser Vorzug gibt der Kunst Energie, indem er sie an die Stelle der Wirklichkeit selbst setzt. Daher war die Schwärmerei der Kunst bei den Griechen so groß, und die Begeisterung orgiastisch.

Die Allegorie aber hat unendliche Vorzüge für das tie|fere Denken. Sie kann den wirklichen Gegenstand als bloßen Gedanken auffassen, ohne ihn als Gegenstand zu verlieren. Sie macht, was vor unseren Augen vorgeht, zu einer Erscheinung der Idee, wobei wir gleichwohl die Wirklichkeit als solche vor uns behalten. – Von der modernen Art, Gedanken als abstrakte Begriffe in der Kunst auszudrücken, muß man abstrahieren; denn dadurch entstehen bloße Beziehungen des Verstandes, und der wirkliche Gegenstand gilt nur als Beispiel. Die Gestaltungen der wahren Allegorie sind ganz praktisch und wirklich und enthalten dabei immer die allgemeine Bedeutung.

Durch die Darstellung des Schönen als Symbol und Allegorie sind die Gegensätze vermittelt, die das Schöne im Theoretischen vernichteten. Hier konnten wir nie die Gegensätze im Übergang und zugleich als Gegensätze wahrnehmen. Dabei fielen Individualität und Natur, Erhabenes und Schönes, ganz aus einander. Dies Hindernis wird gehoben, wenn wir durch die Kunst die Schönheit in den zwei Richtungen des Symbols und der Allegorie auffassen. – Indem wir in der Allegorie bei den Beziehungen die ganze Idee vollständig gegenwärtig haben, wird durch dieselben die Schönheit nicht vernichtet, sondern erhalten; und indem wir im Symbol, Einheit und Widerspruch der beiden Teile zugleich entdecken, können wir das Symbol nicht als bloßes Objekt betrachten.

Die Kunst rettet also das Schöne durch Symbol und Allegorie. – Auch die fernere Entwicklung der Kunst wird nur durch Gegensätze vor sich gehen, und zwar durch die Gegensätze des ersten Teils. So müssen Symbol und Allegorie auf beiden Seiten, als von der Natur und von der | Individualität ausgehend betrachtet werden. Von der Natur geht die antike Kunst, von der Individualität die christliche Kunst aus. – Zugleich muß beides entweder vorzugsweise als Göttliches, oder vorzugsweise als Irdisches erscheinen. Daher haben wir speziell vom göttlichen und irdischen Schönen zu handeln, und beide müssen nach den Momenten der Natur und der Individualität betrachtet werden.

2. Von dem göttlichen Schönen

Auch das göttliche Schöne kann nur als Symbol, oder als Allegorie erkannt werden. Wir müssen es in seiner Wirklichkeit auffassen; diese aber kann nur gedacht werden 1) als der Moment, worin sich die Beziehungen erschöpfen (symbolisch); 2) als Entwicklung der Idee selbst (allegorisch).

Insofern hier das Göttliche selbst der Stoff der Kunst ist, erscheinen Symbol und Allegorie nur als Offenbarung der göttlichen Idee. Daher kommt in die Kunst eine hohe Wahrheit, wodurch sie national und lebendig wird. Was aber hier die Idee leistet, leistet bei dem Irdischen die wirkliche Existenz. Es liegt in dem Verhältnis des Schönen selbst als Symbol und Allegorie ein Kern des Lebens, welcher sich einmal als Göttliches, das andere mal als Irdisches zeigt. – Das Göttliche ist übrigens nur, insofern es in der Kunst vorkommt, notwendig Symbol oder Allegorie; außerdem hat es einen anderen, selbständigen Charakter.

Insofern das Göttliche sich in der Wirklichkeit offenbart, muß es unter zwei Bestimmungen erkannt werden, welchen Gegensatz die Existenz fordert. Diese beiden Gesichtspunkte sind: der *mythische* und der *mystische*. Beide | unterscheiden sich, wie in der Kunst überhaupt Symbol und Allegorie.

Die *mythische* Offenbarung des Göttlichen ist dessen unmittelbare Gegenwart in der Wirklichkeit als eines Handelnden, sich Entwickelnden. So müssen wir uns die Gottheit denken, nicht bloß zur Erleichterung oder Hilfe für unsere schwachen Fähigkeiten, sondern vermöge einer inneren Notwendigkeit in der Idee des Göttlichen selbst. Die Gottheit wird von uns erkannt als ein Wesen, das handelnd, gegenwärtig, wirklich ist. – Es ist aber darum kein besonderes, zufälliges, sondern das

Wesen überhaupt; daher muß sich die Idee in dem Handeln vollständig ausdrücken. Es würde ein besonderes und zufälliges Individuum sein, wenn wir nicht zugleich erkennten, daß es das Wesentliche unseres Inneren selbst ist, und daß alle Wirklichkeit in diesem Wesen verschwindet und untergeht. Diese zweite Ansicht ist die *mystische*.

Die Mythologie wäre bloße Fiktion, wäre nicht die Mystik damit verbunden, vermöge deren alle Wirklichkeit sich in der Gottheit verliert. Die Erkenntnis, daß unsere ganze Existenz nur dadurch etwas sei, daß sie in Gott ist, ist die wahre Mystik. Gewöhnlich nennt man das Allegorische das Mystische, worin sich das Bedeutende von der Bedeutung unterscheidet. Daher merkt der menschliche Verstand meistens nur dann das Mystische, wenn es sich an einzelnen Stellen als Allegorie äußert. Mit Unrecht aber verstehen die Meisten unter der Mystik dies Auflösen der Bedeutung. Die wahre Mystik ist vielmehr das ganz Entgegengesetzte; denn der Unterschied zwischen Wirklichkeit und Begriff hört in ihr gänzlich auf. |

Die vollständige Entwicklung der Begriffe des Mythischen und des Mystischen gehört in die Religionslehre. Hier betrachten wir beide nur in Beziehung auf unsern Zweck. Das Mythische entspricht in dieser Hinsicht dem Symbol, das Mystische der Allegorie. Mythologie und Mystik sind aber deshalb nicht gleichbedeutend mit Symbol und Allegorie. Diese Ausdrücke beziehen sich auf die Idee, insofern sie das innere Leben des künstlerischen Bewußtseins ausmacht; jene auf eben diese Idee, insofern wir sie erkennen als die unmittelbare Gegenwart der göttlichen Tätigkeit, nicht als Wirkung unseres Handelns. Daher nennen wir das Göttliche einen Stoff, indem wir es zugleich ansehen als etwas für sich Bestehendes und als ein durch den Künstler sich in der Wirklichkeit Darstellendes.

Das mythische Prinzip erscheint hier immer unter der Gestalt des Symbols, das mystische unter der Gestalt der Allegorie. Der Übergang des Symbols und der Allegorie wird dadurch vermittelt, daß wir in dieser durch die göttliche Gegenwart ein objektives Leben wahrnehmen und sie nicht bloß als Wirksamkeit des Künstlers allein betrachten; und hinwiederum in dem Symbol nicht bloß den Abschluß der künstlerischen Tätigkeit, sondern zugleich eine in dieser Besonderheit wirkende göttliche Kraft. Erst durch das Eintreten des mythischen und mystischen Prinzips in das Symbol und die Allegorie wird die Kunst vollendet. Jene Prinzipien bewirken den Übergang dieser beiden in einander.

Daher wird uns das Symbol, da es an sich ein abgeschlossenes Universum ist, zugleich ein Moment der wirklichen Tätigkeit, indem sich die göttliche Wirksamkeit mythisch darin äußert. Das Symbol wird so durch die My|thologie belebt und kann nur in besonderer Tätigkeit begriffen erkannt werden. – Die Allegorie auf der andern Seite, die an sich Tätigkeit ist, wird durch das Mystische so abgeschlossen, daß wir in jeder Beziehung die volle Gegenwart der göttlichen Idee wahrnehmen, und so erst wird sie künstlerisch vollendet.

Auf dem Standpunkte der *Natur* muß das *Mythisch-Symbolische* vorherrschen. In der Natur erscheint nach dem Obigen die Notwendigkeit in ihrer vollen Gewalt. Sie ist die volle Entwicklung der Notwendigkeit, die sich in jedem Momente abschließt und unmittelbares Dasein darstellt. Dies unmittelbare Dasein aber ist eben das Symbolische. Daher muß dieser Standpunkt der Kunst vorzüglich symbolisch-mythisch sein. Auf dem Standpunkte der Naturnotwendigkeit standen die Griechen, deren Religion daher in der Tat symbolisch oder mythisch ist.

In dem Systeme der alten mythisch-symbolischen Kunst ist zuvörderst der Gegensatz einleuchtend zwischen der *allgemeinen Notwendigkeit* als dem bloßen Begriffe, und dem Abschließen derselben in einzelnen Tatsachen, worin sich das Symbolische oder Mythische äußert. – Jene allgemeine Notwendigkeit ist auf keine Weise symbolisch darstellbar. Sie läßt sich in keine bestimmte Gestalt fassen, da sie Grundlage und Wesen aller Gestalten ist, und hat zwei Bedeutungen: 1) als der Grund aller symbolischen Gestaltungen, 2) als dasjenige, worin alle Wirklichkeit sich auflöset; denn der Moment, worin sich das Symbol vollendet, hebt sich auf, wenn er als Wirksamkeit dieser notwendigen Tätigkeit betrachtet wird.

Die Notwendigkeit erscheint daher in der alten Kunst | immer zwiefach: 1) als das allgemeine Gesetz des Weltalls, 2) als das, wodurch sich die Wirklichkeit aufhebt und was in jedem Symbol als Allgemeines enthalten ist. In dieser letzten Bedeutung ist sie das *Schicksal*. Dieses ist also die Notwendigkeit, insofern sie mit aller Individualität in Widerspruch steht und dieselbe aufhebt. Den Gedanken, daß der Mensch bloß in Gott lebt und sich ganz in Gott verlieren muß, drücken die Alten so aus, daß sie sagten, das Einzelne vernichte sich selbst durch die allgemeine Notwendigkeit.

Das Schicksal besteht nicht in bloßer Verkettung einzelner Erscheinungen; noch weniger in einem vorgefaßten Plane eines selbstbewußten Wesens. Die ganze Vorstellung des Fatalismus, sofern man ihn als auf mechanischer Notwendigkeit ruhend denkt, ist falsch. Sobald ein Volk die Wahrnehmung göttlicher Einwirkung fühlt, hat es die Anschauung vor Augen, daß sich die Idee in der Wirklichkeit entwickelt und diese aus sich hervorbringt, sie aber als solche auch wieder in sich aufnimmt, und in dieser Bedeutung jede Besonderheit sich aufhebt. – Die Notwendigkeit in der alten Kunst ist also nicht das bloß Feindselige; sie ist nur feindselig gegen das Wirkliche, weil dessen Nichtigkeit schon vorausgesetzt wird. Sie ist nur deswegen etwas Vernichtendes, weil sie etwas wesentlich Schaffendes ist; denn sie schafft sich selbst. Sie löst daher das Symbol auf und kann sich nie darin darstellen.

Wird das Symbol als gegeben auf die Notwendigkeit bezogen, so kann dies 1) ganz mystisch geschehen, indem das Symbol in seiner Erscheinung erkannt wird als Gegenwart des Göttlichen und die Auflösung durch das Not|wendige damit zusammenfällt. Daher entstehen Theophanien, Beschwörungen, Verzückungen u. dergl. Oder 2) das Symbol kann zurückgeführt werden auf die Notwendigkeit durch Zerlegung in die Beziehungen der Idee; und solche Beziehungen sind Allegorien. Diese Allegorie wird aber die äußersten Enden der Beziehung darstellen, da das Symbol an sich ein Vollendetes ist.

Daher nähert sich die Allegorie der Alten so sehr der des gemeinen Verstandes. Alle vereinigenden Beziehungen des

Symbols mit dem Göttlichen sind allegorisch. So Nemesis,[132] Eris,[133] die Freundschaft, die Hoffnung, ganz allegorische Wesen, welche die Bestimmung des Symbols nur in ganz besonderer Beziehung ausdrücken. So stellen hinwiederum wirkliche Wesen das Göttliche in einzelnen Beziehungen dar. Daher erscheinen manche Heroen als besondere Äußerungen von Gottheiten. Iphigenia der Artemis,[134] Iasion der Demeter.[135] Dies ist die Allegorie der anderen Seite, wo das gegebene Individuum auf den allgemeinen Begriff gedeutet wird. – Das Gesagte muß uns erklären, wie in die alte symbolische Religion eine so ganz in Begriffe und Zeichen aufgelöste Allegorie kommt. Die alte Mythologie mußte diese Gestalt annehmen, weil das Notwendige für sich keine Gestaltung erhalten kann.

Das Symbol selbst erscheint in der Mythologie der Alten 1) in der Gestalt der persönlichen Götter, in denen sich die Notwendigkeit als in besonderen wirklichen Wesen erscheinend darstellt. Damit ist eine allegorische Beziehung dieser Wesen auf das Notwendige, eine Herleitung derselben aus dem Notwendigen verbunden. (Theogonie und Kosmogonie.) Auf der andern Seite finden wir 2) Er|hebung der Wirklichkeit zum Symbol, die sich in der Welt der *Heroen* darstellt.[136]

In seiner höchsten Vollkommenheit zeigt sich das Symbol in den persönlichen Göttern. Aber selbst das Symbol kann nie ganz vom Allegorischen lassen. Beide sind nichts an sich Verschiedenes, sondern müssen in einander greifen, so daß das eine nur das Übergewicht hat. Auch in den persönlichen Gottheiten muß sich alles in entgegengesetzten Richtungen scheiden; das Symbol ist mithin auch nicht möglich ohne Beziehung, Gegensatz, Allegorie. – Das Symbol soll die Idee in ihrer ganzen Fülle in eine besondere Gestalt bannen. Könnte es dies, so daß die Idee ganz mit sich selbst verbunden würde, so wäre es nicht mehr Kunst; denn Wirklichkeit und Idee würden sich gegenseitig aufheben. Diese Darstellung der Idee muß also auch modifiziert sein, um wirklich zu werden. In ihrer allgemeinsten Bedeutung kann sie sich daher in der Wirklichkeit weniger in besonderer Gestalt offenbaren und hat etwas in höherem Grade Allegorisches, insofern wir das Allgemeine darin vorwaltend sehen. Die Idee muß immer in besonderer, bestimmter Richtung auf das Allgemeine aufgefaßt werden, nicht in ihrer Universalität.

Im *Zeus*, als einer Gottheit, die in ihrer Allgemeinheit ganz allegorisch und im Mittelpunkte der Idee ist, sehen wir dies deutlich. Er hat am wenigsten Verflechtung in die einzelne Handlung, und wird meistens völlig in der Ruhe ohne besondere Tätigkeit dargestellt, aber als volle Person. Er geht mit seinem Begriffe in die ursprüngliche Notwendigkeit zurück. – Die anderen Gottheiten sind auf abstrakte Begriffe beschränkt. Ihr Charakter ist nicht mehr | der in seiner Allgemeinheit individualisierte, sondern hat eine abstrakte, bestimmte Eigenschaft. Diese Gottheiten erscheinen daher am meisten in wirklicher Tätigkeit, teilnehmend an den Schicksalen der Menschen. Sie werden am meisten in dem Moment der Wirklichkeit aufgefaßt, weil ihr Begriff nicht die volle Persönlichkeit in sich enthält.

Symbol und Allegorie sind weder in der Idee rein geschieden, noch auch bloß historisch zufällig gesondert. Nur hat bald das eine, bald das andere das entscheidende Übergewicht. Die eigentliche Kunst ist die, wo Beides in einander übergeht, und ihre Kraft äußert sich in solchen Übergangs-Momenten am meisten. Als Tätigkeit jedoch muß die Kunst von dem einen oder dem andern ausgehen, und eine symbolische, oder allegorische Weltansicht voraussetzen. – Das Mystische zeigt sich in der alten Kunst dadurch, daß in den einzelnen Personen sich die ganze Macht der Naturnotwendigkeit offenbart. Dies kann nur durch gewisse Arten der Kunst geschehen, am vollständigsten durch die vollkommenste Kunst: die dramatische.

Auf dem Standpunkte der *Individualität* ist das *mystische* und *allegorische* Prinzip überwiegend. Da, wo das individuelle Bewußtsein der Mittelpunkt ist, muß es erkannt werden als das Wesen des Bewußtseins überhaupt umfassend. Dies wäre nicht möglich, da das individuelle Bewußtsein ein gegebenes, besonderes ist, wäre es nicht fähig, durch Zerlegung der Idee das innewohnende Göttliche in die Wirklichkeit zu versetzen, sich selbst zu erkennen als ein Resultat göttlicher

Kräfte, die in der Wirklichkeit in Beziehungen aufgelöst erscheinen müssen. Hierauf beruht das Allegorische. Die Idee wird in ihre Gegensätze zerlegt | und diese aufeinander bezogen. So löst sich das Mystische in Allegorie auf. In dem Mythischen ist die Idee selbst Besonderheit; in der Mystik ist es die reine Allgemeinheit, die sich in einem besonderen Momente der Wirklichkeit als allgemeine offenbart. Es entsteht Identität des Ewigen mit der unmittelbaren Wirklichkeit, die aber ohne Beziehungen nicht erkannt werden kann.

Mit der Allegorie ist eine Spaltung zwischen Allgemeinem und Besonderem verbunden, aber zugleich die vollkommenste Einheit der Idee und der Wirklichkeit, was im Symbol umgekehrt ist. Die Allegorie ist eine Entfaltung des Mystischen. Ist sie das nicht, so wird sie bloßer Verstandes-Vergleich ohne künstlerische Bedeutung.

Wir können das Gesagte auf die *christliche Religion* anwenden, insofern sie Gegenstände für die Kunst darbietet. Der Mittelpunkt aller künstlerischen Darstellung ist hier der Moment, wo sich das Mystische in Allegorie entfaltet, wo die Idee als ganz in der Wirklichkeit erscheinend aufgefaßt wird, so daß daraus die zwiefache Beziehung hervorgehen kann. Diesen Moment macht die Person und das Leben des Heilandes aus, worin sich die göttliche Idee mit der Wirklichkeit ganz verschmelzt. Daher hat Christus in seinem ganzen Leben und Leiden nicht bloß den Charakter eines göttlichen Wesens, sondern eine beständige allegorische Beziehung auf die Gegensätze, so daß er in jedem Momente etwas *bedeutet*. Am auffallendsten zeigt sich dies in den äußersten Enden seines Lebens: der Geburt, wo das wirklich erscheinende Kind auf eine göttliche Idee zu beziehen ist, und dem Leiden, wo die Rückkehr der Wirklichkeit in die Idee stattfindet, die auf die ganze Menschheit und deren | Schicksal zurückdeutet. Was zwischen beiden Enden in der Mitte liegt, wird ganz historisch aufgefaßt werden müssen.

In jedem von beiden Prinzipien erzeugt sich das entgegengesetzte immer mit; wie im Symbol die Allegorie, so in der Allegorie das Symbol. Das Dasein des Heilandes ist etwas Symbolisches, worin aber schlechterdings das Mystische sein muß. Auch die vollendete Besonderheit muß daher erkannt werden als etwas, was auf eine Idee zu beziehen ist. Daher hat Christus nicht den allgemeinen symbolischen Typus, wie die alten Gottheiten, sondern eine weit mehr historische Gestaltung, weil sein wirkliches Leben immer noch als Allegorie auf das Allgemeine bezogen werden muß.

Alle Bestrebungen, die Gestalt und das Antlitz Christi zu idealisieren und typisch zu machen, sind verfehlt. Man meint oft, der gewöhnliche nationale Typus für Christus sei viel zu beschränkt; man müsse für die Gestalt und das Ansehen Christi erst einen andern erfinden. Dabei geht man entweder von falscher Nachahmung der Alten, oder von abstrakten Begriffen aus. Mit Unrecht haben Viele die alte Kunst als die einzige Norm betrachtet, nach welcher Beurteilung dann das christliche Prinzip sehr übel weg kam. Im Gegensatz gegen diese Theorie aber hat sich die Kunst nur desto freier und mit dem höchsten Rechte aus dem christlichen Prinzip entwickelt. – Fern bleibe also der Typus des antiken Symbols von Gegenständen der christlichen Ansicht. Nur durch große Verirrung haben reflektierende Künstler allerlei Spielereien gemacht, Christus dem Apoll nachgebildet u. dergl. m. Christus muß als historische Person dargestellt werden; nur dadurch kann er seinen mystischen Cha|rakter behalten; als Symbol würde er notwendig Modifikation eines Begriffes und könnte nicht mehr die ganze Göttlichkeit ausdrücken. Darum hat sich auch der Typus durch Tradition erhalten; an diesen allein darf man sich halten, und alle Wahl und Willkür muß wegfallen.

Bei der Kindheit und dem Leiden Christi tritt das Allegorische noch stärker hervor, als in seinem wirklichen Leben. Im Kinde muß die Beziehung auf die göttliche Idee, die Menschwerdung dargestellt werden. Sehr mit Unrecht tadelt man es daher, daß an dem Kinde ein Überwindliches, ja Übermenschliches bemerkt wird; so muß es notwendig sein. – Das Leben hat man zu mildern, zu idealisieren gesucht, ja dergleichen Darstellungen überhaupt, wie auch die Leiden der Märtyrer, für barbarisch gehalten. Allein gerade im Untergange der menschlichen Natur offenbart sich das Göttliche am reinsten. Das echte Ideal der Kunst muß sich darin zeigen, daß das Leiden als das Leiden eines Gottes, als Leiden aus Liebe dargestellt wird. Dadurch erhält es die allgemeine Beziehung auf die ganze Menschheit, durch welche es erst in das wahre Licht gestellt wird.

Gott der Vater und die Jungfrau Maria werden ganz symbolisch und frei personifiziert, doch immer so, daß sie auf die allgemeine Allegorie zu beziehen sind. Daher sind diese symbolischen Wesen mehr individualisiert, als die der Alten. – Ob es erlaubt sei, diese Gegenstände durch die Kunst darzustellen, kann gar keine Frage sein. Man hat es für frevelhaft angesehen, Gott zu gestalten; eine Ansicht, die sich aus der Denkungsart des gemeinen Verstandes herschreibt. Man glaubt, seine Idee sei unerreichbar, und scheint mithin das Dasein der Gottheit in uns selbst für | unmöglich zu halten. Wer solche Vorstellungen hegt, hat weder Phantasie noch Religion, noch künstlerische Ansicht. Freilich ist jede Idee im Vergleich mit der Wirklichkeit unendlich. Solche Gegenstände können und sollen aber dargestellt werden. Wir haben vortreffliche Beispiele davon, selbst in unserer deutschen Kunst. Nur muß man sich dabei auf dem richtigen Standpunkte der Kunst halten und nicht verlangen, in dem Bilde ein Portrait zu sehen, welches freilich unmöglich und ein Unding ist. Gerade die Absonderung der Person des Vaters hat eine allegorische Beziehung. Er muß also dargestellt werden in der Dreieinigkeit, oder als besondere Person und dann in ganz individueller Handlung, z. B. als Weltschöpfer, oder im Paradiese; nur immer in einem ganz einzelnen Akte; denn nur dadurch kann der allgemeine Begriff für die Wirklichkeit fixiert werden. Gott, wie Christus, im Portrait darzustellen, ist niemandem eingefallen. Nach jener Darstellungsweise aber wird wohl niemand die jedesmalige Gestaltung der Gottheit als ein vollendetes Individuum betrachten, sondern nur als Personifikation für den besonderen Akt der Darstellung.

Mit der Jungfrau Maria ist es umgekehrt. Diese erscheint durchaus unter zeitlichen Verhältnissen, und ist nur ein Glied in der großen Allegorie. Soll sie für sich ein Symbol sein, so muß sie die allerallgemeinste Bedeutung bekommen; sonst würde sie bloß historisch werden. Daher ist das Idealisieren im edlen Sinne bei der Jungfrau Maria notwendig. Sehen wir die Mutter Gottes mit dem Kinde auf dem Arm, so dürfen wir uns keinen besonderen Moment, sondern nur das Allgemeine des mystischen Verhältnisses denken, wenn nicht etwa eine bestimmte Beziehung auf die Ge|schichte Christi ausgedrückt ist. So wird ja auch in der Tat die Jungfrau meistens aus dem historischen Zusammenhang ganz herausgehoben dargestellt. Erscheint sie auf der Flucht nach Ägypten oder in andern einzelnen Situationen der Art, so geht sie in die allgemeine Allegorie der Geschichte Christi mit auf. Als eigentümlicher Gegenstand der Kunst aber muß sie eine durchaus allgemeine Bedeutung haben, wodurch sie der Wirklichkeit ganz entrückt wird.

Im Allegorischen des Christentums ist alles wirklicher, historischer, als im Symbol; aber eben wegen dieser größeren Wirklichkeit ist die Beziehung auf die Idee nötiger, worin das Mystische liegt. Im Symbol hört die Beziehung des Einzelnen auf das Allgemeine auf. Es entsteht ein Gegensatz zwischen dem Besonderen und dem Allgemeinen als der Notwendigkeit überhaupt. In der christlichen Weltansicht muß jeder Moment der Besonderheit zugleich die ganze Idee in sich fassen und auf diese zurückweisen. Daher überwiegt in der Darstellung der christlichen Lehren notwendig das Mystische. Wo der Künstler dies vergißt, sinkt er zur bloßen Verstandes- oder Zeichen-Allegorie herab. Er muß mystisch gestimmt sein, d. h. die besondere Äußerung der göttlichen Tätigkeit nie ohne die vollständige Bedeutung auffassen.

Die neueren religiös-epischen Gedichte haben daher nie ihrem Zweck entsprechen können, weil die mystische Sinnesart verloren war und man gerade durch das Bestreben solche Gegenstände darzustellen, den Mangel an innerer Mystik verriet. Das Modewerden einer Kunstrichtung kann gerade durch das innere Gefühl eines Mangels hervorgebracht werden, und man darf mithin daraus nicht immer auf eine vorzügliche Fähigkeit der Zeit zu dieser Kunst schließen. |

Die geistlichen Epopöen von *Milton*[137] und *Klopstock* sind nicht aus mystischer Ansicht hervorgegangen, sondern aus der Ansicht der gemeinen Welt, nach welcher die wirklichen Allegorien zu bloßen Verstandes-Allegorien werden. Besonders Klopstock's Messias ist kein poetisches, sondern ein rhetorisches Werk.[138] Der Dichter behandelt allgemeine Begriffe unter den Bildern einer gegebenen Geschichte. Das Gedicht wird daher weit mehr gerühmt, als gelesen. Man suchte zu jener Zeit den Mangel an mystischer Stimmung durch poetische Darstellung zu ersetzen, wie auch jetzt das Drama nicht selten religiöse, liturgische Zwecke erfüllen soll. Aus Mangel an wahrem Mystizismus tritt ein leere Verstandes-Allegorie an die Stelle der poetischen.

In diesem mystischen Zusammenhang können auch Allegorien vorkommen, die den Charakter des Zeichens oder Bildes an sich tragen, wenn nur der Zusammenhang des Ganzen bedeutend genug ist. Dahin gehört z.B. in der Malerei das *Lamm*, oder das *Dreieck* als Zeichen für die Dreieinigkeit. Dergleichen Bilder sind auf dem Wege, die mystische Idee in Allegorien aus einander zu ziehen, die nur in dem großen Zusammenhang mystischer Darstellung die volle Bedeutung ausdrücken und dadurch mystischen Wert erhalten. – Das Überwiegen der Bilder und Zeichen kündigt nicht eine lebhafte Phantasie oder große Tiefe an. Es ist gerade umgekehrt; denn dies sind nur die äußersten Enden der mystischen Darstellung. Es gilt dies von sinnlichen Bildern, wie von poetischen Figuren, Tropen u. dergl. welche nur die äußersten Enden der Darstellung in die Idee hineinzuziehen suchen. Verwerfen darf man jedoch jene Zei|chen nicht, wenn sie nur in den Zusammenhang der tätigen Entwicklung der Idee verflochten sind.

Alle heiligen Geschichten der Märtyrer und anderer durch die Religion Verherrlichter müssen stets allgemeine Bedeutung durch allegorische Beziehung auf die Geschichte Christi erhalten, wodurch auch die scheinbar ganz sinnlichen Begebenheiten religiöse und künstlerische Bedeutung gewinnen. Mit Unrecht hielt man die Darstellungen der Märtyrer neuerlich für ganz unpassend, indem man bloß auf die äußere

Erscheinung sah, und die Schönheit, nicht die Bedeutung für das Hauptgesetz erklärte. Ein Zwiespalt aber zwischen Bedeutung und Schönheit läßt sich gar nicht denken. Die Schönheit ist ja keine bloße Form, sondern für die Kunst eins und dasselbe mit der Bedeutung, die in dem Gegenstande selbst erkannt werden soll. Nicht nur die ganze Allegorie, auch das Symbol geht nach jener Ansicht verloren. – Darstellungen wie die Leiden der Märtyrer, sind also nicht geradehin zu verwerfen; es fragt sich nur, ob sie von dem mystischen Standpunkt aufgefaßt sind, ob wir darin durch göttlichen Ausdruck die Beziehung auf das Leiden Christi finden.

Selbst die reinsten und allgemeinsten Ideen gehen in der christlichen Kunst mit in die Darstellung über, dagegen die alte Kunst das Schicksal oder die allgemeine Notwendigkeit nie rein darstellen, sondern nur im Gegensatze fassen kann. – Aber auch in der neueren Kunst zeigt sich ein Gegensatz und die Kunst bleibt einseitig. Ist durch Allegorie die Idee aufgelöst und die Wirklichkeit darauf bezogen, so muß doch der Moment der Gegenwart, der besonderen Wirklichkeit übrig bleiben, die sich nie ganz darin auflösen läßt. | Es bleibt also auch hier ein Residuum, das in die allgemeine Allegorie nicht mit aufgehen kann, und dieser Stoff ist die *Besonderheit des Menschen.*

Betrachten wir den Menschen allegorisch in seiner höchsten Bedeutung, so verschwindet seine Individualität in der Gottheit. – Es fragt sich aber, was kann die Kunst mit ihm als einzelnem Wesen für sich anfangen? Als endliches, erscheinendes Wesen ist er Gegenstand der Kunst, gehört aber in diesem Sinne dem irdischen Schönen an. Aber auch in seinem göttlichen Verhältnis erscheint er dennoch zugleich als besondere Individualität, und wie in der alten Kunst sich die allgemeine Idee von dem Symbol ablöst, so löst sich in der neueren die Wirklichkeit, das besondere Faktum als ganz besonderes und gegenwärtiges von der Allegorie ab. Es muß daher eine Allegorie stattfinden, die den Menschen auf die Kräfte und Gesetze der Wirklichkeit bezieht. Dadurch entsteht ein eigenes Verhältnis des Menschen zu der *Natur*, das nur die christliche Welt kennt.

Bei den Alten haben sich die Naturgesetze symbolisiert; daher wirkt in ihnen die Natur unbewußt, und nie findet sich bei ihnen ein besonderes Gefühl für die Natur außer der symbolischen göttlichen Bedeutung. Die Natur verlor sich bei den Alten als wirkend in der Wirklichkeit. – Mit der christlichen Sinnesart hingegen ist immer eine Sehnsucht nach der Natur verbunden, als einem Reiche, worin sich aller Zwiespalt ausgleicht, weil Alles auf Gesetzen ruht, die im Zusammenhang mit dem Ganzen stehen. In dem wirklichen Leben der Neueren mußte dieser Zwiespalt sich auf das lebendigste offenbaren. Daher entstand eine eigene *Natur-Mystik*, durch welche die Natur personifiziert erscheint, aber | in ihren allgemeinen Beziehungen unter der Form der *Elementargeister* und beseelter *Naturmächte*.

Alles was dahin gehört, ist in der neueren Kunst, besonders in der deutschen, sehr bedeutend und hat sehr schöne Erzeugnisse hervorgebracht. Schon in der frühesten Periode der deutschen Poesie, bei den Minnesängern, findet sich mit der frommsten Religion der Hang zur Zauberei verbunden. An der Innigkeit und Tiefe, die diesen Zwiespalt hervorbringt, tut es uns keine neuere Nation zuvor. Auch ist diese Sinnesart bis auf unsere Zeit durch die deutsche Kunst hindurch gegangen, wovon *Goethe's Faust* ein deutlicher Beweis ist.[139]

Diese Gewalt der wirklichen Natur über den Menschen kann sich so konzentrieren, daß sie die Individualität ganz der Gottheit entfremdet. Dann wird sie zum *Bösen*, zum *Teufel*, welches Prinzip daher auch bei den Deutschen aus wahrer Tiefe und Innigkeit immer eine große Rolle gespielt hat. – Je schärfer hier die Gegensätze, je gewaltiger das Böse auftritt, desto inniger ist die Überzeugung, desto wahrer die Darstellung.

Bei den südlichen Nationen hat sich das aus diesem Kampfe entstehende Bedürfnis dadurch offenbart, daß sie die Natur selbst allegorisch genommen haben. Diese Ansicht spricht sich z. B. in *Calderon's Andacht zum Kreuze* aus,[140] welches Gedicht zwar Bewunderung verdient, aber nicht tief religiös und mystisch ist; denn selbst die äußerste sinnliche Erscheinung zieht darin die religiösen Ideen in sich herab, so daß diese als sinnlich-wirksam erscheinen. In einer solchen Ansicht kann der Zwiespalt zwischen Natur-Mystik und religiösen Ideen nie den Grad von Gewaltsam|keit erreichen, wie in den deutschen Dichtungen. – Die echtchristliche Natur-Mystik setzt sich notwendig der religiösen Allegorie entgegen.

Wir haben jetzt Alles betrachtet, was zur Darstellung des göttlichen Schönen gehört, bis auf das *Wunderbare*. Dieses entsteht, indem wir an einzelnen Stellen der Wirklichkeit unmittelbare Offenbarung göttlicher Prinzipien wahrnehmen. – Man glaubt gewöhnlich, das Wunderbare liege in der Abweichung von dem Naturgange durch göttliche Willkür. Es besteht aber nur darin, daß die göttliche Idee sich in dem besonderen Momente der Wirklichkeit auf eigenthümliche Weise offenbart.

Die Kunst bedarf der Voraussetzung eines solchen Wunderbaren notwendig. Sie will die Wirklichkeit mit der Idee sättigen, und muß daher auch den gewöhnlichen Lauf der Wirklichkeit so aufnehmen, daß in irgend einem einzelnen Momente sich die Idee als ganz in die Wirklichkeit übergehend offenbart. Der Zustand der reinen Wirklichkeit muß hierbei von dem Künstler vorausgesetzt werden, nicht das Wunderbare der Welt überhaupt. Es ist hiermit, wie mit den Tropen und Bildern, die meistens da vorkommen, wo der Künstler am meisten von der gemeinen Wirklichkeit ausgeht. Das Wunderbare ist immer da, wo die in die Wirklichkeit versunkene Darstellung plötzlich in das Licht der Idee gesetzt werden soll. Daher kommt dies am häufigsten in der dramatischen Poesie vor.

Es ist nun zu betrachten, wie sich das Wunderbare in der mythischen und in der mystischen Kunst verschieden zeigen muß. – Bei den Alten wird das mythisch Wunderbare, vermöge dessen die Gottheit persönlich handelt und in|dividuell gestaltet ist, so gewöhnlich sein, daß es gar nicht mehr als wunderbar erscheint. Es ist daher eine ganz irrige Meinung, daß in dem alten Epos das Wunderbare eine Hauptsache sei. Daß die Götter sich persönlich in die menschlichen Angelegenheiten mischen, gehört vielmehr zum natürlichen Laufe der Dinge und ist etwas ganz Gewöhnliches, das daher nicht im geringsten das Gefühl des Grauens oder Schreckens erregt.

In der alten Kunst ist daher das Wunderbare vielmehr das Mystische, die nicht persönliche Tätigkeit der Gottheit, die bloße Wirkung ihres Begriffes in dem Bewußtsein oder der Naturkraft. Daher nähern sich Omina, Orakel u. dergl. schon mehr dem Wunderbaren, weil die Gottheit hier bloß durch ihren allgemeinen Begriff in die Wirklichkeit tritt in stiller, nicht persönlicher Wirksamkeit. Dergleichen Äußerungen der göttlichen Tätigkeit haben daher etwas Grauenhaftes, welches steigt, je mehr die Wirkungen derselben einen ganz äußerlichen Charakter annehmen; so z. B. in der Odyssee, wo die Häute der geschlachteten Thiere zu brüllen anfangen,[141] – das Allerschrecklichste im ganzen Homer, weil die Bedeutung unmittelbar die äußere Erscheinung ausmacht. – Auch die Göttererscheinungen auf dem alten Theater dürfen wir demnach nicht so betrachten, wie sie nach unserer Ansicht erscheinen müßten. Der deus ex machina muß im alten Drama ganz anders beurteilt werden; denn es ist in der Ordnung, daß die Gottheit sich persönlich und sichtbar einmischt. Weissagungen, Omina u. dergl. haben eine weit höhere Gewalt. Man vergleiche nur die Weissagungs-Szene der Kassandra im *Agamemnon* des *Aeschylos*;[142] besonders aber aus dem Schluss | des *Oedipus bei Kolonos*,[143] wo alles mystisch wird, kann man den Charakter des antiken Wunderbaren kennen lernen.

In der alten Kunst ist also das Mystische das Wunderbare. In der neueren Kunst ist es umgekehrt, da die ganze Sinnesart der Neueren auf Mystizismus gegründet, und daher alle innere Einwirkung das gewohnte Feld der Kunst ist. Im einzelnen aber wird das Wunderbare und Grauenvolle nur dann eintreten, wenn diese mystische Art zu denken mythisch wird, d. h. zu objektiver Erscheinung sich gestaltet. Daher sind in der neueren Poesie die schrecklichen Szenen diejenigen, wo das, was wir als Gedanken in unserem Gemüt tragen, sich als Wirklichkeit im besonderen Moment offenbart, also der

Gedanke objektiv wird. Darauf beruht das Grauenhafte von *Geistererscheinungen.*

Am deutlichsten sehen wir dies in *Shakespeare*, z. B. im *Macbeth*, wo die den Helden bedrängenden Gedanken nach und nach und stufenweise äußere Gestalt gewinnen; wie der Dolch, der in der Luft schwebt u. s. w.[144] – Nur darf das Gespensterwesen nicht zum eitlen Spuk und Spaß werden, welches geschieht, wenn das Gespenst ganz individuell als einzelnes Geschöpf erscheint, wie in der *Ahnfrau.*[145] Die Gespenster können nur dann wirken, wenn sie die tiefste innere Bedeutung haben. So ist die Erscheinung des Geistes im *Hamlet* nur das Wirklichwerden des den Helden beständig begleitenden Gedankens von der Ermordung seines Vaters. Er sieht alles Äußere nur in Bezug auf seinen hypochondrischen Seelenzustand; Alles ist ihm schwankend geworden, und dies Eine wird ihm das einzig Objektive. | Was wirklich Realität hat, ist ihm zum Gespenst geworden, und das Einzige, was für ihn Realität und objektives Dasein hat, ist der Gedanke, der als sinnlich wahrnehmbares gespenstisches Wesen ihm äußerlich gegenüber tritt.

Die alte und die christliche Kunst stellen beide Standpunkte, den des Symbols und den der Allegorie, am vollkommensten dar. Doch sind dies historische Erscheinungen, während der Gegensatz von Symbol und Allegorie ganz notwendig aus der Idee der Kunst überhaupt hervorgeht. – Zwar hat es auch unter andern Nationen, z. B. den Indern, den nordischen Völkern, Kunst gegeben; allein die Formen, unter welchen die Kunst hier erscheint, zeigen keinen so vollkommenen Abdruck der Gegensätze. Bei den *Indern* ist Kunst, Philosophie und Religion noch eins und dasselbe, wie in einem Chaos durch einander gewirrt. In der *nordischen Poesie* und Kunst ist alles zu sehr wunderbar geworden; die Götter erscheinen darin fast ganz als Heroen, und die Entfernung von dem eigentlichen Mittelpunkt ist mithin zu groß. Auf *Ossian* kann bei Betrachtung der wesentlichen Kunstprinzipien wenig Rücksicht genommen werden.[146] In ihm zeigt sich mehr eine Sehnsucht nach Poesie, als Poesie selbst; dabei eine arme Phantasie und ein enger Umkreis der Welt. Er scheint Produkt eines Überrestes ehemaliger Kultur in einem hinsichtlich seines Kulturzustandes gesunkenen Volke, wie es die Wilden alle sind.

3. Vom irdischen Schönen

Das irdische Schöne scheidet sich von dem göttlichen und darf in der Kunst nicht damit vermischt werden. Eine scharfe Grenze muß beide Gebiete sondern; denn die Kunst kann | nur durch Gegensätze einseitig wirken und muß sich in jedem dieser Gegensätze erschöpfen. Das irdische Schöne muß für die Kunst ein eigenes Gebiet sein, worin dieselben allgemeinen Prinzipien, wie im göttlichen Schönen, die Grundlage bilden.

Wenn das Schöne als Gegenstand der Kunst überhaupt im weiteren Sinne ist, so muß auch das irdische Schöne Symbol sein, nicht Nachahmung der gemeinen Erscheinung als solcher, sondern insofern sich in dieser die Idee offenbart. Das Symbol wird hier nur von der anderen Seite, von der Seite der Wirklichkeit, angesehen, sofern in dieser die Idee sich notwendig offenbart.

Hieraus ergibt sich leicht, welcher Gegenstand vorzüglich Gegenstand der Kunst sein wird. Es muß dies ein solcher sein, der die Offenbarung der Idee erleichtert, dahingegen was überwiegend in der Wirklichkeit haftet, nur unter gewissen Bedingungen zur Kunst geeignet ist. – Soll nun ein Gegenstand der Offenbarung der Idee vorzugsweise günstig sein, so muß er in sich die Prinzipien der Wirklichkeit zusammenfassen; der Gegensatz des Allgemeinen und Besonderen muß in ihm in einen Mittelpunkt zusammenfallen. Dies geschieht nur im Selbstbewußtsein; mithin ist das *vernünftige, selbstbewußte Wesen* vorzugsweise Gegenstand der Kunst.

Andere Stoffe, z. B. *Naturgegenstände*, können durch allegorische Beziehung nur teilweise die Aufhebung der Gegensätze darstellen. Eine solche Beziehung müssen sie auf den Menschen haben, für welchen allein sie Bestandteile der Natur sind. Eine künstlerische Allegorie stellen sie aber durch sich selbst nicht dar; denn in dieser ist jedes der | Entgegengesetzten vollständig die Bedeutung des anderen. – Die Gegenstände der Natur sind mithin nicht Gegenstand der Kunst, so daß sie wirklich für sich und im vollen Sinne des Wortes Allegorie wären. Sie beziehen sich nur auf den gemeinschaftlichen Mittelpunkt des Selbstbewußtseins und sind in diesem Sinne allegorisch, können aber auch symbolisch gefaßt werden, indem in jedem Naturwesen sich der Begriff der Gattung vollständig offenbart. Die Natur hat also auch eine symbolische Bedeutung und kann eben sowohl, wie der Mensch, Allegorie oder Symbol sein. Hierin liegt also der Unterschied zwischen dem Menschen und den übrigen Naturgegenständen nicht.

Der Mensch aber ist vorzugsweise Gegenstand der Kunst; die anderen Naturgegenstände sind es nur bedingungsweise, und zwar in zwei Fällen: 1) insofern sie sich auf das menschliche Selbstbewußtsein beziehen, 2) als besondere Stufen des harmonischen Zusammenhanges, also in Beziehung auf ein Weltganzes.

Der Gedanke oder Begriff auf der einen Seite erscheint als das Reich des reinen Allgemeinen; die wirkliche Natur auf der andern Seite hat immer den Charakter der Besonderheit, weil sie nur unter Beziehungen besteht. In diesem Sinne erscheint in der Kunst die ganze äußere Natur als Besonderheit, und ihr gegenüber tritt der reine Begriff als das Allgemeine. Werden diese beiden Gebiete so von einander abgelöst und einander entgegengesetzt, so entsteht auf dieser Seite die Darstellung wissenschaftlicher, moralischer, technischer, philosophischer Gedanken, in welches Gebiet die eigentliche *didaktische Poesie* gehören würde, wenn es überhaupt der Kunst gestattet wäre, den Gedanken unab|hängig darzustellen. – Auf jener Seite hat dagegen die *beschreibende Poesie* ihren Sitz, die jedoch nach dem Gesagten an sich ein Unding ist. Die didaktische Poesie ist aber ebensowenig eine wahre Kunst; denn der bloße Begriff kann abgesondert vom Selbstbewußtsein nicht symbolisch im allgemeinen Sinne sein.

Es kann mithin nichts Schönes in der Wirklichkeit geben außer dem Einzelnen, das in seinem vollen Sinne Individualität ist; und dies ist einzig und allein der *Mensch.* In dieser Individualität allein hat die Schönheit ihren Sitz. Die Schönheit des Weltsystems ist von der wirklichen Kunst durchaus unabhängig und kann nur von einem höheren Gesichtspunkte aus als Schönheit aufgefaßt werden. – Die Idee rein als solche schön darzustellen, ist der Kunst versagt; denn dieselbe kann als reine Idee nie ihr eigenes Symbol sein; dies kann sie nur in der Wirklichkeit. Künstlerische Darstellungen, welche die Idee des Weltganzen oder der Gottheit ohne Wirklichkeit ausdrücken wollen, sind keine Kunstwerke mehr, sondern entwürdigen das Dargestellte zugleich mit der Kunst. – Soll das Irdische Gegenstand der Kunst sein, so muß es individuell sein; und dies ist allein der Mensch.

Hier entsteht nun wieder der Gegensatz zwischen Idee und Wirklichkeit. Beide Seiten müssen sich durchdringen, wenn der Mensch schön sein soll; daraus aber erwächst ein Widerspruch der Elemente, den die Kunst zu heben hat. Auf diesem Widerspruch beruht der Gegensatz von *Charakteristik* und *Idealität* und die Streitfrage, welches von Beiden das Bestimmende sein müsse. Die Anhänger der Idealität wollen die Wirklichkeit idealisiert, nicht nachge|ahmt haben; die Charakteristiker hingegen behaupten, die Beziehung auf höhere Ideen verfälsche nur die Treue und Lebendigkeit der Darstellung; jeder Gegenstand müsse in seinem bestimmten Charakter dargestellt werden, dessen Schärfe gerade die Kunst über die Natur erhebe, da in der Natur der Charakter sich nicht rein zeige.

Fassen wir die Behauptung beider Parteien in den Satz zusammen: „die Idee muß Prinzip der Wirklichkeit sein", so sind Idealität und Charakteristik eins und dasselbe. Ein wesentlicher Unterschied ist zwischen beiden nicht, sondern nur ein Unterschied des Standpunktes, je nachdem ich den Gegenstand von dem Standpunkte der Beziehungen der Wirklichkeit, oder von der Seite der Idee ansehe, welche sich in der Wirklichkeit in die Gegensätze derselben sondern, und lebendiges Prinzip derselben werden muß.

Idealität und Charakteristik sind also an sich dasselbe. Ob eines oder das andere überwiegt, kommt nur auf den verschiedenen Standpunkt der Kunst an. – Das Charakteristische ist immer einseitiger, als die Idee; es ist aus der Wirklichkeit entnommen, die auf Gegensätzen beruht, und ist daher mehr allegorisch, dagegen das Ideal mehr symbolisch sein muß. Wählen wir ein Beispiel aus der Sphäre des Göttlich-Schönen. Gottheiten, die abstrakte Begriffe bezeichnen, erscheinen mehr in besonderer Handlung, weil sich in ihnen das Symbol ins Allegorische verliert. Soll das Idealisierte als Wirklichkeit erscheinen, so muß es in seiner symbolischen Beschaffenheit zugleich Charakter überhaupt, Charakter einer Gattung sein. Hierauf beruht die ganze Idee der griechischen Heroenwelt.[147] Um ganz Symbol zu werden, muß das Ideal Charakter überhaupt werden, | der sich zwar in besonderer Handlung entwickelt, jedoch allgemeinere Bedeutung behält. Charakter und Schicksal fallen daher in der alten Welt ganz zusammen.

Die vorherrschende Charakteristik ist ganz allegorisch. Indem sie sich in einzelnen Momenten der Tätigkeit äußert, kann in diesen das Symbol oder die Idee nicht erhalten werden, wenn sich nicht diese Momente auf allgemeine Begriffe beziehen. Man muß daher z. B. einzelne Personen aus Shakespeares Stücken nicht an und für sich ihrem Charakter nach beurteilen, sondern immer nach ihrer allegorischen Beziehung auf den Mittelpunkt des Ganzen. Weil die Charakteristik überwiegend allegorisch ist, so muß sie sich notwendig ganz ins Allgemeine verlieren. – Das Allegorische zeigt uns die Wirklichkeit weit mehr in ihren Gegensätzen, das Symbolische mehr, insofern sich in jedem Momente derselben die Idee abschließt. In der Allegorie ist die Idee nur der Schlüssel der Beziehungen, der allgemeine Gedanke. – Die Charakteristik kann daher mehr ins Innere der Idee eindringen, weil sie dieselbe zerlegt, während das symbolische Ideal uns die Idee in ihrer vollkommenen Gegenwart darstellt.

Im Idealischen sehen wir mithin die Idee am vollkommensten in ihrer unmittelbaren Erscheinung. Das Ideal soll aber die Idee nicht als reinen Begriff darstellen, wodurch es zu einer bloßen Formel werden würde; sondern die Idee muß in ihrer vollen Gegenwart, in ihrem abgeschlossenen Dasein aufgefaßt werden. – Die Charakteristik fängt bei der Wirklichkeit an, entfaltet uns aber desto mehr die Idee als das reine Innere derselben, und führt uns in ihre Tiefen weit mehr ein, als die symbolische Kunst irgend | vermag. – Die Kunst der Alten faßt den Menschen rein menschlich, und doch als vollen Ausdruck der Idee auf. Nichts geht hier in die Tiefe der Idee; die abgerundete Vollendung ist Zeugnis ihrer Gegenwart. In der neueren Poesie hingegen, z. B. bei Shakespeare, werden wir durch die Reflexion, durch die Darlegung des Innern des Menschen weit tiefer in das Innere der Idee selbst eingeführt.

Die meisten neueren Techniker waren Charakteristiker. Es ist über Idealität und Charakteristik viel gestritten worden, worüber man besonders das *Athenäum*, die *Propyläen*[148] und *Fernow's* Schriften[149] nachsehen muß.

Wir haben jetzt das irdische Schöne nach den Gesichtspunkten der *Natur* und der *Individualität*, oder der *Notwendigkeit* und der *Freiheit* zu scheiden, wonach auch hier Symbol und Allegorie sich sondern müssen.

Wenn ein Einzelnes den Begriff der Gattung überhaupt ausdrückt, so stellt die Kunst die Idee auf dem Standpunkte der *Natur* dar. Die Art der Kunst, welche auf die Natur sich gründet, wird daher das Irdische vorzugsweise als Gesetzmäßiges bilden. Daher erscheint im Allgemeinen das Irdische in dieser Kunst nie als das Außerordentliche, als etwas für sich Bestehendes, Individuelles; sondern es enthält immer zugleich und vorzugsweise den Ausdruck einer allgemeinen Regel. In den Werken dieser Kunst herrscht daher das Ansehen der *Regelmäßigkeit* vor, und diese Beschaffenheit verleitet die Meisten, die äußere Erscheinung der Naturgesetze als die Grundlage dieser Kunst zu betrachten, z. B. in der alten Plastik immer nur von der physischen Beschaffenheit des menschlichen Körpers auszugehen. Von der Beobachtung der natürlichen Gesetze aus | kann man aber unmöglich zu einer wahrhaft künstlerischen Ansicht gelangen. Die alten Künstler selbst mußten oft von den Regeln abweichen, die sich durch empirische Beobachtung ergeben, worüber man Bemerkungen von *Nicolas Poussin* in Beziehung auf den Apoll vom Belvedere hat.[150]

Es finden sich sogar absichtliche Abweichungen von dem Gleichmaße der einzelnen Teile, die der Gedanke notwendig machte, nach welchem sich Alles bestimmen muß, insofern sich in der dargestellten Person ein Weltgesetz offenbart.

Die Anatomie ist also nicht die einzige Richtschnur dieser Kunst. Gibt man sich dem Resultate der äußerlich erscheinenden Regelmäßigkeit hin, so artet die Kunst in steife Verknüpfung einseitiger Formen aus, wie dies wirklich durch Verkennung des Wesens der alten Kunstwerke und bloßes Hasten an den Formen geschehen ist. Das Prinzip der alten Kunst erstarrt so zu etwas ganz Mechanischem. Dahin ist es besonders bei den *Franzosen* auch in der bildenden Kunst gekommen, indem man alle Individualität durch Gesetzmäßigkeit zu vermeiden suchte.

Auch für die allegorische Kunst, in welcher das Prinzip der *Individualität* vorherrscht, gibt es eine Ausartung. Indem die Besonderheit sich auf das Allgemeine bezieht und dasselbe bedeutet oder den Begriff repräsentiert, muß sie sich über die gewöhnlichen Dinge erheben und die gemeine Besonderheit übertreffen, mithin als das *Außerordentliche* erscheinen. So zeigt sich auch hier eine eigentümliche Beschaffenheit des Kunstwerkes, die uns zunächst anzieht. Zeichnen sich die Werke der symbolischen Kunst durch Regelmäßigkeit und Harmonie aus, so ist das Cha|rakteristische der allegorischen Kunstwerke das Auffallende, Außerordentliche, Individuelle.

Hieraus kann leicht die Täuschung entstehen, als läge das Wesentliche in dem Auffallenden des einzelnen Dinges an sich. Dieses aber kann nur dann reizen und anziehen, wenn das Gemüt sich in einer gewissen dafür geeigneten Stimmung befindet. So wird den Liebenden ein schöner Körper, den Heroischen ein scharfer Helden-Charakter anziehen. Das Anziehende in diesem Sinne nennen wir das *Interessante*, worunter mithin das nicht bloß objektiv, sondern mit bestimmter Beziehung auf unsere besondere Gemütsstimmung auffallend Hervortretende zu verstehen ist. Wenn in der alten Kunst die steife Regelmäßigkeit die Kunst tötet, so ist der gefährliche Feind der neueren der Hang zum Interessanten, welches der wahren

Kunst durchaus zuwider ist. Dies fühlte schon *Kant*, indem er sagte, das Schöne müsse ohne besonderes Interesse gefallen.[151]

Wenn das Auffallende uns bloß als interessant anzieht, so werden wir aus der reinen Sphäre der Kunst in die des gemeinen Lebens hinabgezogen, wo sich freilich die Meisten besser befinden; daher denn in der Tat das Interessante oft über das Schöne den Sieg davon trägt. – Das Interessante hat neuerlich die Kunst auf erbarmungswürdige Weise verfälscht, wie sich in einer förmlichen Geschichte dieser Ausartung nachweisen ließe. Auch die wahrhaft schönsten Gegenstände kann man gleichwohl nach dem Gesichtspunkte des Interessanten auffassen, und dies tun in der Tat die Meisten, indem sie Alles auf ihre subjektive Gemütsstimmung und ihren persönlichen Standpunkt beziehen.

Es fragt sich nun, ob dies notwendig ist und ob es | Stoffe gibt, die ihrer eigentümlichen Natur gemäß von der Darstellung des Schönen ganz auszuschließen sind. Diese Frage ist schon durch *Aristoteles* veranlasst, welcher behauptet: durch die Kunst werde Alles schön und selbst das im wirklichen Leben Widrige, z. B. Leichname und dergl., werde angenehm.[152] *Lessing* hingegen will eine materielle Grenze ziehen, indem er bemerkt, es gebe Gegenstände, bei deren Anblick der physische Widerwille uns den Standpunkt des Schönen unmöglich mache und den künstlerischen Gemütszustand zerstöre. Er rechnet dahin besonders das Ekelhafte, was z. B. Übelkeit hervorbringe.[153] – Aber selbst das Allerwidrigste und Abscheulichste wird von dem künstlerischen Standpunkte aus etwas anderes. In *Shakespeare* kommen die schrecklichsten Greuel vor, die uns im Leben den äußersten Abscheu erregen und uns empören würden; in dem Zusammenhang aber und von dem richtigen Standpunkte aus werden sie künstlerisch schön. Wenn wir freilich bei *Beaumont* und *Fletcher* die Absicht sehen, durch das Ekelhafte selbst zu wirken, so hört die künstlerische Stimmung auf, oder sie war vielmehr niemals da.[154] In Natürlichkeiten ist keiner weiter gegangen, als *Aristophanes*; allein auf seinem Standpunkte und dem Standpunkte seiner Zeit brachten diese Dinge eine andere Wirkung hervor, als heut zu Tage, wo wir uns erst durch künstliche Operation in die richtige Stimmung versetzen müssen.

In Rücksicht auf das Material ist also nichts von der Kunst ausgeschlossen. Nur gibt es freilich so gemeine Gegenstände, daß es uns schwer wird, uns bei ihnen auf den künstlerischen Standpunkt zu stellen. An sich aber kann kein Material verworfen werden. Es kommt Alles auf die Na|tionalität und den Stand der sinnlichen und sittlichen Kultur an; in dem Material an sich kann kein Entscheidungsgrund liegen, der es ausschlösse. Die einzige Regel ist, daß Alles vom Standpunkte der Kunst aufgefaßt werde; ist diese beobachtet, so ist das Interessante nicht edler für die Kunst als das Widerwärtige und Ekelhafte.

In der alten Kunst ist das Regelmäßige, Harmonische der herrschende Grundzug; im Geistigen Ruhe, Harmonie, Gleichmut; im Körperlichen Zusammenstimmung, Verhältnis, leichte Übersicht. Das Wichtigste ist der Einfluß dieses Standpunktes auf die Gegenstände selbst, welcher sich darin äußert, daß die Alten immer von dem Begriffe der Gattung ausgehen, und das Auffallende, Seltsame ihnen verhaßt ist. Jede Abweichung von der wesentlichen Beschaffenheit der Gattung zieht den Untergang nach sich; wer aus ihren Gesetzen heraustritt, ist verloren. – Diese Sinnesart finden wir im ganzen Altertum; sie ist der Grund der republikanischen Staaten, der Grund, warum die Griechen undankbar gegen ihre großen Männer waren. Auf dieser Sinnesart nun beruht in Beziehung auf die Kunst 1) der Umstand, daß der eigentliche Gegenstand der Kunst die *Heroenwelt* ist; 2) der *tragische Charakter* aller Darstellungen, insofern sie sich dem wirklichen Leben nähern.

Die Welt der *Heroen* ist der gewöhnliche Stoff für die Kunstwerke der Griechen, sowohl die plastischen, als die poetischen, namentlich die dramatischen. Dies rührt daher, weil in dem Symbol als Ausdruck des Gesetzes der Gattungsbegriff mit der Idee zusammenfällt. Dieser mußte sich vermöge der symbolischen Beschaffenheit notwendig in wirklichen Personen darstellen. Die Heroenwelt nun ist das Weltall | symbolisch betrachtet, die Götterwelt als vorbildlich dargestellt. In jenen

Wesen tritt die menschliche Gattung verklärt auf in ihrer ganzen Fülle und Vollständigkeit. Vieles bei uns ganz Geschichtliche versetzen daher die Alten in die Zeit der Heroen, weil dieser Gattungsbegriff unmöglich so in die wirkliche Gegenwart eingreifen kann.

Die Alten wandten daher in der Regel weder *historische*, noch *fingierte* Begebenheiten und Personen als Stoff für die Kunst an. Den fingierten Personen hätte die Notwendigkeit gemangelt; sie würden als etwas Zufälliges erschienen sein. Der Tragiker *Agathon* war der erste, welcher dem Drama fingierte Personen gab.[155] Die historischen Gegenstände griffen für sie viel zu sehr in das wirkliche Leben ein; sie waren ihnen zu interessant, als daß sie künstlerisch hätten sein können. Nichts, was an sich Idee ist, konnte den Alten als unmittelbar wirklich erscheinen. Den Staat selbst mußten sie im Lichte der Heroenwelt betrachten, um ihn ehrwürdig zu finden. Etwas unmittelbar Gegenwärtiges als heilig zu achten, waren sie nicht fähig. Deshalb wurden die historischen Vorstellungen seit der Tragödie des *Phrynichus* „die Einnahme von Milet" in Athen verboten.[156]

Sobald das heroische Prinzip mehr das Individuelle ausdrückt, gerät es in Widerstreit mit der Notwendigkeit und diese verwandelt sich ins *Schicksal*. Dieses Heroentum zeigt sich im Drama in seiner vollen Tätigkeit und in seiner Auflösung. Die Person fällt durch ihre Einzelheit dem Schicksal zum Opfer; die Gattung aber tritt ihr als das Bleibende unter der Form des *Chores* notwendig entgegen.

Das irdische Schöne auf dem Standpunkte der *Indi|vidualität* zeigt sich als Außerordentliches, Individuelles. Wie vor ihrer gefährlichsten Klippe aber hat sich die neuere Kunst davor zu hüten, daß dies nicht zum *Interessanten* verleite. Auch das Persönliche, Individuelle darf nur dargestellt werden als Offenbarung eines allgemeinen inneren Gesetzes. Was an dem besonderen Charakter ausgezeichnet ist, muß nicht von seiner bloßen Erscheinung, sondern von der Offenbarung der Idee in ihm herrühren, die in der allegorischen Kunst nur unter gewissen Beziehungen geschehen kann. – Zusammenhäufung äußerer Angewohnheiten zur Charakterschilderung ist ebenso widersinnig und verkehrt, wie das Verleihen einer besonderen unterscheidenden Eigenschaft. Alle solche Eigenschaften sind immer nur Kennzeichen für die gemeine Erscheinung. Was moralisch, politisch, oder in irgend einer anderen Beziehung ausgezeichnet, ist nicht schon deswegen ein schicklicher Gegenstand der Kunst. Diese muß darstellen können, wie sich in dem Individuum die allgemeine Idee des menschlichen Lebens offenbart. Gerade die edelsten Charaktere zeigen sich oft am meisten den menschlichen Schwächen und der Nichtigkeit der Erscheinung unterworfen, und erliegen daher dem Schicksal.

Was in der alten Kunst die Welt der Heroen ist, fehlt in der neueren Kunst ganz. Solche Verschmelzung der Wirklichkeit mit der Idee kann in der neueren Sphäre nicht gedacht werden, weil dazu die Aufhebung der Allegorie gehören würde. Daher findet sich in der neueren Kunst immer der Gegensatz von *historischen* und *fingierten* Personen; sie nimmt ihre Gegenstände aus der Geschichte, oder erfindet sie, und verrät durch das Dasein dieser beiden Gebiete ihren allegorischen Charakter. |

Man verkennt gewöhnlich die Bedeutung von beiderlei Personen, indem man unter der historischen Person sich meistens die merkwürdige, bekannte denkt, unter der fingierten eine solche, die der Künstler nach Willkür ausstattet. So werden denn beide zum Behuf des faden Idealisierens gebraucht; die historische oft des bloßen Denkmals, der Erinnerung wegen, was man denn *vaterländische* Kunst nennt.

Eine *historische* Begebenheit hat als einzelnes Faktum, als besondere Geschichte 1) den Charakter der Zufälligkeit, 2) den Charakter der allgemeinen Bedeutung, insofern sie an sich durch ihre eigene Bedeutung gilt. Beides macht aber die historische Begebenheit noch nicht zum Gegenstande der Kunst; das Zufällige gehört der einzelnen Erscheinung, die Weltbegebenheit der Weltgeschichte an. – Die Kunst verlangt, daß in jedem Momente die Idee des menschlichen Lebens und Geschikkes aufgefaßt werde. Ist daher die historische Begebenheit eine typische, feststehende, so kann sie nur dadurch künstlerisch werden, daß das allgemeine Schicksal der Welt darin erblickt, und diese Idee betrachtet wird als der Schlüssel zu dem bestimmten historischen Zusammenhang, in welchen die Begebenheit gehört. Daher müssen viele Begebenheiten in einen Punkt zusammengefaßt werden.

Soll die historische Begebenheit zum Stoff für die Kunst sich eignen, so müssen wir ferner gewohnt sein, auf dieselbe als auf etwas Geläufiges unsere Gedanken und Gefühle zu beziehen. Es darf keine obskure Begebenheit sein, die mit Willkür gewählt ist, um erst durch die Kunstdarstellung im Gedächtnis der Menschen wieder angefrischt zu werden. Dies ist eine ganz verfehlte Tendenz. – Die deutsche Kai|sergeschichte würde als passender Gegenstand für die künstlerische Darstellung erscheinen; Provinzial-Geschichten hingegen können durch die Kunst nicht lebendig für uns werden. Nie darf das Material vorzugsweise Zweck des Kunstwerkes sein; wir müssen vielmehr schon gewohnt sein, auf dasselbe als ein bekanntes unsere Gedanken zu beziehen. – Das größte Muster historischer Kunstwerke aus allen Zeiten und Völkern sind die *historischen Stücke Shakspeare's.*[157] Die Begebenheiten sind national, in dem großen Zusammenhang gedacht und als Offenbarung der Idee des menschlichen Schicksals überhaupt dargestellt. Auch waren die Stoffe zur künstlerischen Darstellung geeignet, da sie an sich nicht den Charakter des gemeinen Lebens tragen.

Wer historische Gegenstände darstellen will, muß sich eng und treu an die Geschichte anschließen und diese nur aus dem rechten Gesichtspunkte betrachten. Das Typische der Weltbegebenheit kann nur dann Bestand haben, wenn man das Historische ganz unverändert läßt. Das Idealisieren durch Veränderung gewisser Umstände ist eine arge Verirrung, und die Willkür des Künstlers nimmt dem Gegenstande die Energie. Der Künstler verrät, daß er zu schwach war, die Wirklichkeit in ihrer ganzen Bedeutung für die Kunst aufzufassen.

Diesen Vorwurf müssen wir namentlich *Schiller* machen, der wie die meisten neueren Dichter nicht im Stande war, einen historischen Gegenstand rein aufzufassen. Das Hineinflechten von Liebesgeschichten, wie die Episode von Max und Thekla im *Wallenstein*,[158] erscheint oft als etwas ganz Fremdartiges. Auch Wallensteins Charakter ist nicht treu geschildert, sondern modifiziert, um ihm eine allgemein | menschliche Bedeutung zu geben. Dies ist aber überflüssig, wenn nur der Dichter den historischen Moment ganz versteht und durchdringt; er bedarf dann keiner eingeflochtenen Motive aus dem gemeinen Leben, um die Sache interessant zu machen. – *Goethes Egmont* ist noch mehr aus Wirklichkeit und Fiktion zusammengeschmolzen; doch empfinden wir dies weniger, da das Ganze zur bloßen Fiktion gemacht ist, worin die Geschichte völlig verloren geht. Das ganze Stück ist ein bloßes Bild, eine Allegorie, worin sich der dramatische Sinn ganz auflöst; denn das Dramatische muß in der treuesten Wirklichkeit aufgefaßt werden.[159]

Shakespeare hat Schritt vor Schritt die Geschichte vor Augen, idealisiert nie eine historische Begebenheit und verändert nichts. Das Ideale in seinen Darstellungen rührt nur daher, daß er die Kraft hatte, die gegebene Erscheinung gänzlich als Offenbarung der Idee aufzufassen. Wir nehmen das innere Leben der Idee selbst wahr, belauschen unmittelbar die Handlungsweise der Vorsehung, um so deutlicher, je unverfälschter die Wirklichkeit vor uns steht. Jede Fiktion hebt diese Wirkung unfehlbar auf.

Fingierte Personen kann die Kunst im umgekehrten Sinne brauchen, indem sie uns in ihnen zeigt, wie das allgemeine Schicksal des Menschen eben das ist, was uns in jedem Momente des Lebens begegnet; wie in Beziehung auf dies allgemeine Schicksal alle Beispiele gleich gelten. Die fingierte Begebenheit ist ein Beispiel aus vielen, mit welchem wir alle übrigen menschlichen Begebenheiten, in Beziehung auf das menschliche Los überhaupt, als gleichbedeutend erkennen. Hier ist also am wenigsten erlaubt, durch Zusammenhäufung aller möglichen Vollkommenheiten | etwas Außerordentliches darzustellen. Es zeigt sich in diesem Bestreben nur die Eitelkeit des Dichters, der sich in seinen Tugendhelden selbstgefällig bespiegelt, und es entsteht so das gemeine Interessante, das gefährlichste Gift für die Kunst. – Gerade fingierte Menschen müssen in der Linie eines Durchschnittes genommen werden, mithin als gewöhnliche wirkliche Menschen erscheinen, nicht als außerordentliche, die wir nur glauben, wenn sie geschichtlich sind. Aber gerade der gewöhnliche Mensch muß zum treuen Abdruck der Idee des Menschen überhaupt werden, und insofern kann auch das Außerordentliche hier vorkommen mit Zurückführung auf den allgemeinen Mittelpunkt des Durchschnittes.

Auch in dieser Hinsicht ist *Shakespeare* das deutlichste Beispiel. Seine fingierten, oder von ihm aus der Tradition in Erdichtung verwandelten Tragödien zeigen uns den Durchschnitt des gemeinen Lebens; aber er gelangt von da aus an dem Faden des gemeinen menschlichen Schicksals bis an die äußersten Grenzen der Menschheit. So ist Hamlet durchaus kein außerordentlicher Charakter; die ganze Katastrophe ruht auf der Schwäche, die alle gewöhnlichen Menschen treffen kann: daß sie eine vortreffliche, als notwendig erkannte Handlung sich vorsetzen, durch ihre eigene Reflexion aber zu einer Feigheit erschlaffen, welche sie an der Ausführung hindert, indem sie sich scheuen, durch die Ausführung dem Vorsatz den idealen Charakter zu nehmen. Diese moralische Feigheit macht die Grundlage des Hamlet aus.[160] Wie weit weiß aber der Dichter von dieser Linie des gemeinen Lebens aus bis an die äußersten Grenzen des Furchtbaren zu gelangen! – Ebenso sind in *Romeo und Iulie* die Situation und die Hauptpersonen nichts Außer|ordentliches; es ist vielmehr eine alltägliche Natürlichkeit darin.[161] Das Verhältnis der beiden Liebenden entsteht zufällig, als eine ganz gewöhnliche Ballbekanntschaft durch bloßen Anblick auf dem Feste, nachdem Romeo schon von einer andern heftigen Liebe ergriffen war. Iuliens Erziehung durch Eltern, Amme, Beichtvater, Alles ist ganz gewöhnlich und aus dem gemeinen Leben gegriffen; auch der Jüngling weichlich, unentschlossen, schwach, kurz durchaus kein ausgezeichneter Charakter. Und nun sehen wir aus solchen gemeinen Verhältnissen Begebenheiten entstehen, in denen sich das ganze menschliche Schicksal und die Nichtigkeit aller menschlichen Dinge offenbart.

Die Gegenstände dürfen in der neueren Kunst nicht in *dem* Sinne symbolisch sein, daß in jedem einzelnen der ganze Begriff, die Idee selbst angeschaut wird. Das Schöne selbst muß durchaus *charakteristisch* aufgefaßt werden, und was man gewöhnlich das Ideal nennt, kann hier nur in der Beziehung des besonderen Charakters auf die Idee der ganzen Wirklichkeit, des Menschen überhaupt bestehen. Charakteristik ist hier die Hauptsache, aber eine ideale Charakteristik, die in der Beziehung des einzelnen Charakters auf die Idee des menschlichen Charakters überhaupt gegründet ist. Die äußeren Motive sind hier solche, die das Individuum als besonderes treffen. Deshalb muß in der neueren Kunst die *Leidenschaft* überwiegende Bedeutung haben, z. B. die Liebe, worin sich die ganze Individualität in der Richtung auf einen bestimmten Zweck erschöpft. Man darf aber diese Motive nicht in das Interessante verwandeln, indem man sie selbst als das Allgemeine auffaßt. Die Idee des besonderen menschlichen Geschickes muß im Verhältnis | zur Idee überhaupt gedacht werden, und der einzelne Charakter muß die wirkliche Existenz erschöpfen. – Die Neueren irren fast immer, indem sie eine besondere Leidenschaft als das Allgemeine ansehen, worauf das Wesen der Sache beruhe, da sie doch nur der Moment ist, worin sich die Existenz erschöpft.

Aus diesem Verhältnisse entsteht ein Gegensatz zwischen den besonderen Äußerungen des Charakters und dem allgemeinen Begriffe, worauf er zu beziehen ist. Die Liebe oder irgend eine andere Leidenschaft ist nur das besondere Motiv. Ebensogut können aber auch allgemeine Begriffe, z. B. Patriotismus, politisches Interesse u. dergl. das Herrschende sein, als dasjenige, was den gegenwärtigen Stoff in seiner Wirkung bestimmt. In beiden Fällen gehören diese Motive immer nur der Wirklichkeit an; die Idee des Grundverhältnisses der menschlichen Existenz macht den inneren Mittelpunkt auch des besonderen Charakters aus. – So ist in *Romeo und Iulie* das herrschende Motiv die Liebe. Der reflektierende Verstand sieht nun dies Stück als bloße Verherrlichung dieser Leidenschaft, und diese als das Wesentliche darin an, wodurch denn nur das Interessante entstände. Die Liebe ist aber hier nur das Bestimmende der wirklichen Erscheinung; der höhere Gedanke ist kein anderer, als der beständige der Kunst: das Verhältnis des Menschen zu der göttlichen Idee und die Vernichtung desselben gegen diese.

Auffallender noch als Beweis, daß auch allgemeine Motive nur das Bestimmende der Existenz sind, nicht das Wesentliche des Kunstwerkes, ist das *Spanische Drama*, worin die Motive der wirklichen Existenz ganz abstrakt als | allgemeine Begriffe aufgefaßt werden, die ein gewisses System ausmachen. Die Begriffe von Religion, Ehre, Liebe werden hier ganz abstrakt genommen; ihr Zusammenhang ist schon vorbereitet und ein für allemal fertig; jeder einzelne Fall muß sich akkommodieren. Eine solche Gesetzgebung über die Existenz ist für den Künstler darum sehr günstig, weil er nicht nötig hat, den Begriff erst zu entwickeln. Töricht ist es aber, zu glauben, daß die spanische Poesie besonders allgemeine Begriffe, wie Ehre, Religion, Liebe, zu verherrlichen trachte, und deshalb vorzüglicher sei, als jede andere; aus welcher falschen Vorstellung die neuere Schwärmerei für die spanische Kunst hervorgegangen ist. Diese bestimmten Stoffe, die der Existenz den Charakter geben, sind nicht das Wesentliche, wovon die Kunst ausgeht. Dieses ist eben dieselbe allgemeine Idee, welche nur durch die Entfaltung an gewissen Begriffen in die Wirklichkeit versetzt wird.

Mag also der Charakter durch besondere Leidenschaft, oder durch abstrakte Begriffe bestimmt werden, so dienen beide nur zur Bestimmung der Wirklichkeit; der Kunst aber nur insofern, als darin eine Entwicklung der Idee liegt. – Dabei darf man die Idee nicht als von der Wirklichkeit gesondert denken, wie dies in der Kunst der Alten der Fall ist. Hier wird vielmehr eben wegen jenes Gegensatzes die Idee selbst immer in ihre Beziehungen aufgelöst, und dadurch der ganze Standpunkt allegorisch.

Vergleichen wir das *Schicksal*, wie es in der *neueren* und in der *alten* Kunst erscheint, so finden wir es in jener in einer besonderen Gestalt, durch besondere Gegensätze und Beziehungen entfaltet, die sich aus dem indi|viduellen Charakter schöpfen lassen, so daß auf diesem Standpunkte der Charakter selbst das Schicksal ist, während bei den Alten umgekehrt das Schicksal der Charakter ist; denn es allein bestimmt die Besonderheit des Menschen. – So geht des *Oedipus* ganzer Charakter nur aus dem Schicksal hervor, welches über ihn verhängt ist. Das Einzelne ist bei den Alten nur Symbol, d.i. momentane Offenbarung der Idee.

In der neueren Kunst hingegen macht der Charakter das Schicksal des Menschen. Seine individuelle Beschaffenheit ist die Ursache seines Verhältnisses zur Idee. Daher fängt *Shakespeare* immer mit dem Charakter und der besonderen Situation an und läßt daraus das Schicksal sich entwickeln. So geht im *Hamlet* die eigentliche Entwicklung der Begebenheit aus dem Charakter der Persönlichkeit des Prinzen hervor, die ihn im Schwanken zwischen dem Vorsatz der Tat und deren Ausführung hält und seine Bestimmung zum Helden zu Grunde gehen läßt. Ebenso tritt in *Romeo und Iulie*, wo die individuelle Leidenschaft der Liebenden gegen den Streit der beiden Häuser sich entwickelt, die Persönlichkeit dem Schicksal trotzend entgegen.

Diese Wirklichkeit ist aber zugleich Entfaltung der Idee und muß als solche aufgefaßt werden. Je mehr der Charakter entscheidet, je mehr in der einzelnen Persönlichkeit der Quell der Begebenheiten ist, desto mehr muß die Beziehung allegorisch sein. Je mehr hingegen allgemeine Motive wirken, desto mehr gehen beide Seiten in einander über.

Für den ersteren Fall ist besonders *Richard III.* ein gutes Beispiel. Von dem individuellen schroffen Charakter gehen hier alle Begebenheiten aus.[162] Eben deswegen aber, | weil die besonderen Motive sich nicht auf eine allgemeine Regel zurückführen lassen, da die ausgesuchteste Bosheit einzig dasteht und nur historisch vorkommen kann, muß das Verhältnis dieses Charakters zu dem allgemeinen Loose der Menschheit durchaus allegorisch aufgefaßt werden, und dieses kann nicht in den Charakter selbst aufgehen. Daher ist in der Tat das

Ende rein allegorisch, und dieser Schluß hier ganz unerläßlich. Ein so einziger Charakter konnte nur durch bestimmt ausgesprochene Allegorie auf die Idee bezogen werden.

Je mehr hingegen der Charakter als Wirkung allgemeiner Begriffe erscheint, desto mehr muß sich die Idee zersetzen und in einzelne Motive trennen. Daher rührt in Shakespeare'schen Stücken dieser Art die Menge der einzelnen Betrachtungen und Selbstgespräche. So im *Hamlet* und im *Macbeth*,[163] wo die Charaktere als Beispiele unter allgemeine Begriffe gefaßt werden.

Der Charakter ist hier mit dem Schicksal dasselbe, und die Entwicklung desselben stellt uns das Verhältnis des Menschen zur Idee dar. Nur wo der Charakter Prinzip der ganzen wirklichen Erscheinung ist, kann er so überwiegen, daß er das Schicksal bestimmt. Dies ist in den *Wahlverwandtschaften*, dem größten tragischen Roman, der Fall, wo Alles vom Charakter ausgeht, und die ursprüngliche Anlage der Charaktere, ihre Individualität der Grund der ganzen Katastrophe ist.[164]

Es ist bereits gezeigt worden, daß der Mensch vorzugsweise das Schöne ist, aber auch alle *Naturgegenstände* in den Umfang der Kunst mit aufgehen können, 1) in | Beziehung auf die Idee der Natur überhaupt, 2) in Beziehung auf das menschliche Bewußtsein.

Wenn das allgemeine *menschliche Bewußtsein* der Punkt der Beziehung ist, so muß in demselben das Naturgesetz sich individualisieren; daher müssen die Naturgesetze in ihrem Verhältnisse zu demselben das persönliche Bewußtsein auf die allgemeinen Richtungen der Natur zurückbeziehen. Dies bewirkten die Alten durch die *Attribute*, wozu ihnen vorzugsweise die Tiere als symbolisch bedeutsam dienten; weniger die Pflanzen, die zu weit von dem individuellen Bewusstsein abstehen.

In der neueren Kunst verliert sich dagegen das menschliche Bewusstsein in die allgemeine Natur, und fühlt die Sehnsucht, sich in dieselbe aufzulösen. Daher findet sich hier mehr die Anwendung der Pflanzen, der Gegenden als Gegenstände der Kunst. Nur von diesem Gesichtspunkte aus, insofern der individuelle Mensch sein besonderes Bewusstsein in die Natur auflöst, kann man die Darstellung der Naturgegenstände in der neueren Kunst richtig würdigen, wobei es auf treue Nachahmung durchaus nicht ankommt.

Die Kunst hat zu allen Zeiten einen strengen, wesentlichen Unterschied zwischen dem göttlichen und irdischen Schönen gemacht; diese Begrenzung ist immer anerkannt worden. In der plastischen Kunst der Alten wird Niemand das Bild eines Gottes mit dem eines Heros verwechseln, welcher zum Irdischen gehört; es gibt in der alten Kunst eine durchaus erkennbare Grenze zwischen Göttern und Heroen. – Dasselbe findet auch in der christlichen Kunst statt. Die göttlichen Gegenstände sind durch ihr inneren Beziehungen von | den irdischen schlechthin geschieden. Historisches und Erfundenes wird immer als solches zu erkennen sein und darf nie an die Stelle des Göttlichen gesetzt werden. Gerade darin zeigt sich die Schwäche der ausartenden Kunst, daß sie diese Grenzen zu verwischen sucht, indem sie die göttlichen Gegenstände als bloß erscheinend darstellt, oder die irdischen durch Idealisierung zu göttlichen zu erheben sucht.

Das Erstere findet statt, wenn die Kunst in bloße *Technik* ausartet. Dies ist in der neueren Malerei seit der *Bolognesischen Schule* geschehen.[165] – Das falsche Idealisieren tritt ein, wenn die Kunst um alle positive Wahrnehmung des Göttlichen gekommen ist, wenn sie nichts Traditionell-Heiliges mehr hat, und daher das gemeine Erscheinende zum allgemeinen Begriff umdeutet. Dies ist heut zu Tage in der bildenden Kunst und Malerei der Fall. In den meisten der neuesten religiösen Bilder erscheinen die Gegenstände nur als fingierte, die durch Erhebung zum allgemeinen Begriff um ihre Besonderheit gekommen und bloß Beispiele des allgemeinen Begriffs sind. So sind die meisten Christusbilder aus der neuesten Zeit bloße Fiktionen, die ohne historisches, traditionelles Interesse einem abstrakten Begriffe genügen sollen. Dieses falsche Idealisieren offenbart sich am deutlichsten, wenn die bloße Wirklichkeit durch Steigerung zum Göttlichen erhoben werden soll. Es gibt hier keine Steigerung, sondern nur unmittelbare Verwandlung. – Die Wichtigkeit des Traditionellen in der Kunst leuchtet hiernach ein; die Klippen der Abstraktion machen die Kunst scheitern.

Obwohl aber das göttliche und irdische Schöne streng gesondert werden müssen, so muß es dennoch einen Übergang geben, in welchem begriffen Idee und Erscheinung | aufzufassen sind. Diesen gegenseitigen Übergang beider in einander bezeichnen die Begriffe des Erhabenen und des Schönen im engeren Sinn.

4. Vom Erhabenen und Schönen

Die Begründung beider Begriffe in dem notwendigen Verhältnis des Gegensatzes ist schon im ersten Teile gegeben worden. Hier muß gezeigt werden, wie dieser Gegensatz in der Kunst gerettet wird, da in der Theorie die Entgegengesetzten einander aufhoben.

Jedes Kunstwerk müssen wir immer zugleich als Akt auffassen, worin sich die Entgegengesetzten in einem bestimmten Momente begrenzen und dadurch als Tätigkeit und Faktum zugleich erkannt werden. Diese Begrenzung erscheint entweder als vollendeter Gegensatz (so im Göttlichen und Irdischen), oder sie muß als Akt erkannt werden in bestimmten entgegengesetzten Richtungen; und dies geschieht im *Erhabenen* und *Schönen*.

Sowohl mit dem Göttlichen, wie mit dem Irdischen muß notwendig zugleich entweder der Charakter des Erhabenen oder des Schönen verbunden sein; denn in jener Vollendung muß die Kunst zugleich als Tätigkeit erscheinen. (Vergl. die erste Unterabteilung dieses Abschnittes.) Die Kunst besteht im Übergang der Elemente, der aber immer ein einseitiger sein muß, indem die entgegengesetzten als gegeben vorauszusetzen sind. Sie kann von der Idee, oder von der Wirklichkeit ausgehen. Die Richtungen sind also entgegengesetzt. Nur bei dieser Voraussetzung kann in der Kunst Erhabenes und Schönes bestehen, was in der Theorie nicht möglich war. Die Richtung der Tätigkeit be|stimmt beide Begriffe, die hinwiederum der künstlerischen Tätigkeit den bestimmten Charakter geben, dagegen Göttliches und Irdisches das schon vollendete Kunstwerk bezeichnen. Allein die Tätigkeit wird auch hier als in den Stoff versenkt, nicht bloß subjektiv, betrachtet.

Erhabenes und Schönes bleiben immer gesondert. In jeder künstlerischen Erscheinung muß eins von beiden überwiegend sein; keine kann beides zugleich haben. Vergl. die Bemerkungen im theoretischen Teil über *Würde* und *Anmut,* welche die Verbreitung der Erhabenheit und Schönheit in die besondere Wirklichkeit ausdrücken.[166] – Jedes von diesen Prinzipien muß die ganze Kunst umfassen, und in der wirklichen Tätigkeit müssen beide immer geschieden werden. Sie fließen nie so in einander über, daß ein gemeinschaftliches Drittes entstände, wiewohl es notwendig ist, daß jedes von beiden in das andere übergeht. – Nur in dem inneren Organismus des Künstlers wird die Kunst universell.

Im Erhabenen und Schönen wird der Stoff immer nur bestimmt durch die Richtung der Tätigkeit, nicht durch seine Besonderheit und Allgemeinheit. Als einzelner Gegenstand oder abstrakter Begriff kann keins von beiden angesehen werden; denn in den bloßen wirklichen Stoffen ist das Erhabene und Schöne niemals künstlerisch gegenwärtig. – Die Meisten suchen die Erhabenheit in einzelnen Personen und einzelnen materiellen Handlungen. Dieses Streben, das Erhabene als bloße Erscheinung im Stoffe zu suchen, ist eine unglückliche, heut zu Tage nur zu gewöhnliche Verirrung, besonders in der Malerei. Gezwungene Physiognomien und Handlungen entstehen durch jenes Streben, den Personen selbst den Ausdruck des Erhabenen zu geben. So | wird die bildende Kunst *theatralisch* und *rhetorisch,* indem man dem einzelnen Stoffe die Eigenschaften gibt, die allein die tätige Kunst haben kann. Dies Rhetorische ist hier von der Seite der künstlerischen Tätigkeit ebenso verwerflich, als von der Seite der Gegenstände selbst das Interessante. – Ebenso verhält es sich mit dem Schönen. Wenn man der bloßen äußeren Erscheinung alle Eigenschaften beilegen will, so entsteht ein verkehrtes, unrichtiges und unmögliches Ideal mit rhetorischem Charakter. – Es kommt einzig und allein auf die künstlerische Tätigkeit an, die sich in den Stoff verwandelt hat.

Ein sehr gutes, aus der Malerei hergenommenes Beispiel gibt das Mißverständnis, daß man das Schöne in dem einzelnen Stoffe, besonders den Figuren, oder auch in dem Ganzen des Bildes, betrachtet als Stoff oder Gegenstand der gemeinen Erscheinung, sucht, ohne Rücksicht auf die künstlerische Idee. So hört man die sonderbarsten Urteile über *Correggio's* Werke,[167] weil darin fast nie eine einzelne Figur als gemeine Erscheinung schön sein würde. Wer nun hiernach urteilt, kann ein solches Werk natürlich nicht schön finden. Der Sinn des Schönen aber liegt nur darin, wie die künstlerische Tätigkeit das Werk durchströmt und das Ganze in einen Mittelpunkt vereinigt. Das Werk ist nicht in den einzelnen Figuren enthalten, sondern bloß in dem Akt, der alle Figuren in einen Moment der Wirksamkeit vereinigt. – Auch das ist nicht einmal richtig, daß das Schöne in dem materiellen *Ganzen* des Werkes zu suchen sei; es muß auf dem besonderen Standpunkte aufgefaßt werden, auf welchem der Künstler stand. – Es gibt freilich Arten der Kunst, wo dem Scheine nach die Schönheit | mehr im einzelnen liegt; diese Betrachtung gehört aber in die besonderen Künste.

Auch das Erhabene macht eigentlich der Standpunkt des Künstlers aus, wie er sich ganz in den Stoff versenkt hat. Einzelne Personen der Kunst können nie für sich erhaben sein.

Wie Erhabenes und Schönes selbst im Verhältnis zur Kunst erscheinen, ist im theoretischen Teile bereits hinlänglich entwickelt. Hier können nur noch die technischen Hilfsmittel für beides aufgestellt werden, die aber nicht in unsere philosophische Darstellung gehören. – Übrigens versteht sich von selbst, daß weder das Erhabene noch das Schöne, weder Würde noch Anmut erkünstelt werden darf, was bei der Würde und Anmut am häufigsten geschieht.

Dritter Abschnitt

Von dem Organismus des künstlerischen Geistes

Das künstlerische Genie und das Kunstwerk stehen einander gegenüber. In jenem ist die Idee als Prinzip lebendig und gegenwärtig; in dem Kunstwerk ist die Tätigkeit der Idee abgeschlossen und gesättigt in der Wirklichkeit. Daher ist sowohl das künstlerische Genie, wie das Kunstwerk, etwas ganz Universelles, Selbständiges. Zwischen beiden lebt die künstlerische Tätigkeit, deren Quell das Genie als das vorher Gegebene, und deren Produkt das | Kunstwerk ist. Die zwischen beiden Endpunkten liegende Tätigkeit ist uns das Wichtigste.

Das Schöne als Stoff der Kunst ist die Tätigkeit des Künstlers selbst, betrachtet als Symbol, oder das Kunstwerk von Seiten seines inneren Geistes angesehen. Diesem steht der Gegensatz des Schönen und Erhabenen gegenüber, der an dem Kunstwerk aufgefaßt wird, aber ein Gegensatz der Tätigkeit selbst ist, sofern diese von der Seite des Kunstwerks aus erkannt wird.

Aber auch die Tätigkeit, rein als solche betrachtet, muß einen zwiefachen Standpunkt haben: 1) die Tätigkeit als Idee; 2) die Tätigkeit, wie sie sich im Stoffe abschließt. Diese beiden Seiten unterscheiden wir durch die Ausdrücke: *Poesie* und *Kunst im engeren Sinn.* – Die Poesie ist etwas der Kunst Allgemeines, das innere Wirken der Idee; die Kunst, die Vollendung der Idee in ihrer Erscheinung.[168] Auf der Seite der reinen Tätigkeit verhält sich die Kunst zur Poesie, wie auf der Seite des Kunstwerkes der Gegensatz des Erhabenen und Schönen zu dem Schönen als Stoff der Kunst im göttlichen und irdischen Schönen. Die Poesie ist hier die Hauptsache, wie dort der Stoff; die Kunst macht hier nur den Schluß, wie in dem vorigen Abschnitt des Erhabene und Schöne.

Der Gegensatz zwischen Poesie und Kunst muß zuerst noch näher entwickelt werden. Wir dürfen beide nicht durch Abstraktion sondern, nicht annehmen, die Poesie bestehe bloß in der Erfindung eines allgemeinen Planes für das Kunstwerk, ohne Rücksicht auf die Materie, also in dem bloßen Vorsatz.

Ebensowenig dürfen wir unter Kunst das Technische, die bloße mechanische Bearbeitung der Stoffe | verstehen. Trennte man Kunst und Poesie auf diese Weise, so entstände die Betrachtungsart des gemeinen Lebens, die Zweck und Mittel, Entwurf und Ausführung scheidet – eine Trennung, welche durch Abstraktion geschieht, nur dem gemeinen Bewußtsein zukommt, und nicht der philosophischen, sondern der empirischen Betrachtung angehört.

In Rücksicht auf das Handeln des Künstlers ist für uns Poesie und Kunst eins und dasselbe; es ist derselbe Akt, der auf der einen Seite Poesie, auf der andern Kunst ist. Das bloße Wollen ist freilich etwas anderes, als das Vollbringen; der bloße Entwurf kann nie das Kunstwerk ausmachen; dem Künstler aber ist Wollen und Ausführung Eins. – Die Kunst ist dieselbe Wirksamkeit, wie die Poesie, nur betrachtet von der Seite der äußeren Vollendung. Die ganze Vollendung vom ersten Gedanken bis zum letzten Striche der Ausführung liegt immer noch innerhalb der Idee, aber auch ebensogut innerhalb der Sphäre der Kunst oder der äußeren Darstellung.

Wir betrachten zunächst die Poesie selbständig als die gesamte künstlerische Tätigkeit für sich, und sprechen mithin

1. Von der Poesie im Allgemeinen und von ihrer Einteilung

Die Poesie für sich ist das innere Wirken der Idee im künstlichen Geiste. Sie ist demnach eine höhere Tätigkeit außerhalb des Künstlers, der allgemeine Weltgedanke, die Idee überhaupt. Indem aber eine solche allgemeine Wirksamkeit im Bewußtsein ist, muß sie zugleich, um in die Wirklichkeit überzugehen, das Bewußtsein des Künstlers anfüllen. |

Der menschliche Geist kann von sehr verschiedenen Seiten angesehen werden; hier kommt er in Betracht von Seiten der in ihm lebendig tätigen Idee. Wir müssen die Fähigkeit des Geistes, die ein solches Wirken der Idee möglich macht, oder vielmehr die Entwicklungsstufe des ganzen Geistes, auf welche er durch diese Wirksamkeit der Idee gestellt wird, mit einem Ausdrucke belegen. Diese Stufe des Bewußtseins, wo die künstlerische Idee in ihm tätig ist, nennen wir *Phantasie*.[169] Im Allgemeinen ist Phantasie jede Äußerung der Idee im Bewußtsein; insbesondere unterscheidet sich die künstlerische von der religiösen.

Häufig verwechselt man die *Phantasie* mit der *Einbildungskraft*, welche ganz der gemeinen Erkenntnis angehört, und nichts anderes ist, als das menschliche Bewußtsein, insofern es die ursprüngliche Anschauung in dem zeitlichen Zusammenhang ins Unendliche wieder herstellt.[170] Die Einbildungskraft setzt immer die Spaltungen der gemeinen Erkenntnis: Abstraktion und Urteil, Begriff und Vorstellung voraus, und sucht diese Spaltungen zu vermitteln, indem sie dem allgemeinen Begriffe die Gestalt der besonderen Vorstellung und dieser die Form des allgemeinen Begriffes leiht. Sie bezieht sich mithin immer auf die Widersprüche des gemeinen Verstandes.

Die Phantasie hingegen geht von der ursprünglichen Einheit dieser Gegensätze in der Idee aus, und bewirkt, daß die entgegengesetzten Elemente, die sich aus der Idee abscheiden, auch in der Wirklichkeit nach verschiedenen Richtungen sich vollständig vereinigen. Durch sie sind wir fähig, höhere Gegenstände, als die des gemeinen Erkennens wahrzunehmen, Gegenstände in denen wir die Ideen selbst als | wirklich erkennen. In der Kunst ist die Phantasie die Fähigkeit, die Idee in Wirklichkeit zu verwandeln. – Es ist in der Phantasie eine wunderbare Verschmelzung der Einheit der Idee mit den Gegensätzen der Wirklichkeit. Gerade dieses Verhältnis aber erfordert notwendig eine Sonderung der Phantasie in sich selbst.

Die Phantasie an sich, sofern sie das Auffassen der Idee als Wirklichkeit ist, kann nur bestehen durch Übergang der Idee in die Wirklichkeit. Fassen wir nun das Ganze zuerst als Idee auf und die Tätigkeit nur als Entwicklung derselben in die Wirklichkeit hinein, so haben wir die *Phantasie im engeren Sinn*, oder die Phantasie der Phantasie.[171] – Fassen wir die Wirklichkeit als das Erste oder als etwas für sich Bestehendes auf und setzen die künstlerische Tätigkeit darein, daß sie in der Wirklichkeit das Leben der Idee entwickele und jene auf diese zurückführe, so nennen wir dies die *Sinnlichkeit der Phantasie*, worunter nicht die gemeine Sinnlichkeit zu verstehen ist.[172] – In dem Dritten aber, dem Mittelpunkte beider, muß der Künstler Idee und Wirklichkeit so auffassen, daß beide in einander aufgehen, und zwar in der Wirklichkeit. Dieses Dritte, worin Idee und Wirklichkeit ganz in einander aufgehen, ist das Denken oder der *Verstand der Phantasie*.[173] Dies ist das Höchste der künstlerischen Tätigkeit und für die Kunst dasselbe, was die Dialektik für die Philosophie; daher wir es auch die künstlerische Dialektik nennen können.

Wir haben nun diese drei Momente in der angegebenen Ordnung zu untersuchen. Es fragt sich zuvörderst: wie sollen wir uns die *Phantasie* im engeren Sinne denken? Ist die Idee hier der Begriff, welchem die Tätigkeit nur | besondere Gestaltung geben soll? – Diese Ansicht kann nicht die richtige sein; denn sie setzt ein abstraktes Verhältnis voraus. Soll aber die Phantasie von der Idee als Einheit der Gegensätze ausgehen und die Wirklichkeit als die Sphäre derselben betrachten, so können beide nicht in einander übergehen.

Die Phantasie muß allerdings von der Idee ausgehen, aber in zwiefacher Richtung. Sie muß die Idee in ihre Gegensätze zerlegen, die ihre Wirklichkeit ausmachen; sie muß den Gegensatz des Allgemeinen und Besonderen als schaffenden Gegensatz der Idee selbst annehmen, die sich selbst vom Allgemeinen zum Besonderen, oder von dem Besonderen der Erscheinung zum Allgemeinen bewegt, und jenes in seinem Verhältnis zu diesem so darstellen, wie es in der Idee, nicht wie es in der gemeinen Wirklichkeit ist.

So findet hier zwischen *Phantasie* und *Sinnlichkeit* ein ähnliches Verhältnis statt, wie zwischen Symbol und Allegorie. Die Phantasie unterscheidet sich von der Sinnlichkeit dadurch, daß sie diese Richtungen von der Einheit der Idee aus entwickelt, und diese immer als das Gegenwärtige ansieht, dagegen in der Sinnlichkeit die Gegensätze selbst als Idee aufgefaßt, in der Wirklichkeit selbst die Idee gefunden und mithin die Wirklichkeit als Idee behandelt wird.

Auf beiden Seiten müssen wieder zwei Richtungen unterschieden werden: in der *Phantasie* eine *bildende*, die das Symbolische bewirkt;[174] eine *sinnende*, welche die Allegorie hervorbringt;[175] in der *Sinnlichkeit*: die Richtung der *sinnlichen Ausführung*, und die der *Empfindung*, wozu die Rührung gehört und besonders der Zustand des Gemütes, worin die Stimmung selbst der Begriff wird, was wir den *Humor* nennen. – Auch der | *Verstand der Phantasie* hat zwei Richtungen: 1) die symbolische, die den Begriff als wirklich darstellt, die *kontemplative*; 2) der Witz der die Gegensätze der Idee aufhebt. Beide werden als absoluter Akt in den Mittelpunkt zusammengefaßt durch die *Ironie*. – Das hier nur Angedeutete muß nun genauer entwickelt werden.

Es ist notwendig, daß die künstlerische Tätigkeit verschiedene Richtungen nimmt; sonst fiele sie in die absolute Einheit des Bewußtseins zurück. Entweder die Idee muß vorausgesetzt werden, oder die Wirklichkeit, die in die Idee versenkt wird. Jenes erstere Bestreben macht die Phantasie im engeren Sinne, das letztere, welches die Wirklichkeit im Lichte der Idee darzustellen sucht, die Sinnlichkeit aus, worunter nicht, wie auf dem Standpunkte des gemeinen Bewußtseins, das bloße Haften an den wirklichen sinnlichen Stoffen zu verstehen ist.

Wir dürfen die Idee nicht als den allgemeinen Begriff denken, sondern als das Innere, worin Begriff und Vorstellung eins und dasselbe sind, das universelle Bewußtsein. Soll aber die Idee Tätigkeit sein, so muß sie vom Allgemeinen zum Besonderen und vom Besonderen zum Allgemeinen fortschreiten. In jenem Falle muß sie den Begriff darstellen als sich selbst und sein Besonderes umfassen. Geht aber die Tätigkeit vom Besonderen zum Allgemeinen fort, so wird sie den Zwiespalt zwischen beiden zu Grunde legen, das Einzelne auf das Allgemeine zurückbeziehen und beides in der Idee vereinigen müssen.

Hierdurch entsteht der Unterschied zwischen *bildender* und *sinnender Phantasie*. Jene ergreift den Begriff selbst als lebendige Idee und stellt ihn als solche dar; sie | ist die eigentliche *symbolische* Wirksamkeit. Die sinnende Phantasie hingegen ist die *allegorische*; auch in ihr finden wir Begriff und

Besonderes in der Idee vereinigt, jedoch so, daß beides durch Beziehung, durch Reflexion in die Idee versenkt wird und in dieser Beides gegenwärtig erscheint, aber in seiner Beziehung. Die bildende Phantasie stellt den Stoff symbolisch, die sinnende allegorisch dar. Beide Richtungen liegen nur im Gebiete der Phantasie.

Man könnte einwenden, wir denken uns die Phantasie als eine Kraft zu schaffen; nach dem Gesagten aber scheine mehr ein Denken darin wirksam zu sein, zumal bei der sinnenden Phantasie, die uns Besonderes und Allgemeines in der Beziehung zeigt; doch auch bei der bildenden Phantasie, die den Begriff als Besonderheit darstellen soll. Der Begriff muß also als solcher schon ganz abgegrenzt, es muß ein besonderer abstrakter Begriff, kein allgemeiner sein. Diese Abgrenzung des Begriffes aber ist Sache des Denkens. Hieraus ergibt sich jedoch nur, daß auch in der bildenden und sinnenden Phantasie der Verstand wirkt. Phantasie und Sinnlichkeit sind eigentlich nur das Werden des künstlerischen Standpunktes, der erst in der Vereinigung beider, dem Verstande der Phantasie, vollständig vorhanden ist.

Die Vorstellung eines instinktmäßigen Treibens ist ganz unrichtig; der künstlerische Standpunkt ist ein Standpunkt der Einsicht, der verstandesmäßigen Erkenntnis, und das Denken bleibt die innerste wesentliche Kraft der Kunst. – Die ebenso verkehrte entgegengesetzte Vorstellung, als sei die Kunst bloße Nachahmung eines schon bestehenden Verhältnisses, wonach das Schöne theoretisch betrachtet wird, entsteht durch das Hervortreten der anderen bloß mechanischen | Seite der Kunst, indem man nicht einsieht, daß auch im Praktischen der Verstand überwiegend wirksam sein kann.

In beiden Arten der Phantasie ist also der Verstand höchst tätig. Wir scheiden die Phantasie nur deswegen aus, weil die Kunst in ihrer Universalität nicht bloß den Mittelpunkt, sondern auch die Extreme des Bewußtseins befaßt, und notwendig befassen muß, weil die Kunst nicht ruhende Erkenntnis, sondern Tätigkeit ist, die nach entgegengesetzten Richtungen wirkt. So wie beim Bilden die Erkenntnis des Gegensatzes zwischen Allgemeinem und Besonderem vorausgesetzt werden muß, so gibt es auf der anderen Seite kein Sinnen der Phantasie ohne Annahme einer ursprünglichen Einheit der Gegensätze.

Die *bildende Phantasie* ist die Tätigkeit, durch welche der Begriff sich selbst eine bestimmte Gestalt gibt, aber als lebendige Idee gedacht. Der Begriff kann mithin kein bloß allgemeiner, nicht das Selbstbewußtsein überhaupt sein, sondern ein schon durch Eigenschaften bestimmter Begriff. So stehen in der Kunst der Alten die Gestalten der vielen Götter als individualisierte Begriffe neben einander. – Soll die Idee sich gestalten, so kann sie dies nur, indem der Begriff ein bestimmter ist, und dieser als Wirklichkeit angenommen wird. Apollon's Begriff ist durch besondere Eigenschaften nicht als Gattungsbegriff bestimmt, sondern als lebendiges Dasein der Idee, die sich in seinen Attributen und Handlungen äußert. So haben alle Gottheiten, auch Zeus, bestimmte Charaktere und erscheinen nicht als selbstbewußte Wesen überhaupt, sondern als Wesen, die gerade mit diesen und keinen anderen individuellen Eigenschaften angefüllt sind, welche Eigenschaften eben ihr Dasein aus|machen. Es ist die Wirkung der bildenden Phantasie, daß der Charakter hier zugleich das Dasein macht, und der Begriff, der sich selbst ein Dasein gibt, ein bestimmter ist.

Weil aber der Begriff sich so bestimmt gestaltet, muß zugleich eine allgemeine Beziehung zu Grunde liegen; daher steht hier das *Schicksal* als bloßer Gedanke den einzelnen Gestaltungen der Idee gegenüber.

Die wirklichen Handlungen des Begriffes müssen durch denselben beherrscht sein, da die Tätigkeit aus dem Begriffe auf das Besondere übergeht. Daher findet hier nie eine so sinnliche, wirkliche Lebendigkeit statt, wie in der Sinnlichkeit. Es tritt deutlich hervor, daß die Gestalten Darstellungen eines Begriffes sind, und die Erscheinung wird dadurch gleichsam unterdrückt, indem die bildende Phantasie sich ihre eigene Natur schafft. Dies nennen Viele Idealisieren; allein dieses Idealisieren verliert sich nicht ins Abstrakte. Die Körpergestalten der alten Gottheiten sind in der Tat nicht der wirklichen Natur nachgebildet; sie sind nach einem Begriff ersonnen; aber dieser Begriff ist nichts Abstraktes, sondern muß durch das System von Gedanken bestimmt sein, worin er vorkommt. Der Begriff der menschlichen Gestalt überhaupt kann sich nie verwirklichen; soll sich der Begriff eine Gestalt geben, so muß er schon ein bestimmter, modifizierter sein.[176]

Manches erscheint uns in der alten Kunst als Wirkung der rohen Behandlung des Stoffes, was in der schroffen Bestimmung des Begriffes seinen Grund hat. So darf man das Harte und Unnatürliche der *Ägyptischen* Göttergestalten nicht allein aus mangelhafter Technik oder Naturkenntnis erklären. Der wesentliche Grund liegt darin, daß | die Aegypter sich ihre Gottheiten unter so schroff begrenzten Begriffen dachten, daß sie dieselben nicht anders, als durch Abweichung vom Natürlichen erreichen konnten. Daher haben die Tiergestalten der Ägypter weit richtigere Bildung, als die immer steifen menschlichen Figuren.[177] Dasselbe gilt, nur im geringeren Grade, auch von den griechischen Bildwerken der *Aeginetischen* Schule, die nach dem Ausdruck des *Pausanias* roher, aber göttlicher waren, als die Werke der späteren Kunst.[178]

Hieraus erklärt sich auch, daß die ältesten *Hetrurischen* und die *Alt-Griechischen* Bildwerke außer dieser scharfen Gestalt immer in sehr angespannter Tätigkeit und Bewegung erscheinen.[179] In die Handlung mußte die ganze Bestimmtheit des Begriffes übergehen; sie durfte nicht als eine zufällige, aus der gemeinen Möglichkeit hergenommene erscheinen; sie mußte daher eine typische Handlung sein, durch welche sich ein Begriff unmittelbar offenbart.

Gerade in den Perioden der Kunst, wo die Phantasie am lebendigsten ist, pflegt der Kreis derselben ein durchaus beschränkter und begrenzter zu sein; denn außer diesem Kreise würde die Phantasie nichts Bestimmtes mehr bilden können. Dies finden wir bei den *Griechen*, deren Ideenkreis für die Phantasie durchaus beschränkt ist, und bei denen alles materiell begrenzte Gestalt annimmt. Daher rührt das kindliche Ansehen dieser Schöpfungen der Phantasie.

Dies zeigt sich besonders deutlich durch das Gegenteil, welches entsteht, wenn spätere Künstler in das Gebiet der schaffenden Phantasie zurückzukehren suchen, wo sie denn gewöhnlich an der Allgemeinheit scheitern. So gerät *Klopstock* in eine unendliche Öde von Formlosigkeit, weil er | immer etwas Allgemeines, Abstraktes in begrenzter Gestalt darstellen will. Unsere Fassungskraft hört bei manchen Schilderungen auf, weil sie nicht bestimmte Begriffe, sondern bloße Abstrakta sind, die keine Gestaltung dulden.[180] Der Begriff des Göttlichen ist bei Klopstock ein allgemeiner, abstrakter, und es entsteht daher mehr ein Räsonnement mit Begriffen, als eine Darstellung derselben. – Bei den Alten sind die Vorstellungen von Weltraum eng begrenzt; die Begriffe scharf bestimmt; nur dadurch wird es möglich, sie in begrenzte Gestalt zu fassen. Es ist daher eine vergebliche Mühe in späteren Zeiten, in das Reich der schaffenden Phantasie sich zurückversetzen zu wollen. Jeder Künstler wird unter äußeren Bedingungen geboren, und ist selbst ein gegebenes Faktum dieser Bedingungen.

Wegen der scharfen Bestimmung der Begriffe muß notwendig in dieser Sphäre der schaffenden Phantasie das Allgemeine einen allegorischen Charakter erhalten; daher wird alle *Reflexion* in diesem Gebiete *allegorisch*. Die besten Beispiele davon liefern unter den griechischen Dichtern *Aeschylus* und *Pindar*. Besonders bei dem Letzteren sind die allgemeinen Reflexionen, z. B. die sittlichen Lehren, wie auch die besonderen Darstellungen einzelner Geschichten immer ganz allegorisch gedacht, so daß sie nicht unabhängig für sich als Symbol, sondern bloß durch ihre Beziehung verständlich sind. Die Reflexion begibt sich hier ins Allgemeine, Abstrakte. Bei Aeschylus greift eben daher der Chor nicht so in die Handlung ein,[181] wie bei Sophokles, sondern hat eine allgemeine allegorische Bedeutung; und auch die einzelnen Vorfälle stehen mit der Hauptbegebenheit immer in allegorischer Beziehung als Vorbedeutung, Wiederholung | u. dergl. So erzählen im *Agamemnon*[182] die Chöre meistens Begebenheiten aus der Geschichte der Pelopiden,[183] die als Vorbedeutungen oder als Gegenbilder hingestellt werden, ohne geradezu in die Handlung verflochten zu sein. Dies Gegenbildliche aber ist eben das Allegorische.

In der bildenden Phantasie finden wir den schaffenden Geist noch auf dem Wege vom Göttlichen in die Wirklichkeit. Daher ist das Wirkliche hier niemals ganz ausgebildet. Dies ist weit mehr der Fall auf dem Standpunkte des künstlerischen Verstandes, wo diese Bestandteile inniger in einander greifen.

Die *sinnende Phantasie* besteht in der Auffassung der Gegensätze der Wirklichkeit und Auflösung derselben in die Idee. Sie beginnt von dem Besonderen, von der gegebenen Mannigfaltigkeit, aber immer mit Beziehung auf den Begriff. Die besondere Erscheinung und ihr Begriff soll durch Beziehung in die Idee zurückversetzt werden. Mit diesem Sinnen ist aber zugleich ein Schaffen verbunden, indem durch die Beziehung die Stoffe bestimmt und für die Kunst das werden, was sie sein sollen. Das Bestreben, sie in der Idee zusammenzufassen, ist ein Schaffen.

Auch hier muß der gegebene Stoff anders erscheinen, als in der Wirklichkeit. Es kommt hier auf den allgemeinen Zusammenhang der Dinge an, die durch die inneren verbindenden Beziehungen zu etwas Höherem werden und deren Wirklichkeit nur etwas ist in Beziehung auf diesen Zusammenhang. Daher ist diese ganze Phantasie *allegorisch*. Die ganze Wirklichkeit ist nur da und hat ihre Bedeutung nur in der Idee unter der Gestalt der Begriffe, worauf sie bezogen wird. Es entsteht daraus eine große | Paradoxie für den gemeinen Verstand, weil hier durch die Phantasie die bekannten Gegenstände der Wirklichkeit in ein ganz verändertes Licht gestellt werden.

Die Idee kann aber auch hier nicht die ganz allgemeine sein; der Begriff muß ein bestimmter sein, auf den das Besondere sich bezieht, und der daher als die Wirklichkeit selbst, nur in allgemeiner Gestalt, erkannt wird. Daher geht diese Phantasie immer auf das Allgemeine und Universelle, da der Begriff des bestimmten, faktisch gegebenen Universums ist.

Dies zeigt sich am besten an *Dante's* divina Commedia.[184] Der Dichter geht von der wirklichen Welt aus; die Besonderheiten sind bekannte Personen, Lokalitäten, Vorfälle; Alles gründet sich auf die gegenwärtigste Wirklichkeit. Alle Besonderheit aber ist bezogen auf den Begriff des Universums, und zwar als eines begrenzten, bestimmten Individuums, nicht eines Abstraktums, wie bei Klopstock. Daher findet sich durchgängig Verflechtung der wirklichen Welt und des Begriffes, der aber durch die sinnende Phantasie selbst ein wirkliches bestimmtes Ding geworden ist.

Nichts in diesem ganzen Gebiete kann ohne seine Beziehung verstanden werden. Daher wird auch das Werk der sinnenden Phantasie nicht so leicht, wie das der bildenden, mit der gemeinen Natur und Wirklichkeit verwechselt. Mißt man die Werke der bildenden Phantasie gern nach dem Maßstab der gemeinen Natur, so wird hingegen bei Dante niemand leicht auf den Gedanken kommen, daß seine barocken Bilder aus der Ungeschicklichkeit herrührten, die Wirklichkeit darzustellen; sondern jeder bemerkt, daß sie nur durch ihre Bedeutung das sind, was sie sind. Diese Ge|staltungen können nur aus dem Zusammenhang des ganzen Universums richtig betrachtet werden. – Gemeinschaftlich aber bilden diese Bestandteile in Dante's Werk wieder etwas ganz Symbolisches, da das Einzelne nur allegorisch gefaßt werden kann. Umgekehrt ist es in der bildenden Phantasie, wo das Einzelne immer von einer schroffen Allegorie begleitet ist.

Allgemeines und Besonderes vereint sich also wieder zum Symbol, und das Ganze würde ganz Symbol werden, wenn nicht eine gewisse bestimmte Bedeutung damit verbunden wäre. In dieser Rücksicht ist ein Werk der sinnenden Phantasie lange nicht so universell, wie das der bildenden. Jedes besondere Symbol erhält durch die bildende Phantasie den Begriff der Idee überhaupt, also eine absolute Universalität. Bei der sinnenden Phantasie kann dies nicht der Fall sein; das Werk derselben ist universell in Hinsicht des Stoffes, nicht universell in Rücksicht auf den Standpunkt, von welchem man es auffassen muß. Es wird immer ein bestimmter Schlüssel des Rätsels erforderlich, eine besondere Stimmung und ein bestimmter Standpunkt des Künstlers vorauszusetzen sein. Kann man diesen nicht finden, so muß ein solches Werk barock und wunderlich erscheinen. Das Gebilde aus dem Allgemeinen und Besonderen kann in dem wirklichen Werke nicht den allgemeinen gleichgültigen Charakter haben, da sonst die Beziehung wegfiele.

Beim Aeschylus ist gerade das Verdienstliche, daß die Begebenheiten erscheinen, wie unter Menschen überhaupt dem allgemeinen Schicksale nach; so auch im Homer, wo die Personen überwiegend den allgemeinen Charakter der Menschlichkeit haben. In der neueren Kunst hingegen ist | eine bestimmte historisch gegebene Form der Idee, ein besonderes Universum vorauszusetzen. Im *Dante* z. B. ist der Gesichtspunkt der katholisch-theologische der Zeit mit bestimmter moralisch-dogmatischer Ansicht.

In der Darstellung durch die sinnende Phantasie ist ein lebhaftes, kräftiges, gewaltsames Streben zu erkennen, wie in der bildenden; nur daß in dieser die äußere Tätigkeit schroff erscheint, in der sinnenden hingegen die innere mystische Tätigkeit vorwaltet. Daher hat hier das *Mystisch-Wunderbare* vorzügliche Bedeutung. Dies ist besonders bei *Dante* im *Fegefeuer* und im *Himmel* der Fall, wo alle Tätigkeit als eine geistige, in die Tiefe gehende Anspannung erscheint, die aber gerade die größte Wirkung hervorbringt.

Soll die Idee Wirklichkeit werden, so muß diese als angefüllt von der Gegenwart der Idee aufgefaßt werden. Dies ist es, was wir die künstlerische *Begeisterung* nennen.[185] Die Idee selbst muß aber dabei zugleich in die Gegensätze der Wirklichkeit übergegangen sein, die sich gegen die Idee aufheben. Es ist also eine Aufhebung der Idee selbst damit verbunden, und diese gibt dem künstlerischen Gemüt die Stimmung, welche wir die *Ironie* nennen. Wo die Kunst noch nicht ganz abgeschlossen und vollendet ist, da waltet eine von beiden Stimmungen, Begeisterung oder Ironie vor; nur in der Vollendung der Kunst vereinigen sich beide.

Phantasie und Sinnlichkeit aber sind solche einseitige Richtungen, in denen noch das Werden der Kunst erscheint. Auf jedem dieser beiden Standpunkte muß mithin eines von jenen Elementen überwiegen. – In der Phantasie ist ein | Schaffen der Wirklichkeit, also ein Hineinsteigen der Idee in die Wirklichkeit, und dies eben ist Begeisterung. In der Phantasie zeigt sich also vorzugsweise die *Begeisterung*, als die unmittelbare Gegenwart der Idee in der Wirklichkeit, so daß jeder Moment derselben ein Punkt ist, worin die Idee sich erzeugt, und somit das Allgemeine in sich hat, während durch die Ironie umgekehrt das Allgemeine in jedem Moment ein Besonderes wird und sich dadurch selbst aufhebt.

Die Begeisterung erscheint als etwas Unbewußtes, als ein Wirken der Idee, das sich unmittelbar im Stoffe darstellt. Daher ist der Charakter dieser Werke eine gewisse *Gleichgültigkeit* des künstlerischen Gemütes, ein Versinken in den Gegenstand, und eben diese Gleichgültigkeit reißt uns von jeder Besonderheit los und setzt uns in eine höhere Stimmung. – Man hat diese erhabene Gleichgültigkeit in neuerer Zeit auch wohl *Objektivität* genannt; dieser Ausdruck aber befördert die Täuschung, als wäre hier bloß von dem Gegensatz zwischen Objekt und Subjekt die Rede. In dem bloßen Objekte wäre kein fixierter Begriff, der gerade in diesen Werken ihrem wesentlichen Charakter nach sein muß.

Mit dieser Begeisterung aber muß notwendig zugleich eine gewisse Äußerung der *Ironie* verbunden sein; denn ohne Ironie gibt es überhaupt keine Kunst. Soll sich die Idee in die Wirklichkeit verwandeln, so muß das Bewußtsein in uns wohnen, daß sie dadurch zugleich in die Nichtigkeit eingeht. Verlöre sich der Künstler ganz in die Gegenwart der Idee in der Wirklichkeit, so würde die Kunst aufhören, und eine Art Schwärmerei, ein Aberglaube an die Stelle treten, der die fixierten Begriffe in den Objekten | sinnlich zu finden glaubt. Der Künstler muß sich bewußt sein, daß sein Werk Symbol ist, daß die Idee nur unter fixierten Begriffen in die Wirklichkeit eingeht, daß sich mithin im Symbol die Idee als reine Tätigkeit auflöst.

Das Bewußtsein des Künstlers, daß seine Werke Symbol sind, ist aber nicht ein Bewußtsein, daß er absichtlich täuscht und das, was er darstellt, nicht wahr ist, sondern daß er die Idee nur unter fixierten Begriffen in der Wirklichkeit schauen kann, wodurch die Idee selbst sich auflöst. – Es ist daher auch bei den Alten immer eine unschuldige Ironie vorhanden, selbst im *Homer*, der ohne diese Ironie den zauberischen Reiz nicht haben könnte. Nähmen wir an, Homer habe Alles geglaubt, was er von seinen Göttern erzählt, so erschiene alles als platter Aberglaube. Die Willkür, mit welcher er mit jenen Gestalten spielt, die Kindlichkeit, mit der er den Göttern alle Schwächen der Menschen beilegt, macht die Ironie aus. Die bloße Objektivität würde etwas ganz Rohes hervorbringen. – Selbst in der kindlichen unbewußten Begeisterung ist die Ironie wesentlich enthalten, und sie gerade bringt den hohen Reiz hervor. Der künstlerische Geist behandelt das Höchste und Größte zugleich als ein Spiel seiner Willkür.

Die künstlerische Begeisterung muß sich vorzugsweise in der *bildenden Phantasie* äußern; denn eben das Bilden ist das ursprünglichste, erste Geschäft der Phantasie. – In der sinnenden Phantasie ist nicht diese Universalität der künstlerischen Tätigkeit; es hängt hier Alles mehr von dem Stoffe ab, und muß auf eine bestimmte Weise der Welterkenntnis zurückgeführt werden; daher eine bloße Vermittlung zwischen der Wirklichkeit und der Idee stattfindet. | Eine so vollkommene künstlerische Vollendung haben daher die Werke der sinnenden Kunst nicht, wie die der bildenden. – In der Sinnlichkeit wird die Ironie überwiegend und die Begeisterung untergeordnet, was am deutlichsten im Humor hervortritt. Auf dem Standpunkte der Phantasie nähert sich die bildende Phantasie am meisten dem Mittelpunkte der Kunst, weil die Begeisterung darin am höchsten ist und die Ironie doch auch als Widerschein sichtbar wird.

Es fragt sich nun noch: wie äußern sich *Sinnlichkeit* und *Verstand* da, wo die Phantasie überwiegend ist? Beide können unmöglich vollkommen in die künstlerische Tätigkeit übergehen; denn die Phantasie ist hier noch eine einseitige Richtung. Wo sich daher Verstand und Sinnlichkeit in den Werken der Phantasie zeigt, sondert sich beides ganz ab und erscheint fast als unkünstlerisch, nicht in das Ganze verflochten. Die epische Poesie ist vorzugsweise diesem Standpunkte gemäß; aber auch die dramatische muß in ihren Enden überwiegend der Phantasie oder der Sinnlichkeit angehören. Wir finden daher in solchen Werken Sinnlichkeit und Verstand ganz aus dem Kunstwerke heraustretend.

So kommen bei *Aeschylus* oft die trockensten Berechnungen der Wahrscheinlichkeit vor, und auf der Seite der Sinnlichkeit Bilder, durch welche die Gegenstände fast gar nicht als symbolisch, sondern ganz der gemeinen Natur nach dargestellt werden. Es ist dies hier ein Merkmal der Übermacht der Phantasie, welche die anderen Bestandteile fast ganz in das gemeine Bewußtsein hinausdrängt. Auch bei *Dante* ist das Sinnliche oft beleidigend; so besonders die Schilderungen der gemeinen sinnlichen Natur in der *Hölle*; und hinsichtlich der Seite des Verstandes finden sich beson|ders im *Fegefeuer* oft lange Ketten ganz scholastisch-dogmatischen Verfahrens. Dies gibt der Darstellung den Reiz der Seltsamkeit, des Barokken; das Behagen aber, welches aus dem künstlerischen Werke wie aus einer höheren Sphäre hervorgehen soll, bringen solche Werke nicht hervor.

Gewöhnlich ist in den Anfängen der Kunst dieser Standpunkt der Phantasie der bestimmende; so in der alten ägyptischen und in der ältesten griechischen Kunst; ferner bei den ältesten Dichtern jeder Nation, besonders bei Aeschylus und Dante; auch bei dem ersten Aufblicken der Malerei in der neueren Zeit. Die überwiegende Phantasie, als ursprünglicher Quell der Kunst ist natürlich das Erste; denn auch historisch ist nur das Streben, die Idee in der Wirklichkeit darzustellen, nie die bloße Nachahmung der Natur, der Quell der Kunst.

Wir gehen nun zu dem Standpunkte der *Sinnlichkeit* über. Darunter ist nicht die gemeine, nicht das System der sinnlichen Wahrnehmungen zu verstehen. Der Ausdruck ist nur gewählt, um anzudeuten, daß hier das Bewußtsein ganz in die Existenz versunken ist und die Idee sich nur in den Gegensätzen derselben entwickelt. Daher findet hier nicht die Einheit und Universalität statt, wie in der bildenden und sinnenden Phantasie. Vorausgesetzt ist hier der Gegensatz zwischen der Mannigfaltigkeit und dem Allgemeinen, das nicht Begriff, sondern bloß empirisches Bewußtsein ist. Das Allgemeine erscheint nur als das, was die Mannigfaltigkeit immer verknüpft, ohne je eine Einheit zu vollenden. Wenn in der Phantasie das Besondere als der Begriff selbst erscheint, der sich als Wirklichkeit gestaltet, so ist hingegen hier das Mannigfaltige in unendlicher Verschie|denheit als gegebene Unendlichkeit gegenwärtig, und das Allgemeine, welches dieser entgegensteht, ist nur die Allgemeinheit des empirischen Selbstbewußtseins überhaupt oder das Bewußtsein des wahrnehmenden Subjekts. Das Gegebene, Mannigfaltige wird ein Moment, ein Zustand des erkennenden Prinzips, ganz der Phantasie entgegengesetzt, wo sich der Begriff selbst sein wirkliches Dasein gibt, welches daher als universell angesehen werden muß.

Wir müssen mithin auf der einen Seite die Mannigfaltigkeit der Erscheinungen, auf der andern ihre Beziehung auf das Bewußtsein betrachten. Von treuer Nachahmung der Naturgegenstände aber ist auch auf dem Standpunkte der Sinnlichkeit so wenig die Rede, als von der Darstellung des Zustandes des erkennenden Vermögens. Beides kann nicht Gegenstand der Kunst sein. Soll die Kunst diese beiden Richtungen entfalten, so muß auch in ihnen die Idee gegenwärtig sein und wir müssen in der Mannigfaltigkeit wie in dem Bewußtsein etwas Höheres, Wesentliches finden.

Man darf also beides nicht so sondern, als ließe sich das Objekt streng von dem Inneren scheiden. Der empirische Unterschied zwischen Objekt und Subjekt, der besonders von diesem Standpunkte der Sinnlichkeit aus die Neueren zu der Lehre von subjektiver und objektiver Kunst verleitet hat, darf auch hier nicht festgehalten werden. Der Gegenstand muß immer zugleich betrachtet werden als Wirkung eines inneren Gefühles; und dieses hinwiederum nicht als bloß subjektives, sondern zugleich als Wirklichkeit erscheinend, als das, wodurch das Subjekt in seiner Existenz fixiert ist.

Auch hier sind nach dem Gesagten zwei Richtungen zu unterscheiden. Die erste, vermöge deren das Subjekt sich | in die Mannigfaltigkeit der Erscheinung versenkt und jeden Moment zur Universalität ausbildet, entspricht der bildenden

Phantasie; nur daß der Weg umgekehrt ist; denn hier wird der äußeren gegebenen Gestalt des besonderen Dinges der Begriff eingepflanzt, dagegen dort der Begriff selbst sich zur Wirklichkeit macht. Wir nennen diese Richtung die *sinnliche Ausführung*, wodurch das Mannigfaltige in seiner Einzelheit als Gegenwart des Begriffes angesehen wird.

Auch diese Darstellung ist eine *symbolische*. Der äußere Gegenstand wird als der Ausdruck seines eigenen besonderen Begriffes, nicht eines allgemeinen, dargestellt. Jedes einzelne Ding, vom Standpunkte der Idee aus betrachtet, führt seinen eigenen Begriff mit sich; aber es erscheint nur als eine Modifikation seines Begriffes, welche diesen nicht ganz erfüllt. Die Kunst aber soll in dem einzelnen Dinge den ganzen Begriff dieses Dinges darstellen, so daß dasselbe als etwas Universelles erscheint. Nehmen wir nun in dem einzelnen Dinge den Begriff wahr, so ist diese Darstellung eine symbolische; denn wir können den Begriff nicht darin erkennen, ohne daß er als Idee erscheint. Diese allgemeine Idee aber, die dem besonderen Begriffe entgegentritt, kann sich nicht zu einem bestimmten Begriffe gestalten; denn das einzelne Ding wird von uns nicht als Gattung, sondern bloß als dies besondere Ding angesehen. Das Allgemeine, welches dem Besonderen entgegentritt, muß also hier nur die Idee überhaupt, die allgemeine Tätigkeit sein.

Ein Werk der sinnlichen Ausführung kann daher nicht auf einen Gattungsbegriff, sondern nur auf den Begriff der *Vollendung* überhaupt zurückgeführt werden. Während die bildende Phantasie einen bestimmten Gattungsbegriff vor|aussetzen muß, steht hier der Besonderheit kein fixierter Begriff, sondern die Vollendung überhaupt, die reine einfache Idee entgegen, so wie in der sinnenden Phantasie ein Universum den Gegensatz ausmacht.

Ein sehr vollendetes Kunstwerk der sinnlichen Ausführung, z. B. ein Werk der späteren griechischen Bildnerei ist durch Gegenüberstellung seines Gattungsbegriffes nie ganz verständlich. So darf der *Faun*,[186] der *Mercur vom Belvedere*[187] bei künstlerischer Auffassung nicht auf den mythischen Begriff des Fauns oder Mercurs bezogen werden, sondern auf die sinnliche Vollendung des menschlichen Körpers überhaupt. Sehr mit Unrecht jedoch wenden Viele dies auf die Kunst überhaupt an. – Die sinnliche Ausführung übertrifft in der Gestaltung die Natur allemal; denn der organische Körper soll hier in seinem allgemeinsten Begriffe, in der Idee aufgefaßt werden, und das Einzelne ist immer nur Modifikation von dem Begriffe eines solchen Körpers. Daher fließen hier die Charaktere der Gottheiten weit mehr in einander. Nicht das Besondere ist hier Zweck, sondern die Gestaltung des Körpers überhaupt, die Vollendung der Form.

Dieses Allgemeine würde jedoch nicht genügen, die Beziehung zwischen beiden Seiten zu vollenden und der allgemeine Begriff wäre ein abstrakter, wenn wir nicht eine bestimmte besondere Stimmung des Erkenntnisvermögens als das Besondere setzen. Wie in der sinnenden Phantasie, so muß auch hier der allgemeine Begriff auf einem besonderen Standpunkte gedacht werden, welcher das künstlerische Element ist, durch welches Allgemeines und Besonderes in einander übergehen. So muß ich den Faun mir als das Werk einer ganz besonderen künstlerischen Stimmung, hier auf | dem Standpunkte der Dionysischen Orgien denken. Die spätere bildende Kunst stellt den Gegenstand immer nur nach einer bestimmten Weltansicht, nach einem besonderen Systeme dar.

Die zweite Richtung der Sinnlichkeit ist die *Empfindung*. Hier ist das Mannigfaltige bloß durch die Wirkung da, die es auf unser Erkenntnisvermögen macht. Für die Empfindung sind die Gegenstände an sich nichts wert, sondern gelten nur durch das, was sie auf unser Gemüt wirken, durch den Zustand, in den sie unser Bewußtsein versetzen. Indem das Mannigfaltige hier auf das Allgemeine bezogen werden muß, entspricht dieser Standpunkt dem der sinnenden Phantasie. Die besondere Erscheinung hat für das allgemeine Bewußtsein nur insofern wert, als sie gewisse sinnliche Eindrücke auf das Gemüt macht.

Für die Empfindung erscheinen die Gegenstände unter gewissen Rubriken; denn die Wirkung entsteht nur dadurch, daß wir das Einzelne auf ein allgemeines Verhältnis beziehen. Die besondere Erscheinung wird auf das Allgemeine des menschlichen Bewußtseins und Gefühls gedeutet, ist aber deswegen kein bloßes Beispiel, sondern der Übergang geht nur vom Besonderen ins Allgemeine. Es kommt alles darauf an, wie die besonderen Erscheinungen sich ins Allgemeine verlieren. Hier liegt mithin alles in dem allgemeinen Zustande des Gemütes, wie umgekehrt bei der sinnlichen Ausführung in dem besonderen Dinge.

Das Mittelglied, wodurch das Besondere hier ins Allgemeine zurückgeführt wird, ist das besondere ursprüngliche Verhältnis in den Erscheinungen selbst, ein ganz materielles, durch die Erscheinungen, nicht, wie in der sinnlichen Ausführung, durch die Anlage des Gemütes fixiertes Verhältnis. |

Die *sinnliche Ausführung*, die in das Besondere und Einzelne eingeht, faßt die wirkliche Erscheinung nicht unter einem allgemeinen Begriffe, sondern unter ihrem individuellen Begriffe auf. Der Gegenstand ist hier ein ganz momentaner Punkt der fließenden Mannigfaltigkeit, und je mehr dieser aus dem Zusammenhang gerissen wird, desto mehr kann der Begriff in ihm, als einem besonderen Momente, dargestellt werden. – Ein Werk der bildenden Phantasie dürfen wir nicht als ein momentanes Faktum auffassen; denn jede Handlung drückt sich hier als Begriff aus und wird als eine typische aufgefaßt; so z. B. der Apoll vom Belvedere, den Drachen Python erschießend.[188] Alle Nebenbeziehungen fallen hier weg und werden nur in der Haupthandlung angedeutet. Daher wird sogar oft eine zweite zur Handlung eigentlich gehörige Person gar nicht mit gebildet, sondern bloß der einzelne Hauptgegenstand mit Andeutung der Beziehung auf dieselbe.

Ganz anders ist es im Gebiete der Sinnlichkeit. Hier muß Alles begrenzt sein; der Begriff muß sich ganz in die Erscheinung verlieren und aus dieser verstanden werden, nicht die Erscheinung aus dem Begriffe. Solche Werke finden wir in der späteren griechischen Bildnerei häufig bis auf ganz bedeutungslose Gestalten hinab, die nur den allgemeinen Begriff der Vollendung, die menschliche Form überhaupt darstellen. Daher erscheinen auch solche Gestalten meistens in ganz gleichgültigen Handlungen, die vorzüglich geeignet sind, die sinnliche Vollendung wahrnehmen zu lassen; z. B. der *Fechter*,[189] der *Sandalenbinder*;[190] so auch der junge *Apoll* in ruhender Stellung mit dem Kopfe auf der Hand, ferner *Bacchus* in bedeutungslosen, ruhenden Stellungen | u. s. w. Die Handlung ist hier bloß um der sinnlichen Vollendung willen, als ein Punkt, worin sich die ganze Wirklichkeit der Gestalt konzentriert, aufgefaßt, und der ganze Begriff ist hier in dem besonderen Faktum erschöpft.

Es ist jedoch auch hier keineswegs um die bloße Nachahmung der Natur oder ihrer Gesetze zu tun. Der höchste Zweck bleibt immer, in der Einheit des Momentes mit dem allgemeinen Gesetze die Idee als etwas Wahrnehmbares aufzufassen. Deswegen wird eine jede Gestalt dieser Art ebensogut über die Wirklichkeit hinausgehen, wie eine nach abstraktem Begriff gebildete Göttergestalt.

In dem einzelnen Dinge den ganzen Begriff auszudrücken, ist der gemeinen Natur unmöglich. Jede Gestalt wird dadurch, daß ihr Begriff sich in ihr ausdrückt, vergöttert, indem die Idee darin lebendig ist; daher auch die Alten alle ihre Kunstgebilde, selbst Portraits, wenn nicht als Götter, doch als Heroen darstellten. Man machte in den ältesten Zeiten nur Portraitstatuen von den Siegern in den heiligen Spielen, welche man als Heroen betrachtete. Selbst in der späteren römischen Zeit ließen sich nicht bloß aus Luxus oder Übermut die Kaiser als Götter darstellen; sondern es lag in der Sinnesart der alten Künstler, die Kunst als etwas Göttliches anzusehen. Das Bestreben, den besonderen Gegenstand zu vergöttern, finden wir daher im Altertum überall, am gelungensten und trefflichsten in den Bildnissen des *Antinous*, der als jugendlicher Heros aufgefaßt wird.[191] Diese Göttlichkeit hat nur darin ihre Quelle, daß es unmöglich ist, ohne das Göttliche die sinnliche Ausführung so weit zu treiben, als die Kunst verlangt.

Auch hier findet ein Gegensatz statt zwischen der Rich|tung, vermöge deren sich die Phantasie ganz in das Einzelne verliert, und der, in welcher der allgemeine Begriff der Vollendung die Hauptsache ist und das Einzelne nur um dessentwillen da ist.

Die erste Richtung steht der ursprünglichen bildenden Phantasie näher, indem sie ein bestimmtes Auffassen des besonderen Dinges erfordert, wodurch der Begriff desselben ganz begrenzt wird. Daher hat diese Kunst etwas höchst Erhabenes und erscheint edler, als jene andere, wobei der allgemeine Begriff der menschlichen Gestalt zu Grunde liegt; denn gerade wenn der Gegenstand als ein ganz sinnlicher aufgefaßt werden kann, ist es leicht, denselben bloß auf Sinnliches zu beziehen, wodurch er aus dem Gebiete der Kunst in das der gemeinen Wirklichkeit hinabsinkt. Dies wird dadurch verhindert, daß in den Moment der ganze Begriff eindringt und die sinnliche Erscheinung von allen sinnlichen Neigungen befreit dasteht. Aus diesem Gesichtspunkte muß Manches in der alten Kunst beurteilt werden, dem wir den Charakter der bloßen Sinnlichkeit beilegen, worin aber der Begriff erkannt werden muß.

Die andere Richtung, die Beziehung des Einzelnen auf die allgemeine Vollendung, setzt eine Reflexion voraus. Darin waren die Alten nicht so geübt; daher finden wir diese Kunstform erst in späteren Zeiten, oft gemischt mit Ausartung in die gemeine Sinnlichkeit. Hierher gehört die Darstellung der *Hermaphroditen*[192] und manche spätere Dichter des Altertums, z. B. *Ovid*,[193] *Catull*,[194] deren Luxus in sinnlichen Gestaltungen daher rührt, daß sie einen allgemeinen Begriff sinnlicher Vollendung im Hintergrunde haben, auf den sich aber das Einzelne nicht vollständig beziehen wollte und daher in die Sphäre der sinnlichen Neigungen herabfiel. – | Solche Darstellungen sind am vollendetsten, wenn das Bewußtsein hinzutritt und die künstlerische Ironie den Humor hervorbringt. Kann sich der Künstler des allgemeinen Begriffes bewußt werden, so wird er um so gleichgültiger gegen das Sinnliche erscheinen und um so größerer Künstler sein. Dies ist bei Catull der Fall, während Ovid sich zu sehr in die gemeine Sinnlichkeit verliert.

Die ganz in das Einzelne eingehende sinnliche Ausführung ist oft auf das Genaueste mit der bildenden Phantasie verbunden, und jene wird gerade in dieser Verbindung am reinsten und kräftigsten sein. So finden wir die sinnliche Ausführung in ihrer höchsten Herrlichkeit bei *Homer*, wo alles Wirkliche durch die belebende Kraft des Dichters umgrenzt und beseelt erscheint.

Der zweite Standpunkt der Sinnlichkeit, die *Empfindung*, besteht in der Richtung nach innen, vermöge deren die Gegenstände für die Kunst nur das sind, was sie auf unser Gemüt. Die momentane Empfindung des einzelnen Menschen, die gemeine aus dem Interessanten herrührende Empfindung darf jedoch hier nicht verstanden werden, sondern die Empfindung als Prinzip des menschlichen Bewußtseins gedacht, als allgemeine Empfänglichkeit, als Trieb sinnliche Gegenstände aufzufassen und in sich zu enthalten. Nicht von eigennützigen Empfindungen kann hier die Rede sein, sondern nur von der Empfindung überhaupt. – Das Allgemeine muß vermittelst eines bestimmten äußeren Stoffes, eines gegebenen Verhältnisses sich mit dem Besonderen verbinden. Die Elemente, welche verbunden werden, liegen mithin nur in diesem gegebenen Stoffe, keineswegs in dem Individuum. Die Empfindung kann | keine bloß momentane, sie muß eine allgemeine sein, das ganze Wesen des Empfundenen oder des empfindenden Gemütes.

Beziehen wir das Mannigfaltige auf das wahrnehmende Vermögen, so wird dieses als empfindendes betrachtet, d. h. in Rücksicht auf den Eindruck, den das Mannigfaltige auf dasselbe macht. Es sind daher auch hier zwei Bestandteile der Wirkung oder zwei verschiedene Richtungen zu unterscheiden, nämlich 1) das völlige Versinken des empfindenden Bewußtseins in den besonderen Gegenstand; 2) die allgemeine Erregbarkeit des empfindenden Vermögens überhaupt in Beziehung auf die Berührung durch äußere Eindrücke. Das ganze Gemüt ist entweder durchaus in einer einzigen Richtung enthalten, oder nicht als besonderes Bestreben gestaltet, sondern als Empfänglichkeit überhaupt durch mannigfaltige Empfindungen modifiziert.

Das Erste, das völlige Versinken des Gemütes in eine bestimmte Richtung, ist die *Leidenschaft*, welche die Kunst in ihrer höchsten Vollkommenheit aufnehmen muß als den ganzen Begriff des Gefühls erschöpfend. Diese Seite hängt am meisten mit dem Tragischen zusammen, welches der Leidenschaft einen höheren Charakter gibt. Sie unterscheidet sich wesentlich von der *Begierde*, worin das Besondere immer als bloß Einzelnes erscheint, daher mit der Begierde die ruhigste Reflexion und die größte Kälte bestehen kann. Der Gegenstand der Leidenschaft hingegen muß nicht als besonderes einzelnes Ding erscheinen, sondern als die andere Seite unserer Subjektivität selbst, als die notwendige äußere Erscheinung unseres Inneren. So aufgefaßt – und dies kann nur durch die Kunst vollständig ge|schehen – erscheint die Leidenschaft, dem Prinzip der Kunst nach, nicht moralisch betrachtet, im höheren und edleren Sinne. Das Gemüt als universelles muß in eine individuelle Richtung versunken erscheinen und sich selbst darin aufheben. Dadurch wird diese Richtung eine tragische, indem das Gemüth die Wirklichkeit zur Idee erhebt, sich selbst aber in die Wirklichkeit verliert; und so ist dieser Ausdruck der Leidenschaft in der Idee das eigentlich Tragische der künstlerischen Sinnlichkeit.

Die neuere Poesie hat viele Beispiele solcher Darstellung aufzuweisen, besonders Romane, die eine herrschende Leidenschaft erschöpfend darstellen. Hierher gehören *Werthers Leiden*,[195] wo das Gemüth in der einen Richtung der Liebe, die überhaupt die überwiegende Leidenschaft in dieser Art Kunst ist, sich verliert und erschöpft. Aller Reichtum, alle Fülle des Innern geht in dieser einen Beziehung auf; daher wird das Gemüt der bloßen Existenz heimgegeben und dadurch das innerste Bewußtsein in die Nichtigkeit hinabgezogen.

Wir dürfen diese Richtung nicht verwechseln mit dem, was man gemeiniglich das *Rührende* nennt.[196] Dieses besteht auch in der Beziehung auf besondere Regungen, die aber nur als besondere, nicht das ganze Innere erschöpfende dargestellt werden, neben denen der nüchterne Verstand sich immer noch in seinem Gleichgewicht erhält. Daher ist diese Kunst ebenso unkünstlerisch als unmoralisch. Das Gemüth hängt sich an äußere Gegenstände und erkennt diese Anknüpfung als etwas seiner Unwürdiges, schließt aber gleichsam mit sich selbst einen Vergleich, indem der reflektierende Verstand daneben in ungestörter Tätigkeit bleibt. Dieses | Wechseln zwischen dem Triebe und dem reflektierenden Verstande, diese partielle Hingebung in das Mannigfaltige und Sammlung aus demselben ist das Kennzeichen des niedrigen Egoismus, und somit das eigentlich Schlechte im Leben. Nicht selten affektiert diese Schlechtheit den Charakter der Tugend, die allerdings im wirklichen Leben auf ein solches Gleichgewicht hinausläuft, das sich aber bei dem wahrhaft Tugendhaften auf die ursprüngliche Einheit dieser Gegensätze in der Idee gründet, so daß beide Seiten zu gleichen Rechten angenommen werden. Der Schlechte aber will seine zeitliche Selbständigkeit in dem wechselnden Spiele mit den äußeren Stoffen erhalten; ihm ist es auf der einen Seite um augenblicklichen Genuß zu tun, während er auf der andern seine empirische Persönlichkeit, insofern er Erscheinung ist, zu erhalten sucht.

In der echten Kunst fallen diese Gegensätze notwendig auseinander. Nach der Seite des Mannigfaltigen hin muß sich die ganze Selbständigkeit des Gemütes in der besonderen Richtung ausdrücken; diese Richtung muß eine ganz einseitige werden, worin das ganze Bewußtsein sich einem Wesen hingibt und sich darin verliert. – Die *Kotzebue*'schen und *Iffland*'schen Stücke stellen recht eigentlich das Schlechte dar, indem sie auf der Grenze zwischen Leidenschaft und Reflexion schwanken.[197] Daher habe diese sogenannten Dichter soviel Beifall bei dem großen Haufen geerntet, dem die Erhaltung der gemeinen Existenz das Höchste ist.

Die andere Richtung besteht darin, daß das Gemüt nicht als einzelnes, sondern in seiner ganzen Bedeutung, als *allgemeine Fähigkeit zu empfinden* erscheint, die sich der Mannigfaltigkeit der äußeren Eindrücke hingibt und | daher selbst in wechselnder Empfindung begriffen und in die Mannigfaltigkeit aufgegangen ist. Diese heitere allgemeine Sinnlichkeit findet sich bei den Neueren noch selten. Etwas der Art ist in *Goethe*›s römischen Elegien,[198] wo das Gefühl als etwas ganz Momentanes erscheint, das, wiewohl das Innere sich nicht in das Äußere versenkt, dennoch das ganze Gemüt modifiziert. Unter den südlichen Völkern finden wir diese Richtung häufiger, namentlich bei den neueren italienischen Ritterdichtern, vor allen bei *Ariost*, wo die ungetrübte Heiterkeit des Gemütes herrscht, die allen Eindrücken offen ist und dieselben als ein immerwechselndes Spiel aufnimmt.[199] Diese Dichter würden darin noch Vollkommeneres geleistet haben, wenn nicht spezielle Beziehungen sie darin irre gemacht hätten, namentlich die Parodie, welche sie gegen die ernsten Heldengedichte ausüben, wodurch die Reinheit ihrer Stimmung verfälscht wird. – Das Gemüt soll auf diesem Standpunkte die reine, gleichgültige *Empfänglichkeit*, und die Empfindung selbst nur Modifikation derselben sein, ohne die Persönlichkeit zu affizieren Auch in den neueren *italienischen Opern*, besonders den komischen, herrscht diese Stimmung.

Beide Standpunkte müssen jetzt zusammengefaßt werden. In der Phantasie geschah dies durch die Gleichgültigkeit oder sogenannte Objektivität, worin sich das Symbolische am vollständigsten ausdrückt. Das Allegorische der Empfindung aber kann nur da vollständig erkannt werden, wo das Gemüt zugleich in einer Richtung aufgeht und als Mittelpunkt der ganzen Wirklichkeit aufgefaßt wird. Dies kann nur bei Voraussetzung einer Einheit geschehen, da sonst die sinnliche Ausführung, oder die Leidenschaft entsteht. |

Es muß einen Standpunkt geben zwischen der Besonderheit der Eindrücke und dem Allgemeinen der Empfindung, auf welchem die Idee nicht bloß als sich aufhebend, sondern als Prinzip der Existenz erscheint und sich mit Bewußtsein aufhebt. Dieser ganz universelle Standpunkt der Sinnlichkeit ist der *Humor*, welches Wort zugleich mit dieser Art der Kunst in England zu *Shakesperare*'s Zeit aufgekommen ist.[200] Der Künstler nimmt in der Existenz selbst das Göttliche wahr; die Idee ist ihm Prinzip der Existenz und löst sich eben deswegen auch in der Existenz auf und vernichtet sich darin, jedoch immer mit dem Bewußtsein, daß sie bleibend ist.

In dem Humor tritt die Idee als bloß wirksam in der Mannigfaltigkeit der Existenz auf und erscheint sich daher selbst als ihre eigene Aufhebung. Daher ist hier immer das Gefühl der Nichtigkeit und Kleinlichkeit verknüpft mit dem Gefühle des positiven Wertes der Entwicklung der Idee in der Gegenwart. Die Idee wird unter ganz bestimmten Verhältnissen individuell aufgefaßt; sie offenbart sich im Besonderen und Wirklichen; daher die ganze Welt immer nur in einzelnen, doch universellen Richtungen betrachtet wird.

Einzelne Erscheinungen, besondere Äußerungen haben hier oft eine sehr hohe Bedeutung; daher setzte man lange das Wesen des Humors allein in ein barockes Äußere oder eine ganz einseitige Form der äußeren Erscheinung. So hat auch *Ben Johnson* in seinen beiden Stücken *„Jedermann in seinem Humor“* und *„Jedermann außer seinem Humor“* sich darüber ausgedrückt, wo der Humor als eine bloße zufällige Richtung des Gemütes erscheint.[201] Das Gemüt soll aber nicht als individuelles sich in solchen Richtungen äußern; sondern es muß ein univer|selles sein, das die Idee darstellt. Dies hat auch *Jean Paul* in seiner Vorschule der Ästhetik ausgesprochen, der das Bewußtsein hat, daß die Idee in die Wirklichkeit versetzt werden soll, aber den Humor einseitig auffaßt, indem er ihn zu sehr von der Seite des Komischen nimmt.[202] Die meisten Erklärungen neuerer Ästhetiker sind sehr oberflächlich.

Was in uns Empfänglichkeit ist, wird zugleich als Prinzip der ganzen Besonderheit angesehen. Das Bewußtsein als bloß empfindendes wird dennoch zugleich als das Wesen der Eindrücke, die es empfängt, betrachtet; die Idee ist nur da, wie sie sich ins Unendliche zersplittert, aber alle besonderen Erscheinungen mit dem Wesentlichen, der Idee an sich, begleitet. Dies macht das Wesen des Humors aus. Der Zustand, wo die Idee ganz in die Mannigfaltigkeit der Erscheinung ausgeflossen ist und dennoch als Wesen erkannt wird, ist das Universelle auf diesem Standpunkte. Der Humor stellt die Kunst selbst in ihrer höchsten Bedeutung dar. Er ist vollkommener, als die bloße sinnliche Ausführung, oder die Darstellung der Leidenschaft, oder der Sentimentalität im Allgemeinen.

In dem Mannigfaltigen der Erscheinung finden wir als eins und dasselbe immer die gleiche Idee, und stehen gleichwohl auf dem Standpunkte, wo dieses einfache Wesen nur in jener unendlichen Zersplitterung der Erscheinung gegenwärtig ist.

Dies Zwiefache faßt der Humor in einen Gedanken zusammen. Daher ist er auf der einen Seite gerade recht zu Hause in der gemeinen Wirklichkeit, in ihrer individuellsten Gestalt, und muß auf der andern immer etwas durchaus Universelles zum Ziele haben.

Dieser Widerspruch läßt sich nur durch den künstleri|schen Verstand heben. Wir müssen erkennen, daß in der Existenz die Idee zu Grunde geht, so daß ein Gefühl des Tragischen mit dem Humor verbunden ist; in demselben Momente aber müssen wir zugleich wahrnehmen, daß die Idee überall das Prinzip des Einzelnen ist und sich in der Mannigfaltigkeit findet, und darauf beruht das Komische. Keines von beiden kann mithin hier rein vorkommen; beide müssen ungesondert in einander übergehen; denn beide Prinzipien sind in ihrer Geburtsstätte da. Daher wird in dem echt Humoristischen nichts ganz lächerlich, sondern Alles mit einer gewissen Wehmut verbunden sein, und das Tragische hinwiederum wird immer den Anstrich des Komischen mit sich führen.

Das Gesagte charakterisiert den Humor im Gegensatz gegen die objektive Gleichgültigkeit der alten Kunst. Im Humor geht die Idee in die Wirklichkeit als Wirklichkeit über; daher wird auch das Erhabene hier einen Anstrich des Komischen haben, und ebenso wird oft die äußere Existenz erhaben erscheinen, da wir die Idee darin als Prinzip erkennen. Das Niedrigste macht beim Humor oft einen erhabenen Eindruck, und die erhabensten Ideen verlieren sich ins Unbedeutende, welches ein tragisches Gefühl hervorbringt.

Die gegenseitige Aufhebung des Komischen und Tragischen ist im Humor noch auf dem Wege, und eben weil der Humor in diesem Momente des Überganges der Idee in die Wirklichkeit begriffen ist, so bleibt hier, wie auf dem vorigen Standpunkte, immer noch der Gegensatz der Idee als Prinzip der Wirklichkeit gegen die Idee als reine Tätigkeit. Daher erscheint uns der Humor immer als in der Existenz lebend; es steht ihm ein Reich der reinen Idee als | leere Einheit, als bloße Negation entgegen, und er endigt mit dem Gefühl einer Leere, welches jedoch kein bloß negatives ist, sondern eine positive Richtung nach dem Ewigen, das aber in keiner bestimmten Gestaltung erscheint. Das Gefühl eines solchen Mangels, das einen positiven Trieb enthält, ist das Gefühl einer *Sehnsucht*. Die Sehnsucht nach dem Ewigen, nach der Idee muß daher dem Humor immer beiwohnen. Durchdringt diese Sehnsucht überall den Humor in seiner Mannigfaltigkeit, so ist das Höchste dieses Standpunktes erreicht. Sondert sich die Sehnsucht zu sehr ab, der Mannigfaltigkeit der Erscheinung sich entgegensetzend, so entsteht leicht eine bloß formelle Reflexion und somit ein unvollkommener Humor.

Der Humor führt die größte Sinnlichkeit der Darstellung im einzelnen mit sich; denn er muß die Idee in alle diese Einzelheiten verfolgen. Das Fixieren auf besondere Beschreibungen, Leidenschaften u. dergl. schadet dem Humor. Die Leidenschaft darf im Humor nie das Überwiegende sein; sonst wird die Sache Ernst, das Interessante überwiegt und der Humor, der dem Interessanten ganz feindlich ist, geht verloren. Eine besondere Leidenschaft darf daher nie als das Mittel angewendet werden, den Humor zu entwickeln.

In dieser Hinsicht kann man mit *Jean Paul* hie und da unzufrieden sein, indem er selbst zu viel Interesse am Einzelnen nimmt. Eine vorzügliche Eigenschaft Jean Paul's ist das Ausmalen der Einzelheiten in ihrem Wechsel, so daß wir dennoch in jeder dieser Stimmungen immer das Höchste wahrnehmen. In diesem Stücke ist Jean Paul Meister seiner Kunst. – Hinsichtlich der universellen Seite | des Humors kann man ihn weniger vollkommen nennen. In der Beziehung der besonderen Mannigfaltigkeit auf die höchsten Ideen, vermöge deren die Idee sich in der Erscheinung vernichten soll, genügt Jean Paul nicht immer. Er läßt oft das Äußere über das Innere der Erscheinung überwiegen. – Am wenigsten genügt er in Hinsicht auf die Sehnsucht, welche mit dem Humor sich verbinden soll. Will er erhaben sein, so philosophiert er gewöhnlich auf ganz abstrakte Weise. Er sondert durch bloß reflektierende Abstraktion die Mannigfaltigkeit von dem Gefühle der Sehnsucht nach dem Ewigen, welches beides im künstlerischen Bewußtsein Eins sein muß. Er schwärmt nicht mit der Phantasie, sondern mit dem gemeinen Verstande, wird dadurch kalt und trocken, schafft Ideale nach leeren Begriffen und spielt mit diesen nach allgemeinen Einfällen. Gewöhnlich ist der Schluß seiner Werke daher das Schwächste. Dies zeigt sich besonders in seinem Meisterstücke, den *Blumen-, Frucht- und Dornenstücken*, wo er am Ende in das fade Idealisieren gerät.[203]

Unter den Engländern hat sich besonders *Sterne* durch den Humor ausgezeichnet,[204] der es aber in der liebevollen Ausmalung der besonderen Erscheinung nie so weit gebracht hat, wie Jean Paul, dessen ergänzende Seite er ausmacht, indem er in der Darstellung des durch äußere Eindrücke modifizierten Gefühls am vollkommensten ist. Wenn Jean Paul zu sehr ins Allgemeine hineinschwärmt, so wendet Sterne seine Reflexion fast nur auf die Besonderheit. Daher wird er immer etwas trocken, und seine Welt- und Menschenverachtung hat etwas Bitteres.

An dem Humor erkennen wir, wie auch die Sinnlich|keit in der Kunst sich durchaus universell halten, und die ganze Idee darin gegenwärtig sein muß. Er ist das Gegenteil von dem, was in der Kunst der bildenden Phantasie das Universelle ist, und indem er sich nie der gemeinen Sinnlichkeit hingeben kann, etwas sehr Edles, Erhabenes und echt Künstlerisches, so gut wie die Universalität der bildenden Phantasie.

Alle früheren Standpunkte der Sinnlichkeit sind nur besondere Seiten des Humors, die sich von ihm abgelöst haben, weil die Idee ganz in den Stoff übergegangen ist. Nichts desto weniger wird auch auf jenen Standpunkten immer eine allgemeine Richtung übrigbleiben. So muß der sinnlichen Ausführung der allgemeine Gedanke einer reinen Vollendung, der Leidenschaft die Empfänglichkeit gegenüber stehen. – Am meisten zeigt sich auf jenen früheren Standpunkten der Humor da, wo das Allgemeine vorausgesetzt und das Einzelne als Modifikation desselben gedacht wird. Hier kann das Einzelne als ganz Sinnliches aufgefaßt werden, wenn nur die mannigfaltigen Eindrücke als nichtig, der reinen Gleichgültigkeit widersprechend erscheinen; wie bei *Catull*, wo diese Mannigfaltigkeit des Stoffes immer zugleich humoristisch gefaßt wird.

So stellt sich auch bei der allgemeinen Sentimentalität der Neueren, wie im *Ariost*, ein gewisser Humor ein. In beiden Fällen kommt aber nur die eine Seite des Humors zum Vorschein.

Den dritten Standpunkt des künstlerischen Geistes nennen wir den des *Verstandes*, weil der Verstand die Sphäre ist, worin Allgemeines und Besonderes sich zu einem Gemeinschaftlichen der Erkenntnis verbinden. Auf den vorigen Standpunkten hing noch alles vom Stoffe ab, und | es mußte entweder das Allgemeine das Besondere, oder umgekehrt das Besondere das Allgemeine bestimmen. Dieser Übergang würde nichts Vollendetes sein, wenn nicht überall das Bewußtsein zu Grunde läge, daß alle die Gegensätze nur die Entfaltung der Einheit der Idee sind, deren Erkenntnis den Standpunkt des Verstandes ausmacht.

Hier zeigt sich also die höchste Reife der Kunst in der Geschichte derselben, wie in ihren Gattungen. Die Geschichte der Kunst beginnt mit der wirklich werdenden Idee, dem Standpunkte der Phantasie, und schließt mit der auf die Idee zurückgeführten gemeinen Erscheinung. Der mittlere Punkt ist der des Verstandes. – Das Praktische in der Kunst muß zugleich ganz theoretisch sein, wenn das Wesen der Kunst vollständig erreicht werden soll; Handeln und Empfinden müssen zugleich stattfinden, beides aber in dem Mittelpunkte sich vollkommen durchdringen, so daß das Handelnde zugleich ein ganz Erkennendes, Theoretisches ist.

Wo der Verstand das Bestimmende ist, da ist die Kunst zu ihrer größten Reinheit gediehen. Allgemeines und Besonderes sind hier ganz verschmolzen und das Gleichgewicht zwischen diesen beiden Seiten wird das Element unseres eigenen Daseins, so daß wir nicht mehr aus uns herauszugehen, sondern nur ganz wir selbst zu sein brauchen. In der Kunst überhaupt erkennen wir die Durchdringung des Begriffes mit seiner Erscheinung, und eben die Vollständigkeit dieser Durchdringung macht diesen Standpunkt zu dem der höchsten Wahrheit und Vollkommenheit, welche die Kunst erreichen kann. – Allein auch in dieser Sphäre des Gleichgewichts muß die Kunst nach verschiedenen Richtungen sich bewegen; sonst würde durch das Zusammenfallen | des Allgemeinen und Besonderen die ganze Wirklichkeit schwinden. Bevor wir aber diese Richtungen verfolgen, müssen die Kennzeichen näher angegeben werden, wodurch die Werke dieses Standpunktes sich auszeichnen.

Die Trennung des Begriffs und des Einzelnen muß immer stattfinden; denn ohne diese ist keine Wirklichkeit; diese Trennung aber muß zugleich überall verschwinden und sich auflösen. Die Spaltung zwischen den Begriffen und Erscheinungen muß wahrgenommen werden, und doch als aufgehoben erscheinen; daher findet sich hier die tiefste Fülle in der Erkenntnis der Idee, und doch die vollkommenste Entwicklung der Erscheinung. Auf dem Standpunkte der Phantasie muß die Idee sich in einem bestimmten Begriffe gestalten und kann daher nie in ihrer ganzen Reinheit erscheinen. Auf dem Standpunkte der Sinnlichkeit erscheint die Wirklichkeit nie in ihrer Universalität, sondern entweder ganz zerstückelt, oder auf eine bestimmte Gemütsstimmung bezogen, wodurch die Erscheinung als solche auf gewisse Weise immer verfälscht wird. Mithin ist auf den früheren Standpunkten weder die Idee in solcher Fülle, noch die Erscheinung in solcher Universalität, wie hier.

Dies bestätigt sich in der Geschichte der Kunst. Die Künstler, welche diesen Standpunkt einnehmen, nähern sich am meisten der Wirklichkeit und drücken dabei doch die reinste Fülle der Idee aus. Solche Dichter sind *Sophokles* und *Shakespeare*. Während in Aeschylus nur die Begriffe selbst sich verkörpern, erscheint im Sophokles nur die Wirklichkeit als Gegenwart; alle Verhältnisse, Charaktere, Handlungen sind rein menschlich. Dadurch aber wird die Tiefe der Idee nicht verringert; sondern im Gegenteil geht | das Göttliche, der eigentliche Sinn der Tragödie, nirgend vollkommener hervor, als gerade bei Sophokles. – Ebenso hält sich Shakespeare immer an die Wirklichkeit, stellt Begebenheiten dar, die im Menschenleben überhaupt vorkommen können, oder behandelt ganz historische Gegenstände in ihrer vollen treuen Wirklichkeit, und zaubert gerade dadurch die Idee in ihrer ganzen Fülle in die Wirklichkeit hinein.

Hier ist gar kein Abgrund mehr zwischen Idee und Wirklichkeit; die Ruhe des Verstandes füllt ihn vollständig aus. Daher tragen die Werke dieses Standpunktes durchaus den Charakter des Gleichmaßes und der Klarheit, wodurch wir uns der Idee rein und bestimmt bewußt werden. Wir finden bei dem Dichter die höchste Besonnenheit, indem derselbe zwischen Idee und Sinnlichkeit unparteiisch schwebt, und in dem Werke selbst die vollkommenste Schönheit, die sich bald zum Erhabenen, bald zum Schönen im engeren Sinn neigt, so daß keins von beiden entschieden überwiegt.

Dies sind die äußeren Kennzeichen der hierher gehörigen Kunst. – Nie kann auf diesem Standpunkte das Göttliche als abgesondert und eine Welt für sich bildend erscheinen, wie bei Aeschylus und Dante; ebensowenig wird die Wirklichkeit in ihrer Entfremdung von dem Göttlichen aufgefaßt, so daß eine Sehnsucht danach, eine Rückkehr dazu nötig würde, wie in der Sinnlichkeit. Das Göttliche ist die wirkliche Welt selbst, wenn sie nur recht verstanden wird, wenn nur nicht eine oder die andere Richtung die Oberhand erhält, sondern alles als Offenbarung des Göttlichen erscheint und vollständig, nicht teilweise in das Göttliche zurückfällt. |

Die verschiedenen Richtungen und Beziehungen, die dieser Standpunkt zuläßt, müssen so beschaffen sein, daß mit jeder Einseitigkeit zugleich das Zusammenfassen des Ganzen verbunden ist. Der Verstand, sowohl der gemeine als der künstlerische, muß immer in verschiedenen Richtungen wirken; er muß entweder die Einheit in ihre Gegensätze entwickeln, oder diese in jene zusammenfassen. Jenes aber kann hier nicht heißen: den abstrakten Begriff in seine mannigfaltigen Einteilungen zerspalten; denn hier ist nicht die Rede vom Begriffe, sondern von der Idee selbst, und die Entwicklung der Idee setzt schon den Gegensatz zwischen Allgemeinem und Besonderem voraus. Die Idee selbst muß zerlegt werden in Begriffe und in Mannigfaltiges, welches in diesen liegt. Diese Richtung der Verstandes-Tätigkeit, vermöge deren aus der Idee die Idee als Begriff und als Mannigfaltigkeit entwickelt wird mit dem steten Bewußtsein, daß alles die eine und selbe Idee ist, nennen wir die *Betrachtung* oder die *kontemplative* Richtung.

Bei der Betrachtung ist die Idee etwas Positives; denn sie erscheint als gegebene Wirklichkeit. In der entgegengesetzten Richtung müssen wir die Wirklichkeit bloß als solche, nicht als Entfaltung der Idee auffassen. Begriff und besondere Erscheinung sind in der Wirklichkeit immer nur in unendlicher Beziehung da. Hier finden wir also den Begriff auf der einen, das Mannigfaltige auf der andern Seite schon als etwas Gestaltetes, in der Erfahrung Angenommenes. So lange wir beide betrachten als in Bewegung bestehend, haben wir das Werk des gemeinen Verstandes. Soll das Verhältnis zwischen dem Begriff und dem Mannigfaltigen durch die Idee aufgefaßt werden, so müssen | diese Gegensätze in einen Moment der Einheit zusammengefaßt werden, wo sie als relative Gegensätze völlig untergehen, und indem sie sich als Gegensätze vernichten, eben dadurch die Idee darstellen. Dies Zusammenfallen der Gegensätze in einen Punkt macht, daß die Idee als etwas Negatives erscheint, und diese Richtung der Tätigkeit nennen wir den *Witz*.[205]

Beide Begriffe sind philosophisch fast noch nirgend richtig verstanden, am wenigsten der Witz, den man gewöhnlich bloß psychisch betrachtet, obwohl er etwas ganz Künstlerisches ist. Selbst aller wirkliche Witz des gemeinen Lebens muß von künstlerischer Stimmung ausgehen.

Betrachtung und Witz können sich nicht so rein von einander sondern, wie Phantasie und Sinnlichkeit, da beide im Mittelpunkte des künstlerischen Geistes liegen. Die Betrachtung ist nicht allein symbolisch, der Witz nicht allein allegorisch; sondern in jedem von beiden läßt sich der symbolische Standpunkt mit dem allegorischen vereinigen. Es gibt eine mehr symbolische und eine mehr allegorische Betrachtung, einen symbolischen und einen allegorischen Witz. Der Witz findet die Idee erst durch die Aufhebung der Gegensätze, wodurch er sich zum Bewußtsein der Idee sammelt. Aber auch dies kann sowohl symbolisch, als allegorisch geschehen; letzteres, wenn die Gegensätze erkannt werden als Gegensätze des menschlichen Bewußtseins überhaupt, und die Idee sich in ihnen wieder erzeugt. Ein scharfer Gegensatz ist hier nicht möglich, weil die Richtungen nicht von Extremen, sondern vom Mittelpunkt ausgehen.

Die *Betrachtung* besteht darin, daß der Verstand die Idee in ihre Gegensätze zerlegt. Es wird also nicht | ein abstrakter Begriff zugrunde gelegt; sondern die Idee wird als Einheit des Begriffes und der Erscheinung erkannt, und der Verstand entwickelt aus der Idee ihre Gegensätze, die er schon als daseiend voraussetzt. – Begriffe und besondere Erscheinungen werden nun aber nicht bloß in ihrer Beziehung betrachtet. Die wahre Betrachtung zerlegt die Idee so, daß Allgemeines und Besonderes immer im Gleichgewichte stehen. So entsteht die echte künstlerische *Dialektik*, die in allen Gegensätzen die Idee findet und das Vergängliche, durch die Spaltungen Aufgehobene, der Idee zum Opfer bringt. – Hier erscheint das Göttliche selbst immer zugleich als etwas Besonderes, als eine Seite des Bewußtseins, wiewohl mit der Anschauung, daß es in der Idee vollkommene Tätigkeit sei; und das Irdische erscheint zugleich als die eine Seite des Gegensatzes, und als etwas, das nur in der Idee sein eigentliches Leben hat.

In der antiken Tragödie wird die Idee selbst als reine Einheit vorausgesetzt, und wo sie in der inneren Einheit der reinen Tätigkeit selbst gefunden wird, ist die höchste Vollkommenheit. So werden in der *Antigone* des *Sophokles* die göttlichen Gesetze, nach denen Antigone den Leichnam ihres Bruders beerdigen will, dennoch nur als die eine Seite des wirklichen Lebens der Idee dargestellt. Gegenüber steht das Irdische, nämlich die bürgerliche Gesetzgebung als selbständiges Prinzip, und die Idee entfaltet sich in diesem Gegensatz, um wirklich zu werden.[206] Indem dieser Widerspruch als ein verderblicher dargestellt wird, entsteht der tragische Charakter. Allein nicht darin ausschließlich besteht die Betrachtung; es kann auch eine solche geben, die beides als in seinem inneren Wesen vereinbar versöhnt. | Dies zu bewirken, ist besonders der Zweck des *Chores*, welcher zeigt, daß diese Gegensätze nur die notwendigen Bestandteile der sich entfaltenden Idee sind. So ist mit der Betrachtung immer zugleich etwas höchst Tröstliches verbunden.

Die Betrachtung wird um so vollkommener sein, je allgemeiner diese Gegensätze gefaßt werden. Schließen sie sich ihrem Wesen nach an ganz besondere Bestimmungen der Wirklichkeit an, so wird statt des höheren künstlerischen Verstandes oft der gemeine Verstand eintreten müssen. – So finden wir im *spanischen Drama* allerdings auch die Zerlegung der Idee in Begriffe, und zwar in solche, die auf göttlichen Prinzipien und auf denen des gemeinen Lebens beruhen; es entstehen Widersprüche zwischen Religion und Liebe, Gehorsam gegen den Staat und Ehre u. dergl. Diese Gegensätze aber sind schon an Begriffe geknüpft, die sich zu sehr modifiziert haben und zu sehr auf bloß relative Verknüpfungen bezogen sind. Daher muß hier oft eine Dialektik des gemeinen Verstandes die Kollisionen vermitteln, woraus sich die Spitzfindigkeit und Rätselhaftigkeit der Spanischen Poesie erklärt.

In der vollkommenen Betrachtung müssen die Gegensätze sich ganz in die Wirklichkeit verlieren, ohne daß die Idee in ihrem Wesen etwas einbüßt. – Bei *Shakespeare* finden wir Begebenheiten aus allen Zeitaltern und Nationen, Römische, Englische, romantische Geschichten, und doch in allen die reinste Beziehung auf das Menschliche überhaupt, auf die Idee als allgemeines Wesen aller erdenklichen Gegensätze. Hier muß daher die Idee, obgleich in Wirklichkeit zerlegt, sich am reinsten erhalten und ihr Bewußtsein uns beständig begleiten. |

Der Standpunkt der Betrachtung kann nur bei hoher Vollkommenheit der Kunst erreicht werden, wo die Idee mit Wirklichkeit gesättigt ist. Daher finden wir ihn überall in der höchsten Blüte der Kunst; jedoch auch nach dieser Periode, wenn sich die Kunst noch in einem ruhigen Bewußtsein zu erhalten vermag, wenigstens der Form nach, wenn gleich der Stoff schon sehr in die Sinnlichkeit hinabgesunken ist. – Auch zeigt sich diese Richtung schon vor der Blüte der Kunst. Das ganze Drama kann nur entstehen, wenn die Betrachtung lebendig geworden ist, ohne die kein Drama möglich ist, dessen Form sich aber noch lange erhalten kann, wenn gleich der Stoff sich der Sinnlichkeit zugewendet hat.

Aeschylus ist in der Betrachtung der Vorläufer des *Sophokles*, und manches Spätere behält die Form der Betrachtung, obgleich nicht mehr das Wesen darin ist; so z. B. unsere besten neueren Dichter, unter denen wir *Goethe* dieses Gleichgewicht der Betrachtung am meisten zuschreiben müssen. Aber es ist oft mehr ein Formales, Subjektives, als die wahre Erfahrung davon in der Wirklichkeit und Gegenwart des Daseins. Sonst würde diese Ruhe des Gleichgewichtes nicht so rein und für sich hervortreten, und es würde sich mehr in den Stoffen dartun, wie sich in ihnen die Idee entwickelt. Durch jene Form der Betrachtung entsteht eine gewisse Kälte, die in der Betrachtung selbst ihrem Wesen nach nicht gegründet ist, sondern nur bei überwiegender Form entstehen kann, wo die Gegenstände mehr Modifikationen oder Beispiele für die Form, als um ihrer selbst willen da sind.

Ebenso ist alles, was wir in der Poesie der südli|chen Völker von Ruhe, Harmonie und Gleichmaß finden, nur die übrig gebliebene Form jener kontemplativen Stimmung. In der italienischen Poesie ist diese Stimmung der ruhigen Betrachtung besonders bei *Petrarca* vorherrschend.[207] Die *Canzone* ist ganz Produkt dieser künstlerischen Stimmung; auch das *Sonett*, als kleinere Gestalt der Canzone, ist auf diese Art zu denken gebaut,[208] – rhythmische Formen, die in Italien entstanden, von da auch nach Spanien übergegangen, in ihrer Künstlichkeit nur aus einer kontemplativen Stimmung zu erklären sind, wo die Form schon die Oberhand gewonnen hat und die Stoffe und Tatsachen als Anwendung erscheinen. Daher herrscht auch in Petrarca's Sonetten bei aller Vortrefflichkeit immer eine gewisse ruhige Kälte und Schärfe.

Es ergibt sich von selbst, daß unter der Betrachtung hier nicht bloß das *Räsonnement* des Dichters verstanden wird. Dieses wird sich zwar hier am meisten finden, kann aber in jeder Art der Kunst und auf jeder Stufe vorkommen. Noch weniger ist die *sententiöse* Sprache mit kurzen, tief greifenden Sprüchen dieser Periode der Kunst eigen, sie gehört vielmehr dem Standpunkte der Phantasie und der Sinnlichkeit an, wo solche Gedanken-Blitze wegen der Trennung der Prinzipien nötig sind. Man denke nur an *Aeschylus* auf der einen, und an die *neuere griechische Komödie*[209] auf der anderen Seite. Auch bei *Schiller* sind die vielen Sentenzen kein Zeichen seiner inneren Klarheit, sondern vielmehr ein Beweis, daß der Dichter das Bedürfnis fühlte, die Dinge durch solche einzelne Blicke sich selbst erst deutlich zu machen. – Einzelne Sentenzen sind also gerade ein Beweis von dem Mangel der echt kontem|plativen Stimmung. Der Standpunkt der Betrachtung gibt ganze Reihen von Gedankenverbindung; so die Chöre des *Sophokles*, besonders in den beiden *Oedipus* und der *Antigone*, die fast alle dialektisch sind und sich mit ruhiger Betrachtung über das Ganze der Handlung verbreiten. Bei *Shakespeare* finden wir diese Art der Gedankenverknüpfung besonders in den Selbstgesprächen (z.B. im *Hamlet*), die oft bei neueren Dichtern die Stelle des Chors vertreten.

Der Witz findet die Kunst schon innerhalb der Wirklichkeit des gemeinen Lebens, insofern jene die Entfaltung der Idee in ihre Gegensätze ist. – Fassen wir die Wirklichkeit in ihrer Mannigfaltigkeit und Unbestimmtheit auf, so läßt sich mit ihr alles tun, was die Kunst zu tun berufen ist; wird aber die Wirklichkeit gleich in ihren erschöpfenden Gegensätzen erkannt und diese durch Verbindung vernichtet und in die Idee versenkt, so entsteht der Witz.

Die Kunst kann die Gegensätze nicht auffassen wie der gemeine Verstand, der sie immer nur zum Teil sieht und, indem er nur stufenweise übergehend verfährt, nie ein Ganzes hervorbringt. Die Kunst setzt ursprüngliche Einheit der Gegensätze der Wirklichkeit voraus, zu deren Entwicklung sie uns notwendig zeigen muß, wie Allgemeines und Besonderes nur die Entfaltung der einen Idee seien; dies geschieht in der *Betrachtung*. Sie kann uns aber auch im Gegenteil die ganze Wirklichkeit durch Zusammenfassen, Aufheben und Versenken der Gegensätze in die Idee als etwas Nichtiges zeigen; und dies geschieht im *Witze*, welcher daher nur durch Widerspruch möglich ist. Es gibt jedoch auch Widersprüche für den gemeinen Verstand, durch | welche die Idee in bloße Beziehungen aufgelöst wird und die daher außerhalb der Idee und der Kunst liegen.

Man erklärt den Witz gewöhnlich als die Fähigkeit, leicht Ähnlichkeiten aufzufinden, – eine Fähigkeit des bloßen gemeinen Verstandes. Man meint, die Dinge brauchen durch den Witz nicht nach wesentlichen Merkmalen vereinigt zu werden, sondern die Merkmale seien hier bloß äußere, durch die Wahrnehmung aufgefaßte. Allein wenn es sich auch so verhielte, so müssen doch die Merkmale durch den gemeinen Verstand verglichen und aufeinander bezogen werden. Dies ist daher nichts als ein Spiel mit dem logischen Verfahren, das nur etwas Belustigendes, nie etwas Künstlerisches sein kann. In der Fertigkeit, Ähnlichkeiten aufzufinden, liegt also nicht der echte Witz, der nicht denkbar ist ohne Bewußtsein der ursprünglichen Einheit.

Der Witz findet nicht bloß die vorhandenen Gegensätze auf, sondern erkennt sie als Modifikationen der inneren Einheit der Idee. Er nimmt sie als solche als nichtig wahr, und dennoch zugleich als die wahren Gegensätze, in welche sich die Idee verliert und durch welche sie in der Wirklichkeit sich offenbart. Es muß also ein Widerspruch zwischen Idee und Existenz überhaupt beim Witze zu Grunde liegen, aber zugleich das Gefühl ihrer wesentlichen Einheit. Daher ist der Eindruck, welchen der Witz hervorbringt, so mannigfaltig, und daher bewirkt er eine innere Erholung, eine Stärkung in dem Leben der Idee in uns.

Man muß den Witz in seinem hohen Werte erkennen und achten, aber ihn von *Spaßmacherei* und *Vorwitz* wohl unterscheiden. Der Verstand lernt leicht Gegensätze | und Widersprüche willkürlich aufzufassen und zu vereinigen. So entsteht der Nicht-Witz, womit etwas Trockenes, Leeres verbunden ist und dessen langer Fortsetzung man sich unaussprechlich leer und hohl findet. Ein solcher Witz hat in der Regel zugleich ein anderes Interesse; er ist entweder zugleich Spott, oder er ist liederlich und erregt gemeine Begierden. Es gibt jedoch auch eine ganz neutrale Spaßmacherei, die Gewohnheit des Witzelns, mit Mangel an Gefühl für das Schöne verbunden. Nur bei völliger Entfremdung der Phantasie ist es möglich, sich so mit dem Verstande auf die willkürliche Trennung und Verbindung der äußeren Merkmale zu richten.

Was wir unter Witz verstehen, ist nichts anders, als das künstlerische Genie überhaupt, nur auf einem bestimmten Standpunkte. Das plötzliche Zusammenfallen der Gegensätze ohne Mittelglied unterscheidet den Witz vom gemeinen Verstande, der nur durch Mittelglieder verbinden kann. Dieses plötzliche Übergehen ist zwar Eigentümlichkeit der Kunst überhaupt, fällt uns aber beim Witz besonders auf, weil wir auf diesem Standpunkte die Wirklichkeit ganz als solche allein auffassen, was nur von dem Standpunkte des künstlerischen Verstandes aus möglich ist. Die Gegensätze werden erst als ganz wirkliche aufgefaßt, und dann offenbart sich auf einmal ihre Einheit in der Idee.

Man darf den Witz nicht urgieren, d. h. die verbundenen Stoffe nicht weiter vergleichen, als unter dem Gesichtspunkte des Witzes. Diese Vorschrift hat darin ihren Grund, daß alles, was der gemeine Verstand für wesentliche Merkmale hält, nur relative Bestimmungen sind, während gerade | das, was die Dinge in der Idee verbindet und worin die Idee sich ausdrückt, für den gemeinen Verstand oft das Ansehen von bloß zufälligen äußerlichen Kennzeichen hat.

Wir können zweierlei Arten des Witzes unterscheiden. Die Idee kann 1) als Prinzip der Wirklichkeit angesehen werden; so entsteht ein Witz von ganz allgemeinem Charakter. Oder der Witz kann 2) von bloß einzelnen Bestimmungen der besonderen Erscheinung ausgehen, diese verknüpfen und zur Idee erheben. Die erste Art ist der *Witz im Großen,* die zweite der *niedere Witz.* Jener höhere Witz lässt sich mit der bildenden Phantasie und der Sentimentalität, der niedere Witz mit der sinnenden Phantasie und der sinnlichen Ausführung vergleichen.

Der *höhere Witz* ist das Prinzip ganzer Kunstwerke. Er faßt die Idee unter einem bestimmten Begriff als Prinzip der Wirklichkeit auf, in welches diese zurückfällt, und findet sich besonders bei den Neueren, namentlich bei *Cervantes* und *Shakespeare*. So herrscht in Cervantes *Don Quixote* eine große Idee des gesamten Mittelalters, das Rittertum; kein abstrakter Begriff, sondern nur die besondere Gestaltung einer höchst erhabenen Idee.[210] Dieser Begriff als Darstellung der Idee wird nun in seinen Widersprüchen in der Wirklichkeit aufgefaßt und erscheint uns auf der einen Seite als etwas höchst Edles und Vortreffliches, das aber in der Wirklichkeit nie ganz zu Stande kommt; und auf der andern Seite als ein Trieb des gemeinen Lebens, der sich bloß in besonderen Äußerungen entwickelt und wegen seiner eigentümlichen Richtung in Leidenschaft und aus dieser in wahre Narrheit sich verwandelt. Der wunderbare Widerspruch von Narrheit und Tugend in | dem Charakter des Helden macht das Werk so witzig. Beides hebt sich unaufhörlich auf, und in der Zerstörung ist überall die Grundidee lebendig, um so schöner, je mehr sich die Wirklichkeit darin vernichtet. – Dieser Witz ist *komisch*; es kann aber auch einen *tragischen* Witz in diesem großen Sinne geben. So ist in Shakespeares *Hamlet* und *Macbeth* das Ganze auf dem Standpunkte des Witzes zu fassen. Auch hier sind die Gegensätze so schroff, daß ihre Auflösung uns ebenso überrascht, hier aber zugleich erschreckt.

Der *niedere Witz* faßt die besonderen mannigfaltigen Erscheinungen zusammen und erhebt sie in die Idee, so daß sich diese überall im Besonderen zeigt. Er pflegt mit jenem großen Witze verbunden zu sein, kann aber auch allgemeine Bedeutung erhalten, wenn ihm ein Begriff zu Grunde liegt, der selbst schon an sich den Gegensatz der Wirklichkeit enthält und daher eine falsche Verknüpfung hervorbringt. Dies zeigt sich bei *Aristophanes*, dessen Witz immer niederer Witz ist, welcher sich aus der in die gemeine Erscheinung hineingearbeiteten Darstellung des Besonderen ergibt, wobei durch die Beziehung auf einen Begriff Widersprüche entstehen müssen. Man muß sich aber dabei zugleich eine Weltordnung denken, in welcher diese Gestaltung des Besonderen die richtige wäre und sich mit dem Begriffe in die Idee aufhöbe. Aristophanes Witz besteht daher immer in der sinnlichen Ausführung, und dieser liegt eine ganz verkehrte Weltordnung (Vögel, Wolken u. s. w.) zu Grunde, wo diese sinnliche Erscheinung die richtige ist und ihre Bedeutung hat.[211] Dadurch entsteht der Gegensatz, der fähig ist, sich in die Idee aufzulösen, was ohne jene Voraussetzung nicht möglich wäre. Diese phantastischen Weltordnungen | sind nicht bloß willkürlich fingiert, sondern müssen von selbst entstehen, sobald die sinnliche Seite so die Oberhand gewinnt, daß sie sich abgesondert von Begriffen darstellt, wo sie denn sich selbst Begriffe bilden und sich eine eigene Welt gestalten muß. Es ist also hier umgekehrt, wie in dem höheren Witze.[212]

Wir haben nun die *Beschaffenheit des Verstandes auf den früheren Standpunkten* zu betrachten. – Auch eine bildende und sinnende Phantasie kann es nicht geben ohne Verstand; denn die Übergänge der Entgegengesetzten sind nicht anders zu bewirken, als durch den Verstand, der mithin in jeder Richtung der künstlerischen Tätigkeit enthalten sein muß. Nur durch das Überwiegen des einen oder des anderen der verbundenen Elemente unterscheiden sich Phantasie und Sinnlichkeit. – Hier aber kann weder die Betrachtung, noch der Witz auf das innerste Wesen der Verknüpfung gehen; sondern beide müssen nur verhüten, daß eine solche Schöpfung der Phantasie sich nicht in ganz einzelne Gegenstände verliere. Daher erscheinen Betrachtung und Witz hier nur wie von außen her und mehr abgesondert als Reflexion mit der künstlerischen Darstellung verbunden.

So finden wir bei *Aeschylus* einen bitteren, scharfen und heftigen Witz, der ein Zeichen ist, daß die Idee nicht bis in die Wirklichkeit durchgedrungen, sondern auf dem Wege dazu begriffen ist; daß sie sich selbst schafft und um dies durchzusetzen, die Gegensätze der Erscheinung bekämpfen muß. Derselbe Kampf äußert sich in der sinnenden Phantasie bei *Dante* auf ähnliche Weise.

Auch auf dem Standpunkte der Sinnlichkeit kann der | Verstand nicht entbehrt werden. Die Betrachtung ist für die sinnliche Ausführung unentbehrlich, wenn diese auf das Allgemeine bezogen werden soll; der Witz, wenn die Mannigfaltigkeit der Erscheinung in *einen* Gedanken zusammengefaßt werden soll. Daher bedarf besonders der Humor des Witzes.

Man darf den *künstlerischen Verstand* nie mit der gemeinen *Reflexion* verwechseln, die nur teilweise, unvollkommene Verknüpfungen hervorbringt. Mit dem größten Unrecht haben neuerlich Manche, besonders die Nachahmer Goethes das dürre Räsonnement als das Zeichen der Kunst angesehen. Bei diesem falschen, aufgedrungenen Verstande aber erkennen wir immer das untergeordnete Interesse für besondere Zwecke. Nichts ist der wahren Kunst mehr zuwider, als die Voraussetzung eines Verstandesbegriffes, an welchen dann die Reflexion geknüpft ist; die herrschende Weise der Reflexion in unsern bürgerlichen Schauspielen und Romanen. Das Wuchern dieser Poesie ist ein schreckliches Zeichen der Zeit. Es beweist die Neigung der Menschen, sich von allem, was sie an das innere Wesen erinnern könnte, zu befreien und im Gemeinen zu luxurieren.

Durch alle drei Standpunkte des künstlerischen Geistes gehen zwei Richtungen hindurch, die zwar immer vereinigt sein müssen, jedoch so, daß die eine, oder die andere überwiegt. Diese Richtungen, auf welche jene drei Standpunkte bezogen werden müssen, sind die *Natur* und die *Individualität.*

In der *Naturpoesie* ist die ganze Idee in der Existenz symbolisch enthalten. Der allgemeine Begriff schafft sich selbst seine Existenz, und der Künstler ist nur Werkzeug | des Begriffes. Daher setzt diese Poesie eine gegebene vollendete Welt der Schönheit voraus, und der Künstler findet den Stoff in sich, in dem Standpunkte selbst, auf welchem er im Verhältnis zur Welt und zur Gottheit steht. Der Künstler selbst ist hier in die ursprüngliche Einheit verloren, und braucht nicht von der Wirklichkeit anzufangen, um sie auf die Idee zu beziehen. Er ist mithin auf dieser Stufe nicht eigentlich individuell schaffend, sondern bloßes Werkzeug, durch welches das Ewige, der geistige Zustand der gesamten Zeit hindurch wirkt. Daher rührt das durchaus Nationale dieser Künstler, der gemeinschaftliche Schatz ihrer Darstellungen: die Mythologie und Heroenwelt, als ein für allemal gegebener und damit vorbereiteter Stoff. Die Alten konnten daher ihre Mythologie nicht willkürlich behandeln. Nur die Künstler, die in dem Verständnis des wahren Inneren der Kunst schwankten, fingen an, mythische Stoffe willkürlich zu verändern, oder Eigenes zu erfinden. Als Beispiele können in dieser Hinsicht, *Euripides*,[213] *Agathon* und andere spätere Dichter genannt werden.

Die einzelne Tätigkeit des Künstlers bestand in jener Periode nur darin, etwas an sich schon als feststehende Form, Vorausgesetztes, Ewiges zu wiederholen. Dies nannten die Alten μίμησις, wofür wir den Ausdruck *Darstellung* gebrauchen sollten. Die freie Erfindsamkeit gehört nicht notwendig zur künstlerischen Tätigkeit. In der Kunst kann die Erfindung oder das Schaffen überhaupt nur eine Darstellung dessen sein, was in der Idee schon ewig da ist. So vereinigen sich die Ansichten über freie Erfindung und Naturnachahmung. Wo die Idee auftritt, tritt sie ganz auf, und wird eine wahre Schöpferkraft, die undenkbar ist, wenn | nicht die Idee schon gegenwärtig und lebendig wirkend ist. Das Schaffen bringt nur das hervor, was an sich in der Idee schon existiert. – Bei dieser Naturpoesie ist mithin gerade die Voraussetzung des ewig Existierenden durchaus notwendig und das Schaffen ist nur eine Wiederholung.

Auf dem Standpunkte der *Phantasie* ist hier immer das Bilden über das Sinnen überwiegend. Da die Form der Idee schon vorausgesetzt ist, so muß die bildende Tätigkeit wirken, die unter begrenzter Gestalt darstellt. Die alte Kunst erscheint so vollkommen ausgeführt und charakteristisch, weil die ursprüngliche Idee vorher vollkommen bestimmt sein muß, wenn sie in die Wirklichkeit eingehen soll. – Auf dem Standpunkte der *Sinnlichkeit* ist die sinnliche Ausführung überwiegend. Diese Kunst kann nur schaffen, was schon im ewigen Begriffe gegenwärtig war; der Künstler muß daher in dem sinnlichen Gegenstande die Idee selbst schon als gegenwärtig erkennen, und jedes einzelne Ding muß als ewig bestehend vorausgesetzt werden. Die Kunst der Alten setzt eine höhere Welt der Idee mit ewigen Urbildern voraus, die aber nicht leere Ideale, oder abstrakte Begriffsformen sind. – Auf dem Standpunkte des *Verstandes* überwiegt die Betrachtung, die schon eine gegebene Idee voraussetzt, dagegen der Witz von der Wirklichkeit ausgeht.

Nähmen wir aber an, daß alle diese besonderen Eigentümlichkeiten sich ganz unvermischt mit dem Gegenteile in der alten Kunst fänden, so wäre dies etwas sehr Einseitiges. Erst durch den Übergang in das Entgegengesetzte wird die Kunst vollkommen. Dies bewährt sich an den größten Künstlern, bei denen wir immer diese Universalität | bemerken, wenngleich die Kunsttätigkeit eine bestimmte Richtung nehmen muß. – Welches tiefe Nachsinnen herrscht z. B. in dem *Oedipus bei Kolonos* des *Sophokles*! und dennoch trägt dies Werk den Charakter der bildenden Phantasie. Die nationale Ideenwelt ist auch hier vorausgesetzt; aber die Ausbildung erreicht den höchsten Gipfel, und geht dadurch in die Sphäre der Betrachtung über. So verbindet sich hier die höchste Reife des Antiken mit dem entgegengesetzten Standpunkte. – Auch bei den Werken der Sinnlichkeit in der alten Kunst finden wir die wahre Reife erst, wenn der Humor als Übergangspunkt hervortritt. Diese humoristische Stimmung herrscht in den echt urbanen, sinnlich-humoristischen Dichtern der Alten.

Die *Poesie der Individualität* unterscheidet sich durch das Vorherrschen der entgegengesetzten Standpunkte. In der *Phantasie* ist hier die sinnende Tätigkeit überwiegend. Ersonnen werden soll jedoch auch hier nichts; die Erscheinung wird nicht als gemeine Erscheinung aufgefaßt, sondern mit Voraussetzung der ihr innewohnenden lebendigen Idee. Durch das Wahrnehmen der Idee in ihr muß die Wirklichkeit umgestaltet werden, um als Ausdruck der Idee zu erscheinen. Der Künstler muß die Idee in der besonderen Beziehung schaffen; er muß das Wirkliche zum Ausdruck der Idee umbilden und mithin diese unter einem besonderen Begriff auffassen. Dieses künstlerische Wirken bezeichnen wir am besten mit dem Ausdrucke der *Schilderung*, welche mithin der Darstellung entgegengesetzt ist.

Die *Schilderung* ist das Abbilden der Wirklichkeit in einer gewissen Beziehung auf einen bestimmten Begriff. Das

Schildern kommt vorzugsweise der Malerei, das Dar|stellen der Bildhauerei zu; jenes ist der Charakter der neueren Poesie, in welcher Alles sich auf der Seele des Künstlers spiegeln muß. Wir dürfen dies aber nicht das Subjektive nennen, so wenig wir das Charakteristische der alten Kunst durch die Benennung des Objektiven bezeichnen dürfen. Beides sind ganz empirische Ausdrücke. Auf dem Spiegel der durch einen bestimmten Begriff affizierten Seele des Künstlers stellen die Gegenstände sich ebenso objektiv dar, wie in der alten Kunst; daß aber diese Gegenstände sich auf den inneren Begriff beziehen müssen, und bloß in dem Momente dieser Beziehung aufgefaßt werden, dies macht die Schilderung aus.

Daher muß ein neuerer Künstler seine ganze künstlerische Welt gleichsam erst erfinden; er muß sich ein eigenes Weltall entwerfen, und die Wirklichkeit nach dem Begriff umbilden, um sie auf denselben zu beziehen. So sehen wir es bei *Dante*. Durch dieses Schaffen des eigenen Standpunktes, welches der neueren Kunst eigentümlich ist, wird jedoch Nationalität und Zeitgemäßheit nicht ausgeschlossen. Es kommt hier wesentlich auf die in der Zeit herrschende Art zu fühlen und zu denken an, wie bei den Alten auf die vorausgesetzte Welt der Idee. Wo keine Übereinstimmung in gewissen Begriffen und Ideen vorhanden ist, kann sich keine Kunst bilden. So ist in der *spanischen Poesie* die ganze Welt des Denkens und Fühlens vorausgesetzt unter den Begriffen der Ehre, Religion, Liebe u. s. w. Ohne eine solche mehr oder weniger scharf bestimmte Gemeinsamkeit der Idee kann die Kunst nicht aufkommen.

Auf dem Standpunkte der *Phantasie* überwiegt in der Poesie der Individualität die sinnende Tätigkeit; auf | dem der *Sinnlichkeit* das Rührende, oder der Humor, indem die wirkliche Erscheinung in ihrer Beziehung auf das Gemüt aufgefaßt werden muß. Auf dem Standpunkte des *Verstandes* muß der Witz überwiegen, nicht bloß im Kleinen, sondern im Ganzen durch Beabsichtigung bestimmter Effekte. Der *Effekt* entsteht bei den Alten von selbst aus der Einheit des Begriffes mit dem Besonderen in der Phantasie; bei den Neueren muß der Effekt erst bewirkt werden. Diese Beabsichtigung des Effektes ist der neueren Kunst ganz eigentümlich, und zeigt, wie in der Praxis der Witz überwiegt.

Phantasie und Sinnlichkeit sind die Fäden, durch welche die Kunst mit der Wirklichkeit verknüpft ist, und die sich im Verstande vereinigen. Es ist aber mit dieser Vereinigung immer ein Zwiefaches verbunden: 1) die Idee muß sich offenbaren, indem sie selbst in die Wirklichkeit übergeht; so geschieht es in der Betrachtung und dem Witze; 2) durch die Entfaltung der Idee in der Betrachtung und durch die Aufhebung ihrer Gegensätze im Witze wird die Idee zugleich selbst aufgehoben; ihre Offenbarung ist notwendig zugleich ihre Aufhebung in der Wirklichkeit. Die Idee als reine Tätigkeit muß darum in ihrem eigenen bloß in sich gegründeten Leben nur desto herrlicher erscheinen.

Diesen Mittelpunkt der Kunst nun, in welchem die vollkommene Einheit der Betrachtung und des Witzes zu Stande kommt, nennen wir, insofern er in der Aufhebung der Idee durch sich selbst besteht, die *künstlerische Ironie*. Sie macht das Wesen der Kunst, die innere Bedeutung derselben aus; denn sie ist die Verfassung des Gemütes, worin wir erkennen, daß unsere Wirklichkeit nicht sein | würde, wenn sie nicht Offenbarung der Idee wäre, daß aber eben darum mit dieser Wirklichkeit auch die Idee etwas Nichtiges wird und untergeht. Die Wirklichkeit gehört freilich notwendig zur Existenz der Idee; aber damit ist immer zugleich die Aufhebung derselben verbunden.

Gewöhnlich nennt man das *Negative* in dieser Gemütsstimmung, den Untergang der Idee, Ironie; daß die Idee sich als reine Tätigkeit offenbare, nehmen wir durch unsere Einheit mit der Idee wahr und dies sei die Begeisterung; dagegen wir in der Ironie uns der Idee entgegengesetzt fühlen. In der Kunst aber sind Begeisterung und Ironie eins und dasselbe und unzertrennlich.

Mit jeder Wahrnehmung des Göttlichen ist notwendig das Gefühl unserer eigenen Nichtigkeit verbunden. So verhält es sich in der Religion, wo in diesem Gefühle der Nichtigkeit die Demut oder Selbstverleugnung besteht, die von dem Glauben im höheren Sinne untrennbar ist. Ebenso sind Begeisterung und Ironie untrennbar, jene als Wahrnehmung der göttlichen Idee in uns, diese als Wahrnehmung unserer Nichtigkeit, des Unterganges der Idee in der Wirklichkeit.

An die gemeine Existenz geknüpft, würde die Ironie unmittelbar dadurch aufhören, Ironie zu sein. Entfernt sie sich von der Begeisterung, so ist sie nicht Ironie mehr, sondern setzt sich dem Wesentlichen direkt entgegen. Hielte aber im Gegenteil die Kunst bloß an der Begeisterung fest ohne Ironie, so daß sie sich an eine besondere Gestaltung der Idee anschlösse und diese in die Wirklichkeit verpflanzte, so würde sie auch hiermit aufhören, Kunst zu sein. Allerdings verwandelt sich die Idee in besondere Begriffe; aber sie | muß sich immer zugleich in der Wirklichkeit auflösen; sie muß sich in dem besonderen Momente zugleich in ihrer Universalität offenbaren, was ohne Ironie nicht möglich ist.

Die Kunst erreicht ihren Zweck um so vollkommener, je mehr darin Ironie und Begeisterung verschmolzen sind. Diese Einheit gibt sich an einer überirdischen Gewalt kund, welche solche Kunstwerke ausüben, denen sie zukommt. Solche ungeheure Erscheinungen sind das wahrhaft Klassische in der Kunst, die eigentlichen Mittelpunkte derselben, die immer als welthistorisch erscheinen. Solche Erscheinungen sind in der alten Poesie vorzüglich *Sophokles*, in der neueren *Shakespear*e, bei deren Werken man sich von dem Geiste der Welt selbst ergriffen fühlt. Hier offenbaren sich Ironie und Begeisterung in ihrer vollkommensten Durchdringung, und beherrschen selbst diejenigen auf unbegreifliche Weise, die ein Kunstwerk nach ganz andern Gesichtspunkten zu betrachten gewohnt sind.

Bei anderen Werken, in welchen jene Durchdringung nicht so vollkommen ist, lassen sich mehr äußere Kennzeichen der Ironie finden. Ein solches Kennzeichen ist die Empfindung, daß das Kunstwerk nicht das Wesentliche sei, sondern nur die Hülle der inneren Idee. Der gemeine Verstand wähnt daher leicht, das Kunstwerk sei bloß Nachahmung eines höheren Vorbildes, besondere Darstellung eines Ideals. Wir nehmen aber vielmehr im Kunstwerke die Gegenwart der Idee zugleich als ein Nichtiges wahr, indem die Idee sich in der Wirklichkeit desselben aufreibt und vernichtet. Daher erscheint das Kunstwerk als etwas, um das es eigentlich nicht zu tun ist, als die Hülle eines inneren Geheimnisses, als die Erscheinung eines Wesens. Dies ist ein | Kennzeichen der wahren Ironie; sobald wir hingegen merken, daß es dem Künstler nur um das Werk selbst zu tun war, befinden wir uns in der Sphäre des Interessanten.

Damit hängt die Forderung zusammen, daß der Künstler immer über seinem Werke stehen muß, indem er das Bewußtsein hat, sein Kunstwerk sei etwas Göttliches, aber zugleich etwas Nichtiges. Wir müssen erkennen, es sei dem Künstler mit seinem Werke nicht *Ernst*, das Wort im gemeinen Sinne genommen, wo es die Richtung auf einen besonderen Zweck bezeichnet.[214] So ernsthaft auch seine Begebenheiten, vom Standpunkte des gemeinen Lebens aus betrachtet, sein mögen, wir müssen dem Künstler anmerken, daß es ihm gleichwohl nicht Ernst damit ist, weil sein Verfahren nicht in relativen Beziehungen besteht, sondern sich einzig und allein auf die Idee bezieht. Daher die Heiterkeit des Künstlers, seine Gleichgültigkeit gegen die Besonderheit der ernsthaftesten, ja gräßlichsten Begebenheiten, welche Empfindung sich dann auch dem Betrachter des Kunstwerkes mitteilt, dessen Gefühle sich in die größte Ruhe und Heiterkeit auflösen. Der künstlerische Trost beruht auf der Anschauung, daß auch das Größte, das Herrlichste, wie das Furchtbarste, in der Wirklichkeit nichts ist vor der Idee. In diesem Sinne muß der Künstler über seinem Werke stehen und dasselbe, insofern es Wirklichkeit ist, tief unter sich sehen. Dieser erhabene Standpunkt zeigt sich besonders darin, daß der Künstler im vollen Bewußtsein der Nichtigkeit seiner Schöpfung diese dennoch mit der größten Liebe vollendet; ja sie gerade deswegen mit solcher Liebe ausführt, weil er sie als Opfer der Idee dem Untergange weiht. Man | denke nur an *Homer* und *Achilles*, an das Lied der *Nibelungen* und den *Siegfried*.

Die Ironie ist keine einzelne, zufällige Stimmung des Künstlers, sondern der innerste Lebenskeim der ganzen Kunst. Man hüte sich daher, einen untergeordneten Standpunkt der Ironie gelten zu lassen, oder es für Übermut des Künstlers zu halten, wenn er die Gesetze des gemeinen Lebens, z. B. die moralischen, verwirft. Die Ironie hat die Welt vor sich, wie sie dem höchsten Bewußtsein erscheint, wenn dieses die Idee als wirklich auffaßt.

Die *falsche*, scheinbare, gemeine *Ironie* entsteht aus Reflexionen des gemeinen Verstandes, und kann zwiefach gedacht werden. Sie kann 1) die bloße Erscheinung auffassen und dieselbe dadurch in ihrer Nichtigkeit darstellen, daß sie ihr einen besonderen Wert verleiht, ihr höhere Begriffe beilegt, wodurch ein Kontrast bewirkt wird; 2) kann sie sich an allgemeine wesentliche Begriffe anheften, diese darstellen, wie sie im gemeinen Leben in der Unvollständigkeit der Existenz versinken, und dadurch die Begriffe selbst um ihre Bedeutung bringen. Beide Arten der falschen Ironie entstehen aus dem Widerspruch des gemeinen Lebens mit sich selbst, insofern dasselbe einerseits unvollkommene mannigfaltige Erscheinung, anderseits Begriff ist.

Die Ironie, welche dem Mannigfaltigen einen höheren Begriff mitteilt, um die Nichtigkeit desselben zu zeigen, kann allerdings der Kunst dienen, besonders dem Humor, bei der Ausführung des Einzelnen und Mannigfaltigen. So finden wir sie oft bei *Jean Paul*. Aber sie kann nur Dienerin der wahren Ironie sein, durch welche diese bis in die äußersten Enden der wirklichen Erscheinung ver|breitet wird. So angewendet kann diese Ironie unschuldig sein; ist aber ihr Zweck nur, das Gemeine durch Anklebung höherer Begriffe lächerlich zu machen, so entsteht gemeine Spaßmacherei, ein Spiel der niederen Einbildungskraft, das ohne allen Wert für die Kunst ist.

Noch bedenklicher ist die zweite Art der scheinbaren Ironie, wo wesentliche Begriffe aufgefaßt werden, und, indem gezeigt wird, wie sie in der Wirklichkeit Unvollkommenheiten ausgesetzt sind, auch das Leben der Begriffe selbst zweifelhaft gemacht wird. Dies ist eine gefährliche Ironie, die in moralische Spötterei ausartet und dadurch für das Sittliche, wie für die Kunst verderblich wird. Es ist die Stimmung, in welcher man meint, daß es mit nichts, was auf das Schöne und Edle Bezug hat, dem Menschen Ernst sein könne. Die Begriffe werden als abstrakte anerkannt, ihr Dasein aber in der Wirklichkeit geleugnet. Wenn diese Ironie die Anerkennung der Begriffe in abstracto als Rechtfertigung für sich anführt, so ist dies eine verräterische Ausrede und eitle Selbsttäuschung. Haben die höheren sittlichen Begriffe wirkliches Leben, so müssen sie sich auch in der Wirklichkeit darstellen und ausdrücken. Spricht man dem Begriffe die Existenz ab, so wird er zum leeren Schema der Abstraktion. – Durch eine große Verirrung haben gleichwohl viele Neuere solche Ironie liebenswürdig gefunden; allein es ist hier nicht von Nachsicht mit den Schwächen Einzelner, sondern mit denen der menschlichen Natur überhaupt die Rede, und diese ist immer abscheulich. Wer solche Ironie übt, leidet an gänzlicher Verkehrtheit der Einbildungskraft, an einer ästhetischen Krankheit.

Die bedeutendsten Beispiele solcher Spötterei sind *Lu|cian*,[215] und in neuerer Zeit *Wieland*.[216] Lucian ist sittlich noch weit mehr zu tadeln, als Wieland. Er geht von der Voraussetzung aus, es gebe bei den Menschen nichts Rechtschaffenes, ernstlich Sittliches, welche Annahme auf eine innere Verkehrtheit und Verderbnis deutet, die verabscheuungswürdig ist. Wieland's Ironie beschränkt sich ungeachtet seiner Vielschreiberei, die überhaupt nicht selten ein Beweis von Mangel an Ideen ist, immer auf einen und denselben Punkt. Alle seine Schriften enthalten nur die beständig wiederholte Lehre, daß das Leben für die Tugend und für das Große im Menschen immer kränkliche Selbsttäuschung sei, und der Mensch, je höher er strebe, nur um so tiefer in die Sinnlichkeit hinabfalle. Am deutlichsten tritt diese Lehre im *Agathon* und *Aristipp* hervor.[217]

Die echte Ironie setzt das höchste Bewußtsein voraus, vermöge dessen der menschliche Geist sich über den Gegensatz und die Einheit der Idee und der Wirklichkeit vollkommen klar ist. In der *Naturpoesie* aber findet immer ein mehr unbewußtes Streben statt, dagegen die Poesie der *Individualität* die Form der Beziehung vorwalten läßt und danach den Stoff behandelt. Es fragt sich nun, ob die Ironie bei beiderlei Künstlern, in dem symbolischen und allegorischen Bestreben, auf gleiche Weise vorhanden ist.

Wenn der *symbolische* Künstler Allgemeines und Besonderes durch das Symbol in eine Tatsache verbunden hat, so muß er auch das Verhältnis zwischen Idee und Wirklichkeit nur in dem Momente des Symbols, in der Tatsache auffassen, die er symbolisch dargestellt hat. Das Bewußtsein wird also hier durch den Stoff bedingt sein und in diesem selbst hervortreten. Dieser Stoff aber hat immer | zugleich eine ganz allgemeine Bedeutung, da die Idee in seinem Gegensatz immer die reine Tätigkeit ist. Der besondere Stoff muß sich daher zum Allgemeinen erheben, worin zugleich die Einsicht in das allgemeine Verhältnis der Wirklichkeit zur Idee liegt. Werke des Altertums, die uns auf diesen allgemeinen Standpunkt stellen, sind die vollkommensten. Dergleichen finden wir besonders in den alten Tragikern, vor allem bei *Sophokles*, und zwar am vollendetsten im *Oedipus bei Kolonos*, wo die bestimmte Fabel zugleich das allgemeine Verhältnis zum Bewußtsein bringt.

Die *allegorische* bewußte Ironie muß hinwiederum unbewußt und symbolisch werden, weil sie die verbundenen Tatsachen als typisch für diesen bestimmten Standpunkt darstellen muß, wodurch sie welthistorisch werden und Bedeutung für das Universum erhalten. Diese Erscheinung, daß die bewußte Ironie zugleich eine unbewußte wird, indem sie sich ganz in dem bestimmten Stoffe erschöpft, finden wir am meisten bei *Shakespeare*, vorzüglich in seinen historischen Tragödien, während die psychologischen zu sehr auf den ganz einzelnen Fall gehen und zur Beziehung des Besonderen auf das Allgemeine die Reflexion zu Hilfe nehmen müssen. In diesen findet sich daher keine so unbewußte Ironie; sie wird im einzelnen mehr bewußt, wovon *Hamlet* das deutlichste Beispiel gibt. In der Tatsache selbst aber, im ganzen Umfange der Handlung liegt die Ironie als unbewußte in den historischen Stücken und in einigen Lustspielen, welche die sinnliche Welt ganz objektiv darstellen, der sinnlichen Ausführung sich nähernd.

Einen dritten Moment, worin das Bewußte und Un|bewußte der Ironie ganz zusammenfiele, gibt es nicht. Es wird immer eine Richtung als herrschende zu unterscheiden sein. An sich denkbar ist die Einheit der Gegensätze allerdings; ob aber in der Wirklichkeit ausführbar, ist eine andere Frage. Wer sich dieser Idee genähert hat, ist *Michael Angelo*, der die Gegensätze der alten und neuen Kunst in seinen Werken vereinigt.[218] Allein zur Entscheidung der Frage, ob er diese Vereinigung ganz erreicht, würde ein tiefes Studium aller seiner Werke erfordert werden.

2. Von der Kunst im engeren Sinne

Wir verstehen unter dem Ausdruck *Kunst* hier nicht das Technische, sondern die künstlerische Tätigkeit überhaupt, nur von der andern Seite angesehen als Abgeschlossenheit des künstlerischen Wirkens in dem Stoffe. Diese muß im wesentlichen dasselbe enthalten, was die künstlerische Tätigkeit in der Idee enthält, welche jedoch in dem Kunstwerke noch unter andern Verhältnissen und Bestimmungen erscheint. – Für das Kunstwerk müssen dieselben drei Standpunkte unterschieden werden, wie für die Poesie der Kunst, nämlich: *Phantasie*, *Sinnlichkeit* und *Verstand*.

In Rücksicht auf die *Phantasie* soll das Kunstwerk einen wirklich gewordenen Begriff enthalten. Dazu ist nötig, daß der Begriff die Wirklichkeit nicht bloß rein aus sich schöpft, sondern zugleich als prädestiniert betrachtet wird. Ein wesentliches Erfordernis ist daher, daß der Begriff und seine Wirklichkeit einander erschöpfen, nicht einander voraussetzen, und *Bedeutung* und *Wahrheit* ganz Eins sind. Dies muß natürlich unter verschiedenen Modifikationen stattfinden, je nachdem das bildende, oder das sinnende Be|streben vorherrscht; dieser Unterschied aber kann in Hinsicht auf das allgemeine Gesetz kein wesentlicher sein. Die Wahrheit muß nicht Nachahmung der gemeinen Natur, sondern Wirklichwerden der Idee sein; nie darf die gemeine Wahrheit die Bedeutung unterdrücken.

Auf der andern Seite aber darf dieselbe auch keine bloß chimärische sein; die wahre Bedeutung muß ihre Wirklichkeit mit sich führen. Das Wesen besteht also hier in vollkommener Verschmelzung der Wahrheit mit der Bedeutung.

Auf dem Standpunkte der *Sinnlichkeit* findet dasselbe Verhältnis statt. Allein was dort Wahrheit hieß, heißt hier mehr *Treue*, da hier die Mannigfaltigkeit in ihrer Zerstreutheit aufgefaßt wird; was dort Bedeutung, heißt hier *künstlerisches Gefühl* oder *Stimmung*. Die Treue muß der künstlerischen Stimmung untergeordnet sein; diese aber darf hinwiederum nicht in der Luft schweben, sondern muß sich mit Treue an die Wirklichkeit anschließen.

Zur Treue gehört vorzüglich das Kostüm, d. h. die besonderen Bestimmungen, welche die vorgestellte Sache oder Begebenheit durch räumliche oder zeitliche Individualität erhält. Nicht bloß in dem ganz Äußeren, der Tracht, Architektur u. s. w. besteht das Kostüm, sondern auch in dem ganzen Charakter der Darstellung, dem Stil der Sprache, der Art und Weise der Gesinnungen. Das Kostüm ist immer etwas Unvollständiges, wenn es nicht nach der Beziehung der besonderen Erscheinungen auf den Standpunkt des Künstlers, auf die Sinnesart, die dem Künstler als solchem zukommt, gewählt wird. Wenn der Künstler das Kostüm absolut nimmt als bloße Nachahmung der Wirklichkeit, so geht der Geist der Kunst verloren. |

Das Kostüm wird durch zu große Wahrheit wieder unwahr; denn der Künstler kann sich nur mit Willkür in eine fremde Individualität versetzen; daher denn das sklavisch treue Kostüm immer das eigentlich affektierte wird. Der Schauspieler wird sich z. B. in den allzufremdartigen Trachten nie recht zu benehmen wissen. Jedoch fühlen wir bei dem gelehrten Kostüm des Äußern diese Affektation nicht in dem Grade, wie bei dem Kostüm des Inneren, der ängstlichen Nachahmung einer bestimmten Sprache und Sinnesart, die unfehlbar lächerlich wird. Als Beispiel hiervon kann *Collin's Regulus* angeführt werden.[219] Die Römer, als abstracte Römer genommen, hören auf Menschen zu sein. Etwas nicht minder Affektiertes entsteht, wenn die Ritter des Mittelalters übertrieben bieder und tapfer dargestellt werden. – Das mit ängstlicher Treue beobachtete gelehrte Kostüm in Sprache, Gesinnungen und Zutaten artet allemal in Affektation aus. Zu Shakespeares Zeit spielte man die Römer mit dem Federhut auf dem Kopfe und im Julius Cäsar schlägt die Glocke; gleichwohl entwickelt sich der echte römische Geist, vom poetischen Standpunkte aus lebendig erkannt, nirgends in solcher Vollständigkeit.

Der Künstler muß also das Kostüm nach seinem historischen Standpunkte und seiner Gemütsstimmung auffassen; so wird es zugleich ideal und wahr. Am deutlichsten sehen wir dies in der *Malerei*. Die alten Maler der heiligen Geschichten gaben den dargestellten Personen weder das wahre, noch ein ganz abenteuerliches Kostüm. Die späteren Maler kleideten dieselben in die Trachten ihrer Zeit, besonders die Nebenpersonen, oder sie gaben ihnen ein eigenes abenteuerliches Kostüm nach ihrem Gefühl. Streng | historische Treue würde hier nur Steifheit bewirken. Daher machen die neueren Darstellungen aus der Römischen Geschichte von Franzosen u. a. einen so gleichgültigen, ja unangenehmen Eindruck, weil alles historisch und gelehrt Römisch sein soll. – Die überwiegende Treue des Kostüm kann zu völliger Entfernung von dem Wesen der Kunst führen.

Auf dem Standpunkte des *Verstandes* hat die Kunst darauf zu sehen, daß das Mannigfaltige in die Einheit übergehe und sich darin aufhebe. Die Erkennbarkeit des Begriffes in allem Mannigfaltigen und eine Anordnung der Teile, durch welche die Einheit des Begriffes vermittelt wird, sind notwendige Erfordernisse der Kunst. *Anordnung* und *Deutlichkeit* müssen sich gegenseitig unterstützen und in einander eingehen, so daß jeder einzelne Teil nur durch Kundgebung des gemeinsamen Inneren verstanden werden kann und ein solches Kunstwerk wie ein Werk der Dialektik erscheint. Der Begriff muß nicht das Thema sein, über welches das Kunstwerk sich verbreitet; denn so würde sich der abstrakte Begriff von der Erscheinung trennen.

Der Künstler muß eine gewisse geistige Perspektive in dem Kunstwerke beobachten, einen gewissen *Mittelpunkt* haben, der ihm Moment der Gegenwart ist und in welchem sich alles konzentriert. Ein Hauptfehler ist es, wenn einzelne Teile zu viel von der Bedeutung des Ganzen an sich reißen. Wendet z.B. der dramatische Dichter in jeder Szene die ganze Kraft seiner Idee auf, so entstehen unzusammenhängende Szenen. Es muß ein Moment der Zusammenfassung stattfinden, den man als den Mittelpunkt des Ganzen, als den Moment der Gegenwart im Kunst|werke erkennt. Darauf bezieht sich die Horazische Vorschrift, der Dichter solle *in medias res rapere*, nicht *ab ovo* anfangen.[220] Am deutlichsten tritt dieser Mittelpunkt des Ganzen in der *Malerei* hervor, wo er mit dem perspektivischen Augenpunkte zusammenfällt. Dasselbe muß aber auch in der Skulptur, Architektur und Musik stattfinden.

Die Kunst ist eigentlich die Poesie selbst, von der Seite ihrer Vereinigung mit sich selbst in dem Kunstwerke betrachtet. Der gemeine Verstand kann hier sehr ungeschickte Spaltungen anbringen. Indem er das Kunstwerk als etwas Gegebenes, Vorliegendes betrachtet, sieht er das System der Regeln zur Hervorbringung desselben als ein bloß logisches System abstrakter Begriffe an. Daraus entsteht der Begriff der *Korrektheit* der in der letzten Periode so bedeutend und wichtig geworden ist. Die französischen Künstler und ihre Nachahmer sprechen von *Regeln* und *Fehlern* in der Kunst. Der Ausdruck Fehler deutet auf einzelne Verstöße hin, die jedoch in der Kunst immer nur aus falscher Auffassung überhaupt entstehen können. Besonders bei dramatischen Kunstwerken spricht man häufig von Fehlern oder Verstößen gegen die Regeln, ganz als ob das Kunstwerk ein Rechenexempel wäre. In diesem Sinne aber gibt es in der Kunst keinen Fehler; sondern nur den einen, ganz allgemeinen, den inneren Zusammenhang der Idee und der Wirklichkeit zu verkennen. – Die Technik, welche die Kunst mit allen andern Äußerungen der menschlichen Tätigkeit gemein hat, kann von Regeln und von Fehlern sprechen. Sie ist die Kunst selbst, vom Standpunkte des gemeinen Verstandes betrachtet, gehört aber eben deswegen nicht in die philosophische Kritik der Kunst als solcher. – Der Be|griff der Korrektheit ist also ein sehr verfänglicher, der nur dann entstehen kann, wenn die Kunst ihr Leben verloren hat und das Kunstwerk als ein auf abstrakte Regeln zu beziehendes Objekt betrachtet wird.

Im Gegensatz der Korrektheit spricht man gemeiniglich, bald tadelnd bald lobend, von *Genialität* in der Kunst. So fanden die Franzosen in *Shakespeare* eine ungeheure Naturkraft, die vernunftlos wüte; die Neueren ein Genie, das die Regeln der Kunst durchbreche. Ein Genie aber im Gegensatz der Regeln kann es gar nicht geben. Hat das Genie als solches die Idee in sich, so hat es zugleich die Regeln für die Wirklichkeit. – Korrektheit und Genialität sind uns Eins. Das Genie gibt sich selbst die Regel. Ein Trieb, der keine Form und Ordnung finden kann, ist kein wahres Genie, sondern nur eine Naturkraft, in welcher die Sehnsucht nach dem Genie liegt. Auf der andern Seite kann die Korrektheit nie aus dem bloßen Zusammenzimmern von Teilen entstehen; der wahre Zusammenhang muß aus der gemeinsamen inneren Idee hervorgehen.

Es ist hier ferner noch ein ähnlicher Gegensatz zu bemerken. Die Kritik der Kunst pflegt die eigentümliche Form der Tätigkeit einzelner Künstler durch die Ausdrücke *Stil* und *Manier* zu unterscheiden.[221] Ersteren Ausdruck pflegt man lobend, letzteren tadelnd zu gebrauchen. Durch Stil will man im Allgemeinen eine Eigentümlichkeit des Künstlers bezeichnen, die sich auf allgemeine innere Gesetzmäßigkeit beziehen läßt; durch Manier eine individuelle persönliche Eigentümlichkeit. Wird die ganz gewöhnliche empirische Persönlichkeit darunter verstanden, so ist die Manier allerdings tadelhaft. Versteht man unter Stil die Beschaf|fenheit des Kunstwerkes, vermöge deren in dem einzelnen Künstler die Modifikation eines allgemeinen Zustandes der Kunst aufgefaßt wird, so ist er löblich.

Es kann jedoch beides eben sowohl löblich als tadelnswert sein. Der Stil ist löblich und etwas Wesentliches, wenn wir eine notwendige Beschaffenheit der Kunst überhaupt voraussetzen und in dem einzelnen Künstler das Wirken dieses allgemeinen Kunstprinzips erkennen. Die Manier als Individualität des Künstlers ist löblich, insofern sie schöpferisch ist. Man schreibt *Raphael*[222] mit Recht Stil, *Correggio* öfter Manier zu;[223] doch auch letzteres nicht im tadelnden Sinne, sondern nur um damit seine ganz eigentümliche Individualität zu bezeichnen, worin sich dennoch die künstlerische Idee in ihrer Fülle darstellt.

Stil und Manier sind beide im Wesen der Kunst gegründet. Sie unterscheiden sich von einander, wie die Sphären der *Natur* und *Individualität*. Die Künstler des Altertums finden gewisse allgemeine Gesetze vor, nach denen sie wirken. Daher herrscht hier vorzugsweise der Stil. In der neueren Kunst hingegen wird die Manier überwiegend sein, da jeder Künstler einzeln steht. Wehe dem, welcher sich einfallen ließe, Shakespeares Stil nachzuahmen! Dies ist unmöglich, da seine Eigentümlichkeit Manier ist.

Wird aber Stil und Manier bloß empirisch betrachtet, so wird beides tadelhaft. Soll die Manier die ganz zufällige Individualität ausdrücken, so ist sie zu verwerfen. Aber auch der Stil kann gemißbraucht werden, wenn ein konventionelles, auf Vorurteilen beruhendes System von Regeln zu Grunde gelegt wird. Daraus entsteht ein tadelnswerter Stil, wenn die Sprache diese Benennung erlaubte. So | beruht das *französische Drama* auf bloß konventionellen Regeln; es ist aus dem System des spanischen Dramas entstanden, welches aber durch die Beziehung auf das französische Hofleben etwas bloß Formales und dadurch leer und geistlos geworden ist. Dergleichen kann man nicht Manier nennen; es ist die Ausartung des Stils, und nicht minder verwerflich, wie das, was man unter Manier in der gewöhnlichen Bedeutung versteht. |

DRITTER TEIL
Besondere Kunstlehre

Erster Abschnitt
Einteilung der Künste

Zur Einteilung der Künste hat man sehr verschiedene Einteilungsgründe angewendet. Bei der gewöhnlichen nach dem Darstellungsmittel gemachten Unterscheidung von *redenden* und *bildenden*, *bildenden* und *zeichnenden* Künsten wußte man die Musik nicht unterzubringen, und kam daher auf den Gedanken, unter der Benennung *tonische* Künste Musik und Poesie zu vereinigen.[224] – Nach solchen vom Äußeren hergenommenen Einteilungsgründen läßt sich keine erschöpfende Einteilung machen.

Aus dem zweiten Teile unserer Darstellung ergibt sich schon die allgemeinste Einteilung in *Poesie* und *Kunst*, welche beide zur Kunst im allgemeinen Sinne des Wortes gehören. Es kann nur noch die Frage sein: wie kommt es, daß Poesie und Kunst zwei selbständige Erscheinungen werden, da sie doch an sich nur zwei Ansichten oder Seiten einer und derselben Kunst sind? In der absoluten Kunst sind | in der Tat beide Eins und müssen dem Wesen der Kunst nach zusammenfallen. Betrachten wir aber die Kunst als wirkliche Erscheinung, so entsteht durch den Widerspruch der Wirklichkeit und der Idee die Absonderung in zwei Seiten. – Wir haben im zweiten Teile die Kunst als *Idee* betrachtet; jetzt muß sie als *Wirklichkeit* angesehen werden, und erst hier entsteht eine Einteilung der Kunst, indem die Gegensätze sich bestimmt unterscheiden.

Da aber Idee und Wirklichkeit beide vereinigt die Kunst ausmachen, so kann es noch paradox scheinen, auf die Wirklichkeit der Kunst eine Einteilung zu gründen. Die Kunst ist aber überhaupt nur in der Wirklichkeit, und der Gegensatz, welcher die Einteilung der Kunst begründet, kann nur darin liegen, ob die Wirklichkeit als Idee, oder die Idee als Wirklichkeit betrachtet wird. – In der Wirklichkeit kann die Idee nicht als volle Einheit der Poesie und Kunst erscheinen. Das Gesetz der Wirklichkeit, in welcher alles in Gegensätze zerfällt, muß auch für die Kunst obwalten.

Man könnte einwenden, es müsse mithin bloß die Wirklichkeit als Gegenwart der Idee angesehen werden, und die Idee könne nicht noch besonders als ein selbständiges Gebiet der Kunst für sich erscheinen. Denken wir uns aber die Gegensätze der Wirklichkeit ohne Gegenwart der Idee, so haben wir gar keine Gegensätze der Idee, sondern die Verbindung der Gegensätze müßte durch gemeine Reflexion geschehen, und dieselben würden abstrakte Gegensätze werden. Soll also die Idee in der Wirklichkeit sein, so muß sie als Idee darin hervortreten; träte sie bloß im Gegensatz hervor, so entstände Reflexion.

Die Idee muß also auf zwiefache Weise in die Wirk|lichkeit eingehen: 1) als innere Einheit das Mannigfaltige aufhebend und wieder erzeugend; 2) so daß sie sich in die Gegensätze der Wirklichkeit spaltet und diese zum Ausdruck ihrer selbst bildet. Darauf gründet sich die Haupteinteilung in *Poesie* und *Kunst*, beides im engeren Sinne genommen.

Die *Poesie* ist die universelle Kunst; sie ist die sich selbst modifizierende und bestimmende Idee. Die Gegensätze der Wirklichkeit in ihr können nicht verschiedene Künste bilden, sondern nur verschiedene Arten der Poesie. Die Idee muß aber nicht als abstrakte betrachtet werden; sie muß ihr ganzes Dasein mit sich führen, sich ganz in der Wirklichkeit darstellen, sich selbst durch ihre Gegensätze begrenzen und dadurch objektiv werden. Die Poesie und die darin lebendige Idee muß selbst eine Wirklichkeit annehmen, die aber nur als Wirklichkeit der tätigen Idee, nicht des Objektes erscheint. Erkennten wir nicht überall die tätige Idee, so wäre die Poesie nicht die Richtung, vermöge deren die Idee sich selbst die Wirklichkeit schafft. Die Wirklichkeit nun, welche die Idee sich gibt, ist die *Sprache*, welche mithin nicht äußeres Mittel oder Organ der Poesie ist, sondern die Existenz und Tätigkeit der Poesie selbst, insofern diese Tätigkeit ganz Wirklichkeit werden muß.[225]

Eine Kunst, in welcher Poesie und Kunst Eins wären, müßte zur Sprache das Dasein der wirklich erscheinenden Dinge haben. Dies können wir uns als Kunst nicht möglich denken; es wäre ein Schaffen, wie das der Gottheit. In der Poesie kann sich die Gegenwart der Idee nur durch eine Wirklichkeit ausdrücken, die ganz denkende Tätigkeit ist, und das ist die Sprache.

Die Sprache ist kein bloßes Mittel, um Gedanken | zu bezeichnen. Ein solches äußeres Mittel ist undenkbar; und von Erfindung der Sprache im gewöhnlichen Sinne kann daher nicht die Rede sein. Der Ursprung der Sprache ist mit dem Ursprung des Denkens Eins, welches in der Wirklichkeit ohne Sprache nicht möglich ist. Das Denken ist ein subjektives Sprechen, wie das Sprechen ein objektives Denken, die äußere Erscheinung des Denkens selbst. Keines von beiden ist ohne das andere möglich und beide bedingen einander gegenseitig. – Da die Poesie nur Tätigkeit der Idee und auch in ihrer äußeren Erscheinung in der Sprache Tätigkeit ist, so wird sie nie abgeschlossene Gegenstände, sondern immer nur Tätigkeit darstellen können.

Die *Kunst* im engeren Sinn muß nach den Gegensätzen der Wirklichkeit zerfallen, die wir jedoch so denken müssen, wie sie in der Kunst selbst der Idee nach gegeben sind. Nie wird hier das Allgemeine ohne das Besondere gefunden; aber der Begriff und der besondere Stoff stehen in verschiedenen Verhältnissen zu einander.

Die Idee zeigt sich in ihrer Verbindung mit der Wirklichkeit entweder *symbolisch*, oder *allegorisch*. Symbolisch mit dem Stoffe verbunden, dürfen wir uns die Idee nicht als allgemeinen Begriff denken, welchen der Stoff nur modifizierte. Dies Verhältnis würde der Poesie zufallen und kein abgeschlossenes Dasein bilden. Werden Begriff und Besonderheit symbolisch ganz verbunden und darin die Idee dargestellt, so muß der Begriff in einem besonderen einzelnen Dinge ausgedrückt erscheinen, also in einem Körper, in welchem der Begriff mit dem besonderen Dinge ganz verschmilzt. So entsteht die *Skulptur* oder *Plastik*, die eigentliche symbolische Kunst. |

Denken wir die Beziehung des Begriffes zu dem Besonderen so, daß sie ein allgemeiner Gedanke, keine einzelne Erscheinung ist, so ist dies die *allegorische* Ansicht. Hier ist die Idee die vorausgesetzte verbindende Tätigkeit, und das Besondere muß in seinem Zusammenhang mit dem Begriffe, immer in Beziehung auf diesen, als Bestandteil eines Zusammenhanges erscheinen. Dies geschieht in der zweiten Kunst: der *Malerei*.

Man sagt gewöhnlich, die Plastik stelle den runden vollen Körper dar; die Malerei bilde in einer Fläche. Dieser Unterschied aber entsteht einzig und allein aus der inneren Beschaffenheit. In der Plastik ist die Idee der Moment, wo Körper und Begriff zusammenfallen, und in dem Körper selbst die ganze Idee, folglich alles Geistige liegt. Wir müssen denselben als ganz universell ohne Beziehung auf etwas anderes denken; folglich auch nicht in Beziehung zu dem Lichte, welches hier bloß das Mittel ist, die besondere Gestalt wahrzunehmen, nicht aber in Betracht kommt, insofern diese Gestalt in Beziehung zum Lichte als zu dem allgemeinen Mittel der Auffassung steht. Das Licht ist in das Werk der Skulptur gleichsam verschluckt; der Körper hat seinen Begriff in sich und führt sein eigenes Licht mit sich; daher das Plastische auch keine Färbung hat.

In der Malerei hingegen müssen die Gegenstände als einzelne in ihrer Beziehung auf den Begriff gefaßt werden. Jedes Einzelne wird in abstracto gedacht, und auf den Begriff bezogen; dagegen der Körper der Plastik ganz konkret ist. Soll der einzelne Körper in abstracto gefaßt werden, so muß dies nicht allein geschehen, insofern sich die Idee in ihm darstellt, sondern auch, insofern er erschei|nend ist. Dasjenige nun, wodurch in der Natur die Körper abstrakt werden, ist das *Licht*, die gemeinschaftliche Einheit aller Vorstellungen von körperlichen Dingen. Sollen diese bloß in ihrem Zusammenhang mit dem Begriffe betrachtet werden, so muß dies mit Beziehung auf das Licht geschehen. Daher stellt die Malerei die Körper dar, wie sie im Verhältnisse zum Licht erscheinen, nicht wie sie als Masse sind; und durch das Licht wird hier die Masse ersetzt, wie in der Skulptur durch die Masse das Licht. Die Dinge, in bloßer Beziehung auf das Licht betrachtet, erscheinen uns in einer Fläche; in der Malerei wird daher auf der Fläche durch die Modifikationen des Lichtes das Körperliche ausgedrückt. Der Grund dieser Darstellung liegt also in der allegorischen Beziehung auf den gemeinschaftlichen Begriff des Lichtes.

Dasjenige nun, was in der Plastik und Malerei Begriff und Körper verbindet, ist nichts anders, als die lebendige Wirksamkeit des künstlerischen Bewußtseins. Die Idee schließt sich in jenen Künsten ab; aber ihre Tätigkeit ist eine durchaus allgemeine und bleibt in der Mitte zwischen diesen abgeschlossenen Künsten wirksam. So entsteht wieder eine eigene Art der Kunst, in welcher das Bewußtsein als das Verbindende, Dritte hervortreten muß. Dies allgemeine Bewußtsein, nicht das eines bestimmten Stoffes, muß einem Stoff entgegenstehen, und daher in die Seiten des Allgemeinen und Besonderen zerfallen. Da aber das Bewußtsein ein tätiges ist, so kann darunter nicht ein abstrakter Begriff auf der einen, und die Vorstellung von besonderen Dingen auf der andern Seite verstanden werden; sondern der Stoff, worauf sich das Bewußtsein bezieht, muß | ein Stoff im Allgemeinen, d. i. Körper schlechthin, und der Begriff muß der Begriff schlechthin sein. So entstehen zwei Künste, von denen die eine bloße Körperlichkeit ohne individuellen Begriff hat, die andere den Begriff selbst ohne Stoff tätig zeigt, den einfachen Gedanken, der ohne Objektivität wirklich wird. Jene ist die *Architektur*, diese die *Musik*, in welcher der Laut als Tätigkeit gedacht, in der Zeit wirksam ist. Die Musik stellt den reinen Begriff dar und ist daher homogen der Malerei, in welcher der Begriff vorherrscht; die Architektur die reine Körperlichkeit, homogen der Skulptur, in welcher der äußere Stoff überwiegt.

Das künstlerische Bewußtsein muß bei seiner Äußerung in der Wirklichkeit in einen Gegensatz treten; wie sich aus dem Vergleich der Kunst mit der Poesie am besten ergibt. In der Poesie wird überall die Tätigkeit der Idee selbst erkannt, in welcher aber die Wirksamkeit des Künstlers mit der besonderen Gestaltung zusammenfällt. In den besonderen Künsten muß das künstlerische Bewußtsein selbst als bloß tätiges von der Gestaltung im Besonderen sich trennen und dem Stoffe überhaupt als bloßer Materie sich als reiner Begriff entgegensetzen. – Wird nun dieses Selbstbewußtsein des Künstlers, wie es das Wirken der Idee in ihm ist, auf den bloß äußeren Stoff angewendet, so kann dieser unter keine andern Begriffe gebracht werden, als unter solche, die auf das bloße nicht individualisierte Material vollständig anwendbar sind. Solche Begriffe aber sind *mathematische*, und das Bindungsmittel zwischen dem Stoffe und dem allgemeinen Begriffe, in welchem beides zusammenfällt, nennen wir das *Verhältnis.* |

Bloß mathematische Begriffe dürfen hier nicht verstanden werden, da es bei diesen durchaus nicht auf den Stoff, sondern nur auf die Form ankommt. Es muß hier immer ein besonderer, bestimmter Begriff sein, zwischen welchem und dem Stoffe ein mathematischer Mittelpunkt sich findet, worin beide aufgehen; und dieser ist das Verhältnis. Zu dem Verhältnis gehört also 1) ein Stoff, der an sich nicht Begriff ist; 2) ein Begriff, der nicht bloß Form ist, und 3) die Durchdringung beider, welche eben das Verhältnis ausmacht. Die Kunst, welche den äußeren Stoff durch das Verhältnis dem Begriff unterwirft, nennen wir die *Architektur.*

Von dem physischen Bedürfnis eines Obdachs dürfen wir bei der Erklärung der Architektur nicht ausgehen; denn obwohl diese Kunst sich vorzüglich an das Bedürfnis anschließt, so liegt doch darin so wenig, wie bei jeder andern Kunst, das Wesentliche.[226] Bedeutender ist die Verbindung der Baukunst mit der *Religion.* Der Begriff mit der Materie verbunden muß die Idee darstellen, wie sie alle Besonderheit aufhebt. Diese Aufhebung der Besonderheit durch die Offenbarung der Idee ist etwas Religiöses; daher die Baukunst, die ein Universum in bestimmten Grenzen darstellt, als die äußere Gestaltung der Religion erscheint.

Ist aber die Architektur besonders bestimmt, sich mit der Religion zu verbinden und in dieselbe überzugehen, so ist sie dennoch ein wahrer Bestandteil der Kunst. Sie teilt sich nur, da sie auf der Grenze steht, nach zwei entgegengesetzten Richtungen, und schließt sich auf der einen Seite an die Religion, auf der andern an das gemeine Leben an. Der Mittelpunkt, wo die Kunst sich in sich selbst verknüpft, | liegt in der Plastik und der Malerei; geht sie aber von dem allgemeinen Bewußtsein aus, so muß sie sich in zwei Richtungen spalten: 1) nach der allgemeinen göttlichen Idee, und 2) nach dem gemeinen wirklichen Leben.

Die *Musik* drückt das Bewußtsein aus, wie es sein eigener Stoff in der Wirklichkeit ist. Diese Äußerung des Bewußtseins geschieht durch den *Laut*, der in der ganzen Natur das Bewußtsein objektiviert. Sprache durch Worte kann hier nicht mehr stattfinden, da hier bloß vom allgemeinen Bewußtsein die Rede ist, nicht vom individuellen, dessen Ausdruck das Wort ist. Es ist die Objektivität der bewußten Seele, die sich im Laut ausdrückt, welcher mithin kein Mittel der Mitteilung ist. Dies Verhältnis der Mitteilung gehört dem gemeinen Leben an. Selbst die Sprache ist in der Poesie nicht Mittel der Mitteilung, sondern einzig und allein Mittel der Selbstobjektivierung, wodurch die Idee Wirklichkeit wird. Ebenso ist in der Musik der Laut die bloße Selbstobjektivierung der Seele. Diese Bedeutung hat der Laut in der ganzen Natur, und je vollkommener er ist, desto vollkommener selbstbewußt ist die Seele, die sich durch ihn äußert. Selbst in der unorganisierten Natur ist der Laut der Ausdruck des reinen Begriffes des Starren im Gegensatz des Flüssigen.

Im Laute selbst an sich ist keine Mannigfaltigkeit, die äußerlich als Objekt betrachtet werden könnte. Diese Mannigfaltigkeit kann sich allein in der *Zeit* äußern; daher entfaltet sich der Begriff hier in der Zeit, wie in der Architektur im *Raume*.[227] Doch hat der Laut als Ausdruck einer bestimmten Affektion des Bewußtseins auch eine Qualität. *Qualität* und Quantität des Lautes müssen sich beide mit | dem Begriffe verbinden durch das *Verhältnis* oder ein mathematisches Mittelglied, worin der reine Begriff in der Zeit auf bestimmte Weise modifiziert wird. Durch die Beziehung auf dies

Verhältnis wird der Laut zum *Ton*, worin Begriff und Stoff in einander übergehen.

Der Ton ist der durch das Verhältnis qualitativ und quantitativ bestimmte Laut. Beide Bestimmungen müssen unter dem dritten mathematischen Mittelgliede vereinigt werden. Der Ton ist die eigentliche Erscheinung der Musik, welche nur durch eine Entwicklung in dem Verhältnisse der Zeit und der Qualität bestehen kann. Diese Entwicklung des reinen Bewußtseins in der Musik erscheint 1) als Aufgehen der Wirklichkeit in der Idee; 2) als Übergang der Idee in die Wirklichkeit. Die erste Richtung begründet die *religiöse Musik*, die zweite die *Musik, die zum Schmucke des Lebens* gehört, ganz analog den in der Architektur unterschiedenen Richtungen.

Musik und Architektur wirken wesentlich verschieden von den andern Künsten, weil sie nicht in das Objekt übergehen, sondern Modifikation des Selbstbewußtseins im Allgemeinen ausdrücken. Bei der Plastik und Malerei muß sich der Beschauer ganz in das Kunstwerk verlieren. In der Architektur und Musik muß er sich selbst zum Kunstwerk machen; sich hingeben, damit das Kunstwerk in sein empfängliches Gemüt aufgenommen werde und dieses mit dem Kunstwerke in Eins aufgehe.

Bei der Architektur wird die Idee als das Allgemeine angesehen, worin sich das einzelne Bewußtsein verliert. Bei der Musik äußert sich umgekehrt die Idee als Individuum, wenn gleich als allgemeines Bewußtsein. Daher muß hier | der Hörer in die individuelle Gemütsstimmung eingehen, welche die Musik erzeugt hat, und daher rührt es, daß die Musik unsere ganze Seele momentan beherrscht. Die Architektur hingegen bewirkt, daß wir uns aus dem Momentanen entfernen und unsere Persönlichkeit in ein Universum des Göttlichen verlieren.

In der Poesie vereinigt sich beides. Sie ist ohne Zweifel die universellste Kunst, kann aber eben deswegen auf die gegenwärtige besondere Stimmung nicht so mächtigen Einfluß ausüben. – Die Kunst muß in ihrer Erscheinung notwendig in besondere Formen zerfallen. Ihre Wirkung im Ganzen zu erreichen, ist nicht möglich; sie wäre sonst ein Universum.

Zweiter Abschnitt
Von der Poesie

Es fragt sich zuerst, was in der Poesie das Symbol sei. Da der Begriff nicht objektiv in den Gegenstand übergehen und auch nicht reiner Begriff sein kann: so muß 1) das *Symbol* hier als werdend, als *Tätigkeit* und Übergang gedacht werden; die Poesie drückt daher Alles in Tätigkeit und durch Tätigkeit aus; 2) aber kann hier nicht die bloße Form der Tätigkeit genügen, sondern nur eine solche, die immer die individualisierte Idee darstellt. Mithin müssen es nicht bloße Tätigkeiten sein, die wir wahrnehmen, sondern wirklich *lebendige Objekte.* |

Diese Sätze sind gleichsam die Axiome der Poesie. Alles in der Poesie muß Handlung und Bewegung sein. Daher kann eine bloß *beschreibende Poesie*, die den Gegenstand ohne Bewegung und Handlung auffaßt, nicht gedacht werden; worüber *Lessing* in seinem *Laokoon* treffliche Bemerkungen gemacht hat.[228] Im Homer wird nie ein besonderer Gegenstand bloß beschrieben, sondern selbst die Beschreibung immer in Tätigkeit dargestellt; so die Beschreibung des Wagens der Here,[229] den der Dichter entstehen läßt, der Kleidung des Agamemnon,[230] des Schildes des Achilles,[231] wo die vorgestellten Gegenstände selbst als lebendig erscheinen. Die ganze Gattung der beschreibenden Poesie, wovon wir traurige Beispiele bei Engländern, Franzosen und auch bei Deutschen finden, ist ein Unding. Es genügt nicht, die Beschreibung mit Handlung als einem bloßen Hilfsmittel zu vermischen.

Auf der andern Seite muß in der Poesie ein lebendiges Objekt sein, in welches sich der Begriff verwandelt. Wäre sie bloß Tätigkeit des Begriffs, so entstände Musik. Ein bloßes Denken über den Stoff aber erzeugt die *didaktische Poesie*, die ebenso unstatthaft ist, wie die beschreibende. – Aus dem Gesagten ist die Grenze der Poesie zu erkennen. Weder Beschreibung noch Belehrung kann darin aufgenommen werden; noch weniger aber der Zweck, etwas Besonderes im wirklichen Leben zu bewirken, welcher den Redekünsten, oder dem Gebiete der Sittlichkeit angehört.

Es muß ferner in der Poesie die *Sprache* selbst, zunächst ihrem *Inhalte* nach, symbolisch und allegorisch sein; sie muß eine *künstlerische* sein, in welcher sowohl das symbolische, als auch das allegorische Prinzip gefunden wird. | Diese Beschaffenheit der Sprache äußert sich durch das Bildliche des Ausdrucks oder die *Tropen*, welche sich nach dem Überwiegen des symbolischen oder allegorischen Charakters unterscheiden. Das Symbol wird durch die *Metapher* ausgedrückt, in welcher der Begriff mit seiner besonderen Darstellung zugleich in *einen* Gedanken verbunden ausgesprochen wird. Nennt man z. B. den Mond: das Auge der Nacht, so wird dadurch keine bloße Ähnlichkeit ausgedrückt, sondern Auge ist ein allgemeiner Begriff, der in besonderer Gestalt gefaßt und auf einen einzelnen Gegenstand angewendet ist, dem Charakter des Symbols entsprechend. – *Metonymie* und *Synekdoche* nähern sich mehr dem Allegorischen; sie drücken eine Auflösung des Symbols aus, indem sie eine Seite auffassen und auf das Ganze beziehen. Ganz allegorisch sind: das *Bild*, das *Gleichnis*, die *Allegorie* im engeren Sinn, weil in diesen Tropen immer die Beziehung mit ausgedrückt wird.

In der vollkommensten Poesie sind die ganz einfachen, natürlichen Ausdrücke die herrschenden, weil die Begriffe so am meisten in ihrer reinen Gestalt zur Erscheinung kommen. Werden dieselben durch bildlichen Ausdruck der Erscheinung erst genähert, so verlieren sie die Kraft des Begriffes und werden den Vorstellungen des gemeinen Lebens koordiniert. Wo hingegen das Besondere vorwaltet, und das Einzelne zum Begriff erhoben wird, da muß die Sprache am tropenreichsten sein. Daher finden sich bei den Humoristen und bei den Dichtern, die von historischem Standpunkte oder von dem des wirklichen Lebens ausgehen, die meisten Bilder.

Aber nicht bloß der Inhalt, auch die *äußere* sinnliche Erscheinung der Sprache muß der Kunst unterworfen sein, | durch das *Metrum*. Eine unkünstlerisch gebildete Sprache würde das Kunstwerk bloß als allgemeinen Begriff, und die Sprache als Mittel der Einführung desselben in die Wirklichkeit erscheinen lassen. Die Sprache selbst muß daher künstlerische Beschaffenheit haben.

Wir unterscheiden in der Sprache ihrer sinnlichen Erscheinung nach *Quantität* und *Qualität*. In jener liegt der allgemeine Begriff der Sprache, der sich im einzelnen wiederholt; die allgemeine Seite, die den Begriff am reinsten ausdrückt. Als Wirklichkeit wird die Quantität *Rhythmus*, d.h. eine Sprachentwicklung in der Zeit, die so beschaffen ist, daß die Gesetzmäßigkeit durch den sich wiederholenden allgemeinen Begriff der Quantität erhalten wird. – Die Qualität ist Ausdruck der Verschiedenheit oder Mannigfaltigkeit durch Höhe und Tiefe oder überhaupt intensive Beschaffenheit des Sprachlautes. Diese Mannigfaltigkeit aber muß, um künstlerisch zu sein, auch Ausdruck von Begriffen sein, die sich in dem Verhältnisse der Töne zu einander darstellen.

Das Quantitative ist das symbolische Prinzip in der Sprache; das Qualitative enthält den Keim des Allegorischen, da es die Verschiedenheit ausdrückt, die nur durch Beziehung auf das Allgemeine den Begriff erschöpfen kann. Wo das symbolische Prinzip überwiegt, ist der Rhythmus herrschend; wo das allegorische Prinzip, da herrscht die Qualität, auf welcher der *Reim* beruht. – Daß der Reim eine künstlerische Form sei, kann nicht bezweifelt werden. Die natürliche Metrik der Neueren ist offenbar die reimende, und höchst albern und verkehrt war es, wenn manche Neuere die Reimpoesie für ein leeres Geklingel erklärten. |

Es gibt gewisse *prosaische Silbenmaße* auf der einen, und eine *poetische Prosa* auf der andern Seite. Jene Sylbenmaaße haben wir Neueren nicht; denn die jambischen Maße sind nicht hierher zu rechnen. Prosaische Sylbenmaße aber waren bei den Alten die Kola, in denen die Griechischen *Mimen* geschrieben waren; ein Mittelding zwischen Prosa und metrischer Form, welches bei den Alten den Übergang von der Poesie in die Prosa bildete.[232] – In neueren Zeiten gibt es im Gegenteil prosaische Schriften, die zugleich künstlerisch sind; dergleichen nur dann vorkommen kann, wenn sich die Bestandteile der Poesie allegorisch von dem Mittelpunkte des

Symbols entfernen. Dahin gehört vorzüglich der *Roman*, welchem die prosaische Form unentbehrlich ist. Die prosaische Sprache des Romans muß sich aber von historischer, wie von dogmatischer Prosa streng unterscheiden, indem sie poetisch ist, ohne durch rhetorischen Bombast sogenannte poetische Prosa zu sein. Die Sprache des Romans muß den kontinuierlichen Fluß der Prosa haben, aber mannigfacher gegliedert und leichter sein, als die geschichtliche und wissenschaftliche Prosa. Durch diese mannigfaltige Gliederung, vermöge deren sich in jedem Glied ein lebendiges Bild entfaltet, erreicht sie einen höheren Grad von Lebendigkeit. In Hinsicht dieser mannigfaltigen Gliederung und Absonderung einzelner Bilder als selbständiger Totalitäten kann man Romane von Goethe und Cervantes mit Homer vergleichen.

Wir gehen nun zu der *Einteilung der Poesie* über. Die Poesie ist Tätigkeit, die mit dem Resultate zusammengefaßt werden muß; denn das Ganze ist nur die eine und selbe Kunst, in welcher notwendig beides sein | muß: das Schöne als Gegenstand der Kunst, und die Tätigkeit des Künstlers. Diese beiden Seiten müssen zur Unterscheidung der Gattungen wirken. Der Gegenstand muß sich universell darstellen in einer besonderen Richtung der Tätigkeit; diese hinwiederum muß sich in dem besonderen Gegenstande universell äußern. Tätigkeit und Gegenstand werden hier eins und dasselbe; sonst würden die Teile sich nicht scheiden können.

Hiernach muß es *drei Gattungen* der Poesie geben: 1) vorzugsweise symbolische; 2) vorzugsweise allegorische Poesie; 3) eine Gattung, in welcher die Idee sich als reine Tätigkeit offenbart, und Symbol und Allegorie ihr nur als Mittel zu dieser Offenbarung dienen. In den beiden ersten Gattungen geht die Tätigkeit ganz in den Stoff über; in der dritten waltet die Form ob, die reine Tätigkeit, in welcher Symbol und Allegorie sich sättigen. Diese reine Tätigkeit wird durch Phantasie, Sinnlichkeit und Verstand hindurch wirken müssen.

Die erste oder die symbolische Gattung ist das *Epos*; die zweite, allegorische ist die *lyrische Poesie*; die dritte, in welcher sich beides durchdringt, ist *die dramatische Poesie*. Im

Epos und der Lyrik kommt es vorzugsweise auf den Stoff an; nur daß im Epos der Stoff der ganz ins Objekt übergegangene Begriff ist, während in der lyrischen Poesie auch die Beziehungen wesentlich dazu gehören. Im Dramatischen ist nicht der Stoff die Hauptsache, sondern die in ihm wirkende Idee, und der Stoff gilt nur in der Hinsicht, als sich in seiner Gegenwart die Idee offenbart.[233]

Im Epos und in der Lyrik schätzt man den Stoff nach seiner Qualität. So sind im Epos Charaktere und Taten | der Menschen die Hauptsache; im Lyrischen die Gedanken, Stimmungen, Gefühle, weil diese die Beziehung zwischen Erscheinung und Begriff ausmachen. Im Dramatischen ist beides nur die Wirklichkeit des Stoffes und der wahre Stoff ist die Offenbarung der Idee. Aus diesem Grunde stellt die dramatische Kunst in der Gegenwart dar, während in der epischen und lyrischen Poesie der Stoff als außer der Gegenwart gegeben aufgefaßt wird: im Epos vorzugsweise als ein vergangener, in der Lyrik als ein solcher, der vermöge der Beziehung im Werden begriffen ist und auf Zukunft hindeutet. Das Ziel, der Zweck der menschlichen Bestrebungen stellt sich in der lyrischen Poesie dar als durch die Beziehung zu erlangen. Beides fällt im Drama zusammen, wo die Gegenwart nur für den gemeinen Verstand das Mittelglied zwischen Vergangenheit und Zukunft, für die höhere Einsicht Offenbarung der Idee als eines unteilbaren Ganzen ist.

Im Epos ist jedoch nicht bloß die Phantasie tätig. Es gehört zum Stoffe immer die universelle Tätigkeit und das Epos kann daher phantastisch, oder sinnlich sein. Es liegt also auch in ihm der Keim der Allegorie. – Ebenso ist die Lyrik nicht bloß sinnlich, sondern auch phantastisch; denn auch in ihr ist die Tätigkeit universell. Auch hier neigt sich die Poesie aus den Enden der Beziehung in den Mittelpunkt des Symbols, der durch den hier vorzugsweise wirksamen Verstand gewonnen wird.

Vor allem aber im Drama ist die Tätigkeit universell. Es ist die reine Tätigkeit der Idee, die sich ihre Wirklichkeit schafft. Daher muß der Verstand im Drama so wirken, daß Phantasie und Sinnlichkeit in ihm aufgehen. Er kommt | in seiner höchsten Blüte als herrschende *Ironie* zum Vorschein, deren Sitz im Drama ist. Die Ironie wird in den beiden Richtungen des Drama, dem Tragischen und dem Komischen, wirklich.[234] Der Stoff im Drama geht in etwas Indifferentes auf und drückt das reine Wesen der Idee aus. Dieses reine Wesen ist das wahre Schicksal, welches darin liegt, daß sich der symbolische und allegorische Stoff in den Gedanken verliert.

Noch eine Rücksicht kommt bei der Einteilung der Poesie in Betracht: der Unterschied der *Natur* und der *Individualität*. Obwohl in jener das Symbol, in dieser die Allegorie überwiegt, so muß doch in beiden Gebieten jede Gattung von Kunst ihren Platz finden. Nur werden sich diese Gattungen nach jedem dieser Standpunkte verschieden ausbilden. Das Drama ist in beiden Gebieten Mittelpunkt und Grundlage der ganzen Kunst; denn auch die andern Gattungen deuten immer darauf hin.

Die Poesie ist innerlich eine Einheit, weil in ihr die Phantasie als reine Tätigkeit der Idee wirkt und diese schlechthin eine ist. Sie kann sich daher nur nach verschiedenen Richtungen auf die Wirklichkeit teilen. Die Kunst hingegen hat die Wirklichkeit zum Prinzip, deren Gegensätze sich in ihr völlig absondern müssen, da sich in jedem derselben die Idee vollständig wiederholt. Was in der Wirklichkeit in einander fließt, scheidet sich in der Kunst rein ab, die mithin die Welt immer unter einseitigen Gesichtspunkten behandelt. Es gibt daher verschiedene Künste. Die Poesie ist nur Eine, und es gibt nur Arten der Poesie, nicht verschiedene Poesien. |

1. Von der epischen Poesie

Es ist schon bemerkt worden, daß im Epos und in der lyrischen Poesie der *Stoff* vorwaltet, im Drama hingegen die Form oder die reine Tätigkeit der Phantasie. Der epische Stoff ist ein ganz symbolischer, in welchen die Idee als gegenwärtiges Objekt vollständig übergegangen ist. Weil sich hier die Idee ganz in den Stoff versenkt, so sagt man, das Epische sei objektive, das Lyrische hingegen subjektive Poesie. Von diesem empirischen Gegensatz aber kann hier nicht die Rede sein.[235] Im Epos verliert sich die Idee deswegen in den Stoff, weil sie den Stoff als Symbol gestaltet, während die lyrische Poesie denselben als Beziehung des Allgemeinen und Besonderen aufeinander darstellt. Im Epos erscheint der Stoff als ein *Gegebenes*, Vorhandenes; in der lyrischen Poesie als ein Werdendes. – Das Epos kann sich jedoch nicht damit begnügen, den Stoff als gegebenes Objekt darzustellen; er muß zugleich in Tätigkeit erscheinen.

Sofern der Stoff ein Gegebenes ist, wird der Gegenstand als *vergangen* aufgefaßt, und zwar nicht bloß als vergangen in der Zeit, sondern als absolut vergangen und somit schlechthin gegeben. Dies ist der Sinn des *Mythischen*, welches ein absolut Vergangenes, Gegebenes ist, das als vorausgesetzt angesehen wird. Es kann daher kein rein historisches Epos geben. *Henriaden*,[236] *Borussiaden*[237] u. dergl., welche das Historische nur in epischer Form darstellen wollen, sind etwas durchaus Verfehltes; denn das Historische hat in der Ansicht des Volkes nicht den Charakter des absolut Vorausgesetzten, wie das Mythische im *Homer*. In späteren Zeiten, wo der Sinn für das Mythische ver|schwunden ist, muß sich daher der Dichter willkürlich auf einen mythischen Standpunkt versetzen.

Auf der anderen Seite aber muß der Stoff in wirklicher *Tätigkeit* dargestellt werden, weil er das wirkliche Leben der Idee ist. Daher ist es wesentlich, daß alles Handeln darin einen *göttlichen* Ursprung habe. Es darf kein bloß zeitliches sein; denn es ist ein Handeln der Idee, wodurch diese sich ihre Wirklichkeit schafft. Darin liegt aber zugleich, daß das Epos nie reine Darstellung der Gottheit sein darf. Das göttliche Prinzip muß als handelnd in der Wirklichkeit erscheinen; sonst wäre es nicht die Idee, die ihre Wirklichkeit sich selbst schafft. Ein Epos, dessen Inhalt rein göttliche Begebenheiten ausmachen, ist ein Unding; daher können auch die christlichen Lehren nicht episch dargestellt werden, wie *Milton* und *Klopstock* es versucht haben.[238]

Ebensosehr wie die reine Darstellung des Göttlichen als Begriff des Wirklichen, ist das Einmischen des Lyrischen zu vermeiden, insofern dasselbe eine Entfernung von dem ursprünglichen Ewigen voraussetzt. Wo das Lyrische eingemischt ist, kann der epische Stoff nur als eine Wirklichkeit aufgefaßt sein, die durch Sehnsucht und Streben auf die Idee bezogen wird. Diesen Charakter finden wir bei *Ossian*,[239] dessen epische Poesie durchgängig lyrischen Anstrich hat, weil die Wirklichkeit immer als schon entfernt vom Göttlichen und sehnsüchtig dahin strebend gedacht wird. Dieser Standpunkt ist im Ganzen ein roher, und auch die lyrische Zartheit, die sich bei Ossian im einzelnen findet, ist nur ein Beweis, daß diese ganze Poesie aus einer Zerrüttung der Elemente der Kunst entstanden ist. – Die Tätigkeit muß im Epos als eine göttliche und zugleich als eine wirkliche | gefaßt werden. Daher rührt bei den Alten die unmittelbare Einwirkung der Götter in die menschlichen Begebenheiten; doch läßt sich jener Forderung auch in anderer Form genügen. Das Auseinanderfallen des Göttlichen und Menschlichen bei Homer ist der Tribut, den das ganz symbolische Epos der darin verborgenen Allegorie entrichten muß. – Eine Berührung des Epos mit der lyrischen Poesie soll übrigens durch das Gesagte nicht geleugnet werden. Es gibt allerdings sowohl in der alten, als in der neueren Epik Übergänge, wohin in jener vorzüglich der *Hymnus*, in dieser die *Romanze* gehört.

Wir haben nun die *Einteilung der epischen Poesie* zu betrachten.[240] Obwohl das Epische wesentlich symbolisch ist, so kann es doch nur durch Tätigkeit das Symbol erzeugen. Daher muß dieser Akt der Offenbarung der Idee immer noch auf beiden Seiten den allegorischen Bestandteil absondern. Man kann sich das Epische als den Mittelpunkt der Wirklichkeit denken, in welchen die Idee durch ihre Tätigkeit sich verwandelt. Die epische Poesie kann aber auch die Idee darstellen, wie sie als allgemeiner Begriff sich eine Gestalt gibt, welche die Idee als einen wirklichen Begriff ausdrückt; oder sie kann die Besonderheit unter einen Begriff zusammengefaßt als Tätigkeit darstellen. Letzteres bildet die besondere, ersteres die allgemeine Seite der Allegorie. Diese beiden Extreme behalten gleichwohl den epischen Charakter, wenn sie nicht als Momente einer bloßen Beziehung, sondern als solche aufgefaßt werden, in denen sich die Idee auf einseitige Weise verloren hat.

Hiernach gibt es eine streng *symbolische* und *zwei allegorische* Arten des Epos, nämlich ein allgemeines | und ein von der besonderen Erscheinung ausgehendes. Unter die beiden allegorischen Arten gehören Dichtungen, die man in der Regel halb zur didaktischen, halb zur lyrischen oder epischen Poesie rechnet, z. B. die *Kosmogonien* und *Theogonien*, epische Gedichte der allegorischen Art von der Seite des Begriffes; ferner das *Idyll*, ein allegorisch-episches Gedicht von der Seite der Besonderheit.

Zugleich müssen die Prinzipien der *Natur* und der *Individualität* bei der Einteilung zu Hilfe genommen werden. Jene ist symbolisch, diese allegorisch, und beide Standpunkte wirken auf die nähere Beschaffenheit der ihnen angehörigen Dichtungen bedeutend ein, so daß z. B. das streng symbolische Epos in der Sphäre der Individualität auch einen allegorischen Charakter annimmt. – Wir betrachten zuerst das *antike*, sodann das *christliche* Epos.

Von dem *antiken* und zwar dem eigentlich *symbolischen* Epos ist man neuerlich bei der Begriffsbestimmung des Epos überhaupt in der Regel ausgegangen. Man war aber auch hier einseitig für das Antike eingenommen, und wähnte, dasselbe müsse in unserer Zeit ohne Weiteres nachgeahmt werden, welches Bestreben notwendig verunglücken mußte. – Solche Nachahmungen freilich, wie die *Luise* von *Voß* und *Herrmann und Dorothea*[241] von *Goethe* kann man sich gefallen lassen, da sie nur das aus dem Antiken genommen haben, was sich in unseren Standpunkt verwandeln läßt, und mehr Äußerungen der Wirkung sind, welche die antike Kunst auf diese Dichter geübt hat, als wirkliche Nachahmungen. So ist auch Goethes Iphigenie nicht auf antikem Standpunkte gedacht, sondern dieses Werk | zeigt, wie der Dichter auf dem modernen Standpunkte stehend, von der antiken Kunst affiziert wurde.[242]

Das *Homerische* Epos stellt den Begriff der epischen Kunst am reinsten dar. Der Gegenstand desselben muß universell sein; denn die Idee als Tätigkeit tritt in die Wirklichkeit über. Das ganze menschliche Geschlecht, nur in besonderer Gestaltung aufgefaßt, ist der Stoff, eine allgemeine absolut vorausgesetzte Handlung. Das Handeln muß aber zugleich ein göttliches sein und die Wirklichkeit selbst muß als Göttliches erkannt werden. Dies könnte nicht geschehen, wenn die Gottheit als allgemeiner Begriff gedacht würde, weil dann die Wirklichkeit als bloß göttliches Handeln erscheinen würde. Ebensowenig aber kann die wirkliche Welt selbst als göttlich erscheinen, weil wir dann den Übergang des Göttlichen nicht bemerken würden. Göttliches und Menschliches muß mithin neben einander in gegenseitiger Einwirkung auftreten; das Handeln muß göttlich und menschlich sein und beide Seiten müssen sich unterscheiden. Daher bleibt in der antiken Kunst selbst in dem reinsten Symbole ein allegorischer Gegensatz. So erscheinen im Homer Götter und Menschen koordiniert, und die Tätigkeit ist ein Übergang des Göttlichen und Menschlichen in einander. – Eben deswegen darf ferner das Menschliche nicht bloß zeitlich, sondern es muß *heroisch* sein, nicht weil diese Zeiten als rohe und ungebildete starke Leidenschaften und gewaltige Kraftäußerungen zeigen, sondern weil die Menschheit selbst in ihrem Symbol aufgefaßt werden muß.

Was die Ausführung betrifft, so muß die dargestellte Handlung erscheinen als die Handlung schlechthin, als *absolute Handlung*, die dem ganzen Zustande eines Vol|kes vorausgesetzt ist. Daher darf die Handlung sich nicht als eine Reihe von Zweck und Mittel, Ursache und Wirkung entfalten. Sie ist wesentlich *eine*, und nicht relativ, sondern eben dadurch in sich vollendet, daß die Handlung schlechthin, absolute Handlung ist. Aus diesem Grunde hat das Epos weder einen zweckmäßigen Anfang, noch ein zweckmäßiges Ende, wodurch die Handlung zum Eintritt in die Reihe von Ursachen und Wirkungen erniedrigt werden würde. Die Vollständigkeit der Handlung muß einzig und allein in ihr selbst erkannt werden. Sie ist ohne Anfang und Ende; der Dichter versetzt uns *in medias res*, und jeder Moment ist ein absoluter, der nicht erst eingeleitet werden darf.

Mit diesem absoluten Charakter der Handlung im Ganzen hängt die Selbständigkeit jeder einzelnen vorkommenden Begebenheit zusammen. Alle diese einzelnen Begebenheiten werden nicht plan- und zweckmäßig an einander gereiht, sondern erscheinen als selbständige Modifikationen des Symbols. Daher ist in der Ilias keine planmäßige Anordnung des Krieges, und die einzelnen Gesänge zeichnen sich durch einzelne hervortretende Helden oder gewisse eigentümliche Begebenheiten als abgesonderte Ganze aus.

Das Epos dieser Art muß vor allem *Universalität* haben. Der universelle Standpunkt des Dichters äußert sich vorzüglich dadurch, daß derselbe alle Kenntnisse und Hauptrichtungen seiner Zeit in sich vereinigt, wodurch sein Gedicht ein Bild des Gesamtlebens seiner Zeit wird. So finden wir es im Homer; nur darf man nicht vergessen, daß alles episch modifiziert und von dem Gesichtspunkte der epischen Kunst anzusehen ist. Ein großer Irrtum ist es daher, wenn man meint, weil Homer nichts von mystischen Vorstellungen | sagt, so habe es dergleichen damals überhaupt nicht gegeben. Von einer Darstellung aller geistigen Richtungen kann im Epos nicht die Rede sein. Die gesamte Wirklichkeit ist nur insofern darin dargestellt, als die Idee sich in ihr durch das Symbol ausdrückt. Das Symbol ist aber dem Mystischen rein entgegengesetzt und alle Konsequenz wäre aufgehoben, wenn Homer dergleichen Vorstellungen erwähnt hätte, die ja nicht einmal Gegenstände sind, sondern nur auf einem eigentümlichen Standpunkte der Weltanschauung beruhende Ansichten.

Alles muß ferner in diesem Epos ohne Beziehung auf das Gemüt des Dichters dargestellt werden. Mit dieser *Objektivität* des Homerischen Epos hängt auch das Dramatische der Darstellung zusammen. Die Motive der Handlungen müssen durch die handelnden Personen sich selbst aussprechen, nicht durch den Dichter ausgesprochen werden.

Den Charakter der Universalität nehmen selbst die einzelnen Teile dieses Epos an, indem sie sich unabhängig vom Ganzen für sich zu selbständigen Totalitäten abschließen. Dies sieht man am besten an Homers *Episoden* und *Gleichnissen.* Jene reißen sich von dem Hauptfaden völlig los und stehen selbständig da, woraus der Schein einer Zusammensetzung des Epos aus mehreren Ganzen entsteht. Die einzelnen Bücher der Ilias z. B. müssen nicht als Mittel betrachtet werden, durch welche der Zweck des Ganzen erreicht werden soll; sondern jedes Einzelne sondert sich für sich ab, und nimmt doch zugleich seine Stelle im Ganzen ein, dessen Idee es vollständig, nur unter bestimmter Modification darstellt. In jedem Helden ist der gesamte Begriff, nur in eigentümlicher Richtung, ausgedrückt, so | daß der Begriff des Heldentums überhaupt sich auf einzelnen Standpunkten wiederholt. Auf den Beitrag der Einzelnen zum Ganzen, der in der dramatischen Poesie die Hauptsache ist, kommt es hier gar nicht an; vielmehr wiederholt sich die Idee im einzelnen, indem sie sich in dem bestimmten Stoffe erschöpft. – So macht im Homer auch jedes Gleichnis ein eigentümliches Ganzes, ein Bild für sich aus, und wird dadurch symbolisch.

Dieser Charakter erstreckt sich bis in die Mannigfaltigkeit und Besonderheit des *Sprachausdruckes.* Die Homerische Sprache ist ins Unendliche gegliedert und besteht weder aus langen Perioden, noch aus einzelnen kurzen Aussprüchen. Jedes Sprachglied sondert sich zu einem selbständigen Ganzen ab, und selbst die durchgängig herrschenden verknüpfenden Partikeln sind von solcher Beschaffenheit, daß sie zugleich jeden Satz als für sich bestehend erscheinen lassen. – Das *Metrum* ist stetig als Produkt einer immer gleichmäßigen Stimmung, und doch so mannigfach gegliedert, daß jeder Teil für sich ein abgeschlossenes Ganzes bildet. Auch der herrschende Ton der Sprache ist beständig gleichmäßig und hält sich auf derselben Höhe, ohne bedeutenden Schwung.

Von dieser Art der epischen Kunst ist eigentlich *Homer* das einzige Beispiel. Er ist Repräsentant einer ganzen Nation und eines ganzen Zeitalters. Die späteren Epiker sind seine Nachahmer und haben durch den Standpunkt ihrer Zeit, durch Gelehrsamkeit u. s. w. das Epische verfälscht. Ohne sich in den

Geist des Homer zu versetzen, haben sie nur Kunstwerke nach seinem Beispiele hervorgebracht. *Virgil* wollte für seine Zeit sich an Homers Stelle setzen und wähnte | in seinem naiven unschuldigen Sinne, ein National-Gedicht hervorbringen zu können.[243] Solche Täuschung tritt oft ein in Zeiten hoher Kultur, die aber die Phantasie schon eingebüßt haben. Was uns am Virgil ergötzen kann, ist die Unbefangenheit, mit welcher uns der Dichter auf diesen Standpunkt zu versetzen sucht. So schätzbar übrigens sein Werk durch die hohe Bildung und Gewalt des Ausdruckes ist, so kann es doch nicht den Genuß eines wahrhaften Epos gewähren. Virgils vorwaltendes Streben nach Glätte und künstlerischer Ausbildung der Form zeigt sich besonders in seinen kleineren Gedichten, z. B. der *Ciris*.[244]

Von Neueren sind hier nur *Milton* und *Klopstock* zu erwähnen, die in der Wahl ihres Stoffes für diese epische Form irren. Von Klopstock gilt im Ganzen, was von Virgil bemerkt wurde. Seine Unschuld und Unbefangenheit ergötzt uns bei aller Ungeschicklichkeit und allem Mangel an Erfahrung. In Hinsicht des Poetischen aber hat er nicht einmal Virgil's Wert; sein Werk ist ein völlig rhetorisches geworden.

Das Verhältnis des *Tragischen* und *Komischen* zu dieser Poesie betreffend, so kann keines dieser beiden Prinzipien hier rein hervortreten, weil die Idee noch auf dem Wege zu ihrer Verkörperung in die Wirklichkeit ist. Daher verfließen beide in den Zusammenhang des Ganzen. Jedoch hat die ganze epische Poesie die Richtung vom Göttlichen in die Wirklichkeit, und insofern ist der tragische Charakter hier im Werden, weshalb auch bei Aristoteles *Homer* der Vater der Tragödie heißt.[245] – Das Komische kann nur als das Gegenteil dieser ganzen Kunst auftreten. So entsteht durch die Auffassung der ganz gemeinen Wirklichkeit unter dem epischen Prinzipe die *epische Parodie*. Die *Batra|chomyomachie* ist kaum hierher zu rechnen; sie ist mehr ein bloßes Spiel, jedoch ein sehr ergötzliches.[246] Vollendeter war gewiß der *Margites*, in welchem das epische Prinzip auf das gemeine Leben angewendet war.[247] – Die *Travestie* bleibt immer etwas Erbärmliches, und kann höchstens als ein Spaß betrachtet werden. Das einzelne Gedicht ins Komische zu ziehen, ist Sache des gemeinen Scherzes, und gehört nicht in die Kunst.

Wir gehen nun zu den *allegorischen Arten* des antiken Epos über. Der allegorische Gegensatz beruht darauf, daß im Epos die Idee im Werden, dies Werden aber ein solches ist, vermöge dessen die Idee ins Symbol übergeht, und dieses auf der einen Seite als Idee, auf der andern als Wirklichkeit betrachtet wird. Wird das Symbol als Idee betrachtet, so muß die Wirklichkeit als von ihm ausgehend erscheinen; wird hingegen von der Wirklichkeit ausgegangen, so muß diese erscheinen als die Idee in sich entwickelnd oder sich auf sie beziehend. So entstehen zwei Hauptarten des allegorischen Epos.

Die erste Art, welche von dem Symbol ausgeht, sofern es Idee ist, zerfällt wieder in zwei Gattungen. Die Idee kann nämlich betrachtet werden 1) als der Begriff, woraus sich das Besondere entwickelt; 2) als der Begriff, insofern er Gesetz der Besonderheit ist. Die erste Gattung ist das *physikalische*, die zweite das *ethische Epos* der Alten. Die ganze allegorische Art, welcher jene beiden Gattungen angehören, ist das *didaktische Epos*. Dieses muß Epos bleiben, indem die epische Universalität in ihm überwiegt; es darf nie durch vorherrschende Reflexion zum bloßen Lehrgedichte werden. |

Die Notwendigkeit ist den Alten der Ausdruck der Idee. Das Sittliche ist bei ihnen das bloß Individuelle. Auf dieser Ansicht beruht die ganze alte Sittenlehre, die immer nur Regel für die unmittelbare Anwendung ist, welche sich im einzelnen als Gesetz, als Wiederkehr der Idee offenbart. – Das physikalische Epos geht vom allgemeinen Begriff aus; das ethische von derselben Universalität der Idee, insofern sie sich im einzelnen äußert. Das physikalische hat die Universalität des Allgemeinen; das ethische die Universalität des Einzelnen, die sich bei Homer in den Episoden zeigt; daher hat die ethische Poesie den *gnomischen* Charakter.[248] Die Bestandteile des Epos fallen also hier auseinander, indem die allgemeine Universalität sich im physikalischen, die besondere im ethischen Epos darstellt.

Die *physikalische* Poesie geht von einem Begriff aus, der aber nicht in abstracto dargestellt wird, sondern als handelnd erscheint. Daher ist diese Art der Poesie notwendig immer *Kosmogonie* oder *Theogonie*; keine Weltbeschreibung, sondern Darstellung der Entstehung der Welt. In der Theogonie wird die Idee aufgefaßt als selbständig in sich, in der Kosmogonie als Begriff des Universums. Die Theogonie schließt sich daher mehr an das reine Epos an, da die Idee ganz als handelnd erscheint; die Kosmogonie mehr an die Philosophie. Beide aber müssen den epischen Charakter haben.

Von der Theogonie ist *Hesiodus* für uns das einzige Beispiel.[249] Sein Werk ist rein episch und mythisch; selbst das Mystische fehlt, oder ist untergeordnet, weshalb manche Schwierigkeiten und Widersprüche entstehen. Der werdenden Idee tritt der Widerstand der bloßen Erscheinung entgegen, | dem Guten das Böse, dem Prinzip die entgegenstehende Wirklichkeit; daher sind die Titanenkämpfe Hauptgegenstand der Hesiodischen Theogonie. Durch diese allegorische Beziehung erhält das Gedicht selbst einen rhetorischen Anstrich.

Von den kosmogonischen Gedichten des *Xenophanes*,[250] *Parmenides*,[251] *Empedokles*[252] haben wir nur Fragmente. Auch hier waltet die mythische Darstellung vor. Es ist Darstellung des Werdens der Welt, keine dogmatische Schilderung der bestehenden. *Lucretius* beschränkt sich auf die dogmatische Darstellung und ist daher, obwohl er sich auf den alten Standpunkt stellen wollte, im Ganzen trocken und nur stellenweise poetisch.[253] Er verhält sich zu jenen alten Griechen, wie Virgil zu Homer.

Das *ethische* Epos muß sich nach dem oben Bemerkten bei den Alten auf das Besondere beziehen; es ist die Darstellung des wirklichen Lebens unter allgemeine Begriffe gefaßt. Die Lehren, welche seinen Inhalt ausmachen, sind nicht Lehren der Philosophie, sondern der Lebensweisheit, durch welche die gegebene Natur des Menschen unter allgemeine Begriffe zusammengefaßt wird. Dies geschieht entweder durch Aufstellung der Begriffe als Regeln in der *gnomischen Poesie*; oder durch Darstellung einzelner Handlungen als Beispiele in der sogenannten *Aesopischen Fabel*,[254] welche die Handlung mit dem Charakter des allgemeinen Begriffs darstellt.

In der gnomischen Poesie wird der Begriff immer als erreichbar angesehen. Ein wirklich sittlicher Begriff im höheren Sinne würde die Wirklichkeit schon als nicht genügend voraussetzen, dahingegen hier die Erreichung des Begriffes als etwas Gewöhnliches dargestellt wird. Hierher gehören | *Hesiod's Werke und Tage*,[255] *Theognis*,[256] *Simonides*,[257] die *Pythagorischen goldenen Sprüche*[258] u.s.w. – Die epische Poesie grenzt hier an die lyrische, besonders da, wo Reflexion eintritt, wie dies oft bei Simonides der Fall ist. Zum echt Gnomischen gehört jedoch nicht eigentlich Reflexion.

Die Fabel, deren andere Seite nur die gnomische Poesie ausmacht, ist ganz Allegorie. Sie stellt die Regel dar, wie sie in einer besonderen Erscheinung sich erschöpft, und findet daher die sittlichen Prinzipien als allgemeine Gesetze in der Regelmäßigkeit der Natur auf. Die Neueren haben die Fabel fälschlich als bloßes Beispiel genommen, in welchem Falle sie auch Beispiele aus der Menschenwelt hätten wählen können. Geschieht dies, so entsteht die *Parabel*, die mit deutlicher Lehre begleitet sein, und in welcher die Regel nicht im Charakter, sondern in der Situation liegen muß. – Die Fabel ist eine uralte poetische Form. Die Aesopischen Fabeln sind aus Indien durch Persien hindurch gegangen. So ist das Älteste in der Regel die Auffassung der einzelnen einseitigen Erscheinung der Idee in dem besonderen Dasein, deren vollkommene Darstellung erst bei hoher Zivilisation im Drama erscheint.

Das allegorische Epos der entgegengesetzten Seite, welches von der Wirklichkeit ausgeht, stellt die Wirklichkeit entweder dar, als von der Idee angefüllt: *mimische Poesie*; oder als Wirklichkeit, die auf die Idee zu beziehen ist: *Satire*.

Die *mimische* Poesie zeigt sich im Epos besonders in der Form des *Idylls*, welches die Wirklichkeit rein darstellt, wie die Begriffe darin aufgegangen sind, und im | Sinne der Kunst idealisiert, indem es die Idee bis in die äußersten Enden des gemeinen Lebens verbreitet findet. Der Kreis, den diese Poesie sich wählt, muß beschränkt sein; daher das Hirtenleben als enger Kreis des gemeinen Lebens so oft für das Idyll benutzt worden ist; nicht aus moralischen Gründen, wegen der

Unschuld der Hirten, wie es Geßner mißverstand, der eine empfindsame Spielerei damit trieb.[259] Vielmehr bildet diese Poesie treu die wirkliche Welt nach; nur von dem künstlerischen Standpunkte aus. Sie wird in der Form dramatisch, nicht aber dem inneren Gehalte nach; denn der mystische Inhalt der Gegenwart liegt nicht darin, wie im Drama. – Auch die Mimen der Alten sind wahrscheinlich in Rücksicht auf den eigentlichen Gehalt mehr episch als dramatisch gewesen. – Wegen der Besonderheit seines Stoffes nimmt das Idyll auch die Beschreibung in sich auf, die aber immer Modifikation der Handlung sein muß. Die Muster dieser Dichtungsart bei den Alten, namentlich *Theokrit*,[260] sind bekannt. Die Neueren haben sie meistens mißverstanden, ausgenommen der *Maler Müller*, der ein Muster von kräftiger Darstellung ist, aber zu sehr luxuriert.[261]

Die entgegengesetzte Gattung ist die *Satire*. Sie faßt die Wirklichkeit als Wirklichkeit des gemeinen Lebens in Beziehung auf die Idee unter allgemeine Gesichtspunkte. Die reinste Satire müßte ganz mimisch sein. Dieser Vollendung ist die *Horazische* sehr nahe, in welcher das moralisch Strafende sehr untergeordnet erscheint; und in dieser Hinsicht ist Horaz der vorzüglichste Satiriker.[262] Durch das Ueberwiegen des moralischen Prinzips wird der poetische Charakter aufgehoben; noch weniger aber darf die Satire spekulativ werden. *Iuvenal* und *Persius* teilen sich in | die entgegengesetzten Fehler.[263] Der schroffe Stoicismus des Persius erzeugt zu starken persönlichen Ingrimm. Iuvenal zeigt mehr Lust an der Schilderung der Verwirrungen und Laster selbst, als Abscheu gegen das moralisch Schlechte; was eine gemeine Natur verrät.[264] – Die Satire geht in die *Epistel* über, die jedoch schon zum lyrischen Gebiete gehört;[265] so wie das symbolische Epos mit dem *Hymnus* in die lyrische Poesie tritt, dessen Gegenstand die Gottheit selbst ist.

Das *neuere Epos* hat im Ganzen mehr allegorischen Charakter, ohne einen rein symbolischen Mittelpunkt. Um so tiefer dringt es in die Idee ein, weil es aus dem Innersten der Individualität hervorgeht. Daher läßt sich in ihm das göttliche

Leben reiner, und die Wirklichkeit mehr in ihrem Verhältnisse zum Ewigen darstellen, und das Epos geht hier auch in die Motive ein.

Auch in der neueren epischen Poesie läßt sich ein *reines*, und ein *allegorisches* Epos unterscheiden. Das vorzugsweise symbolische ist aber auch nicht rein symbolisch wie das antike. In beiden bezeichneten Gattungen findet auch hier ein Gegensatz statt. Das Epos stellt immer Tätigkeit dar: im symbolischen Epos als sich selbst erzeugend und daher zugleich als göttlich und als irdisch aufgefaßt. Der Gegensatz zwischen der Gottheit und der menschlichen Welt muß bei den Neueren schärfer sein; jedoch ist das Epos immer Tätigkeit der Idee, indem die Gottheit Wirklichkeit schafft, und die Wirklichkeit als göttlich erscheint. – Im allegorischen Epos muß das Göttliche abgesondert und die Wirklichkeit aus sich entwickelnd, oder die Wirklichkeit als das Göttliche enthaltend erscheinen. |

Das *symbolische* Epos sondert sich hier in ein *göttliches* und ein *irdisches Epos*. Das erste, worin alles Offenbarung der Gottheit, alle Handlung Tätigkeit des Göttlichen ist, nennen wir das *mystische* Epos. Das zweite, worin die menschliche Welt der Gegenstand ist, betrachtet, wie in derselben das Göttliche lebt und die Zeitlichkeit aufhebt, ist das *tragische* Epos. Von beiden Arten hat unsere vaterländische Literatur glänzende Beispiele aufzuweisen. Das mystische Epos erscheint in den Gedichten, die den Fabelkreis vom *heiligen Gral* betreffen; das tragische Epos in dem *Liede der Nibelungen*.[266]

Die Sagen vom *heiligen Gral* sind mystisch, insofern alle Wirklichkeit darin göttliche Wirksamkeit, d. h. Wunder ist. Sie sind überwiegend allegorisch, und nicht so vollkommen episch ausgebildet, wie die tragische Seite, indem die mystischen Ideen allegorisch aus einander gezogen sind und mehr moralisierende, als dogmatische Ansicht der christlichen Religion in ihnen herrscht. Nichts desto weniger sind sie höchst merkwürdige und bedeutsame Denkmäler des Geistes der Deutschen Nation. Dem Stoffe nach schreiben sie sich zum Teil aus dem Ausland, namentlich aus der Provenzalischen Poesie her; ihre Ausbildung aber haben sie erst in Deutschland erhalten und wären, ganz auf deutschem Boden erwachsend, vielleicht noch mystischer geworden. – Äußerlich erscheinen sie unvollendet, weil sie nicht ganz bis zum Mystischen durchgedrungen sind und das mystische Streben sich nicht völlig gesättigt hat. Alle diese Gedichte beziehen sich auf eine partikuläre eigentümliche christliche Offenbarung. Der heilige Gral, das Abendmahlsgefäß Christi, das verschiedentlich gedeutet wird, erscheint als der Quell | aller Existenz, im Besitz tugendhafter Menschen, die er schon auf Erden durch Wunder selig macht. Die moralische Seite ist in der Brüderschaft von Rittern ausgebildet, die mehr in sittlich frommem Leben dargestellt, als mystisch gezeichnet werden, wodurch die Moralität sich von dem religiösen Prinzip absondert. Den historischen Stoff dieser Gedichte macht die Geschichte der Könige des heiligen Grals, *Titurel*, *Parcival*, *Lohengrin*, aus.[267]

Vollendeter episch gestaltet ist die zweite Gattung, das *tragische Epos*, in dem *Liede der Nibelungen*, welches Werk eines von denen ist, die in der Weltgeschichte Epoche machen, und ein dem geistigen Gehalte nach durchaus vollendetes.[268] Man kann über den Wert dieses Gedichtes, besonders im Vergleich mit Homer, viel hin und her streiten, muß aber jedenfalls anerkennen, daß das Nibelungenlied einen unbegreiflich tiefen tragischen Sinn hat und durch den tragischen Grundgedanken, der auf die innerste Natur des Menschen geht, wirklich zu einem Wunder der Poesie wird. Es enthält die Darstellung einer menschlichen Welt in ihrem ewigen Verhältnisse zur Idee, vermöge dessen diese Welt, eben weil sie eine ideale, eine heroische ist, sich verzehrt und untergeht; also die Auflösung der Wirklichkeit in die Idee. Alles geht hier von einzelnen Personen, nichts von göttlicher Schickung aus. Die innere Einheit der Handlung wird bei aller Verwickelung durch Reflexion dem Leser immer gegenwärtig erhalten und diese durch den Gedanken eines allgemeinen Schicksals verknüpft. Das tragische Prinzip hat sich hier zum Epos gestaltet, und eben dieses tragischen Charakters wegen kann die Gottheit als unmittelbare Tätigkeit hier gar nicht einwirken. Das | Göttliche in diesem Gedicht ist das Schicksal, das durch das beständige

Bewußtsein des Ausganges zur Vorsehung wird. So wird das Tragische, indem es planmäßig ist, ins Epische verwandelt. Die Reflexion hat hier immer das Ganze vor Augen, und das Einzelne hat nur in Beziehung auf dieses Bedeutung; daher hier nicht die selbständige Ausbildung des Einzelnen, wie im Homer, stattfinden kann.

Das mystische und das tragische Prinzip fließen in einander, als das Werden der epischen Kunst, in der eigentlichen *Ritterpoesie*, welche durch alles Epische der neueren Zeit sich hindurch zieht. So wird aus dem mystischen ein *moralisch-didaktisches* Epos in den ältesten Rittergedichten, wie in dem unvergleichlichen *Tristan*;[269] aus dem tragischen ein *mimisches*, besonders bei *Ariost*, wo alles von der lebendigen, reichen Darstellung der Wirklichkeit ausgehet; doch immer mit dem tragischen Sinne im Hintergrunde.

Es sind nun die *allegorischen Arten* des neueren Epos zu betrachten, und zwar zuerst die vom *Begriff* ausgehenden, sofern derselbe entweder als allgemeiner Gesichtspunkt, oder als besonderer gefaßt wird. Da in der neueren Poesie alles auf der Individualität beruht, so muß auch das von dem allgemeinen Begriff ausgehende Epos eine sittliche Bedeutung haben. Wo hingegen der Begriff als besonderer auf die Wirklichkeit angewendet wird, muß die Bedeutung mehr physikalisch werden. Auf der allgemeinen Seite steht das *universelle Epos*, auf der besonderen das *Märchen*.

Von jenem zugleich sittlichen *universellen Epos* haben wir nur ein vollendetes Beispiel: die *Divina Commedia* des *Dante*, in welcher das Universum in der | Einheit des Begriffes und eben daher unter sittlichem Prinzip dargestellt wird. Man kann dieses Epos ein didaktisches nennen; denn es geht von einem wissenschaftlichen, dogmatischen Standpunkte aus. Das Wichtigste aber ist die Offenbarung der Idee durch das Universum, wodurch das Gedicht im Ganzen allegorisch wird, während es zugleich ganz mystischen Charakter hat, indem das Symbol mit der Allegorie zusammenfällt. Die Allegorie ist hier vollendet und ihre eine Seite stellt sich ganz mystisch dar. Daher erkennt man bei Dante immer die Vereinigung zweier

Welten und das Bewußtsein eines Lebens in zwei Welten zugleich, indem das ganz speziell Wirkliche mit dem Wesentlich-Ewigen immer unmittelbar zusammenfällt. Die Gottheit muß hier immer unter dem Begriff aufgefaßt werden und erscheint daher nicht persönlich handelnd, also mythisch, sondern nur unter Bildern, nie in wirklicher Persönlichkeit dargestellt.

Das *Märchen* faßt eine Sphäre wirklicher Erscheinungen zusammen, und stellt sie als gesetzmäßig dar unter bestimmten Begriffen einer eigenen Mythologie. Es bildet sich immer seine eigene Mythologie, oder modifiziert wenigstens eine hergebrachte durch die besondere Anwendung auf eigentümliche Weise. Es hat daher durchaus einseitigen Sinn und darf nie zu universell sein wollen. Indem es sich eine Mythologie für diesen bestimmten Stoff schafft, entsteht ein Kreis von mythischen Bildern, die als unmittelbare Deutung der Naturkräfte und der sittlichen Mächte in ihrer Wirklichkeit verstanden werden müssen. Daher findet sich das Märchen meist in solchen Zeiten und Nationen, wo der Einfluß der nationalen Religion schon geschwächt ist. – Bei den *Arabern* ist diese Gattung vorzüglich ausgebildet | worden, weil bei ihnen die Gottheit durch den Mohammedanismus ganz zum Abstraktum geworden war. Aber auch in neueren Zeiten haben wir Märchen entstehen sehen als Beweis, daß die religiöse Mythologie nicht mehr im Volke lebt. – Das Märchen muß sich durchaus an einen bestimmten Kreis halten; je weniger es diesen überschreitet, desto weniger tut es der religiösen Mythologie Eintrag. Unter den neueren Märchen kann man keine höher stellen, als die von *Goethe*[270] und von *Tieck*.[271] Ein berühmtes Märchen von *Novalis* hat in der Tat hohen Wert, will aber zu universell sein und verwirrt sich in seiner willkürlichen Mythologie.[272]

Wir schreiten nun zu dem allegorischen Epos der Neueren fort, welches von der *Wirklichkeit* ausgehet. Diese kann in der neueren Kunst weder bloß durch Reflexion, wie bei den Alten, noch unter der Form bloß sinnlicher Auffassung dargestellt werden. Die Wirklichkeit hat in der allegorischen Kunst höhere universelle Bedeutung, insofern sie sich an die Individualität, an den *Charakter* anschließt. Auf der andern Seite aber muß auch die Beziehung auf die bloße Besonderheit hier statt haben, wodurch die Erscheinung der Individualität im besonderen Leben hervorgehoben wird, die Seite der *Situationen* und Begebenheiten. – Das Epos der Wirklichkeit, welches sich als universell an den Charakter anschließt, ist der *Roman*; dasjenige welches von der Besonderheit ausgehet und sich an die Situation anschließt, die *Erzählung*.

Der Roman ist die Entwicklung des Charakters auf universelle Weise, so daß in dem besonderen Charakter zugleich die Bedeutung menschlicher Individualität überhaupt | liegt, und derselbe sich durch seine Existenz zugleich entwickelt und wieder aufhebt, indem er in die Idee zurückgeht. Die wesentlichen Forderungen für den Roman liegen also darin, daß er allgemeine Bedeutung habe, indem der Charakter nie ein bloß zufälliger, durch äußere Erscheinung bestimmter, sondern Repräsentant der menschlichen Individualität überhaupt ist, mithin nie der einzelne Charakter, sondern das Prinzip in ihm die Hauptsache ist; daß aber auf der andern Seite alles im Charakter liege und die Entwicklung desselben des Menschen Schicksal bestimme. Der Charakter ist im Romane zugleich das Schicksal des Menschen, das Prinzip seiner Begebenheiten. Solche Schicksale, die sich aus der Persönlichkeit entwickeln lassen, sind daher dem Romane die angemessensten, für welchen eben deswegen die Liebe ein Hauptgegenstand ist.

Aus dem Bemerkten fließen noch zwei charakteristische Eigenschaften des Romans. Aus der Allgemeinheit nämlich geht die Gleichgültigkeit hervor, mit welcher der Dichter die wirkliche Handlung behandeln muß, worin sich der Romasn wesentlich dem antiken Epos nähert. Der Dichter erhebt sich über alles Einzelne und nimmt kein besonderes Interesse an Personen oder Begebenheiten. Daher auch die klare, ruhige, durchsichtige Form, in welche der Roman seinen Gegenstand faßt, ohne Deklamation und besonderen Schwung in einzelnen Stellen. – Mit der Besonderheit hängt die Ironie zusammen, die sich im Romane vorzüglich aussprechen muß, da der

Charakter hier als wesentlicher, und doch zugleich als nichtig erscheint.

Keine neuere Dichtungsart hat mit dem alten Epos nähere Verwandtschaft, als der Roman. Die allegorische Dich|tung wird hier der symbolischen ähnlich, unterscheidet sich aber davon durch die reine Besonderheit. Jene Ähnlichkeit zeigt sich nicht nur in der eben bemerkten Gleichgültigkeit, sondern auch in den Episoden, die als für sich bestehende Ganze heraustretend, dem Romane unentbehrlich sind; denn wenn alles sich in einen Zusammenhang verflöchte, so würde das prosaische Verhältnis von Zweck und Mittel überwiegen. – In *Goethes Wilhelm Meister* sind mithin die Bekenntnisse einer schönen Seele ganz dem Romane angemessen, nur auffallend durch ihre Länge und weil sie einzeln stehen.[273] Nirgends sind die Episoden schöner, als in *Cervantes' Don Quixote*, wo die eingeschalteten Novellen dem Gedichte wesentlich sind und immer allegorische Beziehung auf den Hauptgedanken des Ganzen haben.[274] – Auch in der ruhigen, mit Reflexion begleiteten Darstellung des Romans zeigt sich die Ähnlichkeit mit dem alten Epos.

Zum Romanschreiben gehört durch Erfahrung erworbene Weisheit, die sich in beständigen Betrachtungen und Reflexionen äußert. Das Einzelne muß immer zugleich die allgemeine Bedeutung haben, so daß sich im Romane die Prinzipien des Idylls und der Satire vereinigen. Die vollendete Wirklichkeit hat der Roman vom Idyll, die Reflexion von der Satire.

Tragisches und *Komisches* können sich im Roman scharf von einander sondern auf ähnliche Weise, wie im reinen Epos in dem Gegensatz des Mystischen und Tragischen. Die mystische Seite stellt sich hier tragisch dar, die andere mehr in die Wirklichkeit übergehende komisch. *Don Quixote* ist beinahe der einzige komische Roman; der erste rein tragische Roman sind *Goethes Wahlverwandtschaften*.[275] | Die ganze Natur ist hier mit in die Individualität übergegangen und zeigt sich in den Charakteren individualisiert, ohne daß die Personen bloße Marionetten der Naturkräfte wären. Darum ist der Schluß notwendig tragisch, und die Beruhigung, die in allem Tragischen liegt, ist hier nicht durch den Sieg über die Natur ausgedrückt, sondern dadurch, daß das Individuum in das Schicksal und die Natur aufgeht und als einerlei damit erkannt wird.

Der Roman ist eine sehr universelle Gattung und daher nach einer Seite hin auf dem Punkte ins Lyrische überzugehen. Als *lyrischen Roman* können wir *Werther's Leiden* betrachten.[276] Andere Romane schließen sich mehr an das antike Idyll an; so besonders die ernsthaften *Schäferromane* der Spanier.[277]

Dem Romane steht die *Erzählung* entgegen, als epische Darstellung der Wirklichkeit von dem Prinzip des gegebenen Verhältnisses, der Situation oder Begebenheit aus. Eine Erzählung darf nicht die Entwicklung des Charakters zum Gegenstande haben, sondern muß diesen durch die Situation entstehen und sich bilden lassen. Dies geschieht besonders unter zwei Modifikationen: nämlich indem entweder die Bestimmung von Charakteren durch Begebenheiten, oder die Begebenheiten überhaupt als allgemein menschliche dargestellt werden. Letzteres ist die Aufgabe der *Novelle*, in welcher die einzelne Situation als eine allgemeine entwickelt, auf Begriffe der Erfahrung bezogen wird. So ist besonders in den Italienischen Novellen des *Boccaccio* und Anderer die Situation als allgemein menschliche die Hauptsache, ohne höhere ethische oder religiöse Beziehung.[278] Die Novelle hat insofern die nächste Ähnlichkeit mit dem Idyll. – Die *Erzählung* im engeren Sinn läßt mehr den Charakter durch die Situation bestimmt werden. Das Allgemeine in ihr ist die Wirkung der Verhältnisse auf den Charakter. Hierin hat sich *Heinrich von Kleist* besonders ausgezeichnet, dessen Erzählungen, vor allen sein trefflicher *Kohlhaas*, wahrhaft poetisch sind.[279]

2. Von der lyrischen Poesie

Weil die lyrische Poesie ganz allegorisch ist und in der Beziehung entgegengesetzter Elemente besteht, so fließen die Gattungen hier mehr in einander und können sich nicht so scharf sondern, wie im Epos, wo das Symbol überwiegt.

Die lyrische Poesie geht von dem Gegensatz des Allgemeinen und Besonderen aus, welcher sich darin zeigt, daß die Entgegengesetzten durch wirkliche Tätigkeit aufeinander bezogen werden müssen und dadurch die Idee bilden. Nicht die vollendete, sondern die sich erzeugende Idee ist Gegenstand der lyrischen Kunst, in welcher daher immer ein Streben von dem Besonderen zum Allgemeinen, oder umgekehrt stattfindet.

Die lyrische Poesie beruht entweder auf der Entfaltung eines höheren Begriffes in der Wirklichkeit (religiöse Lyrik); oder darauf, daß sich das Endliche zum Begriff hinauf läutert, sich nach ihm sehnend auf ihn bezieht. Dieses gegenseitige Streben, wodurch Alles Beziehung und Übergang wird, macht den lyrischen Charakter aus; nicht die Subjektivität allein. Es kann auch reine Darstellung der Beziehungen den Inhalt des Lyrischen bilden, wobei die Persönlichkeit des Künstlers nicht bedeutend hervortritt; also bloße mit Reflexion verbundene Darstellung, wie bei *Pindar*; | nur daß die Stoffe immer in bestimmter Beziehung, nicht in selbständig abgerundeter Form, wie im Epos, erscheinen.

Die Beziehung selbst geschieht durch die Phantasie des Dichters; aber das Zusammentreffen des Allgemeinen und Besonderen, die Einheit dieser beiden Seiten im Momente der Wirklichkeit kann nur vollständig ausgedrückt werden durch eine Erscheinung, in welcher der Begriff ganz Wirklichkeit wird. Diese Form, dies verknüpfende Schema gibt der lyrischen Poesie die *Musik*, in welcher der reine Begriff als Wirklichkeit auftritt.

Die Beziehung kann in der lyrischen Poesie durch Reflexion (Betrachtung oder Witz), aber auch durch Darstellung oder Empfindung bewirkt werden, indem das Besondere auf den Begriff zurückgeführt wird. Vollständig aber können diese beiden Enden nur dadurch verbunden werden, daß die Idee als innere Einheit immer gegenwärtig erhalten wird, weil sonst ein abstraktes Verhältnis entstehen würde. Dies nun geschieht durch Unterlegung der allgemeinen Form der Idee, und darin eben besteht die Funktion der Musik, welche die Idee als innere Einheit in aller Mannigfaltigkeit der Äußerungen gegenwärtig erhält.

Die Musik ist jedoch nur für *die* Arten lyrischer Poesie notwendig, in welchen sich die Gegensätze völlig trennen. Wo die Reflexion eintritt, kann die Musik nicht gleiche Bedeutung haben, weil da schon eine Vermittlung durch den Verstand gegeben ist. Jedoch ist auch in diesem Falle die Musik nicht ausgeschlossen, zumal in der überwiegend symbolischen Kunst der Alten. Das Symbol erscheint hier als Verbindung der Gegensätze und muß daher einen allegorischen Zwiespalt in sich enthalten, den die Musik auflöst. | Wo hingegen, wie in der neueren Kunst, die Allegorie überwiegt, ist mit jedem Extrem sein Entgegengesetztes schon verbunden und mithin die Musik nicht unentbehrlich. Scheiden sich aber die Entgegengesetzten schärfer, so wird sie auch in der neueren Lyrik eintreten müssen.

Die Verbindung der Musik mit dem Drama hat ihren Grund in demselben Gegensatz. Im Drama nämlich trennt sich die Idee in zwei Richtungen und sondert sich in sich selbst allegorisch ab. Im alten Drama aber ist die Verbindung mit der Musik notwendiger, weil in diesem die Idee immer einseitig aufgefaßt ist. Aus dem Bedürfnis, die Komödie zur Idee zu erheben, entsteht auch der hohe lyrische Schwung, den die alte Komödie oft nimmt. – Bei dem neueren Drama ist die Musik nur da notwendig, wo die entgegengesetzten Elemente der Allegorie als abgesonderte erscheinen.

Die Verskunst der lyrischen Poesie ist die künstlichste, weil diese Gattung am meisten musikalisch ist und daher in der Sprache schon mehr Musik haben muß als die andern poetischen Gattungen.

Bei der *Einteilung* der lyrischen Kunst muß der Unterschied zwischen *antiker* und *moderner* Poesie an die Spitze gestellt werden. Es ist übrigens schon bemerkt worden, daß die Gattungen sich hier nicht so bestimmt sondern lassen, wie in der epischen Poesie, wo sich das Symbol immer abschließt, während hier alles im Übergang begriffen ist. Es können nur gewisse Standpunkte unterschieden werden, die in dem Flusse der Lyrik feste Momente bilden.

Dieser *Standpunkte* müssen *drei* sein, indem 1) die Wirklichkeit aufgefaßt und in dem Einzelnen der Begriff wahr|genommen wird, so daß das Gefühl sich zum Begriffe erhebt; oder 2) der Dichter auf dem Mittelpunkte zwischen beiden Seiten steht und die Entgegengesetzten verbindet; oder endlich 3) von dem Begriffe als dem Göttlichen aus- und in die Wirklichkeit übergegangen wird. Diese drei Stufen müssen sich in der alten, wie in der neuen Kunst finden. Bei den Alten aber, deren Lyrik wir zunächst nach diesen drei Standpunkten betrachten, behält auch das Lyrische immer einen symbolischen Charakter, und es findet weniger Verbindung der Extreme statt, als Erschöpfung der Idee in jedem Extreme. Das Streben ist, durch die Allegorie das Symbol wiederherzustellen.

Auf dem ersten Standpunkte, dem der Besonderheit oder dem irdischen, wo die Idee als in Wirklichkeit übergegangen betrachtet wird, strebt die alte Kunst, durch Vollendung der Idee in dem Einzelnen der Wirklichkeit das Symbol herzustellen. Hier muß also das Besondere zwiefach aufgefaßt werden: 1) so daß in der Richtung auf das Einzelne das ganze Bewußtsein sich erschöpft; 2) so daß das Besondere unter allgemeine Gesichtspunkte erhoben wird und als Modifikation derselben erscheint.

Die erste Auffassungsweise begründet das *Lied*, wofür sich bei den Alten kein bestimmter Terminus findet. Es gehören hierher *die* lyrischen Gedichte, die eine einzige Empfindung oder Richtung des Gemütes auf das Mannigfaltige so ausdrücken, daß darin das ganze Bewußtsein des Dichters sich erschöpft. So die Liebesgedichte und alle andern, die eine einzelne heftige Leidenschaft so darstellen, daß sie als etwas Göttliches, Universelles erscheint. Daher findet sich so große Leidenschaftlichkeit, ja Raserei in den Gedich|ten dieser Art. Das ganze Individuum fühlt sich nur noch in diesem momentanen Zustande der einzelnen Leidenschaft.

Die entgegengesetzte Seite besteht darin, daß das Gemüt die verschiedenen Empfindungen als Modifikation seiner selbst unter allgemeinen Gesichtspunkten entwickelt. Herrscht hier die Empfindung vor, so entsteht die *Elegie*; findet mehr ruhige Betrachtung statt, so entsteht die *Epistel*, die durch die Satire an das Epische grenzt. – Wenn man sagt, die Elegie enthalte gemischte Empfindungen, so hat diese Bestimmung darin ihren Grund, daß die Elegie dem Liede entgegen steht, in welchem nur *eine* Empfindung herrscht. Die Elegie geht von einem allgemeinen Gesichtspunkte aus, indem das Bewußtsein als Einfaches, Beharrliches in allem Wechsel der Empfindungen stehen bleibt. – Drückt sich diese Stimmung mehr als Reflexion, als allgemeine beharrende Erkenntnis aus, so entsteht die Epistel, die sich von der Satire dadurch unterscheidet, daß diese die einzelnen Tatsachen unter allgemeine Gesichtspunkte zusammenfaßt, während die Epistel nicht von Tatsachen, sondern von allgemeinen Sätzen ausgeht, für welche die Tatsachen nur Belege sind. Dies ist der Unterschied dieser beiden Gattungen bei *Horaz*.

Das *Epigramm* ist, wie die Epistel, als eine Übergangsform aus dem rein Lyrischen in die Region der Reflexion anzusehen, daher beide an das Epos, und zwar das Epigramm an die gnostische Poesie, sich anschließen. Im Epigramm wird die äußere Erscheinung durch Witz in die Idee zurück versenkt. Sofern dies mehr das Werk der unmittelbaren Stimmung, des Gefühls, als der Reflexion sein muß, gehört das Epigramm zur lyrischen Poesie. Die | meisten Epigramme jedoch sind bloß Spiele des Verstandeswitzes. Ein gutes Epigramm erfordert ein so vielseitiges, reiches Leben des Gemütes, daß sich dasselbe mit seiner ganzen Tätigkeit an den äußersten Moment der Erscheinung anschließen kann, und ist insofern ein Beleg einer höchst vollendeten Kultur.

Auch auf der zweiten Stufe der lyrischen Poesie, welche die mittlere Region der Reflexion ausmacht, findet ein zwiefacher Standpunkt statt. Der Charakter der alten Lyrik besteht überhaupt in dem Hineintreiben der Idee in die Wirklichkeit. Daher findet sich auch hier Auffassung des Begriffes in der vollen Wirklichkeit, aber hier als Begriff, nicht als Stimmung des Gemütes; so entsteht die lyrische Poesie der Darstellung. Die andere Seite besteht darin, daß der Begriff das Mannigfaltige zu sich erhebt und es so als Entwicklung eines gegenwärtigen Begriffes erscheinen läßt. – Die erste Richtung findet sich hauptsächlich in dem *heroischen Hymnus*; die zweite in der eigentlichen *Ode* oder dem philosophierenden lyrischen Gedichte.

Der heroische Hymnus ist der *Pindarische*. Die Darstellung ist hier episch, doch auf Betrachtung gegründet; alles ist Symbol, erhält aber seine Bedeutung nur durch die Verknüpfung, die der Verstand hervorbringt, indem das Symbol allegorisch entwickelt wird. Ohne Zweifel ist dies die vollendetste Form der alten Lyrik. Gerade die ganz entgegengesetzten Urteile über Pindar sind ein Beweis seiner Vortrefflichkeit, wie fast immer das Schweifen des Urteils in die Extreme. Im Pindar ist alles plastisch und zugleich von Seiten der Verknüpfung alles durchsichtig.

Die entgegengesetzte Seite, wo der Begriff das Erste | und die Wirklichkeit Modifikation desselben ist, nimmt die Ode ein, die wir freilich nur aus *Horaz* kennen.[280] Aber auch die reflektierenden Chöre in den Tragikern, besonders in Sophokles' Antigone (z. B. V. 332 ff. πολλὰ τὰ δεινά)[281] und Oedipus Tyrannos gehören hierher.

Auf dem dritten Standpunkte der antiken lyrischen Poesie, dem göttlichen, wird die Idee als Begriff vorausgesetzt und bildet sich ihre Existenz, indem entweder 1) das Bewußtsein des Göttlichen sich in eine besondere Richtung ergießt, oder 2) der göttliche Begriff als solcher sich selbst seine Darstellung gibt, was in dem epischen Hymnus geschieht.

Die erste Richtung, dem Liede auf dem ersten Standpunkt entsprechend, zeigt sich in dem *Dithyrambus*,[282] dem *Päan*[283] und andern religiösen Liedern, worin keine Zurückbeziehung des Gemütes auf das Göttliche stattfindet, sondern das Gemüt sich angefüllt von der Gottheit, unter der Herrschaft derselben fühlt und sich in dieser einzelnen Richtung ausströmt. Daher hat die ganze hierher gehörige Poesie orgiastischen Charakter, und die lyrische Kunst ist hier nur nach einzelner Richtung und Gemütsstimmung schöpferisch.

Wird aber ein solcher göttlicher Gedanke durch Darstellung ausgesprochen, die auf einem Begriffe beruht, so entsteht der *epische Hymnus*,[284] in welchem alles symbolisch dargestellt wird, aber nicht in dem Sinne des Epos, sondern als Symbol einer bestimmten allegorischen Richtung, eines einzelnen bestimmten Begriffes. Daher hat der epische Hymnus immer nur *eine* Gottheit und zwar nur irgend einen einzelnen Standpunkt derselben zum Gegenstande. Er entspricht der Elegie auf dem ersten Standpunkte. Der my|stische Inhalt gewinnt durch den Charakter des epischen Hymnus immer eine besondere Gestalt und erscheint nie in universellem Sinne.

Durch den epischen Hymnus schließt sich auch auf dieser Stufe die Lyrik an das Epos an. Die mittlere Region, die der eigentlichen Reflexion, nähert sich der dramatischen Kunst. Der heroische Hymnus, der getanzt und dargestellt wurde, grenzt einerseits an das Lied, anderseits an den Dithyrambus. Alle drei Hauptgattungen der Poesie berühren sich also hier, wie überall.

In der *neueren Lyrik* ist alles mehr Reflexion. Die lyrische Poesie, die sich an das Besondere der Wirklichkeit anschließt, besteht hier nicht in der Ergießung des ganzen Gemütes in einer Richtung; sondern bei dem Versinken in den einzelnen Stoff bleibt immer das Gemüt als das Allgemeine gegenwärtig, und die Beziehung nötig. Die Gegensätze vereinigen sich daher hier mehr, als in der alten Lyrik. Die neuere Lyrik ist universeller, dagegen die alte sich schärfer in einzelne Richtungen trennt; jene hat daher in diesem Sinne höhere Bedeutung, als diese. – Auch die neuere Musik hat aus demselben Grunde in Rücksicht auf den Inhalt des Gemütes einen tieferen Sinn. Der mächtige Einfluß, den die Musik bei den Alten auf die Sitten und auf das wirkliche Leben übte, ist gerade ein Beweis ihrer geringeren Tiefe. Die alte Musik ergriff den Menschen in seinem gegenwärtigen Zustande eben deswegen, weil sie nicht so tief ins Innerste eindrang, wie die neuere, die alle Gemütsstimmungen in das allgemeine Prinzip zu erheben und darin zu erhalten dient.

Die Gattungen der beiden Seiten fließen in der neue|ren Lyrik weit mehr ineinander über, weil alles Beziehung und Vermittlung ist. – Auf der ersten Stufe ist das *Lied* hier so wohl Ausströmung der einzelnen Empfindung, als Modifikation der allgemeinen Gemütsstimmung. Es kann mit einer einzelnen Leidenschaft beginnen, dieselbe universeller fassen als allgemeine Leidenschaftlichkeit und dadurch den Übergang zur Modifikation der allgemeinen Gemütsstimmung bilden. – *Elegie* und *Epistel* sind demnach hier in das Lied mit verflochten. Durch eine scharfe Sonderung dieser Gattungen wird bei den Neueren der eigentliche poetische Geist verbannt, weil die Verknüpfung aufgegeben und dadurch entweder das Einzelne roher Ausdruck einseitiger Leidenschaft, oder das Allgemeine trockene Betrachtung wird. Die strenge Nachahmung der alten Gattungen erzeugt daher nur steife und hölzerne Scheinpoesie. *Goethes römische Elegien* sind nur der Anregung nach antik; in der Ausführung haben sie ganz modernen Charakter. Es ist darin eine bestimmte leidenschaftliche Richtung, und das Mannigfaltige erscheint nur als momentane Modifikation dieser Stimmung, während in der alten Poesie die Elegie einen weit allgemeineren Charakter hat.

Dagegen muß in der neueren Lyrik dieser Stufe der Gegensatz des *Tragischen* und *Komischen* sich deutlich aussprechen, vermöge der größeren Universalität dieser Kunst; denn jene beiden Prinzipien unterscheiden sich am bestimmtesten, wo die größte Universalität ist. Verliert sich auch das Lied in einer Richtung, so muß es doch immer zugleich das Streben nach dem Wesentlichen, Allgemeinen mit einer wehmütigen sehnsüchtigen Beziehung darauf ausdrücken, also immer ein Zurückgehen in das Innere sein. |

Die zweite Stufe der lyrischen Poesie, die mittlere Region der Beziehung, ist bei den Neueren nicht so reich und bedeutend, wie bei den Alten, weil hier überhaupt die Gegensätze allegorisch aus einander fallen und jeder für sich universell wird; und auch hier ist die Scheidung in zwei Seiten nicht so scharf, wie bei den Alten. Diese Gattungen gehören zu den schwierigsten der neueren Poesie.

Die Seite der Darstellung, auf welcher der heroische Hymnus der Alten steht, macht hier die *erzählende Lyrik* aus, wohin vorzüglich die *Romanze* gehört, die nicht zur epischen Poesie zu rechnen ist. Sie verknüpft die Fakta durch Betrachtung und Stimmung des Dichters und ist darin dem heroischen Hymnus der Alten ähnlich, wo aber die Betrachtung rein und allgemein ist, während hier eine einzelne Stimmung zu Grunde liegt. Die Erzählung ist in der Romanze nur Modifikation der Gemütsstimmung; so in den spanischen Romanzen vom *Cid*, in denen der Zusammenhang kein epischer, sondern ein lyrischer ist. Die Spanier haben jedoch auch ein wirklich episches Gedicht vom Cid.[285]

Die Seite der philosophierenden Betrachtung, auf welcher die Ode der Alten steht, muß hier allgemeiner und höher gefaßt werden, weil von einem universelleren Standpunkte ausgegangen wird. Aber auch diese Richtung hat nicht die Vollendung wie bei den Alten erreicht und ihre Ausbildung knüpft sich nur an gewisse Völker. Hierher gehört die *Canzone* und das *Sonett*, in welchen Dichtungsarten die allgemeine Betrachtung sich auf einen einzelnen Moment richtet. Diese Formen sind jedoch vorzugsweise den romanischen Völkern eigen und können bei uns | nicht einheimisch, wenigstens nicht national werden. Wendet man sie als bloße Formen an, so wird gewöhnlich etwas ganz Anderes daraus, wie dies die englischen Sonette des Shakespeare am deutlichsten zeigen.

Die dritte Stufe, die göttliche Lyrik, das Versinken des Gemütes in die Betrachtung des Göttlichen, zeigt auch in der neueren Poesie zwei Richtungen. Die einzelne Empfindung drückt das *geistliche Lied*, die allgemeine Betrachtung der *Choral* aus.

3. Von der dramatischen Poesie

Im Epischen und Lyrischen ist der Stoff das Bestimmende und Wesentliche; im Drama ist derselbe als universell zu betrachten, weder als Göttliches, noch als Irdisches allein, sondern als beides zugleich. Darum stellt das Drama die Gegenwart dar, indem es Begriff und Erscheinung nie trennt, sondern als Eins auffaßt. Die reine Tätigkeit der Idee kommt im Drama zum Vorschein, weder vorzugsweise als Symbol, noch als Allegorie; beide gehen in die Gegenwart über, worin sich die Idee offenbart.

Nicht der einzelne Stoff ist Zweck des Drama, und nicht durch den Stoff allein kann sich die Idee darstellen, wie im Epos und in der Lyrik. Hier sind die Beziehungen überall gegenwärtig. Das allgemeine Motiv eines Drama, der Begriff des Ganzen, ist völlig in die Wirklichkeit übergegangen, und in dieser zeigt sich immer nur das Streben, diesen Begriff auszudrücken, der sich mithin ganz in das Besondere verliert. Episches und lyrisches Prinzip sind hier zugleich gegenwärtig, nicht bloß dem Äußeren, sondern dem Begriffe nach, indem das Drama die Idee als solche ganz | in die Wirklichkeit verpflanzen, zugleich aber anschaulich machen soll, daß die Wirklichkeit wieder in die Idee zurückgehen muß.

Man darf daher dramatische Werke nicht nach dem besonderen Stoffe beurteilen, wodurch nur eine höhere Art des Interessanten entsteht, die sich an das höhere sittliche Interesse wendet. Das Wesentliche der dramatischen Kunst beruht nicht auf den besonderen Stoffen und Gesichtspunkten, sondern darauf, ob es ihr gelingt, das innere Wesen alles menschlichen Handelns und Lebens, die Idee, aufzufassen, und darzustellen, daß selbst die höchste Wirklichkeit an sich nichts ist, sondern nur insofern die göttliche Idee sich darin offenbart. Nur nach diesem Standpunkte müssen dramatische Gedichte geschätzt und die besonderen Gesichtspunkte und Stoffe nur als besondere Gestaltungen jener Idee angesehen werden.

Die Idee durchdringt sich hier aufs vollkommenste mit der Wirklichkeit; daher scheidet sich *Komisches* und *Tragisches* hier am reinsten; denn wir können die Verschmelzung der Idee mit der Wirklichkeit immer nur nach entgegengesetzten Richtungen auffassen. Erscheint die ganze Wirklichkeit als Darstellung und Offenbarung der Idee sich selbst widersprechend und sich in die Idee versenkend, so ist dies das *tragische Prinzip*. Erkennen wir hingegen, daß die mannigfaltige unvollkommene Wirklichkeit gleichwohl überall die Idee enthält, so entsteht das *komische Prinzip*. Der Grund, warum sich diese beiden Prinzipien hier so bestimmt trennen, liegt in der Universalität der dramatischen Kunst. Diese Reinheit beider Prinzipien ist jedoch nur in der antiken Kunst wirklich zu finden, wo die Verschmelzung der Idee und Wirklichkeit ganz symbolisch ist, dagegen in der neueren | Kunst immer zugleich allegorische Beziehung und daher Vermischung beider Prinzipien stattfindet.

Daß es in der dramatischen Poesie auf den besonderen Stoff nicht allein und nicht wesentlich ankommt, hat man heut zu Tage in der Theorie eingesehen. Zwar herrscht immer noch die *Kantische* Lehre von der sittlichen Freiheit als dem wesentlichen Prinzip des Drama; allein sie wird allmählich mehr und mehr geschmälert. Mit der Praxis aber sieht es desto schlimmer aus. Unsere Dramatiker wollen einzelne Gedanken darstellen, die nicht Ideen sondern abstrakte Begriffe sind, wodurch man ganz in die Sphäre des gemeinen Lebens hinabgezogen wird.

Die dramatische Poesie ist die universelle, da sie keinen besonderen Stoff in Beziehung auf die Idee, sondern die Idee selbst in ihrer reinen Tätigkeit darstellt. Indem diese erschöpfend aufgefaßt wird, muß die Scheidung des Tragischen und Komischen eintreten. Ein Mittleres zu denken, wo Wirklichkeit und Idee ganz Eins würden, ist uns unmöglich, da wir das Wesen nur durch einen Gegensatz zu erkennen vermögen. Die vollkommene Einheit der Idee und Wirklichkeit können wir uns nicht einmal vorstellen; es wäre dies die göttliche Erkenntnis selbst. Wir sind in der Existenz befangen, die ein von der Idee abgewendetes, verlorenes und an sich nichtiges Leben hat und nur Bedeutung, Inhalt und Wert erhalten kann, wenn sich die göttliche Idee in ihr offenbart. Diese Offenbarung aber ist nur möglich durch Aufhebung der Existenz selbst, und in diesem Akte müssen wir die Idee erfassen, was wir auf absolute Weise nicht vermögen. Die Existenz selbst ist nicht das Dasein der Gottheit; vielmehr können wir dieses nur dadurch er|fahren, daß durch seine Offenbarung die Existenz aufgehoben wird. Dieser Mittelpunkt alles menschlichen Bewußtseins ist auch der Mittelpunkt der Poesie.

Indem nun aber die Richtung dieser Offenbarung eine zwiefache ist, so entsteht die Trennung des Tragischen und Komischen. Im *Tragischen* wird durch die Vernichtung die Idee als existierend offenbart; denn indem sie sich als Existenz aufhebt, ist sie da als Idee, und beides ist eins und dasselbe. Der Untergang der Idee als Existenz ist ihre Offenbarung als Idee.

Nur hiernach ist der beruhigende Eindruck der Tragödie richtig zu fassen und zu erklären. Die Meisten denken sich als den Grund dieser Beruhigung etwas außerhalb der Tragödie Liegendes, indem sie meinen, der Untergang sei nur Vorbereitung zu einer besseren Existenz; welche Vorstellung also erst durch Reflexion zu gewinnen ist. Neben den unglücklichen Ausgang setzen sie noch als etwas davon Abgesondertes die Hinweisung auf eine bessere Welt. Diese Ansicht ist unrichtig, da sie der Reflexion unterworfen ist. Setze ich die Idee als Existenz für sich, so muß ich die ganze Wirklichkeit aufgeben, und es entsteht dann nicht der tragische, sondern der religiöse Gesichtspunkt. Betrachte ich aber die wirkliche Existenz als vergänglich ihrer Zufälligkeit wegen, nicht ihrem Wesen nach, und dieser zufälligen Wirklichkeit das Ewige als für sich bestehende Existenz entgegengesetzt: so entsteht ein Gesichtspunkt der gemeinen Reflexion, der beides, Wirklichkeit und Idee, in die Sphäre des gemeinen Verstandes hinabzieht. – Der Untergang der wirklichen Welt selbst ist Offenbarung des Ewigen; es bedarf keiner Offenbarung außer derselben. Das Opfer welches gebracht | wird, ist selbst die Gegenwart des Ewigen. Sollte sich die Idee noch besonders für sich offenbaren, so würde sie selbst Moment der Wirklichkeit, nur einer andern, mit der gemeinen koexistierenden Wirklichkeit werden. – Eine außerhalb der Tragödie liegende Beruhigung darf man also nicht suchen; die Tragödie selbst ist die Beruhigung, und ihr wahrer Sinn liegt darin, daß das Zeitliche sich selbst aufhebt, insofern es Teil nimmt an der Idee.

Die unmittelbare Einwirkung der Gottheit als einer persönlichen kann in der Tragödie nicht stattfinden, sofern die Gottheit Einheit der Idee ist. Anders verhält es sich freilich bei den Griechen, deren einzelne Götter selbst Zerspaltungen der

Idee sind. – Bestimmte Hindeutung auf persönliche göttliche Einwirkung darf also in der Tragödie nicht erwartet werden; vielmehr ist die Tragödie um so tragischer, je reiner sie von solcherlei Darstellungen ist. In der Wirklichkeit kann sich die Gottheit nicht persönlich, sondern nur dadurch offenbaren, daß das ganze Gebiet der Gegensätze, als Gegenwart der Idee betrachtet, sich aufhebt.

Das *Komische* beruht auf der entgegengesetzten Richtung. Die Wirklichkeit als gegenwärtige Existenz ist nicht wegzuleugnen; aber sie würde nicht existieren können, wenn in ihr die Idee nicht wäre. Diese kann aber in der Wirklichkeit nur in Widersprüchen aufgelöst sein. Die gemeine Wirklichkeit hält sich in der Existenz nur durch ihre relative Beschaffenheit. Soll in ihr die Idee als gegenwärtig erkannt werden, ohne welche die Existenz überhaupt nicht wäre, so muß sich die Idee durch diese Gegensätze selbst vernichten und sich in die gemeine Wirklichkeit aufheben. Daher entsteht im Komischen der Kontrast zwischen dem gemeinen Le|ben und der Idee. Die Tragödie führt das Gefühl der Beruhigung mit sich; die Komödie eine Empfindung des Behagens, indem wir wahrnehmen, daß in der gemeinen Wirklichkeit dennoch die Idee enthalten ist, die sich zwar in ihren Gegensätzen aufhebt, aber zugleich mit in die Existenz verflicht. Darum darf das Komische nie das Schlechte allein sein, sondern das Schlechte als Modifikation der Idee, die gemeine Welt als Auflösung der Idee. Es können geringfügige, widersprechende Motive darin herrschen, die aber alle aus einer Idee entsprießen.

In allem Komischen findet daher immer ein Widerspruch statt; nicht aber für den gemeinen Verstand. Das Komische erscheint gewissermaßen immer als Parodie, weil die Erinnerung an die Idee stets gegenwärtig sein muß. Das bloß Gemeine, Nichtswürdige, als solches dargestellt, wie es in den neueren bürgerlichen Lustspielen herrscht, liegt außer den Grenzen der Kunst. Die Posse malt das Schlechte als Schlechtes; das bürgerliche Schauspiel das Schlechte als Gutes; beides ist gleich verwerflich. Das Schlechte muß nur als Reflex der Idee erscheinen. So liegt bei *Aristophanes* in den *Wolken* das

Komische darin, daß die wahre Idee der Weisheit und Philosophie an das gemeine Leben angeschlossen und darein verwandelt ist. – Die ganze Nichtigkeit des Wirklichen würde in dem Komischen nicht zur Erscheinung kommen, wenn nicht die Idee darin wäre. Wäre es das bloße gemeine Leben, so würde es Niemand lächerlich finden; nur durch den Kontrast der Idee erscheint die Wirklichkeit als nichtig, und nur dadurch entsteht die komische Wirkung.

Bei der *Einteilung* der dramatischen Poesie muß | vor allem die *alte* und die *neuere Kunst* unterschieden werden. In der *alten* symbolischen Kunst findet sich die reine *Sonderung des Tragischen und Komischen.* Die Idee wird als unmittelbar gegebene Gegenwart aufgefaßt, womit die vollständige Aufhebung der Gegensätze notwendig verbunden ist. – In der neueren Kunst hingegen sehen wir die Tätigkeit wirken, welche die Gegensätze des gemeinen Lebens gegen einander aufhebt; wir sehen die Entwicklung, Beziehung und Bestreitung der Gegensätze; der ganze Standpunkt ist somit ein allegorischer. – Das Große des alten Drama liegt in der plötzlichen Aufhebung der Gegensätze und der unmittelbaren Gegenwart der Idee. Aber die Erforschung und Erkennung der Idee, die Auffassung derselben in ihrem Innersten kann das alte Drama nicht bewirken. In dem neueren Drama bleibt bei aller Auflösung in Beziehungen immer die Idee als innere Einheit, als absolute Bedeutung der Handlungen gegenwärtig, während bei den Alten die Gegenwart des Ewigen nur eine negative ist, indem sie immer in der Aufhebung der Wirklichkeit besteht. Daher erscheint das Schicksal der Alten so negativ und zerstörend, obwohl es zugleich der positive Grund der Dinge ist.

In der *neueren Kunst* ist nicht, wie in der alten, Tragödie und Komödie rein geschieden. Das neuere Drama kann daher nicht nach dieser Bestimmung, sondern nur nach *drei* verschiedenen *Stufen* eingeteilt werden. Auf der ersten Stufe schließt sich das Drama an ein bestimmtes System von Begriffen an; auf der zweiten Stufe, der vollkommensten, lösen die Begriffe selbst sich ganz in Tätigkeit auf; auf der dritten geht das Drama ins Einzelne hinein und der Charakter ist die Hauptsache. |

In dem *antiken Drama* erfordert die Vollendung des Symbols, daß der Akt der Durchdringung von Idee und Wirklichkeit als abgeschlossen erscheint; und dies kann nur nach entgegengesetzten Richtungen geschehen. – In der *Tragödie* muß die Darstellung nicht auf den Stoff gehen, nicht dieser darf als Offenbarung der Idee, mithin als etwas über der gemeinen Wirklichkeit Stehendes, Vollendeteres erscheinen. Der Stoff ist nur da, um die Idee ihrer Form nach zu offenbaren und hat die Bedeutung der Existenz überhaupt, insofern sie im Gegensatz der Idee eine nichtige ist. Die Hauptperson in der Tragödie muß daher, wie *Aristoteles* trefflich bemerkt, weder durch Tugend, noch durch Schlechtheit sich auszeichnen, sondern so sein, wie die Menschen gewöhnlich sind; wohl aber äußerlich ausgezeichnet an Macht und Glücksgütern, damit man den Charakter der Existenz überhaupt an ihr wahrnehmen könne.

Die Franzosen suchen ausgezeichnete Situationen und Leidenschaften, wenn auch nicht Charaktere, als Stoff für die Tragödie. Bei ihnen hat das Pikante, Ungewöhnliche, Sonderbare in dieser Hinsicht am meisten Beifall gefunden. Man denke nur an *Racine's Phädra*. An einer so widersinnigen, seltenen Leidenschaft kann sich das Schicksal überhaupt nicht offenbaren.[286] – Die Deutschen hingegen streben gewöhnlich, den Charakter als ganz ausgezeichneten darzustellen; so z. B. die *Werner*'schen Helden, über die man nur lachen kann, je mehr Kunststücke sie machen, um sich hervorzutun.

In den gewöhnlichen Verhältnissen des Lebens, die alle Menschen treffen können, muß sich die Idee offenbaren. Dies kann aber nur dadurch geschehen, daß durch dieselben | die Idee in Widerspruch mit sich selbst gerät, aus welchem Grunde dann die Wirklichkeit als nichtig erscheint. Hierbei ist jedoch immer die Rede von der ewigen Beschaffenheit des Menschen, nicht von seinem zeitlichen Sein. Die Idee selbst gerät mit sich in Widersprüche, die sich auflösen; und dieser Widerspruch des Guten im Inneren des Menschen ist das wahre Feld der Tragödie. *Aeschylus* hat dies Verhältnis in der *Orestia* klar ausgedrückt, vorzüglich in den *Eumeniden*, wo er den Widerstreit der Pflichten als einen förmlichen Rechtsstreit darstellt. – Der Mensch kann seinen Verpflichtungen nicht genügen; die Idee in ihm hebt sich selbst auf, und durch diese Zerstörung wird einleuchtend, daß die Sphäre der Idee eine höhere, eine ewige ist.

Die Personen der Tragödie müssen also weder sittlich, noch geistig besonders ausgezeichnet, und die Handlung muß eine solche sein, wie sie im wirklichen Leben zu sein pflegt. Die Verkettung derselben muß nicht im Drang äußerer Umstände, am wenigsten im bloßen Zufall liegen (wie in manchen neueren sogenannten Tragödien, z. B. den *Müllner*'schen[287]); sondern sie muß so beschaffen sein, daß die äußeren Umstände und die inneren Entschlüsse ganz in Eins zusammen fallen. In dieser Hinsicht ist der *Oedipus* des *Sophokles* das vollendetste Beispiel. Alle Vergehen der Hauptperson kann man durch äußerliche Umstände entschuldigen; aber sie sind immer zugleich moralische Handlungen, die dem Täter zugerechnet werden; und darin eben liegt das Große und Fruchtbare der alten Tragödie.

Auf der einen Seite liegt in der Tragödie die Aufhebung der menschlichen sittlichen Existenz (nicht allein der sinnlichen), insofern sie Existenz ist; zugleich aber erscheint die|ser volle Widerspruch im Menschen als das einzige Mittel der Erhaltung seiner Existenz. Die sittliche Idee könnte nicht in die Wirklichkeit eingehen, wenn sie nicht in die Widersprüche der Existenz einginge. Der Anteil des *Chores* nun in der antiken Tragödie ist es, darzustellen, wie die ganze menschliche Gattung dadurch in der Existenz erhalten wird, daß die sittliche Idee solcher Widersprüche fähig ist. Die Hauptpersonen als Individuen gehen unter; der Chor als Repräsentant der ganzen menschlichen Gattung vermittelt die Widersprüche durch fortschreitendes Übergehen und erhält durch diese reflektierende Vermittlung die Idee als existierend aufrecht, ohne unmittelbar an der Handlung Teil zu nehmen oder in das Faktum selbst einzugehen; denn sobald die Existenz als besonderes Faktum aufgefaßt wird, ist die Vernichtung durch die Widersprüche nicht zu vermeiden.

Die *Komödie* ist der gerade Gegensatz der *Tragödie*. Die Idee ist hier in die gemeine Wirklichkeit aufgelöst, die als Entstellung, aber zugleich als Dasein der Idee dargestellt wird. Die Komödie zeigt, wie die Idee gemeine Existenz geworden, und zugleich diese nichts anders als Idee ist. Daher liegt bei der Komödie in der Haupthandlung der vorzüglichste Sinn und Wert. Die Vorstellung, die Handlung in der Komödie sei eine bloß zufällige, welche Ansicht selbst Schlegel aufstellt, ist schwach. Der Weltlauf des gemeinen Lebens ist die Hauptsache; dieser aber ist nicht Zufall, sondern die allgemeine Natur der Wirklichkeit, welche dadurch komisch wird, daß wir sie gleichwohl als Ausdruck der Idee erkennen.

Diese Bestimmung reicht jedoch für das antike Drama | nicht hin, welches vermöge seiner symbolischen Beschaffenheit diesen nichtigen Weltlauf in dem Punkte auffassen mußte, wo er sich schon vernichtet hat. Das antike Drama kann die Motive des entstehenden Weltlaufs nicht darstellen, weil diese Darstellung allegorisch wäre. Die antike Komödie muß daher den Weltlauf als gegeben, als gegenwärtig auffassen, was die Sache schwieriger macht. In ihr kann keine Verwickelung stattfinden, wodurch die Gründe des Weltlaufs aufgezeigt würden. Daher sondert sich der *Chor* und die *Parabase* in der alten Komödie völlig ab.[288]

Der Chor hat hier nicht dieselbe Bedeutung wie in der Tragödie; sondern seine Aufgabe ist die ausdrückliche Darstellung, daß die Idee hier mit sich in Kontrast geraten, auf den Kopf gestellt ist. Er stellt daher ein verkehrte, widersinnige Weltordnung, oft aus fingierten Personen bestehend (Wolken, Vögel, Frösche u. s. w.) als wesentlich an die Spitze, wodurch die Idee ihr eigenes Zerrbild und zum Unsinn wird. – Die Parabase sagt: dies sei der gemeine Weltlauf, so wie der Chor sagt: dieses solle gleichwohl die Idee vorstellen. Die Parabase gibt zu verstehen, was die Komödie darstellt, sei am Ende der Zustand, in dem wir alle uns selbst befinden; es sei das gemeine Leben überhaupt. Sie ist keineswegs bloß zufällig und national, kein bloß mutwilliges Heraustreten aus der Handlung, sondern ein wesentliches Element der alten Komödie.

Wäre die Parabase nicht, so wäre die *Aristophanische* Komödie eine bloße Posse; die Parabase sowohl, wie der Chor, sind unentbehrlich, um der Komödie die wahre Bedeutung zu geben. Die wirkliche Welt selbst wird in fortwährenden Kontrast verwandelt, und nur in solchem kann die Idee in der Wirk|lichkeit sein. – In unserer neuen Komödie wird die Parabase durch den Humor oder die Ironie ersetzt, und ist nur mehr ins Ganze verflochten.

Das *neuere Drama* hat den großen Vorzug vor dem alten, daß es beide Seiten zugleich darstellen und die Existenz der Idee aus ihrem göttlichen Ursprung herleiten kann. Dadurch wird der Chor entbehrlich, der sich hier durch die Reflexion der Einzelnen über die Handlung ausdrückt, und der innere Organismus der künstlerischen Idee wird durchsichtiger, indem die inneren ewigen Gründe hier als unmittelbar gegenwärtig dargestellt werden. Die unmittelbare Gegenwart des Ewigen in der Wirklichkeit ist aber das Mystische; und so sind Shakespeares Stücke rein mystisch. – Das antike Drama hingegen hat den Vorzug der unmittelbaren sinnlichen Gestaltung und des rapiden Fortschrittes der Handlung, wie er z. B. im Oedipus Tyrannus sich findet.

In das tragische und komische kann das neuere Drama nicht gesondert werden; es ist vielmehr eigentlich um so vollkommener, je mehr beide Prinzipien darin vereinigt sind. Der Unterschied in dem neueren Drama besteht in den oben angedeuteten *drei Stufen.*

Das Drama der *ersten Stufe* setzt ein gewisses System von Begriffen voraus, das sich in der wirklichen Handlung darstellen soll. Insofern die Idee hier schon in bestimmte Begriffe gefaßt ist, kann dies Drama symbolisch genannt werden, und ist *lyrischer* Natur. Auf dieser Stufe steht *Calderon* und das spanische Drama überhaupt. Es liegt hier ein System von Begriffen über Liebe, Ehre, Religion, Ritterschaft zu Grunde, welchem die Wirklichkeit | nie ganz entsprechen kann. Daraus entstehen Widersprüche, welche die Handlung bilden, die daher immer einen überwiegend moralischen und lyrischen Charakter hat.

Auf der *zweiten Stufe* ist das Symbol in Allegorie aufgelöst; die Idee entfaltet sich als Gegenwart und hebt sich durch die Wirklichkeit auf. Die neuere Kunst kann vermöge ihrer allegorischen Beschaffenheit diese Entfaltung selbst darstellen. Diesen Standpunkt können wir allein dem *Shakespeare* einräumen. Er steht auf dem Wendepunkt der Geschichte, an der Grenze des Mittelalters und der neueren Welt. Er blickt rückwärts in die noch nicht erloschenen Gefühle und Ansichten des Mittelalters, die sich an die Ritterschaft, die Lehensverfassung u. s. w. knüpfen, und vorwärts in eine Sphäre der höchsten Subjektivität und einer psychologischen Zergliederung des Gemütes. Diese Stellung auf dem Übergangspunkt des Mittelalters in die neuere Zeit, wo die Weltgeschichte sich in einen Entwicklungsknoten zusammenfaßt, macht diesen Dichter zum Mittelpunkt der gesamten neueren Kunst.

Die *dritte Stufe* des neueren Drama ist die individuelle, vom Charakter ausgehende: das *epische* Drama. Der vorzüglichste Repräsentant dieser neueren Kunst ist *Goethe*, und neben ihm *Schiller.* Die dramatische Kunst ist hier auf das Epos, und zwar auf den Roman gebaut, wie das spanische Drama auf die Romanze. Die ganze Situation liegt im Charakter, der das Schicksal des Menschen ist. So in Goethes *Tasso*, dem höchsten Muster dieser Kunst.[289]

Eine *vierte Gattung* des neueren Drama vereinigt durch Beziehung die erste und dritte Stufe, die lyrische | und epische, und ist die Wiederherstellung der mittleren durch bloßen Übergang und Beziehung. Dies ist das märchenhafte, *romantische* Drama, worin *Tieck* durch seinen *Blaubart*, seinen *gestiefelten Kater* u. s. w. Muster ist. Es wäre dies das wahre Drama für die Gegenwart und es ist zu bedauern, daß diese Gattung beim Volke keinen Eingang findet.

Dritter Abschnitt
Von den einzelnen Künsten

Bei der Betrachtung der einzelnen Künste ist es unerläßlich, die Kunstgeschichte zu Hilfe zu nehmen; nur in ihr kann das Besondere und Einzelne dieser Künste richtig wahrgenommen werden. Die Poesie, die sich als universelle Kunst über die ganze Nationalgeschichte ausdehnt, kann von diesem Begriffe aus bestimmter eingeteilt werden. Die vier andern Künste hingegen, welche die ganze Idee des menschlichen Lebens in einseitiger Richtung in Einen Punkt zusammenfassen, können nur in ihrer eigenen Geschichte vollständig entwickelt werden.

1. Plastik

Die Plastik ist eine von den Künsten, welche das Symbol im engeren Sinne ausdrücken. Sie geht aus der Idee hervor, die als besonderer Begriff sich selbst ihre Gestalt bildet, dagegen in der Malerei Begriff und Existenz schon | vorausgesetzt und aufeinander bezogen werden. Die Plastik ist die eigentliche symbolische Kunst, in welcher der Begriff sich selbst seine Gestalt schafft, so daß diese als Resultat des Begriffes erscheint, der durch sie ein unmittelbar wirklicher wird. Die plastische Gestalt ist Symbol im vollsten Sinne des Wortes, und kann daher nur mit künstlerischer Ironie vollkommen verstanden werden, indem wir uns bewußt werden, daß es die Wirklichkeit ist und zugleich nicht die Wirklichkeit, die wir in dem plastischen Kunstwerk anschauen. – Die Prinzipien der Idealität und der Naturnachahmung lassen sich in der Malerei leichter mißverstehen, als in der plastischen Kunst, die das beste Beispiel für das wahre Ideal ist, weil sie rein symbolisch ist.[290]

Die plastische Gestalt ist volles Symbol. So widrig die bloße Andeutung eines reinen Begriffes wäre, ebenso widrig ist auf der andern Seite die treue Nachahmung der Natur, z. B. ein plastisches Bildnis mit natürlichen Farben, Wachsfiguren

u. dergl. Daß man antike Bildwerke mit Farben, eingesetzten Augen, Zähnen u. dergl. gefunden, beweist dagegen nichts; es scheinen dies Götzenbilder für den Kultus zu sein, welcher nicht eigentlich Zweck der freien Kunst ist. Selbst das Auge läßt sich durch die plastische Kunst nicht darstellen, weil es die Beziehung auf eine Welt außerhalb der Gestalt ausdrückt und mithin das Kunstwerk aus der Sphäre des reinen Symbols ins Allegorische hinüber führen würde.

Der wesentliche Gegenstand der Plastik ist der *menschliche Körper*. Tiere und andere Naturgegenstände können nur in Bezug auf diesen, also verflochten in Handlungen der Menschen, oder in allegorischer Beziehung auf den | Charakter dargestellt werden. So die mystischen Tiergestalten, z. B. die Sphinx, die mystischen Löwen[291] u. dergl.

Das plastische Symbol erfordert, daß die in ihm liegenden Gegensätze erkannt werden. Es muß mithin zweierlei in ihm erkennbar sein: 1) der Begriff der menschlichen Gestalt als das Allgemeine, welches sich an diese bestimmte individuelle Gestaltung anschließt; 2) die besondere Organisation des Individuums, in dem einzelnen Momente so aufgefaßt, daß das allgemeine Gesetz des Organismus darin vollständig erkannt wird. Diesem Allgemeinen muß die einzelne Handlung immer untergeordnet sein.

Daher überwiegt im Plastischen durchgängig, wenigstens insofern das plastische Werk Kunstwerk ist, die menschliche Individualität, nicht der mystische Begriff des Gottes. Der vergötterte Begriff der Individualität ist die Hauptsache; das Menschliche überwiegt und das Göttliche zeigt sich nur durch die Universalität, in welcher das Individuelle aufgefaßt wird. Auf der andern Seite kann der einzelne Mensch nicht plastisch dargestellt werden, ohne zugleich göttliche Bedeutung zu erhalten; daher müssen plastische Portraits immer den Charakter des Heroischen oder des Göttlichen haben. Portrait-Statuen oder Büsten der neueren Kunst würden ihre Vollendung erst dann erhalten, wenn diese nachahmende Darstellung wirklicher Individuen mit allgemeinen Ideen in Verbindung gesetzt würde. Die ganze neuere Plastik kann überhaupt nur in der Verbindung mit der Baukunst durch allegorische Beziehung ihren wahren Wert erhalten.

Was die Situation oder die einzelne Handlung betrifft, in welcher die plastische Gestalt erscheint, so darf der Wert dieser Gestalt selbst nie in den besonderen Zweck der Hand|lung gelegt werden. So ist der *Apoll vom Belvedere* als Bogenschütze, die *Pallas von Velletri* als Volksrednerin überhaupt dargestellt,[292] ohne daß man einen besonderen Akt dabei zu denken hat. Die Handlung hat immer allgemeine symbolische Bedeutung, und ist nicht so bedeutend durch den besonderen Zweck, als durch die Gelegenheit, welche sie darbietet, den menschlichen Körper in einer bestimmten Bedeutung zu entwickeln und die Gesetze des Organismus überhaupt in der einzelnen Gestalt vollständig zu erschöpfen. Daher stellt die spätere Kunst oft Situationen ohne bestimmten Zweck, ohne Bedeutung für äußere Handlung dar, die nur dazu dienen, den Körper in einer Lage zu zeigen, worin jene allgemeinen Gesetze sich vollständig entwickeln können. – Der Begriff, der sich im Individuum erschöpft, drückt sich vorzugsweise in den Umrissen der Form, der Organismus im Allgemeinen in den Muskeln aus, deren Spiel die lebendige Wirklichkeit darstellt, sofern sich das gesamte Gesetz der Bewegung darin erschöpft.

Nach dem Gesagten wird das plastische Symbol im Ganzen gebildet, als universelles. Es müssen aber auch hier zwei allegorische Gegensätze sich davon trennen und mithin *drei Gegenstände* für die plastische Kunst zu unterscheiden sein: ein symbolischer Gegenstand in der Mitte und zwei allegorische an den Enden. Der eigentlich symbolische Gegenstand und daher der Hauptgegenstand der plastischen Kunst ist der *männliche Körper*. Der weibliche Körper hat immer Beziehung auf Naturzwecke, während der männliche als universeller alle Zwecke in sich schließt. – Die beiden allegorischen Gegensätze ergeben sich durch die verschiedene Auffassung und Darstellung des weiblichen Körpers. |

Den ersten dieser Gegensätze macht die *unentwickelte Jungfräulichkeit* aus, die in ihrer Strenge den männlichen Körper an Härte übertrifft. Diesen Charakter drückt vorzugsweise *Pallas*, die Göttin der weiblichen Strenge aus; dahin gehört ferner *Diana* und andere heroische Jungfrauen; auch die priesterlichen Jungfrauen werden von dieser Seite aufgefaßt. Die Gestalten, die diesen Moment ausdrücken, sind ganz eigentümlich gebildet; sie zeigen die männliche Gestalt in der Übertreibung. Daher die Breite der Schultern und des Oberleibes der Pallas und die schlanke Form der unteren Teile, besonders der Hüften, wodurch die ganze weibliche Gestalt aufgehoben wird und ein der natürlichen Bestimmung des Geschlechtes völlig Entgegengesetztes entsteht. Diese Schärfe der Darstellung, die über die wirkliche Natur hinausgeht, zeigt, daß der Grund einer solchen Auffassungsweise in einem höheren Zusammenhang liegen muß. – Das Entgegengesetzte ist die *eigentliche Weiblichkeit*, die Darstellung der weiblichen Natur in der höchsten Fülle, so daß die Naturzwecke überwiegend hervortreten und der Begriff der Naturbestimmung vollkommen und harmonisch ausgedrückt ist; wie in der Gestalt der *Venus*.

Eine weibliche Gestalt, die wirklich vollendetes Symbol wäre, ist nicht denkbar. Während die männliche Gottheit in eine Menge Modifikationen zerfallen kann und doch Symbol bleibt, müssen die weiblichen Gottheiten sich auf eine jener beiden Seiten neigen; denn universelle Bestimmungen innerhalb des weiblichen Charakters gibt es nicht. Soll das Weibliche universell werden, so muß es sich ins *Mystische* verlieren, und wie *Cybele*,[293] die *Ephesische Arte|mis*[294] u. s. w., durch äußerliche Darstellung der mystischen Beziehung ganz Allegorie werden.

Innere mystische Beziehungen konnten durch die alte plastische Kunst nicht ausgedrückt werden. Daß die Alten ihre Göttinnen unter dem Bilde der Mutter mit dem Kinde vorzustellen verschmähten, hat nicht darin seinen Grund, weil sie dies für ein zu physisches Verhältnis gehalten hätten, sondern weil ihre Plastik nicht fähig war, die inneren mystischen Beziehungen auszudrücken. In dem mystischen Gottesdienst, z. B. in den Eleusinischen Mysterien, ist die Vorstellung der Mutter mit dem Kinde wesentlich.[295] Sinnlich dargestellt aber konnte dieselbe nicht werden, weil sie nicht symbolisch genug war.

Drei Stufen der Plastik müssen stattfinden, die sich auch historisch deutlich unterscheiden: 1) die *göttliche* oder *epische*, unmittelbar vom Begriffe ausgehende; 2) die *symbolisch vollendete*, wo der Begriff in die Situation übergegangen ist; 3) die *wirkliche*, wo die Kunst von einzelnen Situationen und Bestimmungen des menschlichen Körpers ausgeht und die Gestalt sich danach bequemen muß. Die erste Stufe ist *Winckelmann's alter strenger Stil.*[296] Die Periode des *Phidias*[297] aber, die Winckelmann hierher rechnet, möchte wohl schwerlich noch zu diesem schroffen Stil gehören. Nach den durch Lord *Elgin* vom Parthenon gebrachten Werken des Phidias muß man denselben vielmehr zu der zweiten, vollendetsten Stufe rechnen.[298] – Bei Kunstwerken wie der *Antinous*,[299] der *Faun*[300] u. s. w., wo die Situation überwiegt, tritt die dritte Stufe ein.

Der nackte Körper ist in der Plastik die Hauptsache. Die Bekleidung kann nur dienen, das Nackte in äußeren | Beziehungen erscheinen zu lassen, und die *Draperie* ist nur danach zu wählen und zu beurteilen, in wiefern sie die Gestalt in besonderer Modifikation zeigt.

Gruppen haben allegorische Beziehung und sind für die plastische Kunst nur dann zu dulden, wenn sie für den künstlerischen Standpunkt sich in eine Gestalt, in einen Mittelpunkt vereinigen; wie die Gruppe des *Laokoon.*[301]

Das Mittelglied, durch welches die Plastik in die Malerei übergeht, ist das *Relief*, in welchem die plastische Kunst in die Darstellung äußerer Beziehungen und eines äußerlichen Zusammenhanges von Gedanken eingeht. Das plastische Prinzip aber muß auch hier überwiegend bleiben. Daher muß das Relief 1) alle Figuren im Profil darstellen, 2) die Figuren müssen in einer Reihe neben einander stehen, weil sie sonst sich decken würden; 3) das Relief muß ohne Perspektive sein, weil diese malerisch ist. – Bei den Alten schließt durch das Relief die Plastik sich der Architektur an.

2. *Malerei*

In der Plastik ist das gegenwärtige faktische Symbol, in der Malerei die Beziehung des Begriffes auf das Besondere dargestellt. In dieser Hinsicht ist die Malerei eine allegorische Kunst, in welcher man in der äußeren Erscheinung nie den ganzen Sinn findet, sondern dieselbe verstehen und sich erklären muß. Die Malerei stellt die körperlichen Dinge bloß in ihrer Beziehung auf den allgemeinen Begriff dar. Weil diese Verknüpfung zugleich in der äußeren Erscheinung und durch die Idee bewirkt wird, so findet sich hier eine große Fülle von Verhältnissen, und in keiner dieser Künste läßt sich der innere Gedanke mehr bis in die | äußerste Erscheinung verfolgen, als gerade hier. Man hat die *Perspektive* und die *Harmonie der Farben* noch immer viel zu sehr bloß technisch behandelt; und doch hängen sie mit dem inneren Geiste der Kunst aufs innigste zusammen.

Die Perspektive ist keine bloß mechanische, allein auf der Mathematik beruhende Wissenschaft. Sie wäre nicht möglich, wenn sich nicht in unsere Auffassung der Gegenstände der Begriff, das Urteil mischte. Die perspektivische Erscheinung ist nicht bloß sinnlich, sondern ruht auf einem Denken, und so wird auch in der Malerei durch die Perspektive die ganze Beziehung der sinnlichen Gegenstände in einen Begriff vereinigt. Die Perspektive muß mithin in ihren Voraussetzungen und Annahmen modifiziert sein, je nachdem die Kunst ihrer bedarf; es kommt wesentlich auf den Stoff und den Sinn der Darstellung, nicht bloß auf die äußeren physischen Bedingungen an. – Ebenso verhält es sich mit der Harmonie der Farben.

Auch in der Malerei entsteht ein Gegensatz durch die Notwendigkeit einer Vermittlung zwischen dem Begriff und der Besonderheit. Der Begriff selbst aber entwickelt sich hier in einer Beziehung; es ist nicht allein damit getan, daß die Form des Körpers als allgemeiner Begriff gilt, wie in der Plastik, sondern mit dem Begriff ist hier notwendig seine Beziehung verbunden; er erscheint nicht unmittelbar als Symbol, sondern als zum Grunde liegender Gedanke.

Die Darstellung des im Werke selbst liegenden Grundgedankens geschieht 1) indem die wirkliche Idee durch die *Zeichnung* in allgemeiner Bedeutung dargelegt wird; 2) indem durch die Beziehung der Figuren auf das *Licht* | ihre mathematische Stellung im Raume ausgedrückt wird. Die Zeichnung gehört der Seite des Allgemeinen an, welches aber notwendig zugleich in der Beziehung der Figuren aufeinander in der Form einer besonderen bestimmten Handlung erscheinen muß. Der Begriff, den die Malerei ausdrückt, kann sich nie durch eine einzelne Gestalt erschöpfen, die keine äußere Beziehung hat.

Die äußerste Besonderheit besteht in der Beschaffenheit der einzelnen Körper, welche der Gedanke in Verbindung setzt. Es kommt hier 1) auf die *Färbung*, 2) auf die *körperliche Darstellung der Situation* an. Die Zeichnung gibt nur die geistige Darstellung der Situation; die gerundete Ausführung erst stellt die Situation in ihrer Besonderheit dar. – Werke der Malerei müssen daher immer von zwei Seiten angesehen werden: 1) von der Seite des Begriffes und 2) von der Seite der Besonderheit, und diese wiederum 1) in Hinsicht des Kolorits, 2) der besonderen Gestaltung.

Was für den Begriff die Perspektive, ist für die körperliche Verbindung der Figuren die *Gruppierung*. Durch die Gruppierung drücken sich eine Menge einzelner Momente des Hauptgedankens aus, die in den einzelnen Gruppen wahrnehmbar werden.

Der Begriff erscheint in dieser Kunst immer als ein Ganzes, und die durch Perspektive, Kolorit, Gruppierung entstehenden untergeordneten Totalitäten müssen von der allgemeinen Totalität unterschieden werden. Die Zeichnung und der darin liegende Zusammenhang muß immer von einer Einheit ausgehen; die besonderen Bestandteile aber verbinden sich vermöge der Färbung und Gruppierung immer | durch Gegensätze und Beziehungen, die sich miteinander verknüpfen.

Je mehr der Begriff in die äußere Erscheinung übergeht, um so mehr geht die Zeichnung von dem allgemeinen Gedanken aus. Wenn der Begriff noch schlummert, oder sich rein als allgemeiner absondert, so ist die Sorgfalt für die Einheit des Ganzen nicht so groß. Die großen italienischen Maler, bei denen der Begriff ganz Erscheinung wird, gehen immer von einem einfachen Gedanken aus. Die Werke der deutschen Kunst hingegen lassen den Gedanken als reinen Gedanken auffassen, und derselbe ist daher nicht in gleichem Grade in die äußere Gestalt als erscheinende Einheit übergegangen.

Die mittlere Sphäre der Verknüpfung der erscheinenden Gestalten ist der Wechsel zwischen Licht und Schatten, das *Helldunkel*, welches Tiefe und Körperlichkeit gibt und das räumliche Element der Malerei ist, wodurch sich der eigentliche allegorische Gedanke am meisten in Existenz verwandelt. Daher waltet das Helldunkel besonders bei den vorzugsweise allegorischen Malern vor. Wo hingegen der allgemeine Begriff mehr plastisch-symbolisch herrscht, wird die durch das Helldunkel bewirkte Tiefe des Raumes nicht so gesucht.

Wir haben nun die *Gegenstände* und *Gegensätze* der Malerei näher zu betrachten. Hauptgegenstände müssen diejenigen sein, in welchen die Allegorie sich am meisten vollendet, also die *christlich-religiösen*, worin die volle Allegorie enthalten ist. Diese Gegenstände machen notwendig den inneren Mittelpunkt dieser Kunst aus. Das Streben, bloß historische, z. B. antike Gegenstände dar|zustellen, hat etwas Trockenes und Geistloses, und erzeugt einen plastischen Charakter, welcher der Tod der Malerei ist. Dieses Streben ist besonders der Fehler der neueren idealisierenden französischen Maler.[302]

Das *Historische* gehört allerdings in die Kunst, aber als die eine Seite der Allegorie, und zwar als die allgemeine. Es darf nie als besonderes Faktum genommen werden, wodurch ein Portrait einer einzelnen Begebenheit entstände; sondern die Darstellung muß überwiegend von einem nationalen, religiösen oder sonst allgemeinen Gesichtspunkte ausgehen. In diesem Sinne ist die historische Malerei die allgemeine Seite der Allegorie, in deren Mitte die religiöse liegt; und jene kann nur blühen, wenn diese blüht und sie sich auf dieselbe bezieht.

Auf der besonderen Seite der Allegorie steht das *Portrait* als Darstellung des Einzelnen. Aber auch diese kann nicht sklavische Nachahmung der besonderen Natur sein; sonst würde sie nicht den Menschen, sondern einen einzelnen Moment seines Seins oder Handelns im gemeinen Leben ausdrücken. Das wahre Portrait soll uns den Begriff des Menschen darstellen, und dies könnte man das Idealisieren des Portraits im guten Sinne des Wortes nennen. Es muß die kräftigste Gegenwart haben, in welcher aber zugleich der allgemeine Begriff des Individuums vollständig erschöpft ist. So macht das Portrait die besondere Seite der Allegorie aus und ist ein wahres Kunstwerk.

Außer jenen Gegensätzen der Allegorie selbst entstehen aber hier noch zwei Extreme, in welchen dieselbe in selbständige Momente aus einander fällt. Auf der Seite des Allgemeinen steht die *Landschaft*, welche die Gegenstände nicht | um ihrer selbst willen darstellt, sondern nur in Hinsicht auf die Wirkung, die sie auf unser Gemüt ausüben, so daß der Begriff nicht mehr im Stoffe selbst, sondern in dem Betrachter liegt. Daher fühlen wir bei dem Anblicke wahrer Landschaften ein eigentümliches Sehnen, welches nicht im Kunstwerke liegt, sondern durch dasselbe veranlaßt wird. Gegenstände dieser Art haben mithin allein durch ihre Wirkung auf das Gemüt ihre künstlerische Geltung. Wir werden selbst ein Teil des Kunstwerkes, indem bei dessen Betrachtung unser individuelles Interesse in Anspruch genommen wird. Der Grund, warum die Natur überhaupt auf das unmittelbare Gefühl so mächtig wirkt, liegt eben darin, daß sie ihren Begriff nicht in sich selbst hat, sondern ihn erst im Menschen findet.

Auf der entgegengesetzten Seite steht die Gattung der Malerei, bei welcher der Begriff zwar im Gegenstande gesucht, aber erst durch Abstraktion demselben vorausgesetzt wird; Gemälde, bei denen wir, um den Gegenstand zu verstehen, erst einen Gedanken voraussetzen müssen. Dahin gehört, was man in der Kunst ein *Stillleben* nennt, auch Tierstücke u. dergl.; überhaupt Darstellungen von Gegenständen, die an die vorangegangene Gegenwart eines bewußten Wesens erinnern. Der Sinn dieses Extremes der Allegorie besteht darin, daß die Gegenstände selbst in sich keinen Begriff tragen, sondern dieser suppliert werden muß und gleichsam darüber schwebt.

Die allseitige Allegorie kommt nur in dem religiösen Stoffe wirklich zu Stande. Die beiden Seiten derselben scheiden sich als historisches Bild und Portrait von einander ab, und an den Enden stehen die Landschaft und das Stillleben. |

So bestimmte historische Perioden, wie in der Plastik, lassen sich in der Malerei nicht unterscheiden, da die Momente derselben weit mannigfaltiger sind. – Die Stufe der Kunst, die von dem allgemeinen Begriffe ausgeht, bezeichnet besonders *Michael Angelo*, welcher Künstler sich aber zu einer solchen Vollendung erhoben hat, daß er auf einem ganz universellen Standpunkt steht.[303] Am vollständigsten kommt die Allegorie zur Erscheinung in *Correggio* und *Raphael*; in jenem besonders im rein malerischen Sinne; daher seine hohe Vollendung im Helldunkel, vermöge deren jeder einzelne Teil auf das Ganze bezogen werden muß. In Raphael geht die Allegorie mehr vom Symbolischen aus; daher erhält hier die Gruppierung höhere Bedeutung, als das Helldunkel. – Als Repräsentant eines dritten Standpunktes, wo die körperliche Färbung die Hauptsache ist, erscheint *Titian*.[304]

Nebenarten der Malerei, wie in der Plastik das Relief, sind die *Zeichnung*, der *Holzschnitt* und der *Kupferstich*. Der Holzschnitt kommt der Wirklichkeit näher, kann aber nicht in das Äußere der Erscheinung selbst eingehen, sondern nur die Tiefe der Idee als etwas Gegenwärtiges darstellen, und ist in diesem Sinne eine treffliche Kunst, die den Gedanken in großer Reinheit darstellt. Das Bestreben, den Holzschnitt dem Kupferstich ähnlicher zu machen, ist eine Verirrung. Die Kupferstecherei hat nur den Zweck, das Gemälde seinem Begriffe nach aufzubewahren und ist nicht so selbständig, wie die Holzschneidekunst, die tief in die Idee selbst eingeht. |

3. Architektur

Die Bestandteile der Kunst sondern sich in *Architektur* und *Musik* völlig von einander ab. In jener ist der Gegenstand bloßer Stoff und der Begriff besteht bloß in der Beziehung desselben. In der Musik tritt der Begriff als bloße Form, als freie einfache Tätigkeit auf, daher als Laut welcher die Zeit erfüllt, wie in der Architektur der Raum die Form des Begriffes ist. So wird jeder Bestandteil der Kunst für sich unabhängig und suppliert den andern.

In der Architektur ist der Begriff mit dem Gegenstand so verknüpft, daß der Stoff für uns nichts ist, außer wenn wir ihn in die Beziehung auflösen. Der Stoff wird die Darstellung der unmittelbaren Gegenwart des Begriffes. In der Musik hingegen geht der Begriff selbst in Tätigkeit über. Dadurch werden wir in den künstlerischen Gegenstand hineingezogen; wir werden selbst Bestandteil des Kunstwerkes und unser Gemüt wird darein verwandelt. Die Architektur versetzt das Gemüt ganz nach außen; die Musik zieht die Mannigfaltigkeit des äußeren Lebens in das Innere des Gemütes hinein. Darin liegt die wesentliche Bedeutung dieser beiden Künste.

In der Architektur reißt sich der Gedanke von dem denkenden Vermögen los und wird einheimisch im Raume durch das Mittelglied, welches den Gedanken und sein Gesetz mit dem unorganischen Stoffe verbindet. Dieses ist das *Verhältnis*, das Schema der Einbildungskraft, welches den bloßen Stoff auf den Begriff des Raumes zurückführt. Darin liegt das große Geheimnis der Architektur, deren | Entstehung man nicht von dem sinnlichen Bedürfnisse herleiten darf.[305]

Der Mensch muß die höchste Einheit der Gedanken zugleich als Gesetz der räumlichen Weltordnung anerkennen. Die Architektur drückt daher nie den besonderen Zweck des Gebäudes allein aus, sondern den allgemeinen, den Gedanken zu verwirklichen. Sie hat mithin die universelle Bedeutung des Weltgebäudes selbst. Die äußere Gegenwart der Idee und deren Abschließung im Stoffe ist unmittelbar eins und dasselbe und kann nicht getrennt werden; das Besondere ist nichts außer dem allgemeinen Begriffe, welcher Begriff der Weltordnung ist. Die Bedeutung des Weltgebäudes aber liegt darin, daß der Begriff der Natur äußere Existenz erhalten hat.

Das Hauptziel der Architektur ist, ein in sich vollendetes harmonisches Ganzes durch das Verhältnis zu bilden. Den Gegenstand dieser Kunst betreffend, so kann sie im wesentlichen nur Beziehung auf die *Gottheit* haben. Daher geht sie einzig und allein von dem Bau der *Tempel* aus und ist an und für sich zu keinem andern Zwecke da. Der Tempel ist Darstellung der unmittelbaren Gegenwart Gottes in der wirklichen Welt, und der Tempelbau, auf welchem alle Architektur beruht, geht nicht von dem gemeinen Häuserbau aus. Alle andern Gebäude müssen in Beziehung auf den Tempelbau betrachtet werden.[306] Ist es nicht die Idee der Gottheit selbst, so muß doch immer eine allgemeine Idee, z. B. des Schauspiels, des Staates u. s. w. vorausgesetzt werden, die sich als unmittelbar gegenwärtig in dem Werke der Baukunst darstellt. Nur dann wird auch die wahre Zweckmäßigkeit erreicht. |

Gerade wegen der unmittelbaren Gegenwart der Idee muß in der Architektur der Gegensatz des *Symbolischen* und *Allegorischen* sich am schärfsten zeigen. Es ist ein großer Unterschied, ob die Gegenwart der Idee im Stoffe symbolisch ist, oder derselbe allegorische Beziehung hat. Dadurch unterscheidet sich die *alte Baukunst* von der *neueren.*

Von der *alten* Baukunst besonders hegte man die irrige Meinung, sie sei aus dem Bedürfnis entstanden. Es erscheint dies deswegen so, weil hier der ganze Begriff im räumlichen Verhältnis erschöpft ist. Daher mußte die alte Baukunst starke Analogie zur Plastik haben, da hingegen die neuere Baukunst sich der Malerei mehr nähert. Das räumliche Verhältnis in dem alten Bauwerke ist ganz vom Begriffe angefüllt; der alte Bau ist daher nach allen Seiten geschlossen, überall sichtbar und von jeder Seite ein Ganzes. Aus diesem Grunde ist die viereckige Form der Gebäude bei den Alten überwiegend und die Beziehungen verhalten sich überall, im Inneren wie im Äußeren, paarweise. Die vollendetsten alten Tempel sind die länglichviereckigen, die auf allen Seiten Säulen haben. Das

Runde ist schon zu gesucht und hat überwiegend plastischen Charakter.

Die einzelnen Teile und ihre Beziehung aufeinander ist in dem antiken Gebäude die Hauptsache ohne Rücksicht auf den gemeinschaftlichen Begriff. Daher kommt es in der alten Baukunst vorzüglich auf die *Säulenordnungen* an.[307] Die Säulen bilden bestimmte Unterabteilungen, in denen sich das Verhältnis entwickelt, und in dem Charakter der drei Säulenordnungen liegt eine Beziehung, durch | welche die allegorische oder symbolische Beschaffenheit der Architektur klar wird.

Die *dorische* Säulenordnung faßt am meisten den reinen Begriff, die reine Zeichnung auf und ist daher die einfachste und feierlichste. Sie verkürzt sich in gerader Linie und zeigt in ihrer ganzen Konstruktion, daß es nur darum zu tun ist, das Ganze in seine Bestandteile einzuteilen. Darauf beruht auch die gleichmäßige Einteilung des dorischen Gebälks. Der ganze Charakter dieser vom reinen Begriff ausgehenden einfachen Säulenordnung ist rhythmisch und steht der rein symbolischen Kunst am nächsten.

Das Extrem ist die *ionische* Säule, die am meisten in den Zweck übergeht, die besonderen Bestandteile für sich als lebendige Ganze aufzufassen. Sie hängt nicht so eng mit dem Ganzen zusammen und hat eine selbständigere, mehr organisch runde Form. Schon die Alten vergleichen die bogenförmige Verkürzung der ionischen Säule mit dem menschlichen, namentlich dem jungfräulichen Körper.[308] Es äußert sich in der Wiederholung dieser Säulenform ein volles, in sich abgeschlossenes Leben, vermöge dessen die einzelnen Bestandteile für sich als lebendige ausgebildet werden sollen.

Jene beiden Säulenordnungen machen die äußersten Enden dieser Kunst aus. Die dritte, die *korinthische*, geht hinsichtlich der Gestalt zu der ersten zurück und ist zugleich in ihrem Schmuck die prächtigste. Sie ist die mittlere, allegorische, worin sich die Bestandteile beider Extreme durchdringen. Zwar ist die Gestalt schlank; aber der Bogen der Verkürzung wird wieder geradliniger und dadurch strenger, als bei der ionischen Säule. Sie hat daher weder die Einfalt der ersten, noch die Üppigkeit der zweiten Ord|nung, und erhält den Charakter der Vegetation, wodurch sie sich am meisten dem allegorischen Prinzip nähert, welches in der neueren Kunst herrscht. Die korinthische Säule hat in weit höherem Grade als die andern beiden, den Charakter des Perspektivischen. Die Reihe erscheint hier immer als ein Ganzes und zugleich in Beziehung auf andere Reihen. Indem die Säule schlank emporsteigt und sich im Knauf als in einer Befriedigung verbreitet, tritt hier mehr der Ausdruck eines Zusammenstrebens in einen Vereinigungspunkt hervor, welcher das Prinzip der neueren, d. h. der Altdeutschen, Baukunst ausmacht.

Die *Altdeutsche Baukunst*[309] zeigt in ihren Werken immer einen Moment, zu welchem das Ganze hinstrebt, als Zweck und Spitze; daher die pflanzenartige Gestaltung im einzelnen. Das Aufstreben der Säulen zum Knaufe vollendet sich hier durch wirkliche Verbindung der Säulen in der Form des *Spitzbogens*. Der Sinn dieser Erscheinung besteht darin, daß der Begriff hier nicht durch die Masse in allen ihren Gliedern gleichmäßig verteilt ist, sondern das Einzelne sich in den Begriff als seinen Vereinigungspunkt verknüpfen muß. Daher ist diese Baukunst vorzugsweise der reinen christlichen Religion angehörig, während der Polytheismus sich die Gottheit so denken konnte und mußte, daß sie sich in alle Bestandteile der Masse verlor. Wo die universelle Gottheit persönlich ist, kann die Baukunst den Begriff nur zum Schlußpunkte aller Beziehungen machen. Daher das Streben nach Spitzen oder Vereinigung der Linien und nach Perspektive in der neueren Baukunst, welches sich im Äußern durch den Turm, im Inneren durch die perspektivische Anordnung des Ganzen darstellt. | Eine altdeutsche Kirche darf nicht als gleichvollendet von allen Seiten betrachtet, sie muß perspektivisch gedacht werden. Die Hauptfronte ist die Einleitung zum Ganzen, der Turm die Andeutung des Strebens nach Vereinigung im Äußern; und was von außen versprochen wird, leistet das Innere. Das Schiff muß in Beziehung auf das eigentliche Heiligtum ganz perspektivisch sein; das Allerheiligste oder der Chor macht die

Vollendung des Ganzen, schließt die Perspektive und muß auf das vollständigste ausgeschmückt sein.

Die Architektur ist in der neueren Welt die umfassende Kunst für alle übrigen Künste. Die Plastik kann sich bei uns nicht so absondern, wie bei den Alten; sie ist immer Schmuck oder Ausfüllung der Architektur, und das einzelne Bild durch die Beziehung auf den Begriff des Ganzen mit demselben verbunden. Daher findet sich eine unendliche Fülle kleiner plastischer Ausführungen in den alten deutschen Kirchen, wo die Plastik nur dem malerischen Zwecke des Ganzen dient; weshalb auch die einzelnen plastischen Figuren für sich genommen nicht so vollendet sein können, wie bei den Alten.

Auch die Malerei schließt sich in der neueren Welt der Architektur an und muß als ein Bestandteil in dieselbe aufgenommen werden. Ihre Bestimmung ist, in der perspektivischen Anordnung den Hintergrund zu bilden. Was die Architektur uns ahnen ließ, das tritt in der Malerei lebendig hervor. Bei dieser hohen Bedeutung der Architektur in der neueren Kunst müssen die andern Künste notwendig immer kränkeln, so lange nicht die Architektur auf irgend eine Weise wieder hergestellt ist. |

4. Musik

In der Musik wird der reine Gedanke Tätigkeit und Bewegung, und zwar als bloße Form des Erkennens unter dem Gesetze des Zeitmaßes und der Bewegung, nicht als substantieller Begriff, sondern als Identität seiner eigenen Tätigkeit. Wo sich der Begriff rein von sich selbst absondert, wie in der Architektur, tritt er in den Raum hinein; wo er als bloßer Begriff dennoch existiert, kann er nur in der Zeit existieren. Durch den *Laut* drückt sich überhaupt die allgemeine Seele, der einfache Begriff des Daseins der existierenden Dinge aus. Der Laut ist die erste Dimension der geistigen, wie die Linie der körperlichen Natur. Wie die Zeichnung im Gemälde den reinen Begriff im Raume darstellt: so wird der reine Begriff der

Dinge durch den Laut in der Zeit ausgedrückt. Der Laut ist die zeitliche Linie. Daher äußert er sich auch an den unorganischen Körpern selbst und drückt ihre Kohäsion aus, und daher haben die Lautverhältnisse, wie die rhythmischen, bedeutende Beziehung zum Raume.

Der Laut muß, wenn er existieren soll, sich notwendig als *Ton* von sich selbst unterscheiden; sonst wäre er bloßer Gedanke oder bloße Zeit, nicht Erfüllung derselben. Daher kommt zu der zeitlichen Beschaffenheit des Lautes notwendig qualitative Verschiedenheit im Tone selbst, wodurch der besondere Zustand der Seele, und zwar vorzugsweise der Seele des Menschen als der bewußten, sich ausdrückt. Es müssen mithin in der Musik zwei Bestimmungen des Tons stattfinden: 1) die bloß *quantitative*, sofern der Laut die Zeit erfüllt, welche Bestimmung den reinen Begriff überhaupt ausdrückt; 2) die *qualitative*, der innere Unter|schied der Töne selbst, wodurch die zeitliche Gleichmäßigkeit einen Inhalt erhält und den besonderen Zustand, die Empfindung auszudrücken fähig wird.

Allein nicht bloß zum Ausdruck der besonderen Empfindungen ist die Musik da; diese sind nichts, als momentane Zustände, welche für die Kunst nur durch die Verbindung in eine Einheit etwas werden können. Die momentane Empfindung muß daher mit der Einfachheit des menschlichen Gemütes sich durchdringen. Der allgemeine menschliche Geist als reine Abstraktion ist in jedem Momente der Musik gegenwärtig zu denken. Indem so mit der Musik immer die allgemeine Form der einfachen geistigen Tätigkeit verbunden ist, ist die Musik einerseits inneres Fühlen der Seele überhaupt, andrerseits Ausdruck der besonderen Empfindung. Beides muß sich innig durchdringen und eben dadurch die Idee darstellen, indem die Musik immer als das Allgemeine und dieses selbst zugleich als momentaner Zustand empfunden wird, also nicht die Empfindung allein, sondern zugleich die einfache Form des Denkens in ihr verwirklicht erscheint. – So vermag die Musik uns selbst durch den Moment der Erscheinung in die Gegenwart des Ewigen zu versetzen, indem sie unsere Empfindung in die Einheit der lebendigen Idee auflöst. Die Baukunst macht das göttliche Wesen objektiv im Raume; die Musik löst unser eigenes Bewußtsein in die Wahrnehmung des Ewigen auf.

Der eigentümliche wesentliche Gebrauch der Musik ist demnach der *religiöse*. Es gibt in der Musik kein Zerfallen der Bestandteile, wie in der Plastik und Malerei; alle verschiedenen Arten der Musik sind nur besondere Abstufungen und Anwendungen der göttlichen Idee auf die | Wirklichkeit. Der innerste Sinn dieser Kunst ist die Gegenwart der Gottheit und die Auflösung des Gemütes in dieselbe, wovon die untergeordneten Arten nur Anwendungen sind. – Die beiden analogen Künste, Musik und Baukunst, gehen deswegen so ganz ins gemeine Leben über, weil der Begriff hier bloß der Form der Erkenntnis angehört, die sich auf die ganz besonderen Momente des Lebens anwenden läßt. Das eigentliche Wesen aber ist in beiden Künsten immer das Religiöse, und in beiden werden wir selbst mit in das Kunstwerk aufgenommen und in ein Element desselben verwandelt.

Die *Quantität* äußert sich in der Musik dadurch, daß der allgemeine Begriff sich im Gleichartigen wiederholt, dessen periodische Einteilung den *Rhythmus* ausmacht. Die Reihe der Töne kann kein Kontinuum sein, da sie sich an die Mannigfaltigkeit der Empfindungen anschließen muß. Der Rhythmus ist an sich bloß Quantität, d.i. Zeiteinteilung ohne Stoff. Die Wiederkehr der Einheit in der quantitativen Zeitreihe, die gleiche Einteilung, ist der *Takt*. Die Einteilung muß aber nicht notwendig eine gleiche sein; mit dem Rhythmus ist der Begriff des Taktes nicht unmittelbar verbunden. Die Mannigfaltigkeit der Qualität wird oft so übermächtig, daß sie die Gleichheit des Quantitativen auflöst.

Aber auch die Mannigfaltigkeit der Töne der *Qualität* nach ist durch den Kontrast in eine Einheit zu verbinden, welche die *Harmonie* ausmacht. Diese ist für die Qualität, was der Rhythmus für die Quantität ist. Durch die qualitative Verschiedenheit der Töne in ihrer rhythmischen Folge entsteht die *Modulation*. Harmonie und | Rhythmus gehen mithin in der Modulation in einander über, und diese ist die wahre Wirklichkeit der Musik.

Das Symbolische in der Modulation, insofern dieselbe volle Einheit des Rhythmus und der Harmonie ist, macht die *Melodie* aus, welche zugleich Folge des Gleichartigen in der Zeit und Zusammentreffen des Mannigfaltigen ist. – Die Melodie ist entweder vorzugsweise rhythmisch, wie dies die ganze antike Musik vorzugsweise war (syllabische Komposition im Unisono), oder harmonisch. – Die Frage, ob die alte Musik Takt hatte, kann man nicht unbedingt bejahen, da die Notwendigkeit des Taktes aus dem Überwiegen der Harmonie entsteht, und derselbe mithin in der alten Musik bei dem entschiedenen Übergewicht des Rhythmus nicht ganz unentbehrlich sein konnte. Es mußte sehr wohl alte Musik ohne Takt geben können.

Was den Unterschied zwischen *Vocal-* und *Instrumental-Musik* betrifft, so war bei den Alten beides unter sich und mit der Poesie eng verbunden. Bei den Neueren sondern sich alle diese Bestandteile mehr allegorisch von einander ab und bilden sich selbständiger aus als allgemeine gesetzmäßige Entwicklung des Ganzen.

Zusammenhang und Verhältnis der Künste

Die Poesie steht selbständig auf der einen Seite und umfaßt für sich allein den Umfang der vier andern Künste. Diese beiden Massen sind verschiedene Welten oder Seiten der Kunst. Wo aber das Symbol überwiegt, vereinigt sich die Poesie mit den vier andern Künsten auf das genaueste. So war es bei den Alten im Drama als dem Mittelpunkte der ganzen Kunst, wo Architektur, Malerei, | Plastik (sowohl in der Gestaltung und idealisierenden Ausschmückung der Personen, als auch im Tanze, welcher nichts anders als Ausübung der Plastik ist) und endlich Musik im Vortrage der Poesie sich mit dieser verbinden und das alte Drama zu einem Inbegriffe aller Künste machen. – Das Drama der Alten war ursprünglich religiöse Handlung, wurde aber dann ganz zu einer Anstalt für die Kunst, daher denn auch die damit verbundenen mystisch religiösen Handlungen eine ganz abstrakte Bedeutung erhielten. Die Kunst hatte die Religion, insofern sie sich als gegenwärtig offenbart, verschlungen; daher drängte sich das ganze Leben der Alten in die Kunst zusammen und wollte symbolisch sein.

Bei den Neueren ist die Schauspielkunst nicht auf gleiche Weise die vollkommene Vereinigung aller Künste. Das musikalische und unmusikalische Drama sind hier ganz getrennt. Letzteres spricht die innersten Motive der Handlungen mit aus und kann auf keine Weise musikalisch werden. Das musikalische Drama aber ist bei uns eine Gattung der Musik, nicht der Poesie; ein Zurücktreten der Musik auf den individualisierten Stoff. Strebte man in der Oper nach allgemeiner Deutung auf das Innere in aller Poesie, so könnte diese Gattung sehr gehoben werden. Die höchste Annäherung an dieses Ziel zeigt die Gluck'sche Oper.[310]

Dagegen ist die neuere Poesie überhaupt der lebendigste Ausdruck der historischen Entwicklung des göttlichen Wesens im menschlichen Geschlecht und hat vermöge ihrer allegorischen Bedeutung weit allgemeineren und wesentlicheren Sinn, als die alte. Bei den Alten ist die Offenbarung in jedem Momente mit dem Stoffe gesättigt; dadurch wird das einzelne Kunstwerk bedeutender; keines aber deutet in solchem | Grade auf den inneren Zusammenhang und das innere Wesen der Existenz hin, wie es die neuere Poesie vermag. – Man kann die neuere Poesie nur durch ihre Geschichte ganz verstehen. Sie ist in diesem Sinne weit mehr ein Ganzes, als die alte, und – was man gewöhnlich verkennt – die Hauptquelle für die innere Geschichte des göttlichen Geistes in der neueren Welt.

Die vier andern Künste haben in unserer Welt die Aufgabe, die wirkliche Existenz in den Abgrund der Gottheit als in eine unmittelbare Gegenwart zurückzuführen und dienen daher besonders der Religion. Plastik und Malerei waren in der alten Kunst selbständig; in der unsrigen sind sie es nicht, und es ist ein Grundirrtum, sie, dem Altertum nachahmend, für selbständig zu halten. – Die Kunst wird nicht wieder erstehen, so lange man nicht einsieht, daß die ganz neuere Kunst auf der

Religion beruht, diese aber sich wesentlich durch Architektur und Musik ausdrückt, und Malerei und Plastik nur in Beziehung auf jene Künste ihre Bedeutung haben. So knüpft sich die Kunst auch hier an die Offenbarung.

ANMERKUNGEN DER HERAUSGEBERIN

Vorläufige Bemerkungen (S. 3ff.)

[1] Solgers Position reiht sich in die Hauptlinie des nachkantischen Denkens von Schiller bis Hegel ein, das die Ästhetik unter Ausklammerung der noch für Kant zentralen Naturschönheit ausschließlich als Philosophie der Kunst auffasst, wie schon der Untertitel seines Hauptwerks *Erwin. Vier Gespräche über das Schöne und die Kunst*, 2 Teile, Berlin 1815, suggeriert. Die dort entwickelte ästhetische Theorie wird in den vorliegenden *Vorlesungen über Ästhetik* wiedergegeben und teilweise weiter ausgeführt.

[2] Die allgemein verbreitete Meinung, Alexander Gottlieb Baumgarten (1714–1762) sei der Begründer der Ästhetik als eigenständiger philosophischer Disziplin, geht auf seinen Schüler Georg Friedrich Maier zurück (*Anfangsgründe aller schönen Künste und Wissenschaften*, Leipzig 1748–1750, Vorrede). Der Name „Ästhetik" als der Logik entgegengesetzte Wissenschaft der sinnlichen Erkenntnis kommt zum ersten Mal in Baumgartens Abhandlung *Meditationes de nonnullis ad poema pertinentibus*, Halle 1735, § 116, vor. Die spätere *Aesthetica*, Frankfurt a. O., Bd. 1, 1750; Bd. 2, 1758, stellt systematisch die „scientia cognitionis sensitivae" (Wissenschaft der sinnlichen Erkenntnis) dar, die sich weiter als „theoria liberalium artium, gnoseologia inferior, ars pulchre cogitandi, ars analogi rationis" (Theorie der freien Künste, untere Erkenntnislehre, Kunst des schönen Denkens, Kunst des Analogons der Vernunft) artikuliert (Baumgarten, *Ästhetik,* Bd. 1, hg. von D. Mirbach, Hamburg 2007, S. 10–11). Im *Erwin* geht Solger ausführlich auf Baumgartens Lehre ein, die er als das Hauptbeispiel der rationalistisch-formalistischen Ästhetik betrachtet. Siehe weiter unten Anm. 33.

[3] Ausgehend von der Wolff'schen Neuinterpretation des *cogito* als Selbstbewusstsein nimmt die Psychologie in der Rezeptionsästhetik der Spätaufklärung eine zentrale Stellung ein. Mit unterschiedlichen Nuancierungen bildet die erfahrungspsychologische Theorie der inneren und äußeren Sinnlichkeit bei Autoren wie Meier, Mendelssohn und Sulzer die Grundlage für die Analyse des ästhetischen Phänomens.

[4] Vgl. Immanuel Kant, *Kritik der Urteilskraft*, Leipzig 1790, § 55.

[5] Die Einordnung der Philosophie der Kunst in den praktischen Bereich (der hier offensichtlich nicht als ‚moralisch' konnotiert ist) ist bei Solger einerseits mit der Auffassung der Kunst als wirklich gewordener intellektueller Tätigkeit, d.h. als Resultat einer menschlichen Handlung, verbunden. Andererseits eröffnet die Kunst einen quasi existentiellen Zugang zu dem sich ins Endliche manifestierenden Absoluten.

[6] Die Parallelisierung von Naturschönem und Naturrecht kann als eine allgemeine Frontstellung gegen die Kultur der Aufklärung gelesen werden. Seine Kritik des Naturrechts hat Solger – der an der Berliner Universität neben Ästhetik, Logik und Mythologie auch Rechtsphilosophie lehrte – in einigen erst in den *Nachgelassenen Schriften* veröffentlichten Abhandlungen dargestellt. Siehe *Philosophie des Rechts und Staats*, NS II, S. 286–330. Zu Solgers Staatstheorie s. M. Galland-Szymkowiak, *Individuum, Staat und Existenz der Idee. Solgers politische Philosophie*, in: *Grundzüge der Philosophie K. W. F. Solgers*, hg. von A. Baillot und M. Galland-Szymkowiak, Berlin 2014, S. 225–242.

[7] Über die Funktion der Philosophie in Bezug auf Kunst und Religion äußert sich Solger ausführlicher sowohl in *Philosophische Gespräche*, S. 320 ff., als auch in dem als „Manifest" bezeichneten Aufsatz *Über die wahre Bedeutung und Bestimmung der Philosophie, besonders in unserer Zeit*, NS II, S. 195–199.

[8] Zur Kunst als Propädeutik des spekulativen Denkens schreibt Solger an Ludwig Tieck am 15.7.1814: „Ich glaube durch Erfahrung gewiß zu sein, daß in der heutigen Welt den Menschen ein Blick auf ein Höheres noch am ersten durch die Kunst abgelockt wird, und daß diese in das Innere der Dinge zuerst hineinzieht, so daß sie uns fast zu solcher Propädeutik dienen kann wie den Alten die Mathematik. Daher kommt auch der Irrtum, als sei sie nicht anderes als eine Vorschule, entweder der Sittlichkeit oder der Philosophie, der, wie Sie wohl wissen, nicht der meinige ist." Siehe Matenko, S. 139. Solgers Position unterscheidet sich von der von Schelling im *System des transzendentalen Idealismus* dargestellten Konzeption der Kunst als „Organ und Dokument der Philosophie" darin, dass die Kunst nicht als ein Analogon zur theoretischen Erkenntnis des Absoluten, sondern als lebendige Erfahrung desselben gedacht ist.

Historische Einleitung (S. 11ff.)

[9] Bezug auf die Diskussion über Ciceros Formel *honestum ac decorum*, die sich im Rahmen der Naturrechtsdebatte (Thomasius) entwickelt hatte und im Bereich der Ästhetik mit der Bestimmung des Geschmacks als Ausdruck des *moral sense* verbunden ist.

[10] In einem Tagebucheintrag aus dem Jahr 1803 berichtet Solger, er habe Platons *Phaedrus* 1803 (vermutlich in Jena) in der Übersetzung von Friedrich Schlegel gelesen, dabei bedauernd, dass Schlegel sie nicht vollendet habe (vgl. NS I, S. 98).

[11] Platon bildet einen der wichtigsten Referenzpunkte in Solgers philosophischer Entwicklung. Das gilt sowohl für seine im *Erwin* dargestellte Ideentheorie als auch für die Konzeption der Dialektik als Resultat eines im Wesentlichen dialogischen Denkens. Im Jahre 1808 berichtet er, Platon „philologisch und philosophisch mit aller möglichen Strenge und Aufmerksamkeit durchgearbeitet" zu haben. Dabei hätten ihm die Einleitungen Schleiermachers zu den Platon-Übersetzungen, trotz einiger philologischer Bedenken, „das Studium und Verständnis außerordentlich erleichtert" (an Abeken, 4.12.1808, NS I, S. 157 und 161). Die 1804 begonnene Publikation der Dialoge auf Deutsch (Platon, *Werke*. Übersetzt mit Einleitungen von Friedrich Schleiermacher, 5 Bde., Berlin 1804–1810) wurde von Solger mit großem Interesse verfolgt.

[12] Vgl. Plat. *Hipp. mai.* XXIX, 303e–304a.

[13] Vgl. Plat. *rep.* 377a–382b; 386a–392c; X, 5–8, 603c–607a.

[14] Plat. *leg.* 663b–664a. Ein ähnliches Argument ist auch in *rep.* 382c–d zu finden.

[15] Der Hinweis bezieht sich auf Diotimas Rede in Plat. *symp.* XXVII, 209a–d.

[16] Die Urheberschaft des frühen Dialogs *Ion*, in dem die Möglichkeit eines spezifischen literarischen Wissens bzw. die Natur der dichterischen Inspiration diskutiert wird, wurde von Schleiermacher insofern in Frage gestellt, als er das Werk als einen von einem Schüler vollendeten Entwurf Platons ansah. Siehe Schleiermacher, *Über die Philosophie Platons*, hg. von Peter M. Steiner, Hamburg 1996, S. 160f. Siehe dazu NS I, S. 161.

[17] Zum *Mimesis*-Begriff siehe Aristot. *poet.* I, 1447a–b; III–IV, 1448a–b und IX, 1451b. Solger versucht hier, gegen August Wilhelm

Schlegel, Aristoteles' Position zu rehabilitieren. Nach Schlegel ist nämlich Aristoteles „nicht auf die Art zu retten, dass man annimmt, er habe unter Nachahmung eigentlich Darstellung gemeint; er führt uns gar zu sehr auf das eigentliche Nachahmen hin". Siehe A. W. Schlegel, *Vorlesungen über schöne Literatur und Kunst. Die Kunstlehre,* Berlin 1801–1802, in: *Kritische Ausgabe der Vorlesungen*, hg. von E. Behler, Paderborn-München-Wien-Zürich (KAV), Bd. 1, S. 213. Auch in Bezug auf Aristoteles' Auffassung der Tragödie weichen die Urteile von Solger und Schlegel beträchtlich voneinander ab. Vgl. *Schlegel-Rezension*, NS II, S. 503 f.

[18] Aristot. *poet.* I, 1447b.

[19] Vgl. Aristot. *poet.* VI, 1449b. Solger folgt hier Lessings Interpretation im 77. Stück der *Hamburgischen Dramaturgie*, Bremen 1769: „Die Tragödie soll unser Mitleid und unsere Furcht erregen, bloß um diese und dergleichen Leidenschaften, nicht aber alle Leidenschaften ohne Unterschied zu reinigen" (Lessing, *Werke und Briefe*, Bd. 6, S. 570).

[20] Aristot. *polit.* VIII, 1341a.

[21] Aristot. *poet.* VII, 1450b.

[22] Von Lessing spricht Solger in seinen Werken und brieflichen Austauschen stets mit großem Respekt. Besonders befasst es sich mit dessen Analysen der aristotelischen Dramen-Theorie, namentlich mit den Themen des Mitleids, der tragischen Katharsis und der Darstellungs-Grundsätze. Auf Lessings Einwand gegen Corneille, dass dieser die aristotelische Untersuchung des antiken Dramas in eine Reihe von feststehenden Normen verwandelt habe, geht Solger in der *Schlegel-Rezension* ein. Siehe NS II, S. 544 f.

[23] Lessing, *Hamburgische Dramaturgie*, Stück 102: „Ich habe von dem Entstehen, von der Grundlage der Dichtkunst dieses Philosophen meine eigenen Gedanken, die ich hier ohne Weitläufigkeit nicht äußern könnte. Indes steh' ich nicht an, zu bekennen (und sollte ich in diesen erleuchteten Zeiten auch darüber ausgelacht werden!), daß ich sie für ein ebenso unfehlbares Werk halte, als die Elemente des Euklides nur immer sind". *Werke und Briefe*, Bd. 5/1, S. 586.

[24] Hinweis auf die *Trois Discours* (*Discours du poème dramatique*, *Discours sur la tragédie*, *Discours des trois unités*), die der französische Dichter Pierre Corneille (1606–1684) als Vorrede zu der 1660 erschienenen Ausgabe seiner Werke drucken ließ. Jetzt in Pierre

Corneille, *Théâtre complet*, Paris 1971, Bd. 1, S. 11–69. Über Corneilles Theater, namentlich über den *Cid*, äußert er sich in der *Schlegel-Rezension* einen positiveren Ton anschlagend: „Rez. hat immer den *Cid* besonders geliebt, und um so mehr die kalte Steifheit, zu der Corneille nachher überging, betrauert“ (NS II, S. 552 f.).

[25] Das Werk des englischen Kritikers und Dichters Alexander Pope (1685–1744) war im 18. Jahrhundert in Deutschland sehr bekannt und trug dazu bei, das neuklassische Imitationsprinzip der Natur im Sinne von Harmonie und Ordnung sowie auch als Nachahmung der Antike zu verbreiten. Zu Aristoteles siehe seinen *Essay on Criticism*, London 1711 (dt. *Versuch über die Critik*, Dresden 1745), V. 645–648. In der Einleitung zu den von ihm herausgegebenen Werken von Shakespeare (*The Works of Shakespear in six Volumes, Collated and Corrected by Mr. Pope*, London 1725) hatte er „Beauties and Faults“ aufgezeigt, indem er den Dichter als Naturgenie bezeichnete („he is not so much an Imitator as an Instrument of Nature“), das jedoch nicht nach den aristotelischen Prinzipien der klassischen Tragödie beurteilt werden konnte. Die von Lessing ausgehende negative Einstellung Pope gegenüber gilt als Gemeinplatz der romantischen Literaturkritik.

[26] Es ist hier die einzige Stelle im ganzen Werk Solgers, an der Plotin erwähnt wird. Es ist anzunehmen, dass Solger Creuzers Übersetzungen aus den *Enneaden* gekannt hat: *Von der Natur, von der Betrachtung und von dem Einen* (*Enn.* III, 8), in: „Studien“, hg. von Friedrich Creuzer und Karl Daub, Bd. 1, 1806, S. 23–103, sowie *Plotini liber de pulchritudine* (*Enn.* I, 6), Heidelberg 1814. Auf Letztere bezieht sich hier Solger, der die Begeisterung von vielen Zeitgenossen (unter anderen Goethe, Novalis, Schelling) nicht zu teilen scheint, trotz der „Plotinischen“ Nuance, die einige Kritiker in seinen Schriften haben sehen wollen. So z. B. O. Walzel, *Allgemeines und Besonderes in Solgers Ästhetik*, in: „Deutsche Vierteljahrsschrift für Literaturwissenschaft und Geistesgeschichte“ 17 (1939), S. 153–182, insb. S. 169–171, und I. Strohschneider-Kohrs, *Die romantische Ironie in Theorie und Gestaltung*, Tübingen 1960, S. 187.

[27] Man kann bezweifeln, dass Solger sich mit Proklus’ Werk befasst hat, jedoch war er sicher mit einer berühmten Textstelle aus dem *Timaeus-Kommentar* über die Schönheit (*Comm. in Tim.* II, 81), die eine Art Zusammenfassung der neuplatonischen Ästhetik

darstellt, vertraut. Auf diesen Text wird auch in *Gedanken über die Nachahmung der griechischen Werke in der Malerei und Bildhauerkunst*, Leipzig 1756, S. 4, von Johann Jakob Winckelmann (1717–1768), dem Begründer des wissenschaftlichen Studiums der Kunstgeschichte in Deutschland, hingewiesen.

[28] Der Traktat *Über das Erhabene* (*Περὶ ὕψους*) des sogenannten Pseudo-Longin (1. Jh. n. Chr.) wurde durch die französische Übersetzung von Nicolas Boileau, *Traité du sublime ou du merveilleux dans le discours*, Paris 1674, in die moderne ästhetische Diskussion über den Erhabenheitsbegriff eingeführt. Wegen seiner rhetorischen und wirkungsästhetischen Ausrichtung stellt der Traktat für die romantischen Theoretiker keine ästhetische Reflexionsquelle mehr dar. Nach A. W. Schlegel hätte Longin die „reine Kunstansicht" der Antike in eine sentimentale Vision umgewandelt, so dass er ihn „den Erfinder der empfindsamen Ästhetik nennen" kann (vgl. ders., *Vorlesungen über schöne Literatur und Kunst*, Bd. 1, S. 215).

[29] Horaz (Quintus Horatius Flaccus, 65–8 v. Chr.) war im 18. Jahrhundert ein unerlässlicher Bezugspunkt der Debatte über die poetischen Normen. Eine Übersetzung der *Ars poetica* wurde von J. Ch. Gottsched einleitend seinem *Versuch einer critischen Dichtkunst*, Leipzig 1730, einem Meilenstein der Ästhetik der Aufklärungszeit, vorausgeschickt. Solger hat sich als Altphilologe mit dem Werk des Horaz befasst und insbesondere die *Ars poetica* (*Epistula ad Pisones*) in seinen Vorlesungen zuerst in Frankfurt a. O. (1810), dann in Berlin (1814), behandelt. S. *Die Vorlesungen an der Berliner Universität 1810–1834*, hg. von Wolfgang Virmond, Berlin 2011, S. 86; H. Fricke, *K. W. F. Solger. Ein Brandenburgisch-Berlinisches Gelehrtenleben an der Wende vom 18. zum 19. Jahrhundert*, Berlin 1972, S. 261.

[30] Die *Institutio Oratoria* (*Die Ausbildung des Redners*) von Marcus Fabius Quintilianus (35–100 n. Chr.) war bis zum Ende des 18. Jahrhunderts ein fester Teil der literarisch-rhetorischen Schulausbildung, und zwar bis zur Verbannung der Rhetorik aus dem intellektuellen Kanon in der Romantik. Das zehnte Buch der *Institutio*, auf das sich Solger jedoch in positivem Sinne bezieht, besteht in einem Abriss der griechischen und römischen Literatur. Auch in der *Schlegel-Rezension* wird dieser Textteil als eine noch nützliche Quelle für das Studium der antiken Literatur erwähnt. Siehe NS II, S. 543.

[31] Gemeint ist Plinius der Ältere (Gaius Plinius Secundus Maior, 23/24–79 n. Chr.), dessen *Naturalis Historia* (bes. die Bücher XXXIV–XXXVI) seit der Renaissance als ein wichtiges Dokument für die Kenntnis der antiken Skulptur und Malerei anerkannt ist und zur Identifizierung einiger Kunstwerke (z. B. des *Laokoon*) beigetragen hat.

[32] Charles Batteux (1713–1780) hatte eine moderne, auf die Idee einer vollkommenen Beherrschung der Natur gründende Mimesislehre erarbeitet: durch die Auswahl der schönen Elemente der Natur wirkt das künstlerische Produkt noch schöner als die Natur selbst, ohne dabei den allgemein-natürlichen Bezug zu verlieren. Genannt werden hier sein Hauptwerk *Les beaux arts réduits à un même principe*, Paris 1746 (dt. *Einschränkungen der schönen Künste auf einen einzigen Grundsatz,* übers. von Johann Adolf Schlegel, Leipzig 1751) sowie der *Cours de belles lettres ou principes de la littérature*, Paris 1747–50 (dt. *Einleitung in die schönen Wissenschaften,* übers. von Karl Wilhelm Ramler, Leipzig 1756–58). Beide Übersetzer hatten Batteux' Texte mit eigenen, teilweise kritischen Aufsätzen und Kommentaren versehen, die nicht nur zur breiten Rezeption von Batteux in Deutschland, sondern auch allgemein zur Diskussion über das Nachahmungsprinzip beitrugen.

[33] Im *Erwin* erläutert Solger Baumgartens Lehre vom Begriff der *perfectio cognitionis sensitivae* (s. *Aesthetica*, Frankfurt a. O. 1750–58, Kap. 1, § 14) ausgehend: „Jene Übereinstimmung alles Einzelnen mit dem Begriffe nennt Baumgarten die Vollkommenheit eines Dinges, und darin hat er wohl ganz recht; denn dadurch stimmt ja das Ding mit sich selbst überein und ist in sich vollständig. Nun sieht er ebenso gut wie wir ein, daß ein schönes Ding auch erscheinen und ein Gegenstand der Wahrnehmung sein muß. [...] Die Wahrnehmung, sagt er, ist unvollkommen und verworren, weil sie stets wechselt und nie zur Vollständigkeit des Begriffes gelangen kann. Die Erkenntnis des Verstandes dagegen kann den Begriff ganz durchdringen und ist daher klar und vollkommen. Wenn nun ein vollkommenes Ding sich in der verworrenen sinnlichen Erscheinung darstellt und also durch die Wahrnehmung aufgefaßt werden muß, so nennen wir dasselbe schön" (*Erwin*, S. 52–53). In der Tat missversteht Solger Baumgartens Lehre insofern, als er die Idee der Vollkommenheit als Angemessenheit eines Dinges zu seinem Begriff interpretiert, die als solche au-

ßerhalb der Reichweite des Sinnesvermögens bleibt. Für Baumgarten ist es hingegen das sinnliche Beurteilungsvermögen (der Geschmack), das die harmonische Zusammenstimmung des Mannigfaltigen in Einem wahrnimmt. Vgl. auch *Erwin*, S. 69 f. Dazu Friedhelm Decher, *Die Ästhetik K. W. F. Solgers*, Heidelberg 1994, S. 57–69.

[34] Vgl. Christian Wolff (1679–1756), *Psychologia empirica, methodo scientifica pertractata*, Leipzig 1732, § 54–55.

[35] Der Ausdruck „Schöne Wissenschaften" kann als eine Art Schibboleth der Ästhetik und Populärphilosophie der Spätaufklärung gesehen werden, das schon von Kant als „Unding" abgestempelt wurde. S. Kant, *Kritik der Urteilskraft,* § 44. „Bibliothek der schönen Wissenschaften und der freyen Künste" hieß die von Friedrich Nicolai und Moses Mendelssohn edierte Literaturzeitschrift (Leipzig 1757–1761). Solger schließt sich der von A. W. Schlegel in den (von ihm besuchten) Berliner *Vorlesungen über schöne Literatur und Kunst* (1803) formulierten Kritik an. Siehe A. W. Schlegel, KAV, Bd. 1, S. 181.

[36] „Jede Regel der Schönheit ist zugleich eine Entdeckung in der Seelenlehre", schreibt Mendelssohn (1729–1786) in *Über die Hauptgrundsätze der schönen Künste und Wissenschaften*, in: *Ästhetische Schriften*, hg. von Anne Pollok, Hamburg 2006, S. 188. Die Schönheit befindet sich nach Mendelssohn in einem Zwischenstadium von klarer und verworrener Erkenntnis. Vor allem die *Briefe über die Empfindungen*, Berlin 1755, enthalten die Darlegung einer psychologischen Untersuchung der kognitiven Dimension der Schönheit.

[37] Vgl. den Artikel *Schön*, in: *Allgemeine Theorie der Schönen Künste in einzeln, nach alphabetischer Ordnung der Kunstwörter auf einander folgenden, Artikeln abgehandelt*, hg. v. Johann Georg Sulzer (1720–1779), Leipzig 1771–1774, Bd. 2, S. 1039: „Eine höhere Gattung des Schönen entsteht aus enger Vereinigung des Vollkommenen, des Schönen und des Guten. Diese erwekt nicht blos Wohlgefallen, sondern wahre innere Wollust, die sich oft der ganzen Seele bemächtiget, und deren Genuß Glükseeligkeit ist". Den als Lexikon angelegten mehrbändige Traktat, das die psychologische Untersuchung der Kunstproduktion und der Kunstrezeption mit moralischen Ansätzen verbindet, stellt einen Abriss der ästhetischen Themen der deutschen Aufklärung dar.

[38] Johann August Eberhard (1739–1809), Schüler Baumgartens in Halle. Es wird auf sein *Handbuch der Ästhetik für gebildete Leser*

aller Stände in Briefen, 4 Bde., Halle 1803–1805, Bezug genommen. Sein bekanntestes ästhetisches Werk ist jedoch die *Theorie der schönen Künsten und Wissenschaften*, Halle 1783, in der er rationalistische Begriffe der Wolff'schen Tradition mit aus der angelsächsischen Philosophie stammenden sensualistisch-psychologischen Themen verbindet.

[39] Antony Ashley Cooper, Earl of Shaftesbury (1671–1714). Wie von Solger angedeutet, bildet die Rezeption seiner Theorien ein wichtiges Kapitel in der Debatte über die Verbindung von *moral sense* und ästhetischer Kultur im 18 Jh. Äußerst relevant waren seine Werke, die mehrfach einzeln oder gesamt (*Des Grafen von Shaftesbury philosophische Werke*, 3 Bde., Leipzig 1776–1779) ins Deutsche übersetzt wurden, sowohl für die Poetik der frühen Aufklärung (Gottsched) als auch für Sulzer und Mendelssohn.

[40] Die Bedeutung des schottischen Moralphilosophen und Ökonomietheoretikers Adam Smith (1723–1790) für die Ästhetik ist auf den für seine Moraltheorie zentralen Begriff der „Sympathie" zurückzuführen, der von Mendelssohn und Lessing auf die tragische Katharsis bezogen wurde. Siehe Smith, *The Theory of Moral Sentiments*, London 1759, Bd. 4, S. 1–2 (dt. *Theorie der ethischen Empfindungen*, Braunschweig 1770).

[41] Francis Hutcheson (1694–1746), *An Inquiry into the Original of Our Ideas of Beauty and Virtue*, London 1725 (dt. *Untersuchung unsrer Begriffe von Schönheit und Tugend in zwo Abhandlungen*, Frankfurt a. O. 1762). Die Theorie eines universellen und nicht-kognitiven inneren Sinnes für die Schönheit („internal sense of beauty") stellt er in der ersten Abhandlung *An Inquiry Concerning Beauty, Order, Harmony and Design* dar.

[42] William Hogarth (1697–1764), englischer Kunsttheoretiker, Maler und Kupferstecher. Seine Abhandlung *Analysis of Beauty. Written with a View of fixing the fluctuating Ideas of Taste*, London 1753, wurde gleich von Christlob Mylius, einem Cousin Lessings, ins Deutsche übertragen (*Zergliederung der Schönheit, die schwankenden Begriffe von dem Geschmack festzusetzen*, Berlin und Potsdam 1764) und übte einen gewissen Einfluss auf Lessings Kunsttheorie aus. Solger bezieht sich hier auf Kap. 9, *Of Composition with the waving Line*.

[43] Edmund Burke (1729–1797), der prominenteste englische Theo-

retiker des Erhabenen, hatte mit der Abhandlung *A philosophical Enquiry into the Origin of Our Ideas of the Sublime and the Beautiful*, London 1757 (dt. von Christian Garve, *Philosophische Untersuchungen über den Ursprung unsrer Begriffe vom Erhabnen und Schönen*, Riga 1773), einen entscheidenden Einfluss auf die deutsche Aufklärungsästhetik und auf Kant ausgeübt. Als dem Hauptvertreter der sensualistischen Schönheitsauffassung ist ihm im *Erwin* eine ausführliche Diskussion gewidmet Vgl. *Erwin*, S. 18–21. Zu Solgers Begriff des Erhabenen siehe unten Teil 1, 2. Abschnitt, Anm. 63.

44 Lukr. II, 1–6: „Suave, mari magno turbantibus aequora ventis/ e terra magnum alterius spectare laborem;/ non quia vexari quemquamst iucunda voluptas,/ sed quibus ipse malis careas quia cernere suavest". Dieses berühmte Bild des Schiffbruchs mit Zuschauer, das als Urdarstellung der Erhabenheitserfahrung gilt, wird in *Erwin*, S. 20 f., analysiert.

45 Bezug auf Johann Jakob Winckelmann, A*bhandlung von der Fähigkeit der Empfindung des Schönen in der Kunst, und dem Unterricht derselben*, Dresden 1763. In dieser Schrift skizziert Winckelmann das Konzept seiner in der *Geschichte der Kunst des Altertums*, Dresden 1774, dargestellten Auffassung des Schönen, die auf Solgers Definition der antiken Kunst als „plastisch-symbolisch" deutliche Spuren hinterlassen hat. Zur Empfindung des Schönen in Winckelmanns Abhandlung vgl. *Erwin*, S. 130.

46 Für Winckelmann galt die Malerei von Anton Raphael Mengs (1728–1779) als die ideale moderne Anwendung des Prinzips der Nachahmung antiker Werke. In den (Winckelmann gewidmeten) *Betrachtungen über die Schönheit und den guten Geschmack in der Mahlerey*, hg. von Johann Caspar Füessli, Zürich 1762, stellt Mengs jedoch die Grundzüge einer rationalistisch orientierten Metaphysik des Schönen dar, von der sich Winckelmann selbst distanzierte.

47 Gottlob Ephraim Lessing, *Laokoon oder über die Grenzen der Mahlerey und Poesie*, Berlin 1766. Siehe dazu auch *Erwin*, S. 172 f.

48 Die intellektuelle Affinität von Lessing und Kant, die mit der Verehrung des Philosophen für das kritische und literarische Werk Lessings verbunden ist, ist früh zum Topos der philosophischen Historiographie geworden. Siehe z. B. Karl Vorländer, *Kant*, Leipzig 1924, S. 216 ff.

49 Johann Gottfried Herder (1744–1803) nimmt im ersten der *Kri-*

tischen Wälder für Winckelmann und gegen Lessing Stellung. Siehe Johann Gottfried Herder, *Kritische Wälder*, in: *Sämtliche Werke*, hg. von B. Suphan, Berlin 1877–1899, Bd. 3, S. 74–82.

[50] Zur Unmöglichkeit einer Wissenschaft des Schönen äußert sich Kant in der *Kritik der reinen Vernunft* (B 35) sowie in der *Kritik der Urteilskraft* (§ 44 und § 60).

[51] Auf die kantische Bestimmung des Schönen geht Solger auch an verschiedenen Stellen im *Erwin* kritisch ein, die eine prinzipielle Distanz, wenn nicht sogar das Unverständnis von Kants theoretischem Ansatz bezeugen. Vgl. insbesondere *Erwin*, S. 67–74, sowie den Brief an Tieck vom 14.06.1814: Matenko, S. 137.

[52] Kant, *Kritik der Urteilskraft*, § 10–12.

[53] Kant, *Kritik der Urteilskraft*, § 7.

[54] Kant, *Kritik der Urteilskraft*, § 1–2.

[55] Siehe Kant, *Kritik der Urteilskraft*, § 6–7.

[56] Hinweis auf Kant, *Kritik der Urteilskraft*, § 5.

[57] Hinweis auf Kant, *Kritik der Urteilskraft*, § 15.

[58] Zur Parallelisierung der Positionen Kants und Baumgartens s. *Erwin*, S. 69: „Den Ursprung des Schönen setzt Kant (...) in eine Beschaffenheit der Natur, wodurch sie Begriffen angemessen ist, ohne dass dieselben als solche abgesondert darin erkannt werden könnten, oder, wie er es öfter ausdrückt, in eine Zweckmäßigkeit, welche sich unmittelbar in der Natur kund gibt, ohne dass dabei der bestimmte Begriff, auf den sich dieselbe bezieht, zum Bewußtsein käme. Dieses nun scheint mir völlig mit der Erklärung übereinzustimmen, welche sagt, das Schöne liegt in dem dunklen oder verworren erkannte Begriff".

[59] Kants Theorie des Erhabenen wird in *Erwin*, S. 70 f., diskutiert.

[60] Siehe Kant, *Kritik der Urteilskraft*, § 23.

[61] Kant, *Kritik der Urteilskraft*, § 23.

[62] Zum Grund der Unterscheidung zwischen einem mathematischen und einem dynamischen Gefühl des Erhabenen s. *Kritik der Urteilskraft*, § 24.

[63] Zum Genie siehe *Kritik der Urteilskraft*, § 46–47.

[64] Im Wintersemester 1804–1805 nahm Solger an Fichtes Vorlesungen zur *Wissenschaftslehre* in Berlin teil, „mit unendlichen Vergnügen und Vorteil", wie er im Dezember 1804 mitteilte, jedoch die „polemische Natur" des bewunderten Denkers feststellend (NS I,

S. 131 f.). Siehe dazu Reinhard Lauth, *Über Fichtes Lehrtätigkeit in Berlin von Mitte 1799 bis Anfang 1805 und seine Zuhörerschaft*, in: „Hegel Studien“ 15 (1980), S. 9–50. Fichtes Bewusstseinslehre und sein Tätigkeitsbegriff bilden einen wichtigen Ausgangspunkt für die Entwicklung von Solgers eigener Philosophie. Vgl. NS II, S. 269; zum Bewusstseinsbegriff s. *Philosophische Gespräche*, S. 305 ff. Zu den ästhetischen Prinzipien, von Fichte nur kurz in *System der Sittenlehre nach den Prinzipien der Wissenschaftslehre* (§ 31 „Über die Pflichten des ästhetischen Künstlers“, in: J. G. Fichte-Gesamtausgabe der Bayerischen Akademie der Wissenschaften, Abt. 1, Bd. 5, hg. von R. Lauth u. H. M. Baumgartner, Stuttgart 1977, S. 307–309) behandelt, äußert sich Solger kritisch in *Erwin*, S. 55–67. Dort werden Fichtes Ansichten, die Solger im Wesentlichen als eine Reduktion des Ästhetischen auf das Moralische betrachtet, vom Gesprächsteilnehmer Bernhard vertreten.

[65] Solger gilt besonders in der älteren Kritik als Nachfolger Schellings, obwohl er sich von dessen Positionen abzugrenzen versuchte. Die Begegnung mit Schellings Theorien kann man jedenfalls als den Anfangspunkt von Solgers Hinwendung zur Philosophie betrachten. Im Wintersemester 1801, nach einem fünfsemestrigen Jurastudium in Halle, ging er nämlich nach Jena, „vorzüglich um Schelling zu hören“ (so die Herausgeber von Solgers *Nachgelassenen Schriften*, siehe NS I, S. 17), der damals eine „Einleitung über Idee und Grenzen wahrer Philosophie“ las, die wahrscheinlich auf dem vor kurzem (1800) erschienenen *System des transzendentalen Idealismus* basierte. Auch nahm er gemeinsam mit Schellings Bruder an einem philosophischen *Disputatorium* teil, das er scherzhaft als „meine Vermählung mit der Philosophie“ erwähnt (12.2.1802, NS I, S. 88 ff.). Siehe dazu Wolfhart Henckmann, *Solgers Schellingstudium in Jena,* in: „Hegel Studien“ 13 (1978), S. 51–74. Ab 1803 befasste er sich wieder intensiv mit Schellings Philosophie und erst in der Phase der Erarbeitung des *Erwin* (etwa ab 1812) fing er an, sich von dessen metaphysischen und ästhetischen Positionen kritisch zu distanzieren.

[66] Friedrich Wilhelm Joseph Schelling, *System des transzendentalen Idealismus* (1800), hg. von Harald Korten und Paul Ziche, in: *Werke. Historisch-kritische Ausgabe*, Bd. 9, 1, Stuttgart 2005, S. 53 ff.

[67] Bezug auf Schelling, *System des transzendentalen Idealismus*, S. 321.

[68] Friedrich Schiller, *Über Anmut und Würde*, in: „Neue Thalia" 2 (1793); *Über die ästhetische Erziehung des Menschen in einer Reihe von Briefen*, in: „Die Horen" 1 (1795); *Über naive und sentimentalische Dichtung,* in: „Die Horen" 1/2, 1795/96. Zu den Begriffen „Naiv" und „Sentimentalisch" siehe Solgers Kritik in *Erwin*, S. 158. Anders als Schelling und Hegel, deren erste Schriften von Schillers theoretischen Arbeiten beeinflusst wurden, steht Solger diesen mit Abstand gegenüber. Ein größeres Interesse zeigte er für Schiller als Tragiker und als Theoretiker der Tragödie.

[69] Obwohl Solger schon seit dem Erscheinen der Schrift *Über das Studium der griechischen Poesie* sicherlich Kenntnis von den Arbeiten Friedrich Schlegels hatte, schreibt er den beiden Brüdern in seinen Arbeiten fast immer gemeinsame kritische Positionen zu. Mit Friedrich, der eine Rezension des *Erwin* versprochen, aber nie verfasst hatte, kam Solger trotz des gemeinsamen Interesses für die Ironielehre nur einmal und oberflächlich in Kontakt. Vgl. den Brief an Tieck vom 30.9.1816, NS I, S. 444. Relevanter war für ihn das kritische und literaturhistorische Werk von August Wilhelm, dessen Berliner *Vorlesungen über die romantische Literatur* er im Wintersemester 1803–1804 gehört hatte.

[70] Es handelt sich um die in Wien 1808 von August Wilhelm Schlegel gehaltene und später (1809–1811) veröffentlichte Vorlesungsreihe, die, auch dank der zahlreichen Übersetzungen in verschiedene Sprachen, wesentlich zur Verbreitung der kritisch-literarischen Positionen der deutschen Romantik in ganz Europa beitrug. S. dazu die Einleitung des Herausgebers in A. W. Schlegel, *Vorlesungen über dramatische Kunst und Literatur*, hg. von G. V. Amoretti, 2 Bde., Bonn und Leipzig 1923. Den Vorlesungen, die für die frühromantische Theorie der Tragödie sowie für die Konstruktion des Literaturkanons von zentraler Bedeutung sind, hat Solger eine ausführliche Besprechung gewidmet, die seine letzte große ästhetische Arbeit darstellt. Sie erschien 1819 in *Wiener Jahrbücher für Literatur* und wurde in den *Nachgelassenen Schriften* wieder abgedruckt (NS II, S. 423–628). Dazu s. den Brief an Tieck vom 12.5.1819, Matenko, S. 546.

[71] Friedrich Schlegels Essay über Lessing hatte zur Aufwertung von dessen kritischer Methode beigetragen (*Über Lessing,* 1797, in: KFSA, Bd. 2, S. 100–125; *Schluss des Aufsatzes*, 1801, S. 397 f.). 1804 gab Schlegel eine Sammlung von Lessings kritischen Schriften he-

raus (*Lessings Gedanken und Meinungen aus dessen Schriften zusammengestellt und erläutert von Friedrich Schlegel*, Leipzig 1804, 3 Bde.), die 1810 unter dem Titel *Lessings Geist aus seinen Schriften* wieder abgedruckt wurde.

[72] Solger war sein Leben lang ein großer Goethe-Verehrer, wie viele Stellen in seinem Werk und vor allem die enthusiastische Besprechung der *Wahlverwandtschaften* (siehe unten Anm. 162) bezeugen. Das eher negative Urteil über Goethes kritisch-ästhetische Tätigkeit ist zwar durch das Fehlen eines einheitlichen theoretischen Ausgangspunktes motiviert, eine gewisse Verstimmung von Seiten Solgers über Goethes Schweigen zum *Erwin* ist jedoch nicht auszuschließen. Erst nach dem Tod des Philosophen äußerte sich Goethe über Solger wohlwollend sowohl privat (*Gespräche mit Eckermann*, 21.1.1827) als auch in einer positiven Rezension zu Solgers *Nachgelassenen Schriften* in *Kunst und Altertum* 6, 1,1827, S. 137–140 (Sämtliche Werke, Bd. 22, S. 359 f.)

[73] Von den beiden Zeitschriften war Goethe zusammen mit Johann Heinrich Meier der Herausgeber. *Die Propyläen* erschienen in Tübingen von 1798 bis 1800, *Kunst und Altertum* in Stuttgart von 1816 bis 1832.

[74] Jean Paul Richter (1763–1825) stellt mit seiner *Vorschule der Ästhetik*, Hamburg 1804, nebst seinen literarischen Werken einen wichtigen Bezugspunkt für Solgers Auffassung des Komischen und des Humors dar. Solger las das Werk kurz nach seinem Erscheinen (Briefauszug Ende 1804, NS I, S. 138). Seine positive Beurteilung von Jean Pauls theoretischem Werk weicht hier von der eher polemischen Haltung Tiecks ab, der die *Vorschule* sarkastisch als „Rechenschaft eines Handwerkers über Arbeiten oder vielmehr ein Rezept, um darnach auch J. Paulsche Bücher zu schreiben", bezeichnet (Tieck an Solger, 29.7.1816, Matenko, S. 264 f.).

[75] Wilhelm Traugott Krug (1770–1842) war Nachfolger Kants an der Universität Königsberg. Seine ästhetischen Positionen sind in *Versuch einer systematischen Encyclopädie der schönen Künste*, Leipzig 1802, und in *Geschmackslehre oder Ästhetik*, Königsberg 1810, enthalten. Solger zählt ihn unter diejenigen, die eine philosophische Technik für Eingeweihte betreiben, jedoch ohne echten philosophischen Geist. Siehe den Brief an Tieck vom 4.2.1817, Matenko, S. 343.

[76] Aloys Schreiber (1761–1841) war Professor der Ästhetik in Heidelberg und Mitglied des dortigen romantischen Kreises. Solger bezieht sich hier auf sein als Grundlage für den akademischen Unterricht konzipiertes *Lehrbuch der Ästhetik*, Heidelberg 1809. Das Interesse Schreibers, der auch als Dichter tätig war, galt besonders der Malerei, wie die große Bildersammlung bezeugt, die er als Unterrichtsmaterial zusammenstellte.

[77] Friedrich Ast (1778–1841) ist der Autor von *System der Kunstlehre oder Lehr- und Handbuch der Ästhetik zu Vorlesungen und zum Privatgebrauche entworfen*, Leipzig 1805 und *Grundriss der Ästhetik*, Landshut 1807, sowie Platon-Übersetzer. An ihn dachte Solger wahrscheinlich, als er die Figur des Anselm kreierte, der im *Erwin* die mystischen und schwärmerischen Aspekte des Schellingianismus repräsentiert. Siehe dazu W. Henckmann, „Nachwort", in: *Erwin*, S. 547.

[78] Johann Gottfried Gruber (1774–1842), Mythenforscher und Archäologe, entwickelte seine ästhetischen Theorien im Kontext des Weimarer Klassizismus. Solger bezieht sich hier auf sein *Wörterbuch zum Behuf der Aesthetik, der schönen Künste, deren Theorie und Geschichte und Archäologie*, Weimar 1810.

[79] Bezug auf Sulzer, *Allgemeine Theorie der schönen Künste.* Siehe oben Anm. 37.

Erster Teil · Vom Schönen (S. 39ff.)

[80] Über die Form der Philosophie, deren Verfahren hauptsächlich dialektisch-dialogisch sein soll, äußert sich Solger an verschiedenen Stellen seiner Werke. Siehe insbesondere *Über die wahre Bedeutung und Bestimmung der Philosophie, besonders in unserer Zeit*, NS II, S. 120ff. und S. 147f., sowie *Philosophische Gespräche*, S. 131, 200, 213, 247. In einem Brief an Tieck vom 5.12.1813 schreibt er in Bezug auf seinen *Erwin*: „Philosophieren kann und darf man nicht ohne System; aber wie eben das System individuell und selbsterfahren wird, das lässt sich nur im Gespräche darstellen" (Matenko, S. 102).

[81] Das Begriffspaar Allgemeines/Besonderes ersetzt den bei Schelling üblichen Gegensatz von Subjektivem und Objektivem bzw. von Unendlichem und Endlichem. Die terminologische Änderung zeigt

einerseits die Absicht Solgers, die Subjektivitätsproblematik des frühen Idealismus mit einem dezidiert metaphysischen Ansatz zu verbinden. Außerdem liegt ihm daran, den Reichtum und die Komplexität des Reellen (Besonderen) in der Konstitution des Kunstwerks zu unterstreichen.

[82] Über die sinnliche Erscheinung als Wesensbestimmung der Schönheit, die sie von den anderen Formen der Offenbarung der Idee unterscheidet, siehe insbesondere *Erwin*, S. 129f.

[83] Der allgemeinen Tendenz der romantischen Ästhetik folgend subsumiert Solger das Schöne und das Erhabene unter einen übergeordneten „höheren" Schönheitsbegriff. Siehe dazu G. Pinna, *Zum Verhältnis von Schönheit und Erhabenheit bei Solger,* in: *Grundzüge der Philosophie K. W. F. Solgers*, S. 39–50.

[84] Solger verweist hier auf den heftigen Streit, der um 1800 die Vertreter der Idealisierung denen der Charakteristik entgegensetzte. Der Begriff des Charakteristischen war von dem Kunstkritiker und Altertumswissenschaftler Aloys Hirt (1759–1836) in die ästhetische Debatte eingeführt worden. In seiner vorwiegend der antiken Kunst gewidmeten Abhandlung *Über das Kunstschöne,* 1797 in Schillers Zeitschrift „Die Horen" 3, H. 7, S. 1–37 erschienen, definiert er das Charakteristische als „jene bestimmte Individualität, wodurch sich Formen, Bewegungen und Geberde, Miene und Ausdruck – Lokalfarbe, Licht und Schatten, Helldunkel und Haltung – unterscheiden, und zwar so, wie der vorgelegte Gegenstand es verlanget". Die entgegengesetze Position beruft sich auf Winckelmann, dem zufolge „die Bildung der Schönheit (...) eine Wahl schöner Teile aus vielen einzelnen und Verbindung in eins, welche wir *idealisch* nennen" ist, und wurde sowohl von Goethe als auch von den Romantikern heftig kritisiert. Siehe J. J. Winckelmann, *Geschichte der Kunst des Altertums*, S. 151. Die wichtigsten Texte zur Streitfrage findet man in: R. Kanz und J. Schönwalder, *Ästhetik des Charakteristischen. Quellentexte zu Kunstkritik und Streitkultur in Klassizismus und Romantik*, Göttingen 2008.

[85] Die Lehre der beiden Erkenntnisarten, einer niederen (verstandesmäßigen) und einer höheren (vernunftmäßigen) Erkenntnis bzw. Bewusstseins, die in einem dialektischen Verhältnis zueinander stehen, bildet den Drehpunkt von Solgers spekulativem Denken. Sie wird hauptsächlich in der Abhandlung *Über die wahre Bedeutung*

und Bestimmung der Philosophie, besonders in unserer Zeit, NS II, S. 54–100, dargestellt. Zur Einheit der philosophischen Wahrheit, die in der Individualität der philosophischen Systeme erfasst wird, siehe ebd., S. 120 f. und 147 f. Eine Kritik der systematischen Form als Ausdruck „militärischen Geistes“ hat Solger in *Philosophische Gespräche*, S. 247, formuliert.

[86] Auf dem Terminus Idee als Einheit von Wesen und Existenz bzw. von Stoff und Form gründet die nur skizzierte Systematik von Solgers Philosophie. Wird die Idee einerseits als „eine Einheit mit sich selbst in unserem Bewußtsein“ aufgefasst, so wird sie andererseits, da sie sich nur in der Existenz offenbaren kann, in Beziehung zu den Hauptrichtungen der Erfahrung des Absoluten bestimmt: „Wir haben also nun vier Ideen, die an sich nichts anderes sind, als die eine und selbe, und sich nur dadurch unterscheiden, dass wir diese von verschiedenen Seiten betrachten“ (*Erwin*, S. 124). Sie werden weiter als „die ewigen Einheiten der Verstandesbeziehungen“ bezeichnet (NS II, S. 93 f.). Idee ist in diesem Sinne der regulative Gedanke in den verschiedenen Gebieten der menschlichen Geistestätigkeit, der Philosophie, Ethik, Religion und Kunst. Siehe dazu NS II, S. 95 f.

[87] Im naturphilosophischen Bereich bleibt Solger Schellings Positionen verpflichtet, ohne weiter darauf einzugehen. In seinem Systementwurf wird der Naturbegriff der Idee der Wahrheit untergeordnet: Ist denn das Objekt des dialektischen Wissens das wahre Sein der Wirklichkeit, so stellt die Natur ihre äußere Form dar. Vgl. NS II, S. 164.

[88] Im Gegensatz zum Naturobjekt ist das Schöne ein Produkt der Freiheit und des Bewusstseins, so erklärt Solger im *Erwin*, d. h. ein Ding, in dem „die wahre Seele gegenwärtig“ ist. „Denn nur dadurch kann das eigene Wesen desselben auch das, was ihm ganz eigentümlich ist (…), vollständig bestimmen, wodurch es eben zum wahren, unabhängigen Einzelwesen wird, wie die vernünftige Wesen sind. Dieses durchaus Einzelne und Eigentümliche, wodurch mit einem jedem Dinge die ganze Welt gleichsam von neuem anfängt, ist zur Schönheit durchaus notwendig“ und unterscheidet sie vom unter dem Gesetz der Notwendigkeit stehenden Naturprodukt. S. *Erwin*, S. 195 f.

[89] Siehe dazu *Über die wahre Bedeutung und Bestimmung der Philosophie*, Kap. 11: „Wie die wahre Philosophie das Wahre, die Natur und das Gute zu fassen habe“, NS II, S. 153–169.

90 Zum Unterschied der Idee der Wahrheit zu der Schönheit vgl. *Erwin*, S. 122 f. sowie NS II, S. 153 ff.

91 Solgers Moralphilosophie ist ausgesprochen gegen den Kant'schen Formalismus gerichtet. Zur Idee des Guten s. NS II, S. 164 ff.

92 Der im zweiten Dialog des *Erwin* enthaltenen systematischen Skizze entspricht die Religion der „Idee der Seligkeit". Vgl. *Erwin*, S. 124–126.

93 Zum Verhältnis von Kunst und Religion vgl. NS II, S. 280: „Wo sich das Individuum selbst und dadurch die ganze Welt durch Gott anschaut, entsteht die Religion; wo es die Außenwelt und dadurch sich selbst durch Gott anschaut, entsteht die Kunst".

94 Bezug auf Kant, *Kritik der Urteilskraft*, § 59.

95 Diese negative, auf die allgemeine idealistische Kritik des Nachahmungsprinzips basierte Bewertung des Porträts wird im Kapitel zur Malerei teilweise revidiert und artikuliert, insofern als es als allegorische Darstellung des Einzelnen aufgefasst wird. Siehe oben S. 260 f.

96 Pindar (Πίνδαρος, etwa 518–438 v. Chr.), der berühmteste griechische Autor von Chorallyrik, der auch der lateinischen Welt als Vorbild diente. Von seiner Produktion sind nur die *Epinikia* vollständig überliefert, die die 14 Olympischen, 12 Pythischen, 11 Nemeischen und 8 Isthmischen Oden umfassen. Seit seiner Studienzeit in Halle bei dem Philologen Wolf mit Pindar vertraut, hat Solger einige dieser Gedichte übersetzt. Im Jahr 1810 veröffentlichte er drei metrische Übertragungen in der Zeitschrift „Pantheon": *Des Pindars sechster Olympischer Siegeshymnus. Auf den Agesias von Syrakus, den Sohn von Sokratos, im Wettfahren mit Maultieren* (I, 1, S. 43–52); *Des Pindaros erster Phytischer Siegeshymnus. Auf Hieron von Aetna, im Wagenrennen* (I, 2, S. 241–250); *Des Pindaros dritter Olympischer Siegeshymnus* (III, 1, S. 46–51).

97 Vgl. Karl Philipp Moritz (1756–1793), *Über die bildende Nachahmung des Schönen*, Braunschweig 1788, S. 89: „Das Schöne will ebensowohl bloß um sein selbst willen betrachtet und empfunden als hervorgebracht sein. – Wir betrachten es, weil es da ist und mit in der Reihe der Dinge steht und weil wir einmal betrachtende Wesen sind, bei denen die unruhige Wirksamkeit auf Momente der stillen Beschauung Platz macht".

[98] Solgers Position zu diesem Thema unterscheidet sich nicht von der von Schelling in der Rede *Über das Verhältnis der bildenden Kunst zur Natur*, München 1807, vorgelegten Auffassung. So im *Erwin*, S. 148: „Es bleibt nur der menschliche Körper recht eigentlich für die Schönheit über, weil in ihm, auch als einem besonderen, der Begriff zugleich eine ganz eigentümliche und durchaus nur diesem einzelnen Dinge zugehörige Seele sein kann".

[99] Kategorien der romantischen Literatur.

[100] Zu Zacharias Werner (1768–1823), dem dramatischen Dichter und Hauptvertreter der sogenannten „Schicksalstragödie", äußert sich Solger auf unterschiedliche Weise. Eine vermutlich wohlwollende (nicht überlieferte) Rezension zur Werners *Attila. Eine romantische Tragödie in fünf Akten*, Berlin 1808, wurde von der *Jenaer Literaturzeitung* abgelehnt. Siehe dazu Brief an Abeken, 4.12.1808, NS I, S. 159. Später kritisierte er an Werners Dramen vor allem die Tendenz zu einer platten Idealisierung. Siehe *Erwin*, S. 256.

[101] Friedrich de La Motte Fouqué (1777–1843), romantischer Dichter. Nach der positiven Einschätzung von Fouqués *Dramatischen Spielen*, die er 1804 zu seinen „liebsten Büchern" gezählt hatte (NS I, S. 129), warf ihm Solger (ähnlich wie Zacharias Werner) vor, in seinen Werken „eine zum Ideal erhobene Menschheit" aufzuführen (*Erwin*, S. 256). Vgl. auch den Brief an Friedrich von Raumer vom 26.10. 1812, NS I, S. 251 f.

[102] Gegen „ein solches Idealisieren", das „in das Außerordentliche und scheinbar Tiefe gewöhnlich seinen Zweck verfehlt", spielt Solger die *medietas* des tragischen Helden nach Aristoteles aus, „der sich nicht durch Vortrefflichkeit noch durch Schlechtheit auszeichne, aber an Ehre und Macht an solcher Stufe stehe, daß sich an ihm das Wesen des menschlichen Lebens recht deutlich offenbaren könne". Siehe *Erwin*, S. 256 f.

[103] Freiheit und Notwendigkeit sind Schlüsselbegriffe der Ästhetik Schillers, die auch in der romantisch-idealistischen Kunsttheorie vorkommen. Nach Schelling bildet das Kunstwerk die Vereinigung von Freiheit und Notwendigkeit. Vgl. *System des Transzendentalen Idealismus*, S. 313 f. In der *Philosophie der Kunst* wird die Schönheit als „Indifferenz der Freiheit und der Nothwendigkeit, in einem Realen angeschaut" definiert. *Philosophie der Kunst*, in: *Werke*, 1. Abt., Bd. 5, S. 383.

104 Solger bezieht sich hier wahrscheinlich auf *Über das Studium der griechischen Poesie* (1795–1797) von Friedrich Schlegel (*Kritische Friedrich Schlegel Ausgabe*, hg. von E. Behler, München-Paderborn-Wien-Zürich 1982, Bd. 1, S. 355 f. und auf die *Athenäum-Fragmente*, Vgl. Bd. 2, S.168, 176.

105 Hinweis auf Schillers *Über naive und sentimentalische Dichtung*, in: „Die Horen“ (1795–1796).

106 Zum Verhältnis von Erhabenem und Schönem siehe *Erwin*, S. 170 ff.

107 Vgl. E. Burke, *A Philosophical Enquiry into the Origin of Our Ideas of the Sublime and Beautiful*, Part 1, Section 7: „Whatever is fitted in any sort to excite the ideas of pain and danger, that is to say, whatever is in any sort terrible, or is conversant about terrible objects, or operates in a manner analogous to terror, is a source of the sublime; that is, it is productive of the strongest emotion which the mind is capable of feeling“. Siehe *The Writings and Speeches of Edmund Burke*, ed. by T. O. McLoughlin and J. T. Boulton, Oxford 1997, Bd. 1, S. 216.

108 Die Parallelisierung von Anmut und Schönheit sowie von Würde und Erhabenheit findet man bei Schiller, der jedoch eher auf einer anthropologisch-moralischen als auf einer rein ästhetischen Ebene argumentiert: „So wie die Anmut der Ausdruck einer schönen Seele ist, so ist Würde der Ausdruck einer erhabenen Gesinnung“. *Über Anmut und Würde* („Die neue Thalia“, Bd. 3 1793), in: *Werke*, NA XX, S. 289.

109 So im *Erwin*: „Nicht unrecht hatte der große Lessing, wenn er den Reiz, worunter er die Anmut verstand, für Schönheit in der Bewegung erklärte weil sie sich in der Bewegung freilich durch die Zeitlichkeit und Vergänglichkeit derselben am auffälligsten offenbart“ (*Erwin*, S. 172; vgl. Lessing, *Laokoon*, Kap. 21; *Werke und Briefe*, Bd. 5/1, S. 155). Noch ähnlicher lautet die Definition der Anmut in *Über Anmut und Würde* von Schiller: „Anmut ist eine bewegliche Schönheit; eine Schönheit nämlich, die an ihrem Subjekte zufällig entstehen und eben so aufhören kann“ (*Werke*, NA XX, S. 252).

110 Mit einer Überlegung zur Hinfälligkeit des Schönen endet die Darstellung des Ironiebegriffs im *Erwin*: „Geht also die Idee durch den künstlerischen Verstand in die Besonderheit über, so drückt sie sich nicht allein darin ab, erscheint auch nicht bloß als zeitlich und

vergänglich, sondern sie wird das gegenwärtige Wirkliche, und, da außer ihr nichts ist, die Nichtigkeit und das Vergehen selbst, und unermeßliche Trauer muß uns ergreifen, wenn wir das Herrlichste, durch sein notwendiges irdisches Dasein in das Nichts zerstieben sehen" (*Erwin*, S. 387). Von dieser Bestimmung der Ironie ist Oskar Becker in einer berühmten phänomenologischen Untersuchung über das Schöne als den prekären Bereich zwischen Hässlichkeit und Formlosigkeit ausgegangen. Siehe O. B., *Von der Hinfälligkeit des Schönen und der Abenteuerlichkeit des Künstlers. Eine phänomenologische Untersuchung im ästhetischen Phänomenbereich*, in: *Festschrift Edmund Husserl*, Halle 1929, S. 27–42.

[111] Gemeint ist wahrscheinlich Francesco Petrarca (1304–1374), italienischer Dichter und Humanist. Im *Erwin* schreibt Solger: „Denke daran, wie oft die Religion die zu große Liebe zum Schönen ausgestoßen und als ihrer unwürdig verdammt hat; ja daß selbst große Künstler zuletzt über ihr eigenes Spiel mit Gestalten nur lächelten und sich zurückflüchteten in die Wohnung der unverkörperten, reinen Gottheit. Beim Petrarca wirst du nicht wenige Sonette dieses Inhalts finden, und eins, worin er recht deutlich ausgesprochen ward, ist uns auch von Michel Angelo aufbehalten" (S. 185). Insbesondere das erste Sonett von Petrarcas *Canzoniere* (*Rerum vulgarium fragmenta*), „Voi ch'ascoltate in rime sparse il suono" („Die ihr, wie sie durch meine Reime gehen", *Canzoniere; Triumphe; Verstreute Gedichte*, a. d. Ital. von Karl Förster u. Hans Grote, hg. und mit einem Nachw. versehen von Hans Grote, Düsseldorf 2002, S. 8), das er „als eine großartige Aeußerung wahrer Ironie" ansah, war ein Objekt des Gesprächs mit Tieck. Siehe Tieck an Solger, 16.12.1816 (Matenko, S. 317) sowie Solger an Tieck, 5.1.1817 (Matenko, S. 327).

[112] Zur „Tragödie des Schönen" vgl. *Erwin*, S. 186–188.

[113] Der Sinn der tragischen Dialektik besteht nach Solger in der Vernichtung der Idee im Akt ihrer sinnlichen Offenbarung. So in der *Schlegel-Rezension*: „Wir sehen die Helden irre werden an dem Edelsten und Schönsten in ihren Gesinnungen und Gefühlen, nicht bloß in Rücksicht des Erfolgs, sondern auch ihrer Quelle und ihres Wertes, ja wir erheben uns an dem Untergange des Besten selbst, und nicht bloß, weil wir daraus in eine unendliche Hoffnung flüchten" (NS II, S. 513).

[114] Gemeint sind hier *sowohl König Oedipus* (Οἰδίπους τύραννος), als auch *Oedipus auf Kolonos* (Οἰδίπους ἐπὶ Κολωνῷ), die Solger als ein

dramatisches Ganzes betrachtet. Solger war ein genauer Kenner der sophokleischen Tragödien, mit denen er sich während des Studiums bei dem Altphilologen Friedrich August Wolf in Halle zu befassen anfing. Nach einer anonymen Übersetzung des *König Oedipus* (Sophokles, *König Oedipus. Übersetzung im Versmaße des Originals*, Berlin 1804) publizierte er vier Jahre später das Gesamtwerk des griechischen Tragikers (*Des Sophokles Tragödien. Übersetzt von Karl Wilhelm Ferdinand Solger*, 2 Bde., Berlin 1808). Die Vorrede wurde in den *Nachgelassenen Schriften* unter dem Titel *Über Sophokles und die alte Tragödie* wieder abgedruckt (NS II, S. 445–492). Der ausführlich auf die Sprache und metrische Gestaltung der Tragödien eingehende philologische Teil wurde in der Edition weggelassen.

[115] Vgl. Aristot. *poet.* VI, 1449b. Indem er den Satz „über Mitleid und Furcht bewirkt sie eine Reinigung eben dieser Gefühle" als eine Art Veredelung der von der Handlung erregten Gefühle Furcht und Mitleid interpretiert, unterstreicht Solger, im Gegensatz zu August Wilhelm Schlegel, den Unterschied zwischen Aristoteles und seinen französischen Interpreten. Im Allgemeinen zeigt Solger eine weit positivere Haltung zur aristotelischen Tragödienlehre als die Romantiker. Zu Solgers Verteidigung der Aristotelischen Theorie vgl. *Schlegel-Rezension*, NS II, S. 545–550.

[116] Solger bezieht sich hier auf Schillers Tragödienauffassung.

[117] So schreibt Solger über das Verhältnis von Tragischem und Komischem in der *Schlegel-Rezension*: „Wo der Dichter das allgemeine menschliche Geschick als ein Wesentliches auffasst, als den Grund, der alle Wirklichkeit trägt, und in welchem sie als Wirklichkeit wieder verschwindet, indem nur jenes wesentliches Verhältnis der Menschheit überhaupt das Bestehende darin ist, da muß es notwendig *tragisch* sein. Wo er aber mit der Erscheinung oder Wirklichkeit für sich zu tun hat und sich darauf richtet, wie in dieser sich das wesentliche im menschlichen Geschicke selbst zu Schein und Spiel auflöst, und sich eben deshalb wieder in dieser Scheinwelt als gegenwärtig wir, da wird er *komisch*" (NS II, S. 570). Nach Vischer hat Solger als erster das Komische (und das Erhabene) in einem systematischen Verhältnis zum Schönen untersucht. Siehe Friedrich Theodor Vischer, *Über das Erhabene und Komische*, Stuttgart 1837, S. 15.

[118] Zum Konzept des Hässlichen s. *Erwin*, S. 189–181.

[119] Unter den Komödien von Shakespeare drückt sich nach Solger

in *Love's Labour lost* „am bestimmtesten die Reife der Poesie (...), weil es am wenigsten durch irgend eine spezielle Richtung bestimmt und auf die reinste Ironie gegründet ist", aus. An Abeken, 23.1.1818, NS I, S. 606.

[120] Aristophanes (450–388 v. Chr.), griechischer Komödienschreiber und einziger Vertreter der alten Komödie, dessen Werke überliefert sind. Insbesondere in *Die Vögel* (414 v. Chr.) sind die Götter ein Objekt der Parodie.

Zweiter Teil · Von der Kunst (S. 89ff.)

[121] Der Begriff der Tätigkeit bildet den Schlussstein von Solgers ästhetischem System, durch den eine grundlegende Verknüpfung von subjektiver Dimension des künstlerischen Schaffens der Phantasie und ihrem Produkt, dem Kunstwerk, welches sich als Kristallisierung der Tätigkeit präsentiert, aufgestellt werden soll. Die Tätigkeit stellt die dialektische Verbindung zwischen dem Universellen und dem Einzelnen dar und drückt sich in Form des Übergangs zwischen den Gegensätzen aus. Die schaffende Aktivität des Künstlers, die zur gleichen Zeit Anschauung, Reflexion und Produktion sein muss, wird von diesem selbst in ihrer wirklichen Tragweite erst im Endprodukt erkannt, wo sie sich der subjektiven Absicht entzieht. Vgl. *Erwin*, S. 203f. Als Erster unterstrich Theodor Danzel die Wichtigkeit dieses Begriffs: *Über den gegenwärtigen Zustand der Philosophie der Kunst und ihre nächste Aufgabe*, in: T. D., *Gesammelte Aufsätze*, hg. von O. Jahn, Leipzig 1855, S. 79–84. Zur dialektisch-dynamischen Auffassung der Tätigkeit siehe I. Strohschneider-Kohrs, *Die romantische Ironie in Theorie und Gestaltung*, Tübingen 1960, S. 189f.

[122] Vgl. Plat. *Phaidr.*, 244a-257b.

[123] Vgl. *Erwin*, S. 218f.: „Das Symbol wäre nach unserer Meinung ein Ding der Phantasie, das eben als solches das Dasein der Idee selbst wäre. [...] Das innerste der Erkenntnis ist darin mit dem scheinbar zufälligen der Erscheinung so innig zusammengewachsen, daß eine Trennung beider Seiten schlechthin unmöglich ist". Die symbolische Auffassung der Kunst ist zwar ein Kernelement der romantischen Ästhetik (z.B. schreibt A. W. Schlegel in den Berliner *Vorlesungen über schöne Literatur und Kunst*: „Das Schöne ist die symbolische

Darstellung des Unendlichen", KAV, Bd.1, S. 158), bei Solger wird jedoch das Symbol zum systematischen Ordnungsbegriff in der Analyse des Kunstwerks.

124 Solger zielt auf eine theoretische Neubestimmung der Allegorie als geistesgeschichtlich definierter Variante des Symbols. Vgl. *Erwin*, S. 225–229. Eine gewisse Ähnlichkeit besteht zu der Rehabilitierung der Allegorie seitens des Mythologen Friedrich Creuzer, der zwischen Symbol und Allegorie aufgrund ihrer zeitlichen Struktur (Plötzlichkeit vs. Dauer) unterscheidet. Vgl. F. Creuzer, *Symbolik und Mythologie der alten Völker, besonders der Griechen*, Heidelberg 1810–12, Bd. 1, S. 68.

125 Der politischen Variante der Begeisterung hat Solger einen Aufsatz gewidmet: *Über patriotischen Enthusiasmus*, NS II, S. 387–423.

126 Der Ironiebegriff bildet die spekulative Achse von Solgers Kunstauffassung und findet im *Erwin* seine grundlegende, aber noch allzu synthetische Formulierung. In einem Brief an Tieck vom 11.5.1816 schreibt Solger, er wolle „noch ein Gespräch machen über das Zusammenfallen von Enthusiasmus und Ironie", welches ihm „im Erwin noch nicht klar genug dargestellt zu seyn" scheine. Vgl. Matenko, S. 233 f.

127 Kant, *Kritik der Urteilskraft*, § 59. Die „intuitive Vorstellungsart" wird in eine schematische und in eine symbolische eingeteilt. In Schellings *Philosophie der Kunst* wird der Schematismus als „diejenige Darstellung, in welcher das Allgemeine das Besondere bedeutet, oder in welcher das Besondere durch das Allgemeine angeschaut wird", bezeichnet. Das Symbol bildet den synthetischen Mittelpunkt zwischen Schema und Allegorie. Vgl. F. W. J. Schelling, *Philosophie der Kunst*, S. 407.

128 Plat. *Phaidr.* 246d-247c.

129 J. J. Winckelmann, *Versuch einer Allegorie, besonders für die Kunst*, Dresden 1766. Winckelmann versteht die Allegorie als natürliches, nachahmendes Zeichen einer Idee oder eines Gemütszustandes.

130 Maschinerie meint hier den Einsatz von allegorischen Figuren, die auf wunderbare Weise auf die epische Handlung einwirken.

131 Hor. C. I, 35, V. 17–20: „serva Necessitas,/clavos trabalis et cuneos manu/gestans aena nec severus/uncus abest liquidumque plumbum". Das Bild findet man auch in Lessing, *Laokoon*, *Werke und Briefe*, Bd. 5, S. 94, Anm.

[132] Nemesis war in der griechischen Mythologie die Göttin der gerechten Rache.

[133] Göttin der Rache und der Zwietracht, *Discordia* in der römischen Tradition.

[134] In der von Euripides verwendeten Version des Mythos wurde Iphigenie von ihrem Vater Agamemnon, der Artemis beleidigt hatte, der Göttin geopfert, um die Fahrt der griechischen Flotte nach Troja zu ermöglichen. Sie wurde aber von Artemis gegen eine Hirschkuh vertauscht und nach Tauris versetzt, wo sie als Priesterin der Göttin diente.

[135] Iasion, Sohn des Zeus und der Pleiade Elektra, war der Geliebte von Demeter, der Göttin des Ackers und der Fruchtbarkeit der Erde.

[136] Solger hat viel Zeit und Energie dem Studium der griechischen Mythologie und der antiken Religionen gewidmet. Von dieser Recherchearbeit, die in ein vielbändiges Werk münden sollte, bleiben nur diejenigen Auszüge übrig, die vom Philologen Karl Otfried Müller, der in Berlin sein Student gewesen war, in den *Nachgelassenen Schriften* publiziert wurden. Abgesehen von einer eher skeptischen Haltung bezüglich des Projektes einer Mythologie der Moderne nimmt Solger auch eine kritische Position gegenüber den Nachforschungen der romantischen Mythologen Görres, Kanne und dem Friedrich Schlegel des Aufsatzes von 1808 *Über die Sprache und die Weisheit der Indier* sowie auch gegenüber Creuzer, für den er aber stets eine Art wissenschaftlichen Respektes verspürt, ein. Der Vorwurf, den er gegen sie erhebt, ist im Wesentlichen, dass sie die Bedeutung der griechischen Mythologie schmälerten und missverstünden, indem sie sie auf ihre östlichen Wurzeln reduzierten und auf willkürliche Art und Weise die historisch gegebenen Inhalte verallgemeinerten, um daraus abstrakte, dem eigentlich analysierten Kontext fremde Philosopheme zu gewinnen. Man sehe die einleitende Anmerkung Karl Otfried Müllers zu den mythologischen Schriften in NS II, S. 676–679.

[137] John Milton (1608–1674), *Paradise Lost,* London 1667. Das Gedicht in Blankversen erzählt die Geschichte der gefallenen Engel und des Sündenfalls. Oft mit der *Divina commedia* von Dante (s. unten, Anm. 182) verglichen. Vgl. z. B. A. W. Schlegel, *Geschichte der romantischen Literatur*, KAV, Bd. 2/1 S. 148.

[138] Friedrich Gottlieb Klopstock (1724–1803), *Der Messias*, Halle 1749–73. Hexametrisches Epos, das Tod und Auferstehung Christi

in 20 Gesängen darstellt. Es gilt als Beispiel von sentimentaler Religiosität, das versucht, klassizistische Form und christlichen Inhalt in Einklang zu bringen. Zu Solgers Haltung vgl. *Erwin*, S. 295. Die Kritik an Klopstock ist ein oft wiederkehrender Gegenstand im Briefwechsel zwischen Solger und Tieck. Dazu Achim Hölter, *Amour et haine dans l›esthétique de Ludwig Tieck. Une incursion dans le «pays de Cocagne» de sa correspondance avec Solger*, in: Anne Baillot (Hg.), *L'esthétique de K. W. F. Solger. Symbole, tragique, ironie*, Tusson 2002, S. 163–189.

139 Johann Wolfgang Goethe, *Faust. Eine Tragödie*, Tübingen 1808. Zur Bedeutung des *Faust* und zu seiner dramatischen Form äußert sich Solger in der *Schlegel-Rezension*, NS II, S. 617 f.

140 Das Drama *La devoción de la cruz* (1631) des spanischen Dichters Pedro Calderón de la Barca (1600–1681) wurde 1802 von August Wilhelm Schlegel übersetzt und 1803 publiziert (*Die Andacht zum Kreuze*, in: P. Calderón de la Barca, *Schauspiele*, 2 Bände, Berlin 1803–1809; hier Bd. 1, S. 1–152). In der *Schlegel-Rezension* bemerkt Solger, dass der religiöse Inhalt des Stücks aus ihm nicht ein mystisches, sondern nur ein allegorisches Werk mache. Es wird eine Mythologie von abstrakten Begriffen wie Liebe, Ehre und Treue entwikkelt. Das allgemeine Problem, das sich hier stellt, ist dasjenige des Verhältnisses zwischen Kunst und Religion: „Ob aber die Religion als Stoff und besonderes Motiv in die dramatische Poesie eintreten soll, das hängt besonders davon ab, inwieweit sie in die Gestalt des äußeren wirklichen Lebens mit eingegangen ist" (NS II, S. 608). In diesem Sinne kann der religiöse Kern des Werkes allein nicht dessen ästhetischen Wert bestimmen, und andererseits, meint Solger, interpretieren diejenigen, die das Werk für diesen Aspekt preisen, den Mystizismus als Ereignis innerhalb der physischen Welt. Zur romantischen Interpretation der religiösen Bedeutung der spanischen Poesie vgl. A. W. Schlegel, *Vorlesungen über dramatische Kunst und Literatur*, Bd. 2, S. 282.

141 Hom. Od. XII, V. 394–396.

142 Aischyl. Ag., V. 1072–1130. Zu Aischylos s. unten, Anm. 182.

143 Hinweis auf den vom Herold erzählten Tod des Ödipus in Sophokles' *Oedipus bei Kolonos*, V. 1586–1666.

144 Hinweis auf William Shakespeare, *The Tragedy of Macbeth*, London 1606, 2. Akt, 1. Szene.

145 Franz Grillparzer (1791–1872), *Die Ahnfrau*, Wien 1817. Auch zu anderen Werken des österreichischen Dichters äußert sich Solger sehr kritisch. S. z.B. das vernichtende Urteil über das Drama *Sappho* (1818) nach der Vorstellung am Berliner Opernhaus in einem Brief an Tieck vom 3.8.1818 (Matenko, S. 469 f).

146 Ossian ist der irische Barde, nach dem eine Sammlung von Dichtungen benannt ist, die von dem schottischen Dichter James Mcpherson (1726–1796) angeblich aus dem Gälischen übersetzt und 1760 unter dem Titel *Fragments of ancient poetry collected in the Highlands of Scotland* publiziert wurde. Ein Streit mit dem Homer-Forscher Friedrich August Wolf, Lehrer Solgers in Halle, der das Alter von Ossians Gedichten in Zweifel zog, lieferte Herder die Anregung für einen leidenschaftlichen Vergleich von Ossian und Homer, der 1795 in Schillers Zeitschrift erschien. J. G. Herder, *Homer und Ossian*, in: „Die Horen" 1 (1795), Bd. 5, S. 86–107. Die Ossian-Gedichte, von Herder und Goethe hoch geschätzt, hatten eine enorme Wirkung auf die deutsche Literatur des Sturm und Drang, wobei deren Authentizität und poetischer Wert von Kritikern der Romantik zunehmend in Zweifel gezogen wurde.

147 Zur Rolle der Heroen in der griechischen Mythologie schreibt Solger: „Die Götter waren schon durchaus individuell geworden und verhielten sich schon zur Notwendigkeit wie das Besondere zum Allgemeinen. Deßwegen waren die Menschen nicht eigentlich aus ihnen entstanden, sondern hatten selbst einen höheren Ursprung in der allgemeinen Weltbildung, waren ihnen coordiniert. Es mussten daher auch die Menschen eine eigene ideale Welt haben, worin sich ihr Geschlecht symbolisch darstellte, und dies war die heroische". NS II, S. 710.

148 „Athenäum. Eine Zeitschrift von August Wilhelm Schlegel und Friedrich Schlegel", Berlin 1798–1800, war das Organ der Frühromantik. Die von Goethe herausgegebene Zeitschrift „Die Propyläen" (1798–1800) war besonders den bildenden Künsten gewidmet. Die Debatte über das Charakteristische wurde durch eine Schrift von Aloys Hirt über den Laokoon, die 1796 in den „Horen" erschien, veranlasst (siehe oben, Anm. 84). Für die romantische Position siehe z. B. August Wilhelm Schlegel, *Litterarischer Reichsanzeiger oder Archiv der Zeit und ihres Geschmacks*, in: „Athenäum" 2 (1799), S. 331–332; Friedrich Schlegel, *Fragmente*, in: „Athenäum" 1 (1798), 2. Stück,

S. 261–263. Gegen das Charakteristische äußerte sich Goethe in dem Aufsatz *Der Sammler und die Seinigen*, in: „Die Propyläen“ II, 2 (1799).

149 Carl Ludwig Fernow (1763–1808), Archäologe und Kunstkenner des Goethe-Kreises, Mitherausgeber der Werke Winckelmanns, ab 1802 Ästhetik-Professor in Jena. Zur Charakteristik-Debatte s. insbes. *Über den Zweck der bildenden Kunst*, in: „Deutsches Magazin“ 18 (1799), S. 337–375.

150 Es wird auf die Betrachtungen des französischen Malers Nicolas Poussin (1594–1665) über die Proportionen von antiken Statuen angespielt, die Teil eines geplanten theoretischen Werks werden sollten (*Observations sur la Peinture*). Aufgrund der Exzerpte in G.P. Bellori, *Le vite de' pittori, scultori ed architetti moderni*, Roma 1672, wurden Poussins Überlegungen von Winckelmann rezipiert und im deutschsprachigen Raum verbreitet. Erwähnt werden im *Erwin* die Studien Poussins zusammen mit dem Werk von Gérard Audran (1640–1709), *Les proportions du corps humain sur les plus belles figures de l'antiquité*, Paris 1683. Siehe *Erwin*, S. 47. Zum *Apoll von Belvedere* siehe unten Anm. 188.

151 I. Kant, *Kritik der Urteilskraft*, § 2.

152 Vgl. Aristot. *poet.* IV, 1448b.

153 Vgl. G.E. Lessing, *Laokoon*, Kap. 24; *Werke und Briefe*, Bd. 5/1, S. 169–172.

154 Francis Beaumont (1584–1616) und John Fletcher (1579–1625) waren elisabethanische Dichter, aus deren (jedoch nicht ausschließlich) zehnjähriger Zusammenarbeit verschiedene Tragödien, Komödien und Tragikomödien entstanden. Seit der ersten Ausgabe der *Fifty Comedies and Tragedies. Written by Francis Beaumont and John Fletcher*, London 1647, wurden ihre Namen zumeist gemeinsam genannt. Großes Interesse fand ihre dramatische Produktion im Rahmen der kritischen Arbeit über die Shakespeare-Zeit von August Wilhelm Schlegel und Tieck. Siehe z.B. A.W. Schlegel, *Vorlesungen über dramatische Kunst und Literatur*, Bd. 2, S. 242–246. Dazu *Schlegel-Rezension*, NS II, S. 595.

155 Agathon (448/46 – ca. 400 v.Chr.) war ein attischer Tragiker. Über die Einführung von erfundenen Personen und Handlungen referiert Aristoteles am Beispiel der Tragödie *Anthos*. Vgl. Aristot. *poet.* IX, 1451b.

[156] Phrynichus war ein athenischer Tragiker, Sohn von Polyphrasmon und Vorläufer von Aischylos, der zwischen dem 6. und dem 5. Jh. v. Chr. gelebt hat. Laut Herodot wurde der Dichter für das Stück *Die Einnahme von Milet*, das die vernichtende Niederlage der von den Athenern geliebten Stadt im Jahre 494 in Szene setzte, mit einer Buße von 1000 Drachmen und dem Aufführungsverbot bestraft. Siehe Hdt. VI, 21.

[157] Zu Shakespeares historischen Stücken vgl. *Schlegel-Rezension*, NS II, S. 579 f.

[158] Friedrich Schiller, *Wallenstein. Ein dramatisches Gedicht*, Tübingen 1800. Sowohl Max Piccolomini als auch Wallensteins Tochter Tekla sind erfundene Figuren. Zum *Wallenstein* äußert sich Solger ausführlich in der *Schlegel-Rezension*, NS II, S. 619 f.

[159] Johann Wolfgang Goethe, *Egmont*, Leipzig 1788. In der *Schlegel-Rezension* kritisiert Solger die romanhafte Tendenz der Goethe'schen Dramen, die ihrer Theatralität schade: „Im Egmont wird die historische Kraft, mit welcher das Stück beginnt und zuerst angelegt zu seyn scheint, durch die sonst so liebliche Episode von Clärchen und den allegorischen idealisierenden Schluß nicht erhöht". NS II, S. 616.

[160] *The Tragedy of Hamlet, Prince of Denmark* (zw. 1599 u. 1602). In seiner Interpretation des *Hamlet* zweifelt Solger die von A. W. Schlegel verfochtene These an, laut der die Figur des Prinzen von Dänemark durch eine Handlungsunfähigkeit charakterisiert ist, welche von einem Übermaß an Reflexion über die Aktion und deren Folgen herrührt. Wenn es sich nämlich tatsächlich um eine Tragödie der Subjektivität und also, wie Friedrich Schlegel behauptete, um eine Art von „philosophischem" Drama handelt, wird das Reflexionsobjekt nicht von der Handlung an sich und ihrem Ausgang dargeboten, was schließlich zur Trägheit führt, sondern durch den Gegensatz zwischen dem Wunsch, eine Heldentat zu vollbringen, und dem Bewusstsein, dass der Wille unausweichlich durch die Ausführung der Handlung geschmälert werden wird: „Der Zweifel tritt ein, und nicht sowohl Zweifel an dem Werthe der Handlung selbst, als die geheime Furcht, durch die vielseitige Bedeutung, welche die That durch die Ausführung sogleich annimmt, den so zu sagen noch jungfräulichen moralischen Werth, den man sich vorgespielt, zu verlieren" (NS II, S. 587). Vgl. dazu A.W. Schlegel, *Vorlesungen über dramatische Kunst und Literatur*, Bd. 2, S. 175–178.

161 W. Shakespeare, *Romeo and Juliet* (1597). Zu Solgers Interpretation des Stücks siehe die *Schlegel-Rezension*, NS II, S. 591 f.

162 W. Shakespeare, *The Tragedy of King Richard the Third* (um 1592). Über die Relevanz der „psychologischen Charakteristik" für den dramatischen Aufbau des Stücks hat sich Solger in der *Schegel-Rezension*, NS II, S. 582 f. geäußert.

163 W. Shakespeare, *The Tragedy of Macbeth*, (1606). Siehe dazu *Schlegel-Rezension*, NS II, S. 592 f.

164 *Die Wahlverwandtschaften. Ein Roman von Goethe,* Tübingen 1809. Unter der Bezeichnung „tragischer Roman" hat Solger dem Werk eine Besprechung gewidmet, die durch die Goethe-Forschung zur seiner bekanntesten Schrift wurde. Der Aufsatz, als Vorlage für die Diskussion in dem Freundeskreis „Freitag" gedacht, wurde erst in den *Nachgelassenen Schriften* veröffentlicht (*Über die Wahlverwandtschaften*, mitgeteilt in einem Brief an Krause, 19.11.1809, NS I, S. 175–185). Vermutlich hatte Solger vor, den Text für die Veröffentlichung in der Zeitschrift „Pantheon" zu überarbeiten, die aber nach den ersten drei Heften ihr Erscheinen einstellte (siehe an Abeken 28.10.1810, NS I, S. 203 f.). Die Analyse des Romans, den er für „ein unerschöpfliches Werk, ein immensum infinitumque" hielt, hat Solger in einem Brief vom 12.8.1815 (vermutlich an Wilhelm von Schütz) erweitert und präzisiert (NS I, S. 368–370). Goethe selbst, der die Zusendung der *Sophokles-Übersetzung* ignoriert hatte, war nach einer Mitteilung von Eckermann von Solgers Besprechung beeindruckt: „es ist nicht leicht etwas Besseres über jenen Roman gesagt worden", habe er am 21.1.1827 behauptet. Siehe Johann Peter Eckermann, *Gespräche mit Goethe in den letzten Jahren seines Lebens,* SW, Bd. 39, S. 215 f. Über das Verhältnis von Schicksal und Charakter in Bezug auf Goethes „tragischen Roman" vgl. auch *Erwin*, S. 234 f. Zur Interpretation siehe Helmut Hühn, *Ein »tragischer Roman«? Überlegungen zu einem Romanexperiment*, in: H. Hühn (Hg.), *Goethes »Wahlverwandtschaften«. Werk und Forschung*, Berlin 2010, S. 149–176.

165 Der bolognesischen Schule gehören vor allem die Maler Annibale (1550–1609), Agostino (1557–1602) und Ludovico Carracci (1555–1619) an, die als zentrale Übergangsfiguren vom Manierismus zum Barock gelten. In der Dresdener Gemäldegalerie waren zur Zeit von Solgers Besuch viele Bilder der Carraccis sowie auch von anderen bolognesischen Malern wie Domenichino und Guido Reni ausgestellt.

[166] Siehe oben, S. 90 f.

[167] Antonio Allegri, gen. Correggio (1489–1534), italienischer Maler, dessen Werke Solger in der Dresdner Galerie gesehen und allmählich hoch zu schätzen gelernt hatte, wie in seinen Berichten aus Dresden zu lesen ist. S. NS I, S. 243. Im *Erwin* wird auf das berühmte Bild *Die Nacht* (*L'adorazione dei pastori*, 1525–1530) hingewiesen. Siehe *Erwin*, S. 230 f.

[168] Eine ähnliche Unterscheidung zwischen Poesie und Kunst macht Schelling in seinen Vorlesungen über die Philosophie der Kunst: „Unter Poesie im engern Sinne wird, wenn wir uns auch bloß an die Sprachbedeutung halten, das unmittelbare Hervorbringen oder Schaffen eines Realen verstanden, die Invention an und für sich selbst.(…) Die Idee der Kunst beziehen wir alle mehr auf die entgegengesetzte Einheit, die der Einbildung desBesonderen ins Allgemeine". Siehe Schelling, *Philosophie der Kunst,* S. 461. Bei Solger wird aber die „Poesie im engeren Sinn", die das Objektivwerden der Idee in der Erscheinung durch die Sprache darstellt, als Unterscheidungsprinzip im System der Künste betrachtet. Siehe oben, S. 204 ff.

[169] Zum Begriff der Phantasie vgl. *Erwin*, S. 199 ff.

[170] Anders als Schelling, der die Phantasie als eine höhere Einbildungskraft bezeichnet, besteht Solger auf eine prinzipielle Unterscheidung der beiden Termini, indem er die Einbildungskraft als ein transzendentales Erkenntnisvermögen im Sinne Kants, die Phantasie hingegen als eine spezifische Erkenntnisform der Kunst, bzw. als ein Moment künstlerischer Dialektik betrachtet. Vgl. NS II, S. 81. Eine genaue Analyse in Matthias Koßler, *Phantasie und Einbildungskraft. Zur Rolle der Einbildungskraft bei Fichte und Solger,* in: Hartmut Traub (Hg.), *Fichte und seine Zeit*, in: „Fichte-Studien" 21, Amsterdam/New York 2003, S. 163–181.

[171] Zur Artikulation des Phantasiebegriffs vgl. *Erwin*, S. 311–344.

[172] Vgl. *Erwin*, S. 321.

[173] Im *Erwin* wird der Verstand der Phantasie als „künstlerischer Verstand" bezeichnet. Siehe *Erwin*, S. 364 ff.

[174] Zur bildenden Phantasie siehe *Erwin*, S. 316.

[175] Im *Erwin* wird das „Sinnen der Phantasie" als das „Bestreben, wodurch die Phantasie die lebendigen besonderen Gestalten nicht sowohl aus der göttlichen Idee hervorhebt, als sie vielmehr in dieselbe zurückdenkt", definiert. Siehe *Erwin*, S. 316.

176 Solger entwickelt dieses Argument im Zuge der Kritik an dem auf die bildenden Künste bezogenen Begriff des Naturschönen in einem 1810 in der Zeitschrift „Pantheon“ erschienenen Aufsatz (Bd. 2, S. 395–415), wiederabgedruckt in Wolfhart Henckmann, *Etwas über das Verhältnis des Ideals zur Nachahmung der Natur in der Kunst*, in: „Jahrbuch der deutschen Schiller-Gesellschaft“ 16 (1972), S. 409–452. Der Aufsatz bezieht sich, bereits im Titel, auf Fragen, die durch Schellings Schrift *Über das Verhältnis der bildenden Künste zu der Natur*, Leipzig 1807, aufgeworfen worden waren. Solgers These dabei ist, dass der Ursprung der Kunst nicht im Nachahmungsimpuls, sondern im Bedürfnis, dem Gefühl des Göttlichen Ausdruck zu geben, liege.

177 Zur Charakteristik der ägyptischen Kunst vgl. Winckelmann, *Geschichte der Kunst des Altertums*, S. 39-S. 68, S. 79.

178 Hinweis auf die *Ἑλλάδος Περιήγησις* des griechischen Reiseschriftstellers und Geographen Pausanias Periegetes (115–180). In seinem Werk wird die äginetische Skulptur der attischen entgegengesetzt und mit der ägyptischen Plastik verglichen. So wird „äginetisch“ gleich „archaisch“ (siehe Paus. VII, 53,11; X, 17,12; X, 36,5). Vgl. Winckelmann, *Geschichte der Kunst des Altertums*, S. 321. Solger las *Des Pausanias ausführliche Reisebeschreibung von Griechenland* in der Übersetzung von Johann Eustachius Goldhagen (2. Aufl. Berlin 1798–1799). S. Tieck an Solger, 15.2.1818 (Matenko, S. 416).

179 Zur Kunst der Hetrurier s. Winckelmann, *Geschichte der Kunst des Altertums*, S. 81–114. Zum griechischen archaischen Stil siehe S. 214–223.

180 Solger teilt die extrem kritische Haltung Tiecks gegenüber Klopstock. Bezüglich des übertriebenen Gebrauches der Allegorese schreibt er an Tieck am 1.1.1819: „Milton wird immer besser sein, weil er darstellen kann. (…) Klopstock hat [diese Gabe] nicht, und ist eben deswegen auch auf die, ich möchte sagen, verzweifelte Art von rhetorischer Odenpoesie verfallen (…). Bei diesen Prachtoden auf ein Reitpferd, Schlittschuh, eine Grammatik u.s.w. ist mir, als wenn ich dicht am Tollhause wäre. Hierbei hört denn freilich alle Mystik, aber auch alle Allegorie auf“ (Matenko, S. 509 f).

181 Auf die Funktion des Chors bei Aischylos (Αἰσχύλος, ca. 525–456 v. Chr.), dem ältesten der drei großen griechischen Tragiker, geht Solger ausführlich in der Schlegel-Rezension ein. Siehe NS II, S. 526 f.

[182] Agamemnon (Ἀγαμέμνων) ist eine Tragödie von Aischylos, die den ersten Teil der dreigeteilten Orestie (Ὀρέστεια, 458 v. Chr.) bildet. Zur Interpretation der drei Stücke (neben *Agamemmnon*, *Coephoren* und *Eumeniden*) siehe die *Schlegel-Rezension*, NS II, S. 526 ff.

[183] Die Nachfahren von Pelops, Sohn von Tantalos und Bruder der Niobe. Der Fluch, mit dem ihn der von ihm ermordete Myrtilos belegt hatte, übertrug sich auf seine Söhne Thyestes und Atreus, deren familiäre Verwicklungen den tragischen Dichtern eine Vielfalt an Stoffen boten. Agamemnon war Sohn von Atreus und Enkel von Pelops.

[184] Die *Divina Commedia* (*Die göttliche Komödie*, 1304–1321; erste vollständige Übersetzung von Karl Ludwig Kannegießer, 1809–1820), allegorisch-didaskalisches Epos in drei Gesängen (Hölle, Fegefeuer, Paradies) von Dante Alighieri (1275–1321) fand in der deutschen Romantik ein riesiges Interesse und wurde als Synthese von Poesie und Philosophie angesehen. „Dantes prophetisches Gedicht", nach Friedrich Schlegels Definition, wurde, abgesehen davon, dass es ein unentbehrliches Element des romantischen Kanons der modernen Literatur darstellte, dank Schellings Schrift *Dante in philosophischer Beziehung* (1803) auch zu einem Objekt philosophischer Reflexion. Solger fing, „mit drei italienischen Kommentaren ausgerüstet" (NS I, S. 116), im Jahre 1803 mit einer intensiven Lektüre der *Commedia* an und nahm an August Wilhelm Schlegels Vorlesungen teil, die er jedoch „zu kalt und zu historisch" fand (NS I, S. 124 f.). Vgl. Solgers Überlegungen zu Dante in *Erwin*, S. 344 f.

[185] Vgl. dazu *Erwin*, S. 208 ff. sowie S. 368 f.

[186] Möglicherweise der *Ruhende Satyr* in den Vatikanischen Museen, Kopie eines Originals des griechischen Bildhauers Praxiteles (4. Jh. v. Chr.).

[187] Der *Merkur* oder *Hermes von Belvedere* (im 18. Jahrhundert auch als *Antinous* bekannt) ist eine römische marmorne Kopie eines Bronzeoriginals von Praxiteles.

[188] Der *Apoll von Belvedere*, römische Kopie eines griechischen Bronzeoriginals des 4. Jh. v. Chr., in den Vatikanischen Museen in Rom, ist dank der berühmten Definition Winckelmanns als das „höchste Ideal der Kunst unter allen Werken des Altertums" zum Hauptbeispiel der klassischen Skulptur geworden. Siehe Winckelmann, *Geschichte der Kunst des Altertums*, S. 164 f., 393 ff. Solger,

der im *Erwin* (auf S. 263) Winckelmanns Beschreibung zitiert, konnte die Statue während seiner Reise nach Paris im Jahr 1800 ansehen, da sie mit vielen anderen Meisterwerken von der napoleonischen Armee aus dem Vatikan entführt und im *Cabinet des antiquités* in der französischen Hauptstadt ausgestellt wurde. Eine ausführliche Beschreibung des *Apoll von Belvedere* gibt Solger in seinem Reisebericht aus Paris (NS I, S. 77–81). Zur Anwesenheit in Paris der aus den römischen Museen geraubten antiken Statuen siehe Francis Haskell, Nicholas Penny, *Taste and the Antique. The Lure of the Classical Sculpture 1500–1900*, New Haven 1981.

189 Der sogenannte *Fechter* (auch *Gladiator*) *Borghese*, Statue eines kämpfenden Kriegers, signiert mit dem Namen des griechischen Bildhauers Agasias aus Ephesos. Ursprünglich in der Villa Borghese in Rom, befindet er sich seit 1808 im Louvre. Siehe Winckelmann, *Geschichte der Kunst des Altertums*, S. 366.

190 Es handelt sich wahrscheinlich um den sogenannten *Cincinnatus* oder *Jason* im Louvre, Bild eines gebückten Jünglings, der im Begriff ist, sich eine Sandale zuzuschnüren, Marmorkopie eines Bronzeoriginals des 3. Jh. v. Chr. aus der Schule von Lysipp.

191 Antinous war ein junger Mann aus Bithynien, dessen außerordentliche Schönheit das Interesse von Kaiser Hadrian weckte, der ihn als seinen Günstling und Liebhaber nach Rom mitnahm. Nach seinem frühen Tod am Nil wurde er zum Gott erklärt. Den Antinous-Bildnissen, die eine bestimmte Stilrichtung des antiken Porträts bilden, hat Winckelmann eine genaue Beschreibung gewidmet: *Geschichte der Kunst des Altertums*, S. 409 f. Zur Zeit von Solgers Besuch in Paris (1802) waren sowohl der *Antinous Capitolinus* als auch der *Antinous von Belvedere* (eigentlich die Marmorkopie hadrianischer Zeit eines griechischen Hermes) ausgestellt.

192 Gestalt der griechischen Mythologie, die durch das Tragen von männlichen wie von weiblichen sexuellen Merkmalen charakterisiert ist. In Ovids Erzählung ist Hermaphroditos der Sohn von Hermes und Aphrodite, dessen Körper durch einen ungewollten sexuellen Kontakt mit dem einer Nymphe verschmolzen wurde, was ihn zum Zwitterwesen machte. Ov. *met.* IV, 288–383. Der Typus des schlafenden Hermaphrodit, auf den hier hingewiesen wird, war in späthellenistischer und römischer Zeit weit verbreitet.

193 Publius Ovidius Naso (43 v. Chr. – 18 n. Chr.), einer der berühm-

testen Dichter der römischen Antike, ist u.a. der Autor der *Metamorphosen* und der *Ars amatoria*.

[194] Gaius Valerius Catullus (1. Jh. v. Chr.), römischer Dichter, dessen *Carmina* (Gedichte) teilweise erotische und mythologische Themen behandeln.

[195] Im *Erwin* wird Goethes Roman *Die Leiden des jungen Werther*, Leipzig 1774, als das „trefflichste aller Werke" einer Literaturgattung definiert, in welcher „die Kunst durch eine an sich einseitige Richtung des Gefühls oder der Leidenschaft nicht allein das ganze Gemüt, sondern die ganze Sinnesart des Menschen bis in seine tiefsten Überzeugungen hinein ergreift und umwandelt". *Erwin*, S. 349.

[196] Zur Definition von *Rührung* vgl. *Erwin*, S. 349 f. und 376 f.

[197] August Friedrich Ferdinand von Kotzebue (1761–1819), Theaterdirektor und erfolgreicher Autor moralisierender Komödien und Sozialsatiren, die bürgerliche Charaktere und Umfelder inszenierten. Ausgesprochener Gegner des romantischen Ideenguts, wurde er, zusammen mit Iffland, in Ludwig Tiecks Komödie *Der Gestiefelte Kater* zum Gegenstand von Parodie. Scharfe Urteile über Kotzebue tauchen im brieflichen Gespräch zwischen Solger und Tieck auf. Vgl. Matenko, S. 152 und NS I, S. 90. Siehe auch *Erwin*, S. 9. August Wilhelm Iffland (1759-1814), dramatischer Autor, Schauspieler und Theaterintendant. Für Solger stellten seine Komödien ein Modell von Drama dar, welches das bürgerliche Philistertum seiner Zeit ausdrückte. Vgl. *Schlegel-Rezension*, NS II, S. 532.

[198] Der Zyklus *Römische Elegien* von Goethe, zwischen 1788 und 1790 verfasst, aber erst 1795 in Schillers Zeitschrift „Die Horen" veröffentlicht, wurde aufgrund seines erotischen Charakters von vielen (u. a. Herder) stark kritisiert. Der hohe ästhetische Wert der *Elegien* besteht nach Solger hingegen darin, dass der sinnliche Genuss „ein klares und heiteres Element" wird, „worin alle Lebensgeister zugleich frei und mutig spielen, weil sie nicht in der Knechtschaft der Sinne sind, sondern im Wesen des Menschen selbst mit den Sinnen im schönsten Bunde". Vgl. *Erwin*, S. 349.

[199] Das Werk des italienischen Renaissancedichters Ludovico Ariosto (1774–1533) zählt zu den großen Wiederentdeckungen der deutschen Romantik. Sein Ritterepos *L'Orlando furioso* (*Der rasende Roland*, 1516, 1521, 1532) stellt im romantischen Literaturkanon die mondäne Dimension der modernen Kunst dar, die der religiösen und

dogmatischen, von Dante repräsentierten, entgegengesetzt ist. Die erste vollständige deutsche Übersetzung von Johann Diederich Gries, 4 Bde., erschien 1804–1808 in Jena.

200 Zur Definition des Humors vgl. *Erwin*, S. 350–356.

201 Ben Jonson (1573–1637), *Every Man in his Humour* (1598), *Every Man out of his Humour* (1599). Zur Auffassung des Humors bei dem elisabethanischen Dichter vgl. *Erwin*, S. 351. Siehe auch NS II, S. 596 f. sowie August W. Schlegel, *Vorlesungen über dramatische Kunst und Literatur*, Bd. 2, S. 236–242.

202 Hinweis auf Jean Paul, *Vorschule der Ästhetik*. Siehe *Werke*, hg. von Norbert Miller, Bd. 5, München 1980[4], S. 124 ff., 132 f., 139–144. Dazu schreibt Solger im *Erwin*, S. 352: „auch unser Friedrich Richter, der so wunderbar einsichtsvoll seine eigene Kunst entfaltet hat", nennt „den Humor ein umgekehrtes Erhabenes oder auf das Unendliche angewandtes Endliches".

203 Solger hatte den humoristischen Roman *Blumen-, Frucht- und Dornenstücke oder Ehestand, Tod und Hochzeit des Armenadvokaten F. St. Siebenkäs im Reichsmarktflecken Kuhschnappel*, Berlin 1796–1797, schon im Jahr 1800 gelesen und positiv beurteilt. Vgl. NS I, S. 8. Siehe auch *Erwin*, S. 353 f.

204 *The Life and Opinions of Tristram Shandy, Gentleman,* London 1759–67, von Laurence Sterne (1713–1768), ist, zusammen mit dem *Don Quijote*, eines der am häufigsten als Modell des komischen Romans bezeichneten Werke. Für Jean Paul bildet Sterne einen ständigen Bezugspunkt für die Exemplifizierung des humoristischen Phänomens; Friedrich Schlegel, seinerseits, betrachtet ihn als richtunggebend für die Bildung des Komischen in der Modernität. So schreibt er im *Brief über den Roman*: „Der Humor eines Swift, eines Sterne, meine ich, sei die Naturpoesie der höheren Stände unsers Zeitalters", in: KFSA, Bd. 2, S. 331.

205 *Witz* hatte in der spät-rationalistischen Ästhetik die Bedeutung von *ingenium* oder *Scharfsinn*, mit dem aristotelischen Begriff der ἀγχίνοια zusammenhängend, der Fähigkeit, Ähnlichkeiten zu entdecken und Ideen zu kombinieren. In dieser Auffassung bleibt der *Witz* an die untere Sphäre der Rationalität gebunden, die sinnliche: In dieser Richtung spricht sich die *Allgemeine Theorie der schönen Künste* Sulzers (Bd. 2, S. 337 f.) aus. Die Neudefinierung des Begriffs, von Friedrich Schlegel erzeugt, für den der *Witz* „Prinzip und Organ

der Universalphilosophie", „eine logische Chemie", „das Kombinatorische des Gedankes", ist, stellt diesen Begriff auf die Ebene der ästhetischen Vernunft, gleichzeitig dessen Erkenntnis- sowie kreative Weite anerkennend. Siehe *Athenäum*, Fragment 220, KFSA Bd. 2, S. 200. Auch bei Solger ist der Witz mit der Idee einer *ars combinatoria* des künstlerischen Geistes verbunden, die, die Ketten des gemeinen Verstands zerreißend, ungewohnte Synthesen kreiert. Der *Witz* wird im 4. Gespräch des *Erwin* behandelt, siehe insbes. S. 369–371.

[206] In seiner Analyse der *Antigone* (Ἀντιγόνη, 422 v. Chr.) von Sophokles sieht Solger den Kern des tragischen Konfliktes im Dualismus der Werte, die den Ausgangspunkt für die Handlung bilden. Es handelt sich dabei aber nicht um einen Dualismus moralischer Art, wie bei Hegel, sondern eher metaphysischer Natur: Der Konflikt tritt ein, wenn die für den menschlichen Geist unerreichbare absolute Ordnung der Dinge sich in Form von endlichen Gesetzen und einzelnen Handlungen manifestiert, somit die eigene Reinheit verneinend. Die gleichwertige Legitimität der jeweils von Antigone und Kreon verfochtenen Werte hängt davon ab, dass die Göttlichkeit durch ihre notwendige Verbindung mit einer endlichen Existenz parteiisch wird. Vgl. die Einleitung zur *Sophokles-Übersetzung*, NS II, S. 466, sowie die entsprechende Stelle in der *Schlegel-Rezension*, NS II, S. 531 f.

[207] Francesco Petrarca ist einer der einflussreichsten Lyriker der europäischen Literatur. In seinen *Vorlesungen über romantische Literatur* (1804) hatte August Wilhelm Schlegel den verschiedenen metrischen Formen seiner Lyrik und der Auswirkung auf die europäische Literaturtradition besondere Aufmerksamkeit gewidmet. Siehe August W. Schlegel, KAV, Bd. 2,1, S. 158–177. Zur kontemplativen Tendenz von Petrarcas Sonetten vgl. *Erwin*, S. 185.

[208] Die *Canzone* ist eine typisch romanische Gedichtform, die aus einer variablen Zahl von (5, 6 oder 7) Stanzen besteht. Das Sonett (aus dem provenzalischen *sonet*, kleiner Ton) besteht in der Grundfassung aus 14 elfsyllabischen Versen, in zwei Quartinen und zwei Terzinen gruppiert.

[209] Die neue griechische Komödie, die sich im hellenistischen Athen entwickelte, basierte auf der Darstellung menschlicher Typen durch fixe Rollen. Ihr wichtigster Vertreter war Menander (342/41–291/90 v. Chr.). Siehe dazu *Schlegel-Rezension*, NS II, S. 539 ff.

210 *El ingenioso hidalgo don Quijote de la Mancha* (Madrid 1605, zweiter Teil 1615) von Miguel de Cervantes Saavedra (1547–1616) avancierte für die Romantiker zum Prototyp des modernen Romans. Gelesen wurde er vor allem in der Übersetzung von Ludwig Tieck, *Leben und Taten des scharfsinnigen Edlen Don Quixote von la Mancha*, 4 Bde., Berlin 1799–1801. Aus einem Brief an Tieck vom 12.8.1815, wo er von der Lektüre des Romans mit seiner Frau berichtet, wird ersichtlich, dass Solger selbst „zur Uebung" den Gesang von Christostomus übersetzt hatte, eine *Canzone* aus dem zweiten Buch des Quijote, mit besonderer Beachtung der metrischen Form: „Manches gefiel mir noch, besonders waren mir die inneren Reime am Ende der Stanzen, die Sie weggelassen hatten, leicht genug gerathen" (Matenko, S. 178 f.). Die Übersetzung ist nicht erhalten.

211 In *Die Vögel* (Ὄρνιθες, 414 v. Chr.) erklären die Vögel den Göttern den Krieg und die Menschen willigen ein, sie als ihre neuen Gottheiten anzubeten. Die Wolken (αἱ νεφέλαι, 423 v. Chr.) ist eine Satire über das sophistische Denken, in welcher Sokrates in einem auf halber Höhe schwebenden Korb erscheint, von wo aus er in Anbetung der Wolken den Himmel betrachtet. Dem Werk wurde vorgeworfen, zur Verurteilung des Sokrates beigetragen zu haben, und wird in Platons *Apologie* polemisch erwähnt (Plat. Apol. 19c).

212 In der *Schlegel-Rezension* wird diesem Verfahren eine positive kompositorische Bedeutung zugeschrieben und es als Berührungspunkt mit der modernen Komik verstanden. NS II, S. 538.

213 Über *Euripides* (Εὐριπίδης 480/484–406 v. Chr.), den dritten der großen griechischen Tragiker, deren Werke überliefert sind, vertritt Solger teilweise die etwas abwertende Meinung von August Wilhelm Schlegel über die „kleinliche Moral" des Dichters, unterstreicht jedoch, dass Euripides „unleugbar einen großen Fortschritt machte, indem er eine neue, eine der griechischen Poesie damals ganz unbekannte Welt aufschloß, die Welt des Gemüths und der im Inneren desselben wirkenden Mächte". *Schlegel-Rezension*, NS II, S. 533. Damit relativiert er den romantischen Tragödienkanon. Zur frühromantischen Wertung der griechischen Tragiker siehe Glenn W. Most, *Schlegel, Schlegel und die Geburt eines Tragödienparadigmas*, „Poetica" 25, 1993, S. 155–175.

214 Die Idee der Ironie als Distanzierung des Künstlers bildet einen der Kontaktpunkte zwischen den Theorien Fr. Schlegels und Solgers.

Man vergleiche z. B. das Fragment 37 des *Liceum*, KFSA, Bd. 2, S. 151. In einer Schrift, die der definitiven Erarbeitung der im *Erwin* präsentierten Theorie der Ironie, *Über den Ernst in der Ansicht und dem Studium der Kunst* (1811), um einige Jahre voranging, weist Solger, wenn auch ohne explizite Erwähnung der Ironie, auf die innere Haltung des Künstlers als das aktive Prinzip künstlerischer Schöpfung hin, wodurch der Künstler selbst „wieder über das Schöne, so vollkommen es auch in der Wirklichkeit erscheinen möge, zu dessen höchssten Urquell sich erhebt und gleichsam spielend über sein eigenes, immer doch nur endliches Streben zu lächeln vermag" (NS II, S. 433).

215 Lukian von Samosata (120–180 n. Chr.) war ein hellenistischer Schriftsteller syrischer Abstammung, dessen meistens satyrische und kritische Werke vom Epikureismus geprägt waren.

216 Christoph Martin Wieland (1733–1813) wurde als ein Nachahmer Lukians betrachtet, dessen Werke er übersetzt hatte: *Lukians Sämtliche Werke*, 6 Bände, Leipzig 1788–1789.

217 Hinweis auf zwei in Griechenland spielende philosophische Romane von Wieland, auf die *Geschichte des Agathon* (Zürich 1766–1767) und den späten Briefroman *Aristipp und einige seiner Zeitgenossen,* 4 Bde., Leipzig 1800–1802. Letzterer dreht sich um die Entwicklung der sokratischen Schulen, sich auf die Figur des Aristippos von Kyrene fokussierend, der die antiplatonischen Positionen des Autors zur Sprache bringt.

218 Michelangelo Buonarroti (1475–1564), einer der wichtigsten Bildhauer und Maler der Italienischen Renaissance. Dass Solger Michelangelo eine besondere Stellung in der Entwicklung der modernen Kunst zuschreibt, lässt sich einem Brief an Friedrich von Raumer vom 2. 2. 1817 (NS II, S. 517) entnehmen: „Als ich am Schlusse des Erwin sagte, es sei möglich, daß es eine Kunst gebe, die zwischen der alten und der neuen Kunst in der Mitte stehend, von dem reinsten Begriffe ausgehe, dachte ich an ihn, ohne ihn nennen zu dürfen, weil mir die Anschauung seiner Originalwerke abgeht".

219 *Regulus* (1801) ist ein historisches Drama des österreichischen Schriftstellers Heinrich Joseph von Collin (1771–1811). 1802 wurde das Stück im Berliner Nationaltheater mit großem Erfolg aufgeführt. Von der „großen Sensation" in den deutschen Theatern ausgehend, publizierte A. W. Schlegel (anonym) eine kritische Besprechung in der „Zeitschrift für die elegante Welt" (April 1802). Eine nicht ganz

positive Rezension von Goethe erschien 1805 in der „Jenaischen Allgemeinen Literatur-Zeitung".

220 Hor. *Ars poetica* 147–150.

221 Die Diskussion geht auf Goethes Schrift *Einfache Nachahmung der Natur, Manier, Stil* (1788) zurück: „Wie die einfache Nachahmung auf dem ruhigen Dasein und einer liebevollen Gegenwart beruht, die Manier eine Erscheinung mit einem leichten, fähigen Gemüt ergreift, so ruht der Stil auf den tiefsten Grundfragen der Erkenntnis, auf dem Wesen der Dinge, insofern uns erlaubt ist, es in sichtbaren und greiflichen Gegenstände zu erkennen". *Sämtliche Werke*, Bd. 18, S. 227. Solger weist hier auf die Position August Wilhelm Schlegels hin, der Stil und Manier als Positives und Negatives kontrastiert. Vgl. A. W. Schlegel: *Über das Verhältnis der schönen Kunst zur Natur; über Täuschung und Wahrscheinlichkeit; Über Stil und Manier*, KAV Bd. 1, S. 252–266.

222 Raffaello Sanzio oder Santi (1483–1520) ist eine der von den Romantikern am meisten verehrten Figuren der italienischen Renaissancemalerei. Seiner *Sixtinischen Madonna* in der Dresdner Gemäldegalerie ist, mit Winckelmanns *Gedanken über die Nachahmung der griechischen Werken in der Malerey und Bidhauerkunst* (Dresden-Leipzig 1756, S. 26 f.) beginnend, eine Serie von enthusiastischen Beschreibungen gewidmet. Während seines Besuchs in Dresden im Jahr 1812 schreibt Solger: „Wenn ich die Hl. Cäcilia, obgleich nur Copie nach Raphael von *Giulio Romano*, oder eine hier befindliche Copie der *Madonna della sedia*, vor allen aber, wenn ich die Madonna des heil. Sixtus von Raphael betrachte, so dünkt mich immer, daß diese Malerei nicht blos dem Grade, sondern der ganzen Art nach von allen übrigen verschieden sei". NS I, S. 239.

223 Zu Correggio s. oben, Anm. 167.

Dritter Teil · Besondere Kunstlehre (S. 203 ff.)

224 So z. B. in Wilhelm Traugott Krug, *Versuch einer systematischen Enzyklopädie der schönen Künste*, Leipzig 1802.

225 Zum Verhältnis von Poesie und Sprache vgl. *Erwin*, S. 241 ff.

226 Bezüglich der Frage nach dem Ursprung der Architektur vertritt Solger die Positionen seines Freundes Schinkel, gegen den Funk-

tionalismus von Aloys Hirt. Dazu auch *Erwin*, S. 271 ff. Zu Solger und Schinkel s. weiter Anm. 305.

227 So im *Erwin* zur Parallelstellung von Architektur und Musik: „Wenn nämlich der Zuhörer, wie in der Baukunst der Beschauer, mit seiner ganzen Seele in das Kunstwerk hineingezogen wird, so kann er sich auch nicht mehr in einem äußeren Verhältnisse des Auffassens zu demselben denken, und so verschwindet der Zweck der Mitteilung". *Erwin*, S. 275. Zur Musik *Erwin*, S. 274 ff.

228 Vgl. Lessing, *Laokoon*, Kap. 16 (*Werke und Briefe* 5/1, S. 118 ff.), in dem auf die folgenden Ekphrasis-Beispiele bei Homer eingegangen wird.

229 Hom. Il. V, 722–731.

230 Hom. Il. II, 42–47.

231 Hom. Il. XVIII, 478–607.

232 Der Mimos war eine Form komischen Theaters, das aus kurzen prosaischen Szenen bestand, von den sizilischen Dichtern Xenarchos und Sophron aus Syrakus (5. Jh. v. Chr.) vertreten. Kolon ist eine alte Bezeichnung für die Struktureinheit der rhythmischen Prosa.

233 Der Theorie der literarischen Gattungen ist ein Teil des dritten Gesprächs des *Erwin* gewidmet. Siehe *Erwin*, S. 249–259. Solger hatte jedoch vor, das Thema in einem weiteren Dialog ausführlicher zu behandeln. Vgl. Brief an Tieck vom 11.5.18.

234 Zur tragischen und komischen Ironie siehe *Schlegel-Rezension*, NS II, S. 512–515.

235 Die auf dem Gegensatz subjektiv – objektiv gründende Gattungsunterscheidung ist ein Topos der romantisch-idealistischen Poetik, von Friedrich Schlegel zu Schelling bis hin zu Hegel. Siehe z. B. Schelling, *Philosophie der Kunst*, S. 658.

236 Hinweis auf das epische Gedicht *La Henriade*, Paris 1723, in dem Voltaire das Leben des französischen Königs Henri IV glorifiziert. Vgl. A. W. Schlegels *Vorlesungen über schöne Literatur und Kunst*, KAV Bd. 1, S. 365 f.

237 *Borussia in zwölf Gesängen*, Berlin 1794, ist ein Epos von Daniel Jenisch (1762–1804), das die Ereignisse des Siebenjährigen Krieges erzählt.

238 Siehe oben, Anm. 137 und 138.

239 Zu Ossian siehe oben, Anm. 146. Solgers kritische Position ist auch in *Erwin*, S. 296 ausgedrückt.

240 Ein übergreifender Eposbegriff, der die verschiedenen Untergattungen einbezieht, ist im *Erwin* so formuliert: „Die epische Behandlungsart, auf die es zur Bestimmung der Gattung allein ankommt, [geht] von dem reinen göttlichen Wesen an bis in die Gegenwart und Wirklichkeit des zeitlichen Lebens, so daß, außer dem gewöhnlich so genannten Epos, sich die Theogonien und mystischen Darstellungen Gottes und des Weltalls, wie Dantes, mit dem Rittergedichte, dem Roman, dem Märchen, der Idylle, der Fabel, ja (...), mit der gnomischen Sittenlehre und der Satire, sämtlich in einer Gattung vereinigt finden". *Erwin*, S. 252.

241 Das idyllische hexametrische Gedicht *Luise*, Königsberg 1795, von Johann Heinrich Voss (1751–1826) gilt als Inspirationsquelle und metrisches Vorbild für das Epos *Hermann und Dorothea* von Goethe (*Taschenbuch für 1798*, Berlin 1797).

242 J.W. Goethe, *Iphigenie auf Tauris*, Leipzig 1787, erste Prosafassung 1779, ist eine Bearbeitung des Stoffes der *Iphigenie bei den Taurern* von Euripides. Die Frage, ob das Werk im Wesentlichen als antik oder als modern zu betrachten sei, war ein Thema des Gesprächs zwischen Goethe und Schiller. Letzterer hatte zuerst in einer berühmten Rezension die Verschränkung von Antike und Moderne angesprochen (1788, NA XXII, S. 211–279), später das Werk als „erstaunlich modern und ungriechisch definiert" (an Körner, 21.01.1802, NA XXXI, S. 90).

243 Publius Vergilius Maro (70–19 v. Chr.), römischer Dichter. Der Bezug ist hier auf die *Aeneis*, das epische Gedicht in zwölf Büchern, verfasst zwischen 29 und 19 v. Chr., das die abenteuerliche Reise des trojanischen Prinzen Aeneas nach Latium, wo er zum Gründer der *gens Iulia* wird, erzählt. Dem *princeps* Oktavian gewidmet, wurde es zum römischen Nationalepos.

244 Die *Ciris* ist eine zu der sogenannten *Appendix Virgiliana* gehörende Dichtung in Hexametern, die die Legende der Skylla erzählt. Die Zuschreibung zu Vergil ist umstritten.

245 Aristoteles stellt unentwegt einen Bezug zwischen Homer und der Tragödie her. Es ist eigentlich Plato, der im *Staat* Homer als den „Anführer der Tragödie" definiert. Plato, Resp. X, 3.

246 Die *Batrachomyomachie* (Βατραχομυομαχία, *Der Froschmäusekrieg*) ist eine hellenistische Parodie des heroischen Epos, die in der Antike Homer zugeschrieben wurde.

[247] Der *Margites* (Μαργίτης) ist ein als homerisch überliefertes komisches Gedicht, in dem Aristoteles eine Art Urform der Komödie sieht. S. Aristoteles, *Poet.* IV,1448b-1449a. Für ihn habe Homer so wie für die Tragödie auch für die Komödie den ersten Ansatz gegeben: „Wie nun Homer für das Edle der vorzüglichste Dichter war – denn er hat als einziger nicht nur gut gedichtet, sondern auch dramatische Nachahmungen hervorgebracht –, so hat er auch als erster die Form der Komödie angedeutet“, *Poet.* IV 4, 1449a.

[248] Gnomische Dichtungen sind literarisch kodierte Sprüche oder Sentenzen. Unter die gnomischen Dichter werden Fokilides, Pitagoras, Hesiod, Theognides, Solon gezählt.

[249] Hesiod (Ἡσίοδος, Ende 8. – Anfang 7. Jh. v. Chr.) war der erste griechische Dichter, der seine Werke „unterzeichnete“. Sein in Hexametern verfasstes Epos, die *Theogonie* (*Θεογονία*, um 700 v. Chr.), beschreibt die Entstehung der Gottheiten und der menschlichen Welt. Es stellt eine der Hauptquellen für die Erforschung der griechischen Mythologie dar. Solger geht auf das Werk in seinen *Mythologischen Ansichten* ein. S. NS II, S. 686–692.

[250] Xenophanes von Kolophon (Ξενοφάνης, 570–475 v. Chr.), Philosoph und Dichter. In seinem dem jonischen Denken verpflichteten epischen Gedicht *Über die Natur* (*Περὶ φύσεως*) kritisiert er vor allem den Anthropomorphismus der homerischen und hesiodischen Götterwelt.

[251] Parmenides von Elea (Παρμενίδης, um 520/515 v. Chr. – um 460/455 v. Chr.) war ein griechischer Philosoph, der Begründer der Eleatischen Schule. Sein fragmentarisch überliefertes philosophisches Gedicht in Hexametern *Über die Natur* (Περὶ Φύσεως) stellt die erste philosophische Formulierung des Seinsbegriffs dar.

[252] Empedokles von Agrigent (᾿Εμπεδοκλῆς, 5. Jh. v. Chr.) war ein griechischer Philosoph, Arzt und Dichter. Seine Lehre der vier Elemente, aus welchen das Naturganze bestehe, ist aus den Fragmenten zweier philosophischer Lehrgedichte bekannt: *Über die Natur* (*Περὶ φύσεως*) und *Reinigungen* (*Καθαρμοί*).

[253] Titus Lucretius Carus, römischer Dichter der caesarischen Zeit (etwa 98–55 v. Chr.). Sein von Cicero posthum veröffentlichtes Gedicht *De rerum natura* (*Über die Natur der Dinge*) stellt eine der wichtigsten Quellen zum epikureischen Denken und zur atomistischen Naturtheorie dar.

[254] Äsop (Αἴσωπος, angebl. 6. Jh. v. Chr.) war der Autor von auf Gleichnissen beruhenden kurzen Geschichten, die aus der Antike in verschiedenen metrischen Fassungen überliefert wurden (*Corpus Fabularum Aesopicarum*).

[255] Hesiods *Werke und Tage* (Ἔργα καὶ ἡμέραι, um 700 v. Chr.) bietet, von den Konzepten von Arbeit und Gerechtigkeit sowie von ökonomischen und moralischen Ratschlägen ausgehend, Vorschriften für die Landarbeit und Seefahrt.

[256] Theognis von Megara (Θέογνις ὁ Μεγαρεύς, Mitte des 6. Jh.) ist der mutmaßliche Autor einer Serie von Spruchdichtungen, moralischen Reflexionen und Sentenzen, in elegischem Versmaß geschrieben, die als *Corpus Theognideum* überliefert sind.

[257] Simonides (Σιμωνίδης) von Keos (556–468 v. Chr.), griechischer Lyriker, Begründer der zweiten Phase der Chorlyrik. Er gilt als der Verfasser des Thermopylen-Epigramms („Wanderer, kommst du nach Sparta …").

[258] Die *Goldenen Sprüche* oder *Goldenen Verse* (*χρυσᾶ ἔπη*) sind eine Serie von 71 Versen (Hexametern), die aus der pythagoreischen Schule stammen.

[259] Salomon Geßner (1730–1788), Schweizer Schriftsteller und Maler, Autor der berühmten, von Theokrit und dem italienischen Arkadien inspirierten *Idyllen*, Zürich 1756.

[260] Theokrit (Θεόκριτος, 315–260 v. Chr.), hellenistischer Dichter, war der Initiator der bukolisch-idyllischen Lyrik. Seine *Idyllen* (*Εἰδύλλια*), die das Vorbild von Vergils *Eklogen* darstellen, erfuhren im 18. Jh. besonders durch die Übersetzungen von Johann Heinrich Voß eine literarische Renaissance.

[261] Hinweis auf die Idyllen von Friedrich Müller, genannt Maler Müller (1769–1825), Dichter und Maler, seit 1778 in Rom lebend, der erst dem klassizistischen Weimarer Kreis angehörte und später Kontakte mit den Romantikern anknüpfte, unter anderen mit Ludwig Tieck. Tieck gab sein gesammeltes Werk heraus: *Mahler Müllers Werke*, 3 Bde., Heidelberg 1811.

[262] Hinweis auf die *Sermones* (*Satiren*, 35 v. Chr. Bd. 1., 30 v. Chr. Bd. 2) von Quintus Horatius Flaccus.

[263] Aulus Persius Flaccus (34–62 n. Chr.), römischer Dichter, dessen *Satiren* (*Saturae*), entstanden in einem engen Kreis von Stoikern, moralistische Vorsätze mit literarischer Polemik verbinden. Solger

hatte Persius in Rahmen seiner Lehrtätigkeit an den Universitäten zu Frankfurt an der Oder und zu Berlin behandelt. Siehe Brief an Abeken vom 28.10.1810, NS 1, S. 201 sowie *Die Vorlesungen an der Berliner Universität 1810–1834*, hg. von Wolfgang Virmond, Berlin 2011, S. 68.

[264] Die Satiren (*Saturae*) des römischen Dichters und Rhetors Decimus Iunius Iuvenalis (um 50/60–127 n. Chr.) sind um die Bloßstellung der Sitten und Lebensstile der Zeitgenossen zentriert.

[265] Das Vorbild für dieses literarische Genre sind die *Epistulae* Horazens (20 v. Chr.), fiktive Versbriefe philosophisch-meditativen Charakters. Zu ihnen gehört auch die *Epistula ad Pisones,* als *Ars poetica* bekannt.

[266] Im *Erwin*, S. 296 f. wird „zwischen den beiden großen Familien des echten, neueren Epos" unterschieden, „wovon die eine die mystischen Religionssagen vom heiligen Gral zum Eigentum hat, die andere aber, worin das Lied der Nibelungen hervorragt, eine menschliche Lebenswelt" bilde.

[267] Hinweis auf die Artussage, deren Geschichten und Figuren im deutschsprachigen Raum im ersten Viertel des 13. Jh. von Wolfram von Eschenbach bearbeitet wurden. Die mittelalterliche Literatur war Gegenstand des Gesprächs mit Tieck, der 1803 *Die Minnelieder aus dem Schwäbischen Zeitalter* herausgegeben und die altdeutsche Dichtung weitgehend sowohl kritisch als auch als literarische Vorlage behandelt hatte. Vgl. z. B. die Kritik an der *Lohengrin*-Edition (Heidelberg 1813) von Joseph Görres im Brief an Solger vom 18.5.1818, Matenko, S. 445 f. Zum *Parzival* als allegorischem Gedicht und über den Unterschied von Allegorisch und Mystisch siehe Solger an Tieck, 3.8.1818, Matenko, S. 368 f.

[268] Die Parallelisierung der *Nibelungen* mit der *Ilias* war in der Zeit ein gängiger Topos, zu dessen Verbreitung A. W. Schlegels Berliner *Vorlesungen* beitrugen (vgl. KAV, Bd. 1, S. 642; Bd. 2,1, S. 92 f.). Schlegels Meinung folgend behauptete der junge Solger, dass das Lied der Nibelungen, „was seine Anlage betrifft, größer als die Ilias" sei. (Tagebucheintrag vom Dezember 1803, NS I, S. 124). Später verfolgte er mit großem Interesse, trotz aller philologischen Bedenken, die Arbeit des Freundes Friedrich von der Hagen, der zuerst eine neudeutsche Übertragung (*Der Nibelungen Lied*, Berlin 1807), dann eine kritische Ausgabe des Epos veröffentlichte: *Das Nibelungenlied in der*

Ursprache mit den Lesarten aller Handschriften und Erläuterungen der Sprache, herausgegeben von Friedrich Heinrich von der Hagen, Berlin 1810. Über Solgers Unzufriedenheit mit Hagens Ansatz berichtet der Freund Bernhard Rudolf Abeken in *Goethe in meinem Leben*, hg. von Adolf Heuermann, Weimar 1904, S. 61 f. Zu Solgers Beschäftigung mit dem Nibelungenlied siehe Wolfhart Henckmann, *Solger und die Berliner Kunstszene*, in: *Kunsterfahrung und Kulturpolitik* im Berlin Hegels, hg. von Otto Pöggeler und Annemarie Gethmann-Siefert, „Hegel-Studien" Beiheft 22 (1983), S. 309–331.

269 Hinweis auf das Romanfragment *Tristan* (um 1210) von Gottfried von Straßburg (Ende 12. bis Anfang 13. Jh.), das eine Bearbeitung des Tristan-Isolde-Stoffes darstellt.

270 *Das Märchen* ist der letzte Beitrag in Goethes Novellenzyklus *Unterhaltungen deutscher Ausgewanderten*, erschienen in „Die Horen" 1 (1795), 10. Stück.

271 Ludwig Tieck (1773–1853) war einer der produktivsten Autoren von „Kunstmärchen" der Romantik. Sehr den Dichtern und Kritikern des Jenaer frühromantischen Kreises verbunden, insbesondere Novalis und den Schlegel-Brüdern, knüpfte er von 1810 an eine sehr enge Freundschaft mit Solger, die vom dichten Briefwechsel bezeugt wird. Seine berühmtesten Märchen, u. a. *Der blonde Eckbert* (1797), *Der getreue Eckart* (1799) und *Der Tannhäuser* (1799), *Der Runenberg* (1804), wurden in *Phantasus. Eine Sammlung von Märchen, Schauspielen und Novellen*, hg. von Ludwig Tieck (Bde. 1–2 Berlin 1812, Bd. 3 Berlin 1816), vorgestellt. Solger trug durch gründliche Lektüre der Texte und stete Ermutigung stark zur Durchführung des von Tieck in der Jenaer Zeit (1799–1800) konzipierten Projektes des *Phantasus* bei. Insbesondere das erst im dritten Band erschienene Märchenschauspiel *Fortunat* wurde gemeinsam gelesen und diskutiert. Siehe dazu den Kommentar von Manfred Frank zu L. Tieck, *Phantasus. Schriften*, Bd. 6, Frankfurt a. M. 1985, S. 1150 ff. sowie S. 1174–1199.

272 Es wird auf Novalis' (Friedrich von Hardenberg, 1772–1801) Märchen von *Hyacinth und Rosenblüthe* angespielt, das im posthum veröffentlichten Romanfragment *Die Lehrlinge zu Sais* (in: *Schriften*, hg. von Ludwig Tieck und Friedrich Schlegel, Bd. 2, Berlin 1802) enthalten ist. In einem Tagebucheintrag aus dem Jahre 1803 hatte sich Solger viel positiver über Novalis' *Heinrich von Ofterdingen*

geäußert: „H. v. O. ist ein neuer und äußerst kühner Versuch, die Poesie durch das Leben selbst darzustellen, ausgeführt mit einem für das Unendliche flammenden Herzen, einer reichen schöpferischen Phantasie, und so viel jetzt man sehn kann, auch mit einem klugen Verstande". NS I, S. 95. Dass Solgers Urteil über Novalis später kritischer ausfiel, war ein Gesprächsgegenstand mit Tieck. Vgl. Tieck an Solger, 18.10.1817, Matenko, S. 403.

273 Hinweis auf das 6. Buch von *Wilhelm Meisters Lehrjahre* (Berlin 1796–1796), nämlich auf die „Bekenntnisse einer schönen Seele", eine autobiographische Erzählung des pietistisch-religiösen Weges zur Selbstverwirklichung einer Frau.

274 In den *Don Quijote* von Cervantes (siehe oben, Anm. 210) sind einige Novellen integriert, die einen wichtigen Bestandteil der Romanstruktur bilden, so z. B. *El curioso impertinente* (*Novelle vom grübelnden Fürwitzigen*, I, 33–35), die Geschichte von *Cardenio und Luscinda* (I, 24), die Geschichte von *Marcela und Crisóstomo* (I, 12–14).

275 Zu den *Wahlverwandtschaften* siehe oben, Anm. 162.

276 Johann Wolfgang Goethe, *Die Leiden des jungen Werthers*, Leipzig 1774. Zu Goethes Roman vgl. *Erwin*, S. 349.

277 Gemeint sind Werke wie *Diana* (1559) von Jorge de Montemayor, *La Galatea* (1585) von Miguel de Cervantes, *Arcadia* (1598) von Lope de Vega, die die Abenteuer und Liebschaften von idealisierten Schäferinnen und Schäfern erzählen.

278 Der italienische Dichter Giovanni Boccaccio (1313–1375) wurde von August Wilhelm Schlegel als einer (mit Dante und Petrarca) der „drey Stifter der romantischen Kunst" bezeichnet (*Vorlesungen über die romantische Literatur*, KAV II,1, S. 183). Sein berühmtes *Decameron* (1348–1353), vom italienischen Literaturhistoriker Francesco de Sanctis in Anspielung auf Dante als „die weltliche Commedia" definiert, besteht nämlich aus einer Reihe von Novellen profanen, stellenweise erotischen Inhalts, welche die Mannigfaltigkeit der gesellschaftlichen Verhältnisse schildern.

279 Heinrich von Kleist (1777–1811), *Michael Kohlhaas*, erste unvoll. Fassung in: *Phöbus* (1808), H. 6, S. 20–34, dann in H. v. K., *Erzählungen*, Berlin 1810, S. 1–215. Solger hatte das Werk Kleists schon früh positiv rezipiert. Ein differenziertes Urteil über seine literarische Produktion findet sich im Brief an Tieck vom 4.9.1817, Matenko,

S. 376–378. Was Kleist in Solgers Sicht kennzeichnet und ihn über die zeitgenössischen Dichter erhebt, sei „sein tiefes und oft erschütterndes Eindringen in das Innerste des menschlichen Gefühls, was mir nur oft zu hart und fast roh an das Licht riss, und die außerordentliche Energie und plastische Kraft der äußeren Darstellung" (S. 377). Anfänglich vor allem von den Erzählungen beeindruckt (vgl. Brief an von Raumer vom 31.12.1810, NS I, S. 207), kam Solger später zu einer enthusiastischen Würdigung des dramatischen Werks, insbesondere des *Prinzen von Homburg*. Tieck hatte ihn in die Editionsarbeit von Kleists Schriften miteinbezogen, sowohl auf seine philologische als auch auf seine kritisch-ästhetische Kompetenz rechnend (siehe Matenko, S. 251 ff., S. 283), aber die Zusammenarbeit wurde durch den frühen Tod Solgers im Jahr 1819 unterbrochen. Solgers briefliche Überlegungen wurden in die Einleitung zu *H. v. Kleist's hinterlassenen Schriften*, Berlin 1821, die von Tieck herausgegeben wurden, mit aufgenommen.

[280] Quintus Horatius Flaccus, *Oden* (*Carmina*, Bücher 1–3, 23 v. Chr.; Buch IV, 13 v. Chr.).

[281] Hinweis auf Sophokles, *Antigone*, 333–343, hier in der Übersetzung von Solger: „Vieles Gewalt'ge lebt, und doch/ Nichts gewaltiger, denn der Mensch;/ Weil auf dunkler Flut der See/ Von Südstürmen umhergedrängt,/ Er tritt, des Wogengetoses/ Empörten Schwall hindurch./ Die Erde selbst, der Götter Höchste/ Nimmer zu tilgende, nie/ Zu ermattende, müht er mit kreisendem Pflug./ Mit der Rosse Geschlecht, von Jahr/ Zu Jahr sich wendend". *Des Sophokles Tragödien*, Berlin 1808, Teil. 1, S. 182 f.

[282] Der Dithyrambos war ein Hymnus zu Ehren des Dionysos. So im *Erwin*, S. 294: „Worin die Idee der Gottheit in ihrer höchsten Fülle walten mochte, das war wohl der Dithyrambus; und eben deswegen war dieser so voll heftiger und stürmischer Bewegungen, weil durch ihn sich diese Idee in ihrem ganzen Umfang in die Wirklichkeit hinausdrängen musste".

[283] Der Päan oder Paian war ein Choralgesang, ursprünglich Apollon gewidmet, zur Feier eines Kampfs oder eines Sieges.

[284] Gemeint sind die sogenannten *Homerischen Hymnen*, eine Gruppe von 33 anonymen, von der Tradition Homer zugeschriebenen hexametrischen Dichtungen, die die Taten eines Gottes rühmen.

[285] Die Geschichte des Don Ruy Diaz de Bivar genannt El Cid

Campeador, des Helden der Spanischen Reconquista gegen die Mauren im 11. Jh., lieferte den Stoff für viele Romanzen. Solger weist hier auf *El cantar de mio Cid*, spanisches Epos vom Ende des 12. Jh. hin.

286 Hinweis auf Jean Baptiste Racine (1639–1699), einen der wichtigsten Theaterdichter der französischen Klassik. Seine Tragödie *Phèdre* (1677) wurde von Schiller ins Deutsche übersetzt (*Phädra*. Trauerspiel von Racine, Tübingen 1805). Thema des Stücks ist die destruktive Leidenschaft der Protagonistin für Hippolitus, den Sohn seines Ehemannes. Wie die Romantiker war Solger sehr negativ gegenüber dem französischen Theater der *âge classique* eingestellt. Siehe *Schlegel-Rezension*, NS II, S. 544–552.

287 Solger weist auf den Schriftsteller und Juristen Amadeus Gottfried Adolf Müllner (1774–1829) hin, vor allem als Vertreter der sogenannten „Schicksalstragödie" bekannt (*Der neunundzwanzigste Februar*, Leipzig 1812; *Die Schuld*, Leipzig 1816). Über die populäre Gattung äußert sich Solger sarkastisch in der *Schlegel-Rezension*, NS II, S. 625.

288 Die Parabase (παράβασις) der antiken Komödie ist eine Art Zwischenspiel, das auf den ersten Teil (ἀγών) folgt. Der Chor tritt ohne Maske auf und wendet sich direkt ans Publikum, teilweise die Positionen des Autors verteidigend, teilweise spottend.

289 J. W. Goethe, *Torquato Tasso. Ein Schauspiel* (erstmals in: *Goethe's Werke*, Bd. 6, Leipzig 1790). Zum Drama schreibt Solger in der *Schlegel-Rezension*, NS II, S. 616: „Der tragische Grund dieses Stückes liegt wohl darin, daß eben die Eigenthümlichkeit, die zarte Organisation, welche das große Dichtertalent des Tasso ausmacht, ihn zugleich im Leben in die kleinlichste Empfindlichkeit und Haltungslosigkeit stürzt, und daß sich in seinen äußeren Verhältnissen am Hofe beides durch einander entwickeln aber auch wieder aufreiben, und so seinen Geist zum Opfer seiner eigenen Schönheit machen muß. Wäre nicht bei der Ausführung auch hier dem Princip des Romans ein gewisses Übergewicht verstattet, wäre die Handlung nicht so ganz innerlich und träte nur etwas mehr in äußere Gestaltung [...] so würde dieses Werk auch auf dem Theater lebhafter wirken, als es pflegt".

290 Zur Definition der Plastik vgl. *Erwin*, S. 262 f.

291 Die Sphinx war in der altägyptischen Kultur ein phantastisches Wesen mit dem Körper eines männlichen Löwen und einem Men-

schenkopf. Darstellungen der Sphinx sind auch in der griechischen und römischen Kunst zu finden. Löwen kommen in der griechischen Kultur in Zusammenhang mit dem mystischen Dionysos vor und stellen, unter anderem, die Formen der Zeitlichkeit dar.

[292] Zum *Apoll von Belvedere* siehe oben, Anm. 188. Solger weist auf eine Statue der Göttin Pallas (Athene), eine römische Kopie aus Marmor eines (vermutlich) um 430 v. Chr. vom Bildhauer Kresilas geschaffenen Bronzeoriginals, hin. Die ca. 3 Meter große Figur wurde 1797 in der Nähe von Velletri ausgegraben und befand sich ab 1798 in Paris, wo Solger sie sehen konnte.

[293] Kybele ist eine Gottheit anatolischen Ursprungs, welche die Naturgewalten symbolisiert.

[294] Die *Artemis von Ephesus* ist eine orientalische und mystische Variante der hellenischen Göttin. Es handelt sich um eine Fruchtbarkeitsgöttin der Erde, der Tiere und der Menschen. Die Statue, die im großen Tempel von Ephesos stand, wird durch den Oberkörper charakterisiert, der vier Reihen von Brüsten trägt.

[295] Die eleusinischen Mysterien, nach der heiligen Stätte der Demeter in Eleusis benannt, waren mit dem Kultus von Demeter und Kore und deren Initiationsriten verbunden. Solger behandelt sie in seinen mythologischen Arbeiten, die erst vom Philologen Karl Otfried Müller in den *Nachgelassenen Schriften* ediert wurden. Siehe NS II, S. 716 f.

[296] Vgl. Winckelmann, Geschichte der Kunst des Altertums, S. 207 ff.

[297] Phidias (Φειδίας, 490–430 v. Chr.), der wichtigste Bildhauer der Perikleischen Zeit, war der führende Baumeister und Bildhauer des Parthenon-Tempels auf der Akropolis. Eigentlich wird Phidias von Winckelmann, der ihn mit Raphael und Michelangelo vergleicht, als ein Wendepunkt der griechischen Plastik betrachtet. Durch ihn geht nämlich die griechische Kunst zum „großen Stil" der Hochklassik über. Vgl. *Geschichte der Kunst des Altertums*, S. 214 f.

[298] Thomas Bruce, Earl of Elgin (1766–1841), ein englischer Diplomat, von 1799 bis 1803 am osmanischen Hof in Istanbul tätig, erhielt von den türkischen Behörden die Erlaubnis, antike Kunstwerke aus Griechenland nach England zu überführen, darunter die Statuen des Pharthenos-Tempels in Athen. Solger bekam durch Tieck das *Memorandum on the Earl of Elgin's Pursuits in Greece*, Edinburgh 1810, s. Matenko, S. 416.

[299] Zu den Antinous-Bildern siehe oben Anm. 191.

[300] Gemeint ist wahrscheinlich der *Faun von Belvedere*. S. Winckelmann: *Geschichte der Kunst des Altertums*, S. 275, Die Statue befand in der Zeit von Solgers Besuch in Paris.

[301] Eine genaue Beschreibung der Statue hat Winckelmann in der *Geschichte der Kunst des Altertums*, S. 347 ff. gegeben. Solger hatte die *Laokoon*-Gruppe 1802 in Paris gesehen.

[302] Solger weist hier wahrscheinlich auf die klassizistische Manier eines Jacques Louis David (1748–1825), der Historienmalerei und Nachahmung der Antike verband, oder auf die eines mehr auf mythologische Bilder konzentrierten Joseph-Marie Vien (1716–1809) hin.

[303] Zu Michelangelo Buonarroti s. oben, Anm. 218.

[304] Tiziano Vecellio (1485/90–1576) gilt als Höhepunkt der venezianischen Renaissancemalerei, die durch ihre Konzentration auf Kolorit und Farbe den Gegenpol zur mehr „zeichnerischen" florentinischen Kunst bildet. Von Tiziano gab es verschiedene Gemälde in der Dresdner Gemäldegalerie, die Solger während seines Aufenthaltes im Jahr 1812 möglicherweise gesehen hat. Vgl. *Erwin*, S. 231.

[305] Es gibt viele Hinweise darauf, dass Solger seine Überlegungen zur Ästhetik der Architektur im Gespräch mit Karl Friedrich Schinkel (1781–1841), dem führenden Architekten Preußens, entwickelt hat. Am 26. April 1818 schreibt z. B. Solger an Tieck, Schinkel möchte ihm die Pläne zum neuen Theater zeigen (Matenko, S. 424). Die beiden kannten sich, wie der Freund und erste Biograph Schinkels Gustav Friedrich Waagen berichtet, seit der Gymnasialzeit am Grauen Kloster (*Karl Friedrich Schinkel als Mensch und als Künstler*, Berlin 1844, S. 352). In einem Brief an den Bruder erwähnt Solger Schinkel als einen der wenigen Freunde, „mit denen man ohne Rückhalt verkehren kann" (11.7.1815, NS I, S. 359). Über die Begegnungen bei der „Gesetzlosen Gesellschaft" zu Berlin hinaus, der sie beide angehörten, trafen sich der Philosoph und der Architekt regelmäßig, um gemeinsam die griechischen Tragiker zu lesen: Schinkel habe „es selbst oft ausgesprochen, daß er seine Kenntnisse des griechischen Altertums und seine Begeisterung für dasselbe vorzugsweise dem genauen Umgange mit diesem feingebildeter Ästhetiker verdanke" (Alfred von Wolzogen, *Schinkel als Architekt, Maler und Kunstphilosoph*, Berlin 1864, S. 98 f.). Dies hat, der Schinkel-Forschung zufolge, zur Entwicklung seines architektonischen Stils in Richtung

einer neuen Synthese von Gotik und Klassizismus beigetragen. In Schinkels Nachlass findet sich ein Exzerpt aus der Schrift *Über die wahre Bedeutung und Bestimmung der Philosophie* (NS II, S. 116), das Wesen des philosophischen Denkens betreffend.

[306] Vgl. die Aufzeichnungen Schinkels im *Architektonischen Lehrbuch*: „Die Kunst selbst ist Religion das Religiöse demnach ist ewig zugänglich der Kunst. Das religiöse Gebäude in der Architektur kann nur der Ausgang Punct seyn für die gesamte Bestimmung einer Architektur“ (Goerd Peschken, *Karl Friedrich Schinkel. Das Architektonische Lehrbuch*, München 1979, S. 33).

[307] Die Säulenordnung, auf die sich Solger bezieht, wurde vom römischen Architekten und Literaturtheoretiker Vitruv (Marcus Vitruvius Pollio, ca. 80 – nach 15 v. Chr.) in *De architectura libri decem* (Bücher III und IV) definiert. Der Traktat, der die Konstruktionsregeln der griechisch-römischen Architektur beschreibt, bildet die Grundlage für die neoklassische Architektur.

[308] Siehe Vitruv IV, 1, 7.

[309] Gemeint ist die Gotik, die zwischen dem 12. und dem 15. Jh. die dominante Stilrichtung der europäischen Architektur bildete.

[310] Christoph Willibald Gluck (1714–1787), einer der berühmtesten Komponisten des 18. Jahrhunderts, der sich, sowohl als Autor wie auch als Theoretiker und Reformer, vor allem der Oper widmete.

PERSONENREGISTER

SACHREGISTER